主　编　袁长青
副主编　赖文才　袁　琦

# 国际本科教育
# 质量保障体系研究

A STUDY ON
THE QUALITY ASSURANCE SYSTEM OF
**INTERNATIONAL**
**UNDERGRADUATE EDUCATION**

社会科学文献出版社
SOCIAL SCIENCES ACADEMIC PRESS (CHINA)

＊广东省教育科学"十三五"规划 2019 年度高校哲学社会科学专项研究项目"国际视野下本科教育质量保障体系研究"研究成果；

＊2020 年广东省高等教育教学改革项目"新时期高校本科教学内部质量保障体系的建构"研究成果。

# 国际本科教育质量保障体系研究
## 编委会

# 序

党的十八大以来，我国建成了世界最大规模的高等教育体系，高等教育质量稳步提升，多项指标在全球名列前茅，整体实力进入世界第一方阵，我国正由高等教育大国向高等教育强国迈进。近年来，随着世界格局的变化，我国高等教育发展的内外部环境正在发生深刻变革，处于新的历史方位。如何顺应"百年未有之大变局"，成功实现我国高等教育"从驱动到引领、从同质走向多样、从规模到质量"三大转变，是摆在我们面前的迫切任务。

习近平总书记对我国高等教育高质量发展做出一系列重要指示批示，为新时代高等教育发展指明了前进方向、提供了根本遵循。习近平总书记指出："高校立身之本在于立德树人。只有培养出一流人才的高校，才能够成为世界一流大学。"推动高等教育高质量发展，必须紧紧围绕为党育人、为国育才，坚定不移把立德树人的成效作为检验学校一切工作的根本标准，质量保障与评价工作应当紧紧围绕这一根本任务和根本标准展开。在制定质量保障体系和实施教育质量评价标准时，应当把保障这一任务的完成作为最终目标。在此前提下，我们要广泛借鉴其他国家尤其是欧美国家先进的办学理念与质量保障制度。众所周知，现代意义的大学发源于中世纪的欧洲，至今已有900余年的历史，大学的发展为各国乃至世界培养和贡献了各个领域的杰出人才，极大地推动了科技革命和社会变革。我国自民国初年由蔡元培等教育家引进西方教育制度以来，现代大学制度方才立足中国，前后已历经百年有余，中途虽几经波折仍艰难前行，亦为近现代中国培养出众多俊杰英才。然而，我们必须清醒地看到，改革开放以来，我国的高等教育整体实力虽然得到大幅提高，但跻身于世界一流大学行列的高校数量仍然不多，所培养的人才还不能满足中国式现代化进程对人才的需要，高等教育的质量意识与质量文化尚未普遍形成，质量保障观念仍未能深入人心，保障体系还有待进一步完善。

联合国教科文组织于 1998 年 10 月发布的《世界高等教育宣言》明确指出："高等教育的质量是一个多维的概念，它应该涵盖高等教育的所有功能和活动：教学与学术、研究与学者、教职工、学生、设施与学术环境，尤其要注意通过研究推进知识进步。所有地区的高等院校都有义务增加由独立专家进行的内部和外部评价，并且增强评价的透明度。但是，为了保证高等院校的多样性，防止一统性，评价必须适当注意各个学校、国家和地区的具体背景。为了实现这一目标，高校需要改革课程，以便不仅简单地认知性地掌握学科知识，而且要求学得技能、交际能力、创新及批判性分析能力、独立思考的能力，以及在多元文化背景中参与团队工作的能力。"一般学者认为，高等教育质量至少有三个重要组成部分：一是教学和人才培养质量，二是科学研究的质量，三是社会服务的质量。美国学者阿斯汀（Astin，A. W.）认为，高等教育质量除了大学的声望等级和大学可得到的资助两个要素外，还应当将学生的学习成果和学生天赋发展的增值作为重要的观测点。由此观之，高等教育质量是一个多维的、多层次的和发展的概念。随着全球各国竞争力的加剧，如何保障本国高等教育的人才培养质量已然成为各国政府和高校关注的热点。为了在全球竞争中立于不败之地，世界各国政府和高校均致力于推动外部和内部高等教育质量保障体系的建构。

在此背景下，由本校教学质量监测与评估中心主任袁长青研究员及其带领的一线教学管理团队经过三年的努力，编撰了《国际本科教育质量保障体系研究》一书，并由社会科学文献出版社出版。本书在介绍美英法德等 8 个国家的高等教育本科质量保障体系基础上，选取了美国哈佛大学、英国牛津大学、法国巴黎·萨克雷大学、德国多特蒙德应用科技大学、俄罗斯莫斯科国立大学、加拿大多伦多大学、日本东京大学、韩国科学技术院等知名院校为研究对象，对它们在质量保障体系方面的建设成效做出较为详尽的介绍与分析，以期达到窥一斑而知全豹之效用。另外，本书对国际高等教育质量保障组织及其最新的发展态势也做了专章介绍。此书的出版对我国高等教育质量保障的理论研究与实践探索具有一定的现实意义。当然，本书理论研究的深度还不够，部分章节对文献资料的整合水平还有待提高。由于国别之间存在文化和制度上的差异，比较研究实属不易。在今后的研究中，还需要进一步拓宽研究思路，提高对中外文献运用和整合的能力，总结和提炼国外高校行之有效的做法和经验为我所用。

西方国家先进的质量保障观念与制度固然可资借鉴与学习，但我国高等教育更应当遵循党和国家战略指引的方向，扎根中国大地，创造性提出符合中国式现代化道路的方案。党的二十大报告指出："我们要坚持教育优先发展、科技自立自强、人才引领驱动，加快建设教育强国、科技强国、人才强国，坚持为党育人、为国育才，全面提高人才自主培养质量，着力造就拔尖创新人才，聚天下英才而用之。"中国高校要集中精力，整合资源，加强协作，在高等教育发展的新时代伟大实践中发挥更大作用，以高质量发展书写中国式现代化的答卷。

广东外语外贸大学党委书记：

2023 年 10 月

# 目　录

# 第一章 国际本科教育质量保障体系概述

## 第一节 基本概念与研究范畴

本科教育是高等教育的重要组成部分，在高等教育中处于中心地位；本科教育质量直接决定了一个国家人才培养的水平。对各个国家的本科教育质量保障体系开展研究之前，先要厘清本科教育、质量保障、质量评价、质量审核、质量认证等相关概念的内涵，并对本书的主要研究范畴——高等院校内部质量保障体系和外部质量保障体系进行界定。

### 一 基本概念

1. 本科教育

根据联合国教科文组织《国际教育标准分类》，高等教育分为专科教育、本科教育和研究生教育三个层次。作为高等教育的主干部分，本科教育（Undergraduate Education）的主要任务是实施该层次的通识教育及有关某一专门领域的基础与专业理论、知识与技能教育。修业年限一般为4年，某些专业如医科等为5年或5年以上。学生按一定的计划和要求修习有关课程（包括实验、实习、社会调查等），接受科学研究训练（如毕业论文、毕业设计）。修完教学计划规定的全部课程，经考试或考核合格，准予毕业者，发给本科毕业证书或授予学士学位或第一专业学位，实施机构为大学和专门学院。[1]

---

[1] 《教育大辞典》增印合编本（上），上海教育出版社，1998。

现代本科教育的目标至少可以分为三个层次：以培养卓越人才或拔尖人才为目标的精英本科教育、以培养某一方面应用型人才为目标的大众化本科教育、以培养职业技术人才为目标的高等职业本科教育。

本科教育一般在一个国家的高等教育中处于中心地位。根据教育部发展规划司在 2022 年全国教育事业发展基本情况新闻发布会上公布的数据，截至 2022 年年底，全国高等学校共计 3013 所，其中：普通本科学校 1239 所（含独立学院 164 所），本科层次职业学校 32 所；高职（专科）学校 1489 所、成人高等学校 253 所。2022 年，普通本科招生 467.94 万人，比 2021 年增长 5.25%；职业本科招生 7.63 万人，比 2021 年增长 84.39%；高职（专科）招生 538.98 万人。[①] 从以上数据来看，随着我国高等教育普及化进度的加快和高等职业技术教育的扩张，专科生招生人数大幅度增加，本科生与专科生招生人数基本持平，但这并不能改变本科教育在我国高等教育结构中的中心地位。纵观欧美国家，本科教育在高等教育中也占据重要位置。以美国为例，2022 年 5 月，美国国家教育统计中心（The National Center for Education Statistics，NCES）发布的《2022 年教育统计报告（Report on the Condition of Education 2022）》显示：2020～2021 学年，美国各类四年制大学院校总规模为 2278 所。其中，公立大学院校数量为 718 所，比 2009～2010 学年的 629 所增加 14%；私立非营利性大学院校数量为 1277 所，比 2009～2010 学年的 1247 所增加 2%；私立营利性大学的数量从 2009～2010 学年的 528 所增加到 2012～2013 学年的 710 所，但在 2020～2021 学年下降至 283 所，下降了 60%。2020 年秋季，约有 1090 万学生（占比 69%）入读四年制大学本科，约有 490 万学生（占比 31%）入读两年制大学院校。2019 年秋季至 2020 年秋季，四年制大学本科院校的学生入学人数增加 10%，而两年制大专院校的学生入学人数减少了 35%。从以上数据可以看出，2020 年美国四年制大学院校及入读学生数量的占比与增幅均高于两年制的大专院校。

2. 质量与本科教育质量

质量的内涵十分丰富，有物理学上的定义，也有管理学上的定义。美

---

① 教育部发展规划司：《2022 年全国教育事业发展基本情况》，中华人民共和国教育部政府门户网站（moe.gov.cn），下载时间 2023 年 3 月 23 日。

国著名管理学家朱兰（Juran）博士从顾客的角度出发，提出了质量的定义就是产品的适用性。美国学者拜高尔克（Bigalke）等认为，质量是"目的本身的适切性"（fitness of purpose）与"目的达成的适切性"（fitness for purpose）。即产品在使用时能成功地满足客户需要的程度。换句话说，"质量就是做正确的事与正确地做事"。[①] 目的与方法旨在达到这两个目的，两方面同等重要。管理学角度的质量概念，对本科教育质量管理具有重要的借鉴意义。根据《国家中长期教育改革和发展规划纲要》（2010－2020 年）第十八条的规定，我国高等教育质量的外延应包括人才培养质量、科学研究水平和社会服务能力。通过培养一批拔尖创新人才，形成一批世界一流学科，产生一批国际领先的原创性成果，为提升我国综合国力贡献力量。由此观之，高等教育质量具有满足个体成长与促进社会发展的双重价值。

本科教育质量是指一个国家的本科教育满足社会发展和个人全面发展需要的程度，它是高等教育质量的重要组成部分。所谓社会发展，包括政治、经济、科技和文化的发展；个人的全面发展是指作为个体在德、智、体、美、劳五个方面的全面发展。本科教育质量与高等教育质量一样，是一个多面的、复杂的、动态的、历史的概念，它由宏观质量、中观质量和微观质量构成。[②] 本科教育的宏观质量可以理解为是从整体上看一个国家本科教育系统的质量，中观质量是指高等院校的本科人才培养质量，微观质量是指高等院校内部的本科教学质量。本科教学质量只是本科教育质量的一个部分，两者是包含和被包含的关系。这一认识的转变可以从教育部将新一轮审核评估由原来的"本科教学工作审核评估"改为"本科教育教学工作审核评估"中得到印证。

3. 质量保障

随着公众和学术界对高等教育质量的关注度越来越高，高等教育质量保障的理念已受到全球高等教育界的重视，高等教育的"质量时代"已然来临。

什么是质量保障？联合国教科文组织国际教育规划研究所（International

---

① 〔美〕拜高尔克（Bigalke，T. W.）等主编：《亚太地区高等教育：质量与公共利益》，杨光富、任友群等译，华东师范大学出版社，2012。

② 李志峰：《我国高等教育质量存在的主要问题》，《大学》（学术版）2011 年第 7 期。

Institute for Educational Planning IIEP）从教育学的角度对"质量保障"进行了定义：质量保障是为建立各利益相关者对教育的信心的过程，使其相信教育供给（投入、过程和结果）能够满足预期或达到最低要求。[1] 欧洲高等教育中心（CEPES）发布的基本术语和定位表（2007）中，认为质量保障是对高等教育体系、院校或专业（项目）进行的持续评估（评价、控制、保障、保持和改进）进程。[2] 高等教育质量保障的内容包括高等教育机构或组织实施教育的条件、过程和结果三方面的质量与水平。在国内，高等教育内部质量保障活动一般由高校内部设立的职能部门主导完成，外部质量保障活动则由上一级教育行政管理部门或由其指定的第三方评估机构、专业委员会组织和实施。在国外，高等教育质量保障活动则由受到政府的支持和资助但独立于政府的社会中介机构组织实施。

参考质量保障的概念，本科教育质量保障是指由高校内部或外部评估机构对该校的本科教育教学质量进行周期性、专业性的评估，以确保其教育教学水平达到预期的目标和质量标准，并促使其本科教育质量的不断改进和持续提升。从评估方式来看，可以分为审核模式、分等模式和认证模式等多种方式；从评估主体来分，可以分为外部评估和院校内部自我评估。根据其评估主体的不同，相应地形成外部质量保障体系与内部质量保障体系。

4. 质量评价与质量审核

在质量保障活动中，质量评价（assemement）经常被作为评估（assess）或评审（review）的同义词使用。IIEP 在其发布的《外部质量保障体系的基本选择》一文中引用了弗勒斯恰努（Vlasceanu）、格伦伯格（Grinberg）和帕里尔（Parlea）的观点："质量评价（经常也被称为评审或评估）是指对高等教育院校和专业/项目进行外部评估（评审、测评、判定）的实际过程。它由外部主体开展或实施的各类技术、机制和活动组成，旨在对高等教育过程、实践、项目及服务的质量进行评估。在界定和掌握质量评价这一概念时，有几方面内容非常重要：（1）背景条件（国家、院校）；（2）方法

---

[1] 李亚东：《我国高等教育外部质量保障组织体系顶层设计》，华东师范大学博士学位论文，2013。

[2] 吴岩主编：《国际高等教育质量保障体系新视野》，教育科学出版社，2014。

（自我评价、同行评价、现场实地考察）；（3）层次（整个体系、院校、系部、个人）；（4）机制（依靠奖励、政策、组织结构、文化）；（5）与质量评价相挂钩的一些质量价值，如学术价值（关注学科领域）、管理价值（关注教职人员及其教学技巧和课堂实践）、就业价值（强调毕业生的输出特性和网络学习成果）"。同时指出，"很多国家已经开始着手建立质量评价机制，这种机制并不对院校进行打分定级或排名，而是针对如何提高院校或专业／项目的质量提出一系列建议。"[1] 从这个定义来看，质量评价与另一种质量保障方法——质量审核（audit）十分相近。其相同点是不依据评价结果对评价或审核对象进行定级别或分等次，不同点是质量审核不直接对院校或专业的质量或绩效表现进行评价，而是对其现行质量保障机制的质量进行评价，即对院校所采取的质量保障机制的优缺点进行评估。它旨在确保：（1）院校或专业／项目的质量保障程序；（2）整个系统的总体（内部和外部）质量保障程序是充分恰当的且切实得到了执行。质量审核注重的是帮助系统达到优良质量而非质量本身。质量审核只能靠具体的人（如质量审核员）来实现，这些人必须与被审核领域无直接关联。可以实施质量审核以达到内部目标（内部审核）或外部目标（外部审核）。审核结果必须通过审核报告的形式加以发布。质量审核的实施，有助于对学科、专业／项目或整个院校的活动和服务进行监控和改进。[2]

从以上 IIEP 所引用的对质量评价和质量审核的定义来看，中国教育部目前实施的本科教育教学工作审核评估是对这两种质量保障活动的整合。审核评估充分尊重高校的办学自主权，"主要依据学校自己设定的目标与标准，即'用自己的尺子量自己'，评估不做总体性结论，而是给出写实性审核报告。关注的问题是：学校目标和标准是什么，学校是如何达到目标和标准的，用什么证明学校已达到目标标准，学校哪些方面需要以及如何改进。"[3] 评估专家组在审核参评学校自评自查形成的"问题清单"和改进举

---

① Martin, M., & A. Stella. (2007). *External Quality Assurance in Higher Education: Making Choices. Fundamentals of Educational Planning 85. International Institute for Educational Planning* (IIEP) *UNESCO.* 7 – 9 rue Eugene-Delacroix, 75116 Paris, France.

② 同①。

③ 李志义：《新一轮审核评估方案设计与实施要点》，《高等工程教育研究》2021 年第 3 期。

措的基础上，有针对性地提出咨询意见和建议，评价目的不是分级或定等级，而是审核其内部保障机制是否完善，并督促其做进一步的改进。

5. 认证

认证（accreditation）与审核（audit）和评估（assessment）被认为是国际上使用最广泛的外部质量保障方法，近年来被很多高等教育体系引入。美国是全球最早开始认证的国家，已有100多年的历史。一般认为，认证是"由非政府、非营利的第三方组织对达到或超过既定的教育质量标准的教育机构或专业所做出的正式认可。"[1] 联合国教科文组织认为"认证是由（非）政府或私营机构对整个院校或特定教育项目的质量所做出评价的过程，以便正式承认其已达到某种预定的最低指标或标准，有时是颁发有一定时效的营业执照。"[2] 从这两个定义来看，认证主要适用于评估某个专业或项目是否具备最低的入门条件，其实施主体是非政府组织的第三方评估机构。

弗勒斯恰努（Vlasceanu）、格伦伯格（Grimberg）和帕里尔（Parlea）认为，认证过程一般包括三个阶段的活动：（1）由教师、管理者以及院校或专业/学术项目的职员开展的自我评估过程，并参考认证机构所设定的标准和准则形成自评报告；（2）由认证机构遴选出的同行专家组进行实地考察，审查相关证据，参观校舍设施，并访谈学术和管理人员，从而形成一份评价报告，其中包括给认证机构委员会的建议；（3）委员会依据给定的一系列质量标准对这些证据和建议进行检查，形成最终判断，必要时还可就正式结论与被评院校和其他类型的被评者进行沟通。[3] 其实施过程可简要表述为：院校或专业自评——认证机构依据质量标准进行实地考察——得出认证结论。

二　研究范畴

本书的研究范畴为本科教学质量保障体系。它是指为了保障及提升本

[1] 林健：《工程教育认证与工程教育改革和发展》，《高等工程教育研究》2015年第2期。
[2] http://www.qualityresearchinternational.com/glossary/accreditation.htm.
[3] Martin, M. & A. Stella. (2007). *External Quality Assurance in Higher Education: Making Choices. Fundamentals of Educational Planning 85. International Institute for Educational Planning* (IIEP) *UNESCO. 7-9 rue Eugene-Delacroix, 75116 Paris, France.*

科教学质量而建立的贯通本科教学全过程、全要素的一整套体系，是高等教育质量保障体系的重要内容和关键环节。本科教学质量保障体系包含质量保障的理念系统、活动系统、机构系统、制度系统、文化系统等若干子系统。[①] 联合国教科文组织国际教育规划所（IHIEP）认为：质量保障体系是由多个利益相关主体和中介机构共同组织，围绕质量保障活动形成的多个机制，互为基础的这些机制组成一定的系统，涉及各机构和项目，它们各自发挥不同的作用。其中任何一项功能的改变，都会对其他功能产生影响。[②] 本科教学质量保障体系作为高等教育质量保障体系的重要内容和关键环节，它由内部质量保障体系和外部质量保障体系共同组成。高等教育质量保障活动和高等教育质量保障机构作为高等教育质量保障体系的两大基础，一般可以分为外部保障和内部保障两个体系。高等教育质量的外部保障机构是全国性或区域性的专门机构，其成员包括高等教育行业内与高等教育行业外的专家。领导、组织、实施、协调高等教育质量外部保障活动与监督高等教育机构的内部质量保障活动是这些教育保障机构的主要任务。高等教育质量内部保障体系主要负责高等教育机构内部的质量保障活动。高等教育质量外部和内部保障体系有机结合对高等教育质量保障活动予以保障。[③]

1. 院校外部本科教学质量保障体系

院校外部本科教学质量保障体系通常是指由高等院校行政主管部门（主办方）或委托第三方评价机构组织专家组，依据事先设计的评估方案和指标体系，对院校的本科教育教学进行定期或不定期考察、诊断和评价的制度化活动。合格评估和专业认证更多的是通过认证许可和规范条例对高校的办学质量和条件进行监控，确保能达到最低的要求，它对高校内部的质量保障体系建立起到指导作用；本科教学工作水平评估是分级分等评估，既"选优"也"评差"，对院校的办学水平和质量进行等级评价，其评价结论对院校会产生较直接的影响；审核评估则是诊断式的，其目的是协助院校找准问题并督促其实施整改，相对来说较为温和。

---

① 徐东波：《我国高校内部本科教学质量保障体系研究》，《黑龙江高教研究》2020 年第 3 期。

② 赵立莹：《国际化背景下高等教育质量保障组织发展研究》，中国社会科学出版社，2016。

③ 李志仁：《建立高等教育质量保障体系》，《计算机教育》2004 年第 4 期。

一个国家采用何种外部本科教学质量保障方法，取决于各国质量保障的专业化程度和教育发展的背景。在有些国家，外部质量保障相当于国家部委对教育和学术机构的办学资质和水平的认证或认可，被视为监督管理的方法。在其他环境下，质量保障是一个在监督管理机制之上的方法。如果有人试图将质量审核（quality audit）和同行评价与其他质量保障形式进行区别，就会有更多的解释。审核（audit）等同于高标准、质量改进和自治，认证（accreditation）相当于最低标准、规范性标准，不需要费力的质量控制。美国政府将所有的外部质量保障都视为"accreditation"，是按照公布的标准对学术机构绩效进行外部评价和资格认证的过程。学术机构和院系本身就是评价者。美国鉴定的标准并不是质量控制的标准，评价和改进是外部质量保障机构的"元框架"（meta-framework）。

2. 院校内部本科教学质量保障体系

院校内部本科教学质量保障体系主要是由高校结合本校办学定位、人才培养目标和社会需求，建立符合自身实际的教育教学各环节质量标准，并在此基础上形成自我评价和自我完善的保障机制。王战军（2014）指出"建设质量保障机制、提高质量保障能力和形成质量保障文化是高校进行自我评估与自我改进的三个重要任务。内部质量保障体系是质量保障体系的基石，外部质量保障体系的主要责任在于对内部质量保障体系的规范和指导。"[1] 目前，高等教育质量保障的重心正在不断下移，强调高校的自我评估和自我改进，引导高校将评估的关注点集中到发现自身存在的影响教学质量的问题上并加以改进，而不是为了迎合外部检查。高校内部质量保障体系是基础，外部质量保障体系最终要通过学校自身才能起到作用。

# 第二节　国际本科教育质量保障体系的建设现状与发展趋势

发达国家的高等教育质量保障活动可以追溯到100多年前，但高等教育

---

① 王战军：《中国高等教育质量保障的新理念和新制度》，《清华大学教育研究》2014年第3期。

质量保障作为一个完整的体系，则是在 20 世纪 80 年代以后高等教育大众化的背景下逐渐发展起来的。传统的精英教育体制下由于高校自身保障质量或政府监控质量的制度安排已不能满足政府、社会、家长和个人对高等教育质量的需求，在此背景下，有关高等院校质量保障的主题研究大量涌现。1998 年首届世界高等教育大会召开，并将"质量"列为新世纪高等教育的三大主题之一，全球各国都把提高高等教育质量作为重中之重，并根据本国国情制定了相应的高等教育质量保障体系。

## 一 建设现状

如今，高等教育已经越来越大众化和国际化，在高等教育日益全球化的背景下，各国政府一致达成共识要提升整体高等教育水平。世界各国政府均对高等教育质量保障给予了诸多的关注和足够的重视。许多国家特别是发达国家和部分发展中国家，纷纷把高等教育改革重点放在高等教育质量保障体系的建立上。不少国家的高等教育发展战略已经把质量保障视作一个很重要的部分，甚至还有部分国家把教育质量保障作为一项专门的工作，其重要性不言而喻。

1. 政府设立或引进第三方机构，间接对高等院校的教育质量进行控制

许多国家建立了外部教学质量保障机构和认证机构，主要是以间接的方式对高等院校的教育质量进行控制①。有些质量管理机构相对独立，不受政府的支配。如，澳大利亚大学质量保障署（AUQA）、日本大学认证协会（JUAA）以及菲律宾学校、学院与大学认证协会（PAASCU）。有些质量管理机构的独立性不如前者，往往承担着教育部某一职能部门的角色，如印度尼西亚国家高等教育认证委员会（BAN-PT）、马来西亚学术资格认证机构（MQA）、中国台湾高等教育评估与认证委员会（HEEACT）、日本大学评价与学位授予机构（NIAD-UE）。泰国设有质量评估与认证办公室，它独立于教育部的汇报渠道之外，直接向首相府递交报告。印度国家评估和认证委员会已经确定了高等院校主要的价值框架作为评价目的本身的适切性

---

① B. K. Singh. （2006）. Quality Assurance in Open and Distance Education：A Case Study of Kota Open University.《开放教育研究》2006 年第 2 期。

基准，以此确定被评高等院校的价值与目标。基准包括对国家发展的贡献、学生国际能力的培养、学生价值体系的养成、技术应用的推进和追求卓越的信念。通过制定指向目标的参数标准与活动，每一价值或目标都能得到充分的重视。

英国的高等教育质量保障体系由三部分组成，即内部质量保障体系、外部质量保障体系和社会及新闻媒体监督。内部质量保障体系指的是高校自身对教育质量的考核与监督，通过构建全面的质量管理制度、设置机构和管理人员、开展学校和学科自评三种方式进行质量控制。外部质量保障体系则由政府、高等教育质量保障署以及高等教育基金委员会监督，其中政府主要通过立法拨款等方式间接而非直接参与高等教育管理，高等教育质量保障署和高等教育基金委员会则按照国家有关法律和政府相关政策对高校教育质量进行评估和审计。

意大利通过教育立法构建了高等教育质量保障体系，使评价和认证工作有法可依，采用内外部相结合的质量保障措施，在保护院校自主权的同时也通过外部的全国大学评价委员会（CNVSU）进行间接控制。通过信息化建设和信息的全面公开以及政府、专家、院校管理层、教师、学生甚至国外相关人员的广泛参与，从侧面保证了评价的公正准确并促进国际合作与比较。

2. 根据高等院校财务来源，通过财务审核或第三方认证进行质量监管

对于接受公共资金或私人资金的公立大学和非公立大学，政府以多种方式进行间接管理。各大学都要在一定程度上接受财务审计。在美国，假使高等教育的研究经费来自联邦政府和州政府层面的竞争性与非竞争性拨款，那么政府的财务审计范围则更广泛、严格且追究结果责任。

认证实施是美国高等教育质量保证系统的核心组成部分。作为形成于19世纪90年代的自发性民间社团组织，认证机构多年来已经取得了诸多阶段性的进展。[①] 认证机构在过去的20年中也发生了有史以来引人注目的变化。美国高等教育认证是质量保障和质量提升的基本手段，是检查高等教育机构和专业的过程。一方面，认证是非营利的非政府行为，体现的是高

---

① Hegji, A. 2017. An overview of accreditation of higher education in the United States.

等教育发展的必然结果而不是政府的意志；另一方面，认证与政府和高等院校又有密切的关系，政府通过认证来保障高等院校的办学质量，通过保障质量，让政府对大学进行判断，然后基于评估结果进行投资，为企业对学生和学校投资提供决策依据，为学生在不同大学之间转学简化手续。

3. 引入市场机制，多方联动，对高等院校的办学质量进行控制

高等教育系统发展成熟的大部分国家对高等教育进行市场控制，如澳大利亚、新西兰、新加坡、印度、日本和韩国。在这些国家，非公立高等教育机构的创办必须遵守不同的政府规章制度，满足各种办学条件。20 世纪末以来，德国开始以市场为导向的高等教育管理体制改革，加大了高校权力，州政府和高校之间形成了契约管理的关系，政府不再直接干预高校内部事务，但仍然对高校进行资助，德国高等教育系统的质量保障就是通过外部评价和学校内部的自我监控实施的。自 20 世纪 90 年代末引入高等教育认证制度以来，在《欧洲高等教育质量保障标准与指南（ESG）》的指导下，德国开展了"专业认证"和"院校体系认证"，由经德国认证委员会（GAC）认可的质量保障机构实施。德国认证委员会本身则由欧洲高等教育质量保障协会（ENQA）予以认证。[①]

日本已形成一个政府、大学、第三方评价、社会监督等多元的高等教育质量评价体系。除上述的大学自我检查评价外，大学内部保障教育质量还可以通过学位授予的手段来实现。在学生、家长以及用人企业无法掌握大学内部教育质量信息时，媒体无形中就成为监督高校办学质量的重要形式。

加拿大形成了由政府、社会组织及高等院校组成的高等教育质量保障体系，确保了高等教育质量的稳步提升。加拿大目前没有全国性的负责高等教育质量保障的政府机构，也未在联邦层面上形成统一的高等教育质量保障体系，主要通过各省行政机构、大学联盟、社会组织等保障高等教育质量。

4. 由国家设置官方评估机构，直接进行高等教育质量控制

法国高等教育较为发达，在质量保障方面一直进行着积极探索。作为

---

① 别敦荣、易梦春、李志义、郝莉、陆根书：《国际高等教育质量保障与评估发展趋势及其启示——基于 11 个国家（地区）高等教育质量保障体系的考察》，《中国高教研究》2018 年第 11 期。

欧洲大陆中央集权的民主国家之一，法国高等教育有着显著的国家性标志：国家是高等教育的主要投资者，国家负责对高等学校校长的任命和教师的雇用。法国政府针对各类高校设置了不同的官方评估机构，对院校和学历文凭进行评估、认证和监管。① 如，法国研究与高等教育评估高级委员会（HCERES）是一个独立的行政机构，不受任何利益相关方的影响，评估报告向社会公开。HCERES 理事会由 30 名来自不同国家、不同领域的专家组成，其采取适当的措施以保证评估过程的透明度、公开性和评估结果的质量。

## 二　发展趋势

国际高等教育质量保障和评估组织的活动轨迹和学术研究动态表明，教育国际化背景下高等教育质量保障的发展呈现以下五大趋势：

### 1. 高等教育发展的多样性促进质量保障的多元化

高等教育体系的扩张及其持续的多样化和私有化进程等新的发展趋势，要求国家采用新的管理和指导工具，使质量保障日益成为公共部门的一个重要职能，质量保障不仅发生在一个国家的高等教育体系内，也直接影响到一个地区乃至全球范围的高等教育体制，欧洲地区的博洛尼亚进程就是一个典型案例。1999 年，来自 29 个国家的教育部长签署了博洛尼亚宣言，提出了欧洲高等教育改革计划，这项计划的目标是在 2000 年创设一个"欧洲高等教育区"，随后，又有 7 个国家加入。该宣言鼓励欧洲各国在质量保障上通力合作，建立共同的标准和方法。2000 年，欧洲各国教育部长应邀参加欧洲高等教育质量保障协会（ENQA），试图于 2000 年共建一个普遍的欧洲质量保障框架。为此，欧洲各国做出了很多的努力，2007 年，欧洲各国教育部长一致同意建立欧洲质量保障机构注册制度，注册登记完全是自愿的。为了能够在质量保障协会注册，欧洲各国教育协会都要大体上遵守 ENQA 公布的欧洲高等教育区质量保障的相关标准和准则，除此之外，每五年还要接受一次外部评估。这个案例说明，受高等教育发展的影响，地区一

---

① 汪小会、孙伟、俞洪亮：《法国高校的国家评估及对我国的启示》，《上海教育评估研究》2016 年第 12 期。

体化的初衷是创建一个商品、服务、资金、人员自由流动的内部市场，同时推动地区层面质量保障体系的发展。世界上其他一些地方也开始对博洛尼亚进程产生浓厚的兴趣。2007 年，澳大利亚联邦政府教育科学和培训部开始采取一些措施，这些措施都是与博洛尼亚进程对澳大利亚、亚太地区的影响密切相关的，包括划拨 40 万澳元用于发展澳大利亚文凭补充制，以及建立一个高水平的指导小组，该指导小组在博洛尼亚进程对澳大利亚造成的问题及挑战方面发挥着领导作用。

2. 政府、质量保障机构和高校等管理主体多方参与质量保障

在质量保障主体方面，呈现由政府主导办学体系，到政府主要起服务作用，支持高等院校发挥主体性作用的转变。很长一段时间内，在政府主导型的办学体系下，政府在教学质量评估中有着绝对的权威，能够直接参与学校的管理工作，学校的自主权受到很大的限制。随着高等教育大众化时代的到来，政府逐渐转换其职能角色，对高等教育的质量保障从以前的管制变成了现在的服务，并积极鼓励社会团体、中介机构参与、监督高校教学质量评估。政府在这个过程中为高校提供便利的资源和相应的服务，更多地起到宏观调控的作用。这一改变有利于调动高校的自主性、积极性，使高等教育保障主体变为多元化，即形成一种政府宏观调控、社会参与监督、学校自主管理的保障模式。目前，许多国家质量保障机构和高校在质量保障方面的独立性地位发生了变化，各国政府、质量保障机构和高校各主体呈现协同发展的趋势，体现了质量管理的普遍规律，即政府集中控制和完全非政府监督两个极端都是不可取的，而向政府、社会和保障机构协同的时代迈进是大趋势。

相应地，Van Bruggen（范・布鲁根）认为"通过政府部门的制度和教育标准的实施来控制高等教育的传统方式正在减弱。统一标准正在退出，取而代之的是持续的基准评价方法。"[1] 一般认为，尽管专业认证机构或外部组织仍得到学术界的认可与支持，但它们已无力关注高等教育质量保障中的所有问题。同样，商业化趋势本身也无法确保有效的大学自我管理，

①　Boele, A., J. van Bruggen, F. Hustings, K. Koffijberg, J. W. Vergeer & T. van der Meij.. (2019). Broedvogels in Nederland 2017. Sovon-rapport.

因为它正面临着通过竞争提高办学质量的挑战。

各国政府会根据本国国情适当调整政府对于高等教育保障体系的管控。一方面，美国、澳大利亚政府加强了对独立于政府和高校以外的质量保障机构的管理和控制。美国由于学费不断攀升，就业率下滑，社会和公众对学校的教学效果和质量保障产生怀疑。在这样的情况下，美国政府利用社会问责和监督的机会，增强了对学校的管理，并对质量保障机构的独立性有了新的认知和期望，因此独立的保障机构也采取了新的举措，而不是一味地强调保持其独立性。对于澳大利亚而言，原来的澳大利亚大学质量保障署（AUQA）虽然较独立，但对大学教学质量改进只有建议权，而新成立的澳大利亚国家高等教育质量与标准署（TEQSA）则肩负着提高高等教育整体质量的重任，并拥有注销办学质量不合格大学等方面的决策权。另一方面，以前政府管理较多的一些国家开始下放权力，扩大高校自主权，充分发挥保障机构的作用，比如日本、中国等。日本政府颁布了新的《大学设置基准》，并成立了大学评价学位授予机构（NAD-UE）与大学基准协会（JUAA）等多个认证机构，形成多元化的高等教育质量保障体系，推动日本政府、高校、第三方机构多方协同合作。[①]

3. 跨境高等教育的迅猛发展促进了质量保障机构的全球化

各国在高等教育质量保障过程中，越来越注重质量保障的国际化发展。由设在华盛顿特区的国际教育质量保障中心（COAIE）发起的全球跨国教育联盟（GATE）便是这一模式的代表。GATE 强调一种认证程序，力求在质量改进的背景下保护消费者；联合国教科文组织（UNESCO）举办的高等教育质量保障、鉴定和资格认可全球论坛提出了——UNESCO 行动计划，涉及标准制定、能力建设和信息交流活动。国际化进程中利益相关者的质量诉求推动了质量保障国际化，质量保障国际化主要表现为质量保障组织国际化、标准国际化、专家国际化等。

20 世纪 80 年代以来，随着高等教育国际化进程中跨境高等教育质量保障现实需求的激增，一些国际性质量保障组织也就相继诞生，国家高等教育质量保障机构也出现了国际化的趋向。世界各国和地区就怎样找到新的能够保证高等教育利益相关者的高等教育质量评估和监控方法展开了深入和持久的讨论，也相继成立了进行国际高等教育质量保障的组织机构，主要有1991年成立的国际质量保障协会、2000年成立的欧洲高等教育质量保障协会、2010年成立的亚太地区质量保障协会等。其他在20世纪80年代以前成立的组织机构也为全球高等教育质量保障效力的提升做出了积极的努力，比如，联合国教科文组织在跨境高等教育质量保障方面的持续努力，美国高等教育认证理事会在对评估机构认证规范方面的实践经验，美国评估协会在促进评估专家国际化方面的努力等，都在促进全球高等教育质量保障效力提升方面发挥了积极的作用，有力地促进了高等教育规范发展。

欧洲高等教育区域质量保障机构最近发展的主要特征是专业化程度不断提高。专业化主要体现在教育质量保障工作有专业的机构负责，有质量保障的学术共同体，有专业的学术期刊，最突出的是有根据质量保障实践需求、不断修改完善的质量保障标准。欧洲质量保障活动可以根据高等教育发展环境的变化，并且参照标准和指南，周期性地对指南进行修正和完善。

4. 质量保障的方式向项目评估和增值评估转变

首先，在质量保障体系的评价标准方面，由原来的单一标准正向多元标准转变，由注重学术注重学历正逐渐转变为重能力重实用。评价手段方面也更加完善和趋向全面，如教学课堂的评估、学校领导听课、同行的评估、学生对老师的教学结果反馈、教学督导支持系统的建立等等，这些都能成为评估的手段，以全面准确地提高高等学校教育教学质量。[①] 历经20多年的发展，全球已经有大量的各种各样的高等教育质量保障系统，人们在赞叹其发展速度之余，也在担忧这些质量保障机构本身的质量是否过关。1999年，国际高等教育质量保障协会（INQAAHE）的双年度会议即以此作为会议的主题。同样，高等教育认证理事会（CHEA）在自愿的基础上为美

① 董坰希：《中外高校本科人才培养质量保障体系比较研究》，中国地质大学（北京）博士学位论文，2013。

国的认证机构提供认可。美国教育部亦将认证机构的核准与联邦政府的学生贷款联系起来，并为认证机构提供其自身的认可办法。

其次，总的发展趋势似乎正在偏离机构层面的评估，而走向项目评估。项目评估更可能聚焦于教学投入的管理，这一趋势更具开放性和发展性。因此，项目评估被认为是赋权健康评估指数（Health Evaluation Index，HEI），以使其成为更具自我约束力的负责任的创新机构，并主动回应市场的需求。由于机构评估无法获得具体的累积性的信息价值，质量保障的重点似乎正在从机构层面转向项目与学科层面。

"增值"是评估体系中比较新的概念，但是在某些国家中，它已经成为评估和提升高等教育质量新做法的核心主题。与传统的专注于当前情况的评估工具不同，质量增值框架建立了一套别具一格的全新方法，它所依据的是一种朴素而响亮的理念——高等教育质量体系的目的是为了提升学生的体验，并要使高校变得更好。

5. 开展跨境高等教育质量保障活动

随着经济和文化全球化的影响，高等教育也趋向于进入一个全球化的时代。对各国政府、高等教育的代理商以及研究型大学和一些非研究机构来说，跨境交易和战略已经变得前所未有的重要。让每一所研究型大学成为世界大学体系中的一部分这是首次提出的概念。很多国家的质量保障或认证监管框架不适用于国外高等教育提供者，因此一些开展国外教育提供国的高校会常常钻这个漏洞，其跨境高等教育质量很难得到监控。因此，为了应对全球化高等教育所面临的挑战，封闭或有依赖性历史传统的系统和机构更需要自治、开放和创新。同时，要使跨境教育内部质量保障达到外部的要求，管理的压力较大，需要的研究经费也更高。许多国家的跨境高等教育保障的要求仍停留在文字上，不同国家在质量保障的法律法规方面也存在不一致。因此，INQAAHE 连续两届年会设置此专题论坛，许多高等教育保障体系主体如政府、高校、高等教育机构和质量认证机构也极力推动此项研究，以此维护高等教育的国际声望。比如，澳大利亚成立高等教育质量与标准署（TEQSA）正是为了消除人们对因教育贸易引起的教育规模扩张带来教育质量下滑的担心。

# 第三节　中国本科教育质量保障体系的
## 建设概况与发展趋势

随着我国高等教育外延式发展逐渐转化成为以提高质量、优化结构为核心的内涵式发展，有关高等教育质量保障的活动得到广泛开展，以政府为主导的外部评估有力地促进了高校内部本科教学质量保障体系的建立。与世界高等教育发达国家一样，我国高校内部本科教学质量保障体系也经历了从无到有、从不成熟到基本成型的发展阶段。

## 一　历史回顾

1949 年新中国成立以后，尤其是改革开放以来，我国高等教育为我国政治、经济、社会和文化的发展培养了大量的人才，特别是在高端人才培养方面有着其他阶段教育所不可替代的作用。20 世纪 90 年代，随着高等教育规模的不断扩大，原来的精英教育逐步转变为大众化教育，我国本科教育质量的进一步提升进入了瓶颈期。作为高等教育中起到基础作用的本科教育，是培养高层次人才和拔尖创新人才的必经阶段。"育人"是本科教学的根本任务，而"质量"是本科教学的生命线，只有把好质量关才能较为圆满地实现育人的目标。面对此境况，我国教育主管部门开始通过教学质量评估等举措推动高校内部教学质量保障体系的建立。不少高校开始尝试开展专业评估、课程评估和学生评教等质量保障活动，并取得了一些成效。迄今为止，我国高校本科教学质量保障体系的发展经历了以下几个阶段。

1. 起步阶段（20 世纪 80 年代）

中国高等教育质量保障在改革开放之后逐渐引起教育主管部门的重视，这一阶段是以研究、试点为起步的探索阶段。《中共中央关于教育体制改革的决定》于 1985 年颁布，其中首次提出："教育管理部门除了自身部门的监管部门之外，要集众家之力，善于运用社会各界的力量，要定时对高校的办学水平进行评估检查，对办学水平突出的学校给予荣誉的褒奖以及物质上的支持，对于不合格的高校要进行整改。"这一决定的颁布表明了我国政府鼓励独立的社会机构和高校自主开展教学质量评估，彰显了我国政府在推进高等教育质量保障方面的毅力和决心。同年，我国还颁布了《关于开展高等工程教育评估研究和试点工作的通知》。根据通知的内容，国家要在一些沿海经济发达、教育信息畅通的地方展开教学评估试点工作。许多省市地区都参与了这项试点活动。该通知的颁布可以视作我国高校教学质量保障实践的开端。

2. 实践阶段（20 世纪 90 年代）

这一阶段，教育部出台了一系列文件来推进我国的高等教育的质量保障工作。1990 年，教育部颁布了《普通高等学校教育评估暂行规定》。该规定是我国第一部正式以法规的形式规定高等教育评估的法规，给高等教育教学质量保障提出了规范性的要求。根据该法规的要求，高等教育主管部门相继对高等院校开展了"资格审查、教育质量评价和优秀鉴定"等多种形式的评估实践，为下一阶段的质量评估工作积累了许多有益的经验。

1993 年，我国出台了《中国教育改革和发展纲要》，指出"应将高等教育教学评估作为进一步构建教学质量保障新机制的重要环节，要不断深入进行教学质量评估工作"。该发展纲要进一步凸显了高等教育评估的重要性。1994 年，我国颁布了《中国教育改革和发展纲要实施意见》的官方文件，提出要建立健全教育教学评估机构，并且要求进行教育教学评估不要将视野局限于自身一己之力上，要结合各方的力量，参与教学的规划、统筹和保障。同年，中国高等教育学会教育评估研究分会成立，这一学会的成立，有助于我国高等教育质量保障体系研究推进和经验交流，也标志着我国高等教育教学评估步入正轨。1995 年、1998 年我国依次颁发了《教育法》以及《高等教育法》，这标志着我国把高等教育教学质量评估制度从一个规则层面上升到了法律层面，标志着教育教学质量保障制度在法制化的进程上跨出关键一步。

长期以来，我国高校精英化的人才培养模式与当时国家发展、社会需求基本上相适应，大规模人才培养质量问题并未凸显。[①] 进入 20 世纪 90 年代后，我国高等教育迈入大众化的进程，高等教育质量问题更加凸显，尤

---

① 王希勤、阎琨、江宇辉：《探索扎根中国、融通中外的大学人才培养模式——清华大学学科布局和人才培养融通战略研究》，《中国高教研究》2022 年第 11 期。

其是 1999 年 "大扩招" 以来，为了保证高等教育的质量，高等教育质量保障体系的实践活动更加广泛。1992 年 12 月 23 日以《中国排出大学四强》为标题在《人民日报》（海外版）上公布了国家科委对中国大学四强的排名及另外 10 所大学的排名，这是中国首次以政府部委的名义发布的大学排行榜。1994 年，教育部启动本科教学评估，对 1976 年以来新建本科院校进行合格评估。1996 年教育部对办学历史长、水平较高的 100 所左右的重点大学进行优秀评估。[①] 由此步入了以开展多种形式的评估实践为重点的经验累积阶段。

1998 年，我国召开了第一次全国普通高等学校教学工作会议，时任教育部长的陈至立提出要着眼科教兴国战略，强化人才质量意识。在政府的主导作用下，部分高校开展了高校办学水平评估、专业课程评估，教育部开始着手准备对普通高校本科教学工作开展合格评估、优秀评估以及随机性水平评估。这一阶段从整体来说，高校的自主性还不够强，内部质量保障体系并未受到应有重视。1999 年，第三次全国教育工作会议召开，此次会议通过的《关于深化教育改革全面推进素质教育的决定》与此前教育部颁布的《面向 21 世纪教育振兴行动计划》一起，成为新时期指导高等教育改革与发展的纲领性文件。

20 世纪 90 年代，虽然国家日益重视提高本科教育质量并出台了相关的法律法规保证高等教育保障体系的健全和完善，但质量并未成为当时的唯一主题，这一阶段中国高等教育领域另一重要主题就是高等院校的调整撤并，学校的管理体制及布局结构进入了一个大调整时期，学科及专业结构调整也开始有所进展，"稳规模、调结构"的做法在某种程度上也冲淡了人们对质量问题的关注。

3. 发展阶段（2000～2010 年）

21 世纪的第一个十年以我国开展首轮全国范围的本科教育教学评估为标志，我国的高等教育保障工作进入全面推进阶段。进入 21 世纪后，我国高等教育发展迅速，新办院校数量不断增加，学校规模不断扩张，教学质

---

① 郭平、田联进：《我国高等教育质量保障体系现状与对策建议》《中国高教研究》2011 年第 12 期。

量保障越来越受到公众的关注。基于这一状况，各级教育行政主管部门需要用新的评估制度保障高等教育教学质量以适应形势的变化①。

在宏观政策层面，国家和教育部高密度地出台了一系列旨在提高高等教育质量尤其是本科教育教学质量的文件，有力地促进了我国本科教育教学质量保障体系的建构。2001 年，教育部印发《关于加强高等学校本科教学工作提高教学质量的若干意见》，提出了要加大教学经费投入力度、大力提倡教授做好研究的同时，也要花时间在本科教学上，充分调动本科生课堂的积极性、加强实践教学、建立健全教学质量监测和保证体系等提高教学质量的意见和建议。2003 年，教育部下发《关于启动高等学校教学质量与教学改革工程精品课程建设工作的通知》（教高〔2003〕1 号），要求高校以一流的教师队伍、教材、教学方法、教学内容和教学管理打造示范性课程。2004 年，国家出台《2003～2007 年教育振兴行动计划》，明确提出要实施"高等学校教学质量与教学改革工程"。其提出的要求主要包括两个方面：一是要深化高校教学改革，二是要完善高校教学质量评估与保障机制等任务。2006 年是落实《2003～2007 年教育振兴行动计划》文件的重要一年，国家相继出台了进行对口支援西部地区高校、大学英语教学改革等若干意见。2007 年，为了顺应时代潮流和全面贯彻落实科学发展观，提高质量成为高等教育的重中之重，国家出台了一些相应的新政策。

在本科教育教学质量保障与评估的实践层面，为了加强高等学校本科教学工作，提高教学质量，教育部从 2001 年 10 月开始在全国 25 所高校进行本科教学工作随机性水平评估的试点工作。2002 年，我国发布了试行的《高校教学评估方案》，在原来方案的基础上，将原先的三种方案进行合并，形成了新的水平评估方案。2003～2008 年，我国高校本科教学质量保障体系的建设进入合格评估阶段。在随机性水平评估的基础上，开启了本科教学质量评估改革，集中力量解决水平评估阶段用一个标准评估所有高校的问题。随后提出分类评估的理念，分类评估也就是合格评估的雏形，各界人士对其进行了深入研究。2003 年，我国"五年一轮"本科教学质量评估

---

① 教育部高等教育司：《历史性成就，格局性变化——高等教育十年改革发展成效》，中华人民共和国教育部政府门户网站（moe.gov.cn）。

制度建立，这标志着相关评估进入专业化阶段，同时教育部成立了教育部
教育质量评估中心，教学评估工作更加科学化、规范化和制度化。至此，
本科教学水平评估成了教学保障过程中的基本制度。到 2008 年，第一轮本
科教学评估完成，共评估了 589 所普通本科院校。这一阶段的教育教学质量
保障活动是以教育行政主管部门为主导开展的，院校主导或第三者评估机
构作为本科教育质量保证的主体进展相对缓慢。

4. 创新阶段（2010～2020 年）

这一阶段是以构建适合我国国情的"五位一体"评估体系为重要标志
的创新发展阶段。2011 年教育部《关于普通高等学校本科教学评估工作的
意见》（教高〔2011〕9 号）文件颁布，从政策上确立了新的"五位一体"
的本科教学评估制度，即以高校自我评估为基础，以教学基本状态数据常
态监测、院校评估、专业认证及评估、国际评估为主要内容，政府、学校、
专门机构和社会多元评价相结合的教学评估制度。2012 年，教育部《关于
全面提高高等教育质量的若干意见》（教高〔2012〕4 号）颁布，对高等教
育提出了许多新的思路和设想，如完善人才培养质量标准体系、实施卓越
人才教育培养计划、探索拔尖创新人才培养模式、推进协同创新、探索以
学院为基本单位的综合性改革等。2013 年教育部颁发了《关于开展普通高
等学校本科教学工作审核评估的通知》（教高〔2013〕10 号），开始了首轮
本科教学审核评估工作。2018 年教育部督导局发布了《对普通高等学校本
科教学工作合格评估部分评估指标的调整说明》。在评估指标体系的设计
上，教育部设定了 7 个一级指标、20 个二级指标和 39 个观测点。与以往相
比，评估方案更能促进高校专业设置与经济社会文化的发展相适应，更有
利于师资队伍建设的专业化，更能促进产教研的融合，整体上有利于本科
教学质量的提升。

此后，我国按照深入推进管办评分离的原则，理顺中央与地方以及政
府、高校和社会之间的关系，推进高等教育治理体系和治理能力的现代
化。[①] 同时，教育部逐步建立和完善高等教育质量分类标准体系，健全高等
教育质量评价体系，深入推进"五位一体"教学评估制度在实践中的落地

---

① 范唯:《深化评估分类改革，助力本科教育高质量发展》，《中国高等教育》2020 年第 22 期。

生根。在高等教育国际化进程中，我国也针对跨境教育的质量保障颁布了一系列规定。同时，2000 年之后我国出现了一系列大学排行榜，如武书连的大学排名、网大的大学排名、上海交通大学"世界大学学术排名"等，成为中国高等教育质量保障体系的重要组成部分。

这个阶段，"以学校为主体，以学生发展为本位"和"分类评估，分类指导"的理念在中国已得到了贯彻实践。以政府为主导，以高校自我评估为基础，多方参与的、与中国特色现代高等教育相适应的教学评估制度已逐步形成。

5. 全面提升阶段（2020 年至今）

教育评价事关教育发展方向，2020 年 10 月，中共中央、国务院印发了《深化新时代教育评价改革的总体方案》，第一次从国家层面对教育评价改革做出全局性战略部署，明确提出"推进高校分类评价""改进本科教育教学评估"的目标要求。2021 年 1 月，教育部印发了《普通高等学校本科教育教学审核评估实施方案（2021 - 2025 年）》，此方案在延续上一轮（2013 ~ 2018 年）审核评估"用自己尺子量自己""五个度"等经验做法的基础上，结合新时代本科教育的新要求，聚集立德树人导向、实施分类指导、强化评估结果、注重评估整改等热点难点问题，从指导思想、理念标准、程序方法上进行系统设计和改革创新。新一轮本科教育教学审核评估工作的开展，无疑将有力促进中国特色"五位一体"的本科教学评估制度体系——以自我评估为基础、院校评估和专业认证为两大支柱、状态数据常态监测为平台，国际评估为影响全面推进的本科教学评估制度体系的建立。

但我们也应该看到，随着我国高等教育规模急剧扩大，高等教育普及化阶段已然到来。大学与经济社会联系更加紧密，科技发展驱动高等教育变革，高等教育引领科技革命，全球化的趋势逐步放缓；高等教育质量提升的周期将进一步延长，社会对高等教育人才培养的质量要求进一步提高；高等教育改革张力增加，系统性增强，利益相关者增多，高等教育决策与改革措施实施难度加大；教育发展方式转变，内涵建设任务繁重。[①] 面对这

① 教育部发展规划司：《推动高等教育高质量发展》，中华人民共和国教育部政府门户网站（moe. gov. cn）。

一形势，要全面提升我国的高等教育质量保障体系的建设水平，形成内外相结合的质量管理体制机制，建立持续改进的管理机制，必然要求我们更新教育理念、教学模式和管理体制；面向行业和企业的社会需求，构建更加开放的专业教育体系，形成以产出为导向的价值取向；持续构建和改进质量保障文化，从以教师的教为中心转变到以学生的学为中心，从注重传授知识体系到强化学生能力的培养。

## 二　评估种类

2000 年之后，我国分别在院校评估、专业评估、评估机构建设等方面开展了诸多的实践和探索，评估水平在探索中不断提高。

### 1. 院校评估

我国在 2000 年以后，加大了高等教育质量保障力度，采取了一系列高等教育质量保障措施。比如，在 2003～2006 年，教育部启动了第一轮本科教学水平评估，对全国普通高校办学水平进行评估。虽然公众对评估效果评说不一，有的批评此次评估过于注重高等教育质量的输入指标，削弱了对高等教育结果的质量评价，但是评估的结果却是教育基础条件得到明显改善。① 在我国高等教育大众化初期教育资源不足的情况下，大部分高校为了通过评估加大了教学投入的力度，改善了办学条件，增加了图书资源，补充了教师队伍，使规模扩张进程中的高等教育守住了底线，保障了受教育者的基本利益。2010 年起，教育部评估中心开始对 2000 年以来新建本科院校实施合格评估，已评估 143 所学校，覆盖了全国 28 个省（区、市），约占全国新建本科高校总数的 50%。从 2013 年起对参加过上一轮评估的本科院校实施审核评估，截至 2018 年年底大部分高校已参加了审核评估。从 2021 年开始，教育部决定对所有参加过上一轮审核评估和通过合格评估的新建院校，实施新一轮的本科教育教学审核评估。截止到 2023 年 7 月，在完成了试点高校审核评估工作的基础上，各省（区、市）已相继开展了评估的启动工作。

---

① 教育部发展规划司：《以高质量审核评估推动高质量教育体系建设》，中华人民共和国教育部政府门户网站（moe. gov. cn）。

2. 专业认证

我国在加强院校评估的同时，不断扩大专业认证的规模和范围。通过工程教育专业认证毕业生数量从 2016 年的 6.7 万余人上升到 2021 年的 22 万余人；通过工程教育专业认证的数量已由 2013 年的 95 个上升到 2021 年的 423 个（见图 1-1、图 1-2），大部分"985 工程""211 工程"高校均已参加认证。

2012 年，我国正式提交加入《华盛顿协议》申请，2016 年获得正式成员资格，成为当年教育领域的十大新闻之一。加入《华盛顿协议》，有力推动了我国工程技术人员全球流动，为我国工程教育毕业生全球执业提供了一张"通行证"。经认证协会认证的工科专业毕业生在包括英、美、日、韩等 21 个正式成员组织辖区内享有同等权力，为工程技术人员成体系、制度化地走向世界奠定了基础。相关毕业生因为《华盛顿协议》互认，赢得了在相关国家和地区执业的可能，不仅提升了我国工程教育的国际影响力，也对助力共建"一带一路"倡议做出了重要贡献。这是我国高等教育领域加入的首个多边互认协议，标志着我国工程教育质量标准实现国际实质等效，意义重大，影响深远。目前，很多高校将专业认证工作作为推动全校教学改革的抓手，将认证工作成效作为检验改革成效的重要标准，以认证促建设、以认证促改革、以认证促发展，认证工作有力促进了本科教学建设和人才培养能力提升。

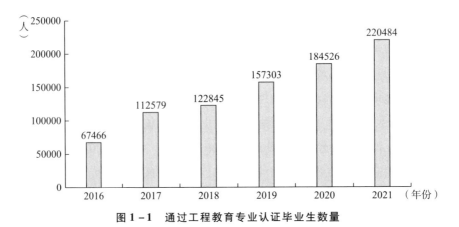

图 1-1　通过工程教育专业认证毕业生数量

除工程教育专业认证工作卓有成效地开展外，在教育部的推动下，我

图 1 - 2　申请与通过工程教育专业认证数量

国的临床医学和师范类专业认证工作也同步进行。

2000 年以来，在坚持中国特色医学教育改革发展的同时，一批高等医学教育领域的有识之士敏锐地意识到在高等医学教育规模增加的同时，医学教育质量是核心问题。在与国外同道交流中，医学教育标准和专业认证的概念被引入中国，开始了中国医学教育以质量求发展的过程。2012 年，《教育部卫生部关于实施临床医学教育综合改革的若干意见》（教高〔2012〕6 号）提出，到 2020 年完成高等学校临床医学专业首轮认证工作，建立具有中国特色与国际医学教育实质等效的医学专业认证制度。2014 年，工作委员会启动对 2008 年版《本科医学教育标准：临床医学专业（试行）》的修订工作，并于 2017 年颁布《中国本科医学教育标准：临床医学专业（2016 版）》。新版标准关注全球医学教育发展趋势，对医学教育提出基本标准和发展标准，为医学院校的持续改进指出了方向。

2018 年，工作委员会启动机构认定申请工作。机构认定是我国临床医学专业认证的重要节点。2019 年 10 月 Word Federation for Medical Education 四位专家通过对工作委员会专家组在上海交通大学医学院认证现场的考察和工作委员会年度全体会议的观摩，以及与被认证院校、认证专家组、工作委员会和秘书处成员的座谈，获得了中国临床专业认证状况的一手资料。最后，经 WFME 大会审议，做出了对工作委员会的认定结论：认定通过，有效期十年。WFME 主席戈登先生（Gordon）专门给工作委员会致信，对工作委员会"完美和高水平"的工作予以高度认可。临床医学专业认证工作委员会通过 WFME 的机构认定，标志着具有中国特色的临床医学专业认证实现了与国际医学教育认证的实质等效，是中国医学教育史上又一个重要里程碑。

2017 年 10 月《普通高等学校师范类专业认证实施办法（暂行）》正式发布，实施办法包括学前教育、小学教育、中学教育三类专业的三级认证标准。2019 年 10 月，职业技术师范教育专业、特殊教育专业认证标准发布，"三级五类"认证标准体系全面建立。师范类专业认证组织实施采取部省协同的工作模式，教育部成立普通高等学校师范类专业认证专家委员会，负责认证的规划、咨询、指导、审定等工作。教育部高等教育教学评估中心、江苏省教育评估院、浙江省教育评估院等 12 家具备认证资质的教育评估机构承担具体认证组织实施工作。截至 2019 年年底，共对全国 4000 余个师范类专业点进行了第一级监测，对 188 个师范类专业进行了第二级认证，对 26 个前期试点专业按照第二级认证标准进行了复评，对 6 个师范类专业进行了第三级认证。

师范认证以"学生中心、产出导向、持续改进"为基本理念。学生中心，强调遵循师范生成长成才规律，以师范生为中心配置教育资源、组织课程和实施教学；产出导向，强调以师范生的学习效果为导向，对照师范毕业生核心能力素质要求，评价师范类专业人才培养质量；持续改进，强调对师范类专业教学进行全方位、全过程评价，并将评价结果应用于教学改进，推动师范类专业人才培养质量的持续提升。专业认证工作启动以来，取得了实质性进展，对规范引导师范类专业建设、深化师范教育改革、建立健全教师教育质量保障体系、不断提高教师培养质量发挥了重要作用。①

3. 第三方评估

从 2011 年起，我国建立了质量报告发布制度，接受第三方评估。2011年，要求 39 所"985 工程"高校编制教学质量报告。2012 年，范围扩大到"211 工程"高校。2013 年扩大到全国所有公办普通高校。截至 2015 年年底，省一级专门的评估机构已经发展到 15 家，如河南省教育评估中心、江西省高等教育评估所、海南省高等教育评估中心等。我国高等教育质量保

———————————

① 转引自：《教育部关于印发〈普通高等学校师范类专业认证实施办法（暂行）〉的通知》。

证主要由政府机构或政府授权的机构制定相应的政策。随着我国高等教育质量保障能力的不断加强，政府对高等教育的监管从直接管理走向公共治理将成为一种发展趋势。教育部于 2015 年颁布的《关于深入推进教育管办评分离促进政府职能转变的若干意见》再次强调并深化了这一措施。"管办评分离"的制度逻辑在于实现政府依法管理、学校自主办学与教育独立评估的格局。当前，在高等教育领域，第三方评估是落实管办评分离政策的重要手段。高等教育第三方评估的公信力依赖于第三方评估机构的主体独立性、手段专业性以及评估结果的客观性。从国外发达国家的评估经验来看，我国高等教育第三方评估公信力的形塑路径就在于以确保评估机构独立性为核心，以提升评估的专业性与客观性为两翼，形成科学合理的现代高等教育评估机制。

## 三　发展趋势

在"全面振兴本科教育"的大背景下，我国本科教学质量保障体系受到了前所未有的关注，如何更好地完善本科教学质量外部质量保障体系和内部质量保障体系，成为所有高校关注的重大课题。为适应我国教育治理体系与治理能力现代化建设新形势，教育督导部门以全面深化教育体制机制改革为突破口，以保障教育教学质量为主线，面向本科和研究生教育两个层级开展高等教育评估，基本形成了以高校自我评估为基础，以教育行政部门监管为引导，学术组织、行业部门和社会机构积极参与的高等教育内部质量保证体系和外部质量监督体系，为高等教育内涵式发展提供了有力支撑。

### 1. 形成良好的高等教育质量文化

高校质量文化是各个高校在长期的教育教学实践当中，自觉形成的涉及质量空间的价值理念、意识形态、思维方式等软文化总和。[①] 质量文化是质量保障体系的根基和灵魂并且对其具有软约束性，质量保障体系对质量文化起到保驾护航的作用。以往高校对质量文化的重视程度不够，也没有

---

① European University Association. 2005. Developing an internal quality culture in European universities：Report on the quality culture project，2002 - 2003. Brussels：European University Association.

根据实际情况明确定位自己的发展理念，例如以往高校内部质量保障体系往往从教师或者决策者的角度出发，自上而下地构建一套评价和管理体系，造成我国本科生课堂是在以教师为中心和主体的氛围中进行，学生未能充分发挥其主观能动性。这种质量保障理论往往不利于学生的成长，在实践中容易招致学生的反感。[①] 为此，教育部多次发文要求各个高校应该更新教育理念，形成新的高等教育发展观、教学管、管理观和质量观。教育发展观应该由以往的以扩张高校规模建设为中心变成以高校质量文化内涵建设为中心；教学观应该以"学生"为中心，而非以"教师"为中心；教育观应该由原来的教育管理变成教育治理；质量观应该由原来的教师"教"质量变为学生的"学"质量。经过多年的教育教学改革，我国一流大学特别重视发挥学生在本科教学质量保障中的主观能动性，逐渐形成了以学生为中心的质量保障文化，"一切为了学生、为了一切学生、为了学生的一切"的质量文化受到高校重视。许多高校在质量保障过程中以学生为中心，了解学生的需求，普遍关注学生的学习成长过程，强调学生的学习成果。例如，北京理工大学将 OBE 理念贯穿到本科教学及其质量保障中，实施突出学生学习成果的教学结果导向评价；中国人民大学的质量保障体系中增加了"学情调查"，将本科生学习过程中的相关数据和学生学习体验、投入、效果及对学校人才培养制度的满意度等相融合。学生对学校发展的意见和建议可以为学校教育教学质量的提高、教学改革和相关制度的完善做出一定的贡献。

2. 高等教育质量保障体系逐渐组织化和制度化

进入 21 世纪以来，随着中国高等教育规模的不断扩大，高等教育质量保障成为中国高等教育面临的新挑战。质量问题的凸显引起了党和国家对高等教育质量保障体系建设的关注，随之建立了国家高等教育质量评估中心，省级高等教育质量保障机构、校级高等教育质量保障机构也相继成立。不同层次高等教育质量保障组织的建立和发展，使组织化和制度化成为 21 世纪我国高等教育质量保障最明显的特征。在教育教学方面，"双一流"建

---

① 孙铄橼：《质量文化视角下完善高校内部质保体系的策略研究》，《上海质量》2021 年第 7 期。

设高校不断创新教育理念和教育方式方法，深化一流人才培养模式改革。如北京大学全面推进机制体制改革，学生可在全校范围内选修课程，在学部内，学生可自由转专业，自主设计主修和辅修专业，学校支持各类跨学科项目、交叉项目建设，建设成效显著；南京师范大学致力于探索小班化、跨学科人才培养模式，开设"陶行知实验班""李旭旦实验班"等。在教育评价方面，一流大学和一流学科建设成效显著。相关高校着力加强教育教学质量评估，将学生职业发展状况作为优化人才培养方案的重要参考[①]。

3. 开展形式多样的、丰富的教学质量保障活动

高校如果仅依靠教师、学生等教学主体和教务处等传统行政部门促进教学质量提升是远远不够的。为了提高教学质量，许多高校建立了一批教学支持机构及评估机构，开展了形式多样的教学质量保障活动。高校内部质量保障活动主要围绕办学定位、本科人才培养目标和规格、课堂教学质量等方面做出评估和考察，突出立德树人举措成效和学校"三全育人"整体效果。通过对《本科教学质量报告》的分析，不难发现许多高校能够坚持"计划—检查—执行—改进（P-D-C-A）"质量保障理念，旨在建设全过程监督管控、校院系协同和全方位评价的本科教学质量保障体系。[②] 具体表现为：

一是高校依据国家相关质量标准，以高校办学定位和人才培养目标为基本导向，深入分析影响教学质量的基本要素、重要环节和关键监测点，以此制定了本科专业、课程和教材建设以及教学各环节的质量标准。二是开展教学督导及教学质量监控。大学聘请专家担任专职督导，充分发挥教学督导组专家"督教、督学、督管"的作用，为教学部门提供教学状态的客观评估，对问题课堂和课堂问题提供参考意见，并以教学辅导等多种途径，引导教师端正态度，站好讲台，发挥传帮带作用，甘当人梯，奖掖后学，成为年轻老师成长路上的引路人。三是进行质量管理信息化建设。如广东外语外贸大学主动适应新形势、新挑战，学校将以新一轮审核评估为契机，推动教育教学改革向纵深发展。审核评估要求各高校"用自己的尺

---

① 李红惠：《我国研究型大学本科教育培养目标定位研究——基于"985"高校 2010 年度"本科教学质量报告"的文本分析》，《国家教育行政学院学报》2012 年第 5 期。

② 转引自教育部发布的《全国普通高校本科教育教学质量报告（2020 年度）》。

子量自己"，梳理和建立学校的质量保障体系和质量标准，就是立好"自己的尺子"。四是以评促建、促整改。高校（专业）教学工作评估制度是学校本科教学内部质量保障体系的重要组成部分，评估程序包括院系自评、专业自评、校内外专家现场评估、院系整改及整改效果回访等环节。评估中心、试点高校和评估专家是一个质量共同体，共同研究推进。本着"平常心、正常态"，对评估考察所形成的意见结合学校的实际进行分析研究。五是重视国际评估与专业认证。比如，南开大学商学院7个专业通过了目前世界上最权威的商学院认证AACSB国际认证，同时学校也在鼓励和支持各学院、各专业积极参与具有权威性的国内外专业认证。

4. 建立"管办评"分离，"五位一体"的评估制度

2011年教育部发布了《教育部关于普通高等学校本科教学评估工作的意见》的文件，标志着中国从政策上确立了新的"五位一体"的本科教学评估制度，包括自我评估、院校评估、专业认证与评估、状态数据常态监测、国际评估。"五位一体"的本科教学评估制度是我国对本科教育评估制度的整体性顶层设计，它的关注点不再是一次性的单项评估工作。教育管理体制中的"管办评"分离，本质上是建立政府、高校、评估机构及社会之间的新型关系。"管办评"分离评估制度的确立要求政府创新教育管理方式，又要求高校完善自身内部质量保障和治理机制，还要求评估机构提高服务水平和提升专业能力。高校的自我评估和自我改进的重要性愈发重要，因为此评估制度是要求高校发现高校内部存在的影响本科教学质量的关键问题并加以改正，而不是为了迎合外部机构的检查。中国顶层设计的"五位一体"的教学评估制度，不仅综合运用了国际上评估、认证、审核三种保障模式，也体现了改革方向和政策举措。所秉持的"以学校为主体、以学生发展为本位"和"分类评估、分类指导"的理念，以及"以数据库为基础开展质量常态监测和发布质量报告"等，既具有中国特色也达到了国际先进水平。

## 四 未来展望

在一个公众越来越意识到风险的世界中，人们已经对确定性和控制感产生了依赖，公众将不再盲目信任社会机构，对专家和专业人员的作用以

及他们的建议和判断越来越怀疑。在当今的复杂社会，质量评估的普及可能无法解决非个人信任的问题，最终它只能提供"验证仪式"。质量的内部控制与生成成为保障体系建设的重中之重，这是因为，"亡羊补牢"远不如"未雨绸缪"，建立一个完善的内部本科教学质量保障体系，远比后期评估整改好得多。①

1. 加快形成中国特色高等教育评估制度体系

中国特色高等教育评估制度体系有以下特征：一是不断更新教育质量保障理念，使"学生中心、产出导向、持续改进"理念成为引领整个评估工作的核心理念，成为各类评估工作的理念共识和行动自觉；二是评估分类体系更加科学：按类型把尺子做精做细，采取柔性分类方法，提供不同"评估套餐"，引导高校找准定位，内涵发展，特色发展；三是坚持以评估促进改革，既看基础，更看增量，坚持以评估引领改革，让具有代表性的教育教学综合改革创新实践"亮出来"；四是加强省级评估机构能力建设、促进行业/企业参与评估认证推动评估工作从"结果评价"向"过程评价"转变，实现评估线上线下"一体化"设计。新一轮本科教育教学审核评估方案就是中国特色高等教育评价制度的具体化，党的领导、立德树人提到前所未有的高度。

新一轮审核评估将评估高校分为两类四种，第一类评估适合以服务国家大战略需求、建设世界一流大学为办学定位，以培养一流拔尖创新人才为目标，且已经拥有一流教师队伍和育人平台的高校；第二类评估适应量大面广、培养目标或者以学术型人才培养为主或者以应用型人才培养为主的高校。第一类审核评估重点考察建设世界一流大学所必备的质量保障能力，以及本科教学教育综合改革举措与成效；而第二类审核评估重点考察高校本科人才培养目标定位、资源条件、培养过程、学生发展质量，保障教学成效等。两类审核评估，分别设一级指标4个和7个，二级指标12个和27个，审核重点38个和77个。第一类评估少而精，具有世界一流办学目标，一流师资队伍和育人平台，培养一流拔尖创新人才；第二类量大面

---

① Daguang, W., Zuoxu, X., Fan, W., & Yanjie, Q. (2017). Enhancing teaching and learning through internal quality assurance：Xiamen University, China. Paris：IIEP-UNESCO.

广，细分为三种：学术型、应用型、首评型。

2. 建构多元质量评价机制

在管理学领域，质量即产品、服务及其活动的有效程度。在高等教育中谈及质量，如同产品质量一样，就不可避免地要关注质量评价机制。当人们用质量保障体系这一术语时，其前提就是认为教学可以标准化或者说可以用质量评价标准来衡量。即便在研究型的一流大学中，多元化仍然是一个重要的理念。不同高校，应该有不同的质量标准，研究型、应用型、职业型高校的教学质量标准应有不同，研究型高校内部教学质量标准也应有所区别，例如，不同专业很难用一套标准体系衡量。实际当中，尤其是人文社会科学的专业，不同国家或地区的专业设置及其专业内容差别非常大，什么样的教学才是有质量的教学，可能就要因地制宜了。在质量标准建设过程中，既要有全球、全国、全校统一的教学过程体系监测标准，也应该有针对每一个专业特殊的教学或课程标准。高校要做到统一与多元相结合、普遍情况与特殊情况都考虑，才能真正发挥质量体系的巨大保障作用。

我国在质量保障体系建设上应该着重加强以下几个方面：实施全面质量管理，建构多元评价机制，形成质量保障文化，建立教学支持机构，等等。高校要根据课程教学目标要求，科学制定评价方式与方法，将学生的学习成果、教师教学效果、督导评价结果有机结合，将学生实际学习情况与评价内容进行深度融合。为了落实为党育人、为国育才、立德树人根本任务，全面质量管理的保障重点是系统性建构，而不是若干个单一的教学质量保障制度或措施。高校在构建教学质量保障体系时，应将教学质量的执行者（教师）、学生、管理者、监督者等统筹考虑，树立质量共同体的理念，最终实现教学质量的全面提升，而非某单一方面质量提高。教师的教学支持系统旨在促进教师教学开展工作，包括帮助新教师适应大学教学生活，交流教学心得，促进课程设计创新，促进教学方法创新，促进教学研究开展等方面；高校也要提供支持学生教学知识系统，帮助学生在教学中更有效的学习，包括提供广泛的教学信息，更加有意义的学习策略，更加公平的教学帮扶，更专业的职业发展指导等。

3. 建设"以学生为中心"的质量保障体系

我国高等教育规模已位居世界第一，但当前高等教育普遍存在着发展重心偏低、同质同构、优质发展不充分等问题。为此，党的十八大报告提出"推动高等教育内涵式发展"，党的十九大报告进一步提出"实现高等教育内涵式发展"。以人才培养质量为导向，引导高等教育从外延式发展向内涵式发展转变。建设"以学生为中心"的质量保障体系可以从教学范式和评价方式两个方面进行改进和提升。教学内容、教学手段、教学方法和课程考核要以学生学习为中心、以学生学习效果为中心和以学生发展为中心。以学生为中心的教学范式授课前期体现在教师教学目标的设定和教学设计方面，教师授课结束后，学生的学习成效也要以学生为中心。在评价方式方面，课程评价由"传统式"变成基于成果导向教育（Outcome-Based Education）式。传统式评价的课程目标是学生接受满足度，内容与方法主要考查内容的前沿性和手段的先进性，考核评价的标准是教师的教学效果；OEC背景评价方式的内容、方法、考核评价都要与课程目标建立联系，而课程目标要建立与毕业要求的联系。各利益相关方的愿景与需求决定着培养目标，毕业要求建立起了培养目标和课程目标之间的桥梁。

# 第二章  美国本科教育质量保障体系研究

　　美国本科教育的质量保障体系历史悠久，兼具高水平的理论和实践研究，并展现了鲜明的特色。该体系在美国社会的发展和本科教育中扮演着不可替代的重要角色。

　　美国的本科教育规模庞大。根据美国高等教育年鉴（2002～2003）的统计，美国有4182所高校。[①] 美国的本科课程种类繁多，教育形式多样，但教育质量却存在参差不齐的情况。除了享有国际声誉的哈佛大学、普林斯顿大学、麻省理工学院等知名高校外，还存在一定数量的低质量机构和所谓的"文凭工厂"。正如一些教育工作者所指出的，世界上最优秀的大学在美国，而最差劲的大学也在美国。美国本科教育体系虽然庞大而复杂，但其实力在世界范围内名列前茅，为社会培养了大量杰出人才。截至2012年，美国共获得309项诺贝尔奖，这与其完善的本科教育质量保障体系息息相关。[②]

　　美国本科教育的外部质量保障措施始于19世纪末，核心是认证组织和认证体系的建立。这一进程经历了自主发展、联合发展、国家监管和国际化四个阶段。这些阶段的划分并非简单的时间线性发展，而是反映了美国本科教育外部质量保障组织在不同时期的不同特点。对于我们对外部质量保障概念和行动的整体理解，具有重要意义。

---

① 顾明远、梁忠义主编：《美国教育》，吉林教育出版社，2000。
② 别敦荣：《中美高校学术管理》，华中科技大学出版社，2000。

# 第一节 美国本科教育外部质量保障体系

## 一 美国本科教育外部质量保障体系的形成与发展

### 1. 二战前本科教育质量保障体系的演变

二战前美国本科教育质量保障体系的演变始于 1636 年，当时英国殖民者在美国马萨诸塞州创立了哈佛学院，为美国本科教育的历史开启了新篇章。随着内战的结束，美国生产力迅猛增长，公众对本科教育机会的民主化呼声也日益高涨。大量高校如雨后春笋般涌现，招生人数急剧增加。以 1900 年为例，美国本科生人数为 23.7 万人，而到了 1930 年，入学人数已飙升至 110 万人[①]。

尽管国家颁发章程规范了本科生的运作，为本科教育的质量提供了一定的保障，然而，当时本科教育的管理处于"散权制"状态，很多学校的办学质量堪忧，毕业生的素质远未达到应有的要求，整体上导致了本科教育质量的下降。1905 年，柏林大学哲学院宣布，美国大学协会会员所颁发的学士学位只相当于德国文科高中的毕业证书。[②] 这一事件促使美国社会采取必要措施，确保美国本科教育的基本质量。

1909 年，中北部地区的学院与中学协会依据美国教育部和卡内基教学促进基金会的工作成果，制定了本科课程认证的标准。1913 年，该协会公布了一份认可机构名单，这被视为美国第一个现代本科教育认证的起点。[③]

在早期，认证的重点是评估本科生提交的报告。认证通过对学生人数、图书馆藏书数量以及教师规模等定量标准的检查，以确保学校为学生提供有价值的教育，并且有资格成为地区认证机构的成员。当时并没有学校自行评估或实地考察的做法。然而，到了 20 世纪 20 年代末和 30 年代初，由于既有认证标准的局限性，未能充分考虑各个本科课程的独特性，中北部高等学校协会率先通过研究提出了使用定性方法对学校整体工作模式进行

---

① 王英杰：《美国本科教育的发展与改革》，人民教育出版社，1993。
② 杨汉清、韩野：《比较本科教育导论》，人民教育出版社，2001。
③ 夏阳：《各国本科教育评价》，上海科技文献出版社，1997。

评估，以尊重本科课程的多样性和自主性。这种评估方法被其他地区的认证机构所模仿。

专业认证最早起源于19世纪末20世纪初，在医学领域首次出现。专业认证的目的在于解决本科生如何接受以培养研究生质量为重点的知识和技能的问题。专业认证的重点放在专业领域，认证机构设定专业卓越的标准，评估学校是否符合这些标准，并将评估结果向社会公布。早期的专业认证采用了有限的评估方法，在机构认证初期，评估方法不包括本科生自评和实地考察，只偶尔对本科生进行实地考察。

20世纪初，认证机构使用的定量标准通常涉及教学楼数量、容纳学生人数、图书馆藏书数量、学术团队的组成和年度预算。这些认证标准用于确认本科课程是否拥有足够或稳定的资源提供优质教育。显然，这些认证标准强调的是学校本身，而非学生或学习教学方面。

截至二战前，美国的本科教育质量保障体系已初具规模，其核心是认证体系，并由国家权威机构颁发章程。然而，该认证体系的范围有限，仅适用于高等教育机构，不包括民办高校和州立师范学校。评估方法相对简单，认证机构主要基于学院提交的报告判断本科生是否能够通过认证，很少进行实地考察。认证主要关注学校的目标、计划、资源和设施等方面，也开始关注整体高校的发展。

2. 二战以来本科教育质量保障体系的发展

自二战以来，本科教育在国家发展中的重要性得到了广泛认可。美国联邦政府立法确立了本科教育的战略地位，并大量拨款资助本科教育的发展和改进。在1945年至1974年的30年间，美国本科生人数翻了一番，适龄入学率逐渐提高到约50%；与此同时，校舍建设数量超过过去300年的总和。本科院校总收入增长了43倍以上，从1939～1940年的7.15亿美元增加到1974～1975年的356.9亿美元。[①] 然而，本科教育迅速发展所带来的质量问题也表明，需要进一步完善本科教育的质量保障体系。

自20世纪50年代起，认证机构开始要求高校进行自我评估，并对本科

---

① 关玉霞：《日本、美国和瑞典本科教育质量评价体系的比较分析》，《高等建筑教育》2003年第4期。

的学科课程和行政工作进行长期内部评估。为了解决这一时期本科教育质量问题，认证机构对认证政策进行了调整。一方面，增加了获得认可的条件，要求本科办学必须满足既定的基本条件才能获得认证；另一方面，认证机构要求本科院校报告在初始认证之前或认证轮次之间发生的变化或改革。由于本科教育招生人数的增加和学生兴趣的多样化，许多高校进行了适当的改变，如适当修改专业课程、改变教学机构和地点、设立分校、实施非专业教学等，以满足学生需求。这一政策的制定是为了使认证机构能够跟上本科生的变化。

参与本科教育质量保证体系的政府机构主要是联邦政府和州政府。二战后，美国联邦政府对本科教育的重视程度越来越高，对本科教育的干预也越来越多。联邦政府通过制定教育法律、法规和拨款确保本科教育的质量。例如，联邦政府于1963年颁布的《高等教育设施法》明确规定，高等教育机构应提供额外的师资、实验室和其他设施，以满足迅速增长的本科生数量需要，并规定政府提供补贴和高等学校研究生与本科生教学科研设施建设贷款。1965年，国会通过了美国历史上第一部本科教育法《高等教育法》，确立了联邦学生贷款计划等多项制度。[①] 此后，联邦政府每五到六年修订一次《高等教育法》，以确保宏观层面的本科教育质量。

在质量保障体系中，本科的绩效评估是国家教育部门关注的重点。它侧重于评估本科资源使用的效率和有效性。在绩效评估中，绩效的表达通常以公开的形式和定量地用于衡量学生的学习成绩和学校的进步。绩效评估的目的是：鼓励和确保学校合规，鼓励和确保相关改革，确保教育质量，并要求学校对州长和州议会负责。由于教育资金不像以前那样容易获得，本科院校必须向政府和公众报告他们将国家教育资金用于最需要的地方，例如改善本科教育、技术教育和职业准备并展示具体成果。

## 二　美国本科教育质量保障体系的基本框架与运作

### 1. 本科教育质量保障体系基本框架

在美国，本科教育质量保障体系并不依赖于联邦政府和州政府的直接

---

① 王东江：《美加本科教育质量监测与评价体系及其启示》，《世界教育资讯》2003年第5期。

干预，而是由私人、非营利性的认证机构主导。这些认证机构承担了其他国家由官方教育部门执行的监管职能。

认证是一种与质量保证紧密相连的质量评估方式。在很多情况下，两者可以互为同义词，也可以互相替换。例如，在一些国际性的本科教育组织和西方国家的本科教育文件中，认证通常被视为质量保证的同义词。

在美国，很少出现质量保证的提法，通常使用认可来代表质量保证的整个过程。然而，基于收集的数据，本文将认证体系定位为美国本科教育质量保证体系的核心和主要组成部分。

认证制度是本科教育质量保障体系的重要组成部分，是保障和提高本科教育质量的主要途径。它是一种基于自我评估和同行评估的管理模式。认证体系在美国已有 100 多年的历史，分为"学院认证"和"专业认证"两种形式。认证机构是非政府、非营利性组织，分为区域认证机构、国家认证机构和专业认证机构。

认证体系在美国社会和美国本科教育中发挥着举足轻重的作用。

第一，认证制度在美国联邦政府和州政府关于本科教育的决策中发挥着重要作用。例如，各个大学获得联邦学生资助、科学研究资助和州资助的能力取决于它们是否获得认可。如未通过认证，则获得这些资金是不可能的。第二，认证制度是保证职业素质的根本手段。各州主要根据他们是否完成了大学认可的课程来判断医生和公立学校教师等全职专业人员的质量。第三，认证制度是公众了解本科生素质的主要途径。公众普遍认为，经认可的本科课程比未经认可的本科课程质量更高，学生在选择学院时愿意选择认可的学校。第四，通过认证过程，高校可以广泛听取外部意见和建议，促进学校的可持续发展和提高。第五，认证制度是维护和发展美国大学核心价值观非常重要的途径，如大学自治、实施文科教育、教师学术自由、合作与共同管理等美国本科核心价值观教育。第六，认证为其他国家衡量美国本科、专业和学位课程的质量提供了一种有效的方式。①

2. 本科教育质量保障体系具体运行情况

美国本科教育质量保障体系由联邦政府和认证机构共同构成。联邦政

---

① 洪成文：《美国本科教育认证委员会：认证目标、标准和程序》，《比较教育研究》2002 年第 9 期。

府在宏观层面上对本科教育质量的监督，主要通过《高等教育法》的不断修订以及对认证机构的资助和认可来进行。

认证机构分为机构认证和专业认证两种。两者的认证过程大致相同，可概括为以下五个步骤：

（1）认证标准的制定：由认证机构与本科院校协商确定；

（2）自我评估：本科或专业教育机构根据已有的认证标准进行全面的自我检查，以了解学校的优势和不足；

（3）现场考察：认证机构派遣专家对申请认证的本科院校进行实地考察和评价；

（4）认证决策：认证机构根据考察结果决定是否给予机构或专业认证资格；

（5）重新评估：认证机构会定期对学校不断变化的本科或专业教育情况，以及它们对认证标准的持续符合程度进行评估和审查。[①]

### 三　美国本科教育质量保障体系的三个特点和问题

1. 美国本科教育质量保障体系的特点

美国本科教育质量保障体系经过实践的检验，形成了自己独特的风格，主要体现在以下四个方面。

首先，本科教育质量保障制度遵循自愿原则。美国法律并不强制本科院校必须通过认证。学校是否申请认证完全取决于自己的意愿，而不是教育部门的行政指令。目前，许多本科院校参与质量保证体系主要是出于以下考虑：认证身份有助于提高社会和同行机构的信任度，有助于在竞争日趋激烈的学生市场中吸引更多的学生，拓展自身的资金来源，在本科教育领域占有一席之地；认证身份也使本科生有资格申请联邦学生援助贷款、研究补助金等。

其次，美国本科教育质量保障体系强调私人、非营利性认证机构的重要作用。美国的认证机构既不属于某些社会团体或个人，也不受某些大学的控制，也不隶属于政府部门；它们只是作为政府决策和本科办学质量保障的社会中介，在本科教育质量保障体系中发挥着关键作用。50 多年来，

---

① 张敏轩：《本科教育识别机制研究》，《教育研究》2005 年第 2 期。

认证机构一直与联邦政府保持合作关系。联邦政府主要根据认证结果评估本科课程的质量，向通过认证的学校提供联邦学生援助和贷款，并做出其他相关决定。认证机构还定期接受联邦教育部的审查，以确保它们所认证的本科学位或专业符合联邦教育部规定的一些标准，以便获得联邦学生援助和贷款等资助。认证机构与其认证的本科院校之间存在相对独立的关系，而不是从属的行政关系。认证机构不干预院校的日常管理，院校也无权干预其认证工作。

再次，美国本科教育质量保障体系注重保障体系的不断完善，以促进本科教育质量的不断提高。联邦政府每五六年修订一次《高等教育法》，试图从宏观层面解决本科教育面临的新问题，保障和提高本科教育质量。认证制度在美国已有 100 多年的历史，在本科教育领域和美国社会中发挥了重要作用，这与认证机构严格的自我监管和自我更新能力密不可分。①

最后，美国本科教育质量保障体系促进了证据文化。美国本科教育质量保障体系历来重视事实和数据的价值，强调基于证据的收集和组织对本科或专业质量的判断。对于本科教育来说，教育质量的好坏不能以主观感受来判断，而必须客观地加以解读。

2. 美国本科教育质量保障体系存在的问题

美国本科教育质量保障体系在很大程度上满足了美国本科教育质量保障和提升的需要。但是，本科教育质量保障体系也面临着来自本科教育内外改革的挑战，需要解决一些紧迫的问题。

其中一个问题是联邦政府希望更多地参与认证体系本身，以便认证机构能够更有效地确保本科教育资金的合理使用，保证和提高教育质量，但这可能会威胁到认证机构的自主权。联邦政府主要根据认证机构的认证结果来判断本科课程的质量，为本科课程分配资金，并做出其他相关决定。但是，在 20 世纪 90 年代初期，出现了一些欺骗行为，导致人们对联邦认证的有效性产生了怀疑，要求认证机构解决与联邦学生援助贷款计划相关的问题，并确保有需要的学生获得联邦资助。②

---

① 蔡克勤：《质量流行观点：多元与统一的结合》，《本科教育研究》2001 年第 4 期。
② 王一兵：《本科教育质量保障机制：国外趋势与中国战略挑战》，《本科教育研究》2002 年第 1 期。

自 2003 年以来，国会再次修订了《高等教育法》，联邦政府、认证机构和本科院校之间争夺本科教育控制权的斗争再次白热化。联邦政府要求认证机构提供本科生工作表现和学生学习成果的证据，以证明本科教育质量由于以下原因而有所提高。

首先，联邦政府每年在学生援助和贷款上花费大量资金，例如，2002年将近 6900 万美元。[①] 其次，要使认证体系成为专业本科管理的有效模式，认证机构必须提供或敦促大学提供更多的院校工作表现证明。同样，通过认证机构提供此类证据，有助于保护学生和公众的权利。最后，为了确保和提高本科教育的质量，认证机构必须提供证明院校工作表现和学生学习成果的信息。

联邦政府希望通过提高认证机构对本科质量承担更多责任、提供更多本科信息、促进转学以及更积极地参与远程本科课程的要求来扩大对认证的控制。教育质量保证工作使认证机构能够更有效地确保本科教育资金的适当使用，并确保和提高教育质量。这无疑是对认证机构的自主性、独立性和问责制的严峻挑战。

随着本科教育在社会中的重要性日益提高，公众对本科教育质量的关注度越来越高，要求更多地了解认证制度及其实施过程，以便为本科生做出正确的决定。首先，公众要求以学生、员工和公众代表的身份直接参与认证过程。他们的参与意味着他们有权决定"什么是质量"，在认证过程中应特别注意什么，以及改变认证标准和结果。其次，公众希望不仅仅是了解认证的基本政策和本科项目是否被认证，同时也希望对于认证的细节获得更多了解，比如本科项目的表现、优势、问题，学生在项目中可以获得怎样的知识和技能。

本科教育的日益多元化发展和国际化对本科教育的质量保障体系也提出了更高的要求。本科教育国际化进程到来，学生在国家间的流动更加频繁，学分交换和学位认定问题日益突出。许多国家建立了国内统一的本科教育质量保障体系，有的加入了国际标准，确保国内本科教育质量，从而吸引海外学生。

---

① 柯长青：《美国高校学历评价的分析与思考》，《世界教育资讯》2004 第 1 期。

面对竞争日益激烈的国际本科教育市场，美国本科教育应该如何不断提升质量，保持吸引力和竞争力？这是本科教育质量保障体系需要关注和解决的一个重要问题。

3. 美国本科教育质量保障体系的对策

本科教育面临着内外部的变化和挑战，如何保证教育质量，是联邦政府、认证机构和大学共同关注的问题。它们在各自的职责范围内，进行了相应的调整和改革，寻求解决问题的最佳途径，回应公众的期待，承担提高教育质量的责任。主要措施包括以下几个方面。

一是完善认证政策和实践，从注重教育"投入"的评估，转向注重教育"产出"的评估，即更加关注学校的表现和学生的学习效果。

二是通过向社会公开更多的认证信息，并让公众参与认证过程，来提高认证的透明度和可信度。[①] 为此，认证机构和大学定期发布认证系统的最新信息。例如，有些认证机构向公众和学生提供学校自我评估报告和现场评估团队提交的报告；当一些学院和大学未通过认证或因未通过认证而关闭时，认证机构会发布简短的认证报告。

三是积极参与国际本科教育质量保障工作。在本科教育国际化的背景下，美国认证机构积极参与国际本科教育质量保障工作，不断保障和提高国内本科教育质量，保持国内本科教育在国际学生市场的竞争力。[②]

# 第二节　美国本科教育内部质量保障体系的个案研究
## ——哈佛大学

## 一　哈佛大学概况

1. 哈佛大学的实力和机构设置

哈佛大学在国际排名中表现突出，常年位居世界前列。这一地位的确立源于该校在各个领域的卓越表现，以及对知识、研究和创新的不懈追求。这种追求使哈佛大学在多个学科领域内都有着引领式的地位，为世界各国

---

① 袁祖望：《用市场竞争机制保障本科教育质量》，《高等教育探索》2002 年第 2 期。
② 刘玉品、周学军：《美国本科教育认证与评价体系》，《学位与研究生教育》2002 年第 12 期。

的学生提供了无与伦比的教育体验。

2007 年报告显示，哈佛在现代科学"革命"贡献方面略逊于麻省理工学院。尽管如此，哈佛依然在科学研究、技术创新和知识传播等领域保持着强大的竞争力。此外，哈佛大学在人文科学、社会科学和商学等领域的成就同样令人瞩目。因此，虽然在某些方面与其他顶级学府相比略有不足，哈佛依然是全球最卓越的高等教育机构之一。

哈佛大学庞大且富有，被称为"哈佛帝国"。这一称谓不仅体现在其雄厚的财力和广泛的影响力上，还表现在其为学术界和社会各界输送了大量杰出人才。哈佛大学的毕业生在世界各地都取得了杰出的成就，其中包括诺贝尔奖得主、政治家、企业家以及在其他领域取得卓越成就的人士。

哈佛共有 13 所学院，包括两所本科学校（哈佛学院和拉德克利夫学院）和 11 所研究生院。这些学院涵盖了各个学科领域，为学生提供了极其丰富的学术资源和研究机会。哈佛大学的学术氛围鼓励学生在多学科背景下进行深入的思考和创新，以培养具有广泛视野和丰富知识储备的人才。

研究生院中的一些著名系和部门包括：文理学院的生物化学与分子生物学、生物科学、应用科学、计算机技术研究中心、地质学、化学等，与麻省理工学院合作的细胞和进化生物学、微生物学和分子遗传学、神经生物学、生物化学、生物学和生物物理学、药理学、免疫学委员会和健康科学系，公共卫生学院的微生物学系，建筑设计系、设计学院等，教育管理学院，规划与社会政策学院，教学、课程与学术环境学院，人类发展学院和阅读与咨询心理学专业。[①] 这些系和部门所涵盖的领域代表了哈佛大学在各学科的研究前沿和教学实力，也为学生提供了广阔的学术和职业发展空间。

哈佛大学有 2400 名教授、6700 名本科生和 12400 名研究生。这些师生构成了哈佛大学庞大的学术群体，他们中的很多人是世界各领域的佼佼者。在哈佛大学，学生有机会与这些教授密切互动，从而获得丰富的知识和启发性的见解。此外，哈佛大学的学生来自世界各地，具有多样化的文化背景和丰富的经验，这为校园内的学术交流和文化碰撞创造了独特的条件。

---

① MBA 智库百科。

哈佛大学的校色是深红色（crimson），这一颜色象征着学校的庄重与悠久的传统。深红色同时也是哈佛大学运动队和日报 The Harvard Crimson 的名称。这一颜色不仅仅是哈佛大学的象征，更代表了学校所追求的卓越，以及在学术、体育和社会各领域取得的杰出成就。

2. 哈佛大学发展战略特点

哈佛大学享誉世界的成就与其百年历史发展的办学理念密不可分。其核心价值观体现在"以柏拉图为友，以亚里士多德为友，更要以真理为友"的校训。这一富有哲思的办学理念便是哈佛大学极具特色的发展战略的根源所在。

（1）在研究定位策略方面

以真理为友：重视基础研究。

哈佛大学的发展战略始终将探索真理作为核心目标，因此在研究定位策略方面，哈佛大学非常重视基础研究。这体现在诸多方面，如通过诺贝尔奖、科学期刊和 SCI 论文等指标展现出的科研实力。哈佛大学的研究成果不仅在各个领域引领着科学的发展，而且对于人类社会的进步具有重大意义。

例如，哈佛大学教授埃里克·昂斯泰德（Eric Betzig）曾获得 2014 年诺贝尔化学奖，以表彰他在超分辨率显微镜领域的突破性研究。这些研究成果为生命科学领域提供了全新的研究手段和视角，推动了科学的发展。

面向国家安全和发展：支持战略性研究。

哈佛大学在研究定位策略上同样关注国家安全和发展的需要。这表现在其广泛涉足国际安全项目、科技政策项目以及民主监管项目等领域，为国家安全和发展提供重要智力支持。通过这些研究，哈佛大学不仅为美国政府和国际社会提供有关政策建议，还积极参与全球性问题的研究与解决。

以哈佛大学肯尼迪政府学院的贝尔弗尔中心（Belfer Center）为例，该中心通过研究国际安全、科技政策以及环境与自然资源等问题，为政策制定者提供关键建议。贝尔弗尔中心的研究成果对美国和全球的国家安全政策产生了深远影响。

支持民生研究：关注人民基本健康需求。

哈佛大学非常重视民生研究，特别是在医学和公共卫生领域。哈佛大学医学院和公共卫生学院在全球享有盛誉，其研究成果为改善人类健康状况、创新医疗技术和预防疾病传播等做出了巨大贡献。①

例如，在新冠疫情期间，哈佛大学的研究人员积极参与抗疫研究，为全球抗击疫情提供了重要支持。哈佛大学公共卫生学院的病毒学家迈克尔·明纳（Michael Mina）等人提出了针对新冠病毒的快速检测策略，为全球防控疫情提供了新思路。

（2）在研究优先战略方面

哈佛大学重视研究优先战略，主要体现在以下两个方面：

建设一流的科研队伍。哈佛大学通过全球招聘和推荐，汇集了来自最广泛地方的最广泛的想法，形成了具有世界影响力的教授团队。据统计，哈佛大学有约 2400 名全职教师和 10000 多名兼职教师。这些教师不仅在教学上有着严格的标准和高度的责任感，而且在科研上也有着创新的精神和卓越的成就。他们在物理、化学、医学、文学、经济、社会科学等领域都取得了突破性的进展，为人类社会的发展做出了重要贡献。

用高薪吸引顶尖科学家。哈佛大学为其科研人员提供了极具竞争力的薪酬和福利，以激励他们在科研上不断追求卓越。根据 2020 年美国大学教师薪酬排名，哈佛大学全职教师的平均年薪为 230000 美元，位居全美第二。此外，哈佛大学还为其科研人员提供了丰富的奖励和补贴，如科研基金、专利收入、出版费等。这些优厚的条件吸引了众多国内外的顶尖科学家加入哈佛大学的科研队伍，为其增添了强大的智力支持。

总之，哈佛大学在研究定位策略上表现出以真理为友、重视基础研究的特点，同时致力于为国家安全和发展提供智力支持，以及关注民生健康需求。在研究优先战略方面，哈佛大学注重建设一流科研队伍，招聘全球顶尖教授和学者，并提供具有竞争力的待遇吸引顶尖科学家加盟。这些特点为哈佛大学在科研领域的卓越成就和持续发展奠定了基础。

（3）在以研究为主导的筹款策略方面

政府资助研究的基础。哈佛大学的正常运作得益于政府资助。这些资金主要分配给医学院（占 41%）、公共卫生学院（占 29%）和文理学院（占

---

① 李泽芬、周璇：《哈佛大学特色发展战略及其启示》，《高等函授教育学报》（哲学社会科学版）2007 年第 1 期。

21%）。这种分配方式确保了各个学院都能得到充足的支持，从而使其在各自领域都能取得优异的研究成果。

科技项目经费主要由联邦政府资助，其中77%来自美国国立卫生研究院（NIH）等机构，8%来自美国国家科学基金会，4%来自国防部。截至2000年6月，哈佛大学的资产总额为226亿美元，其中约115亿美元资产用于基础科学研究。[①] 这些资金为哈佛大学提供了优越的科研环境和丰富的研究经费，使其能够成为世界顶尖的研究型大学。

利用校友资源促进研究事业。哈佛大学的校友会是其独特之处。毕业生对母校的慷慨捐助是其主要项目之一。80%以上的哈佛毕业生与母校保持密切联系，并通过捐款表达对母校的感激和热爱。这些捐款不仅为哈佛大学优秀学生提供了经济支持，同时也使哈佛大学将建于1878年的纪念演讲厅扩建为世界一流大学中最大的图书馆。

这些资金对哈佛大学最具创造力的教学和研究团队的支持是至关重要的。通过这种方式，哈佛大学得以吸引和留住世界上最杰出的研究人才，从而使哈佛大学不断提高科研实力。

## 二 哈佛大学本科教育质量管理与模式

1. 哈佛大学本科教育质量课堂教育 Q 评价（Q Evaluation）体系

（1）哈佛学院与哈佛文理学院本科部

哈佛学院是哈佛大学最古老的学院，成立于1636年，隶属于哈佛文理学院本科部。作为本科部的核心组成部分，哈佛学院致力于为学生提供卓越的教育体验，通过各种课程和项目培养学生的批判性思维、解决问题和领导力等能力。

（2）课程评估的历史

哈佛大学的课程评估历史悠久，可以追溯至1925年。在过去的近一个世纪里，课程评估不断发展和改进，以满足学生和教师的需求。1975年，哈佛大学创建了第一个课程评估系统——Cue，目的是收集学生对课程的反馈和建议，以便学校改进教学质量。

---

① 周璇：《哈佛大学特色发展战略》，武汉理工大学硕士学位论文，2008。

（3）课程评估的发展与 Q 评价体系的建立

2005 年，哈佛大学将课程评估从纸质评价转为在线评价，这一变革大大提高了评估的效率和准确性。2006 年，课程评估系统正式更名为 Q Evaluation，由哈佛大学机构研究办公室负责管理。[①]

（4）Q 评价体系的覆盖范围

Q 评价体系每学期评估近 1000 门课程和 2000 多名教职员工，涵盖了各个领域和层次的课程。通过对大量课程的评估，Q 评价体系为哈佛大学提供了宝贵的教学质量数据，有助于学校不断提升教育水平。

（5）Q 评价的实施与教师的参与

在每个学期末，学生需要对所选课程进行 Q 评价。为了更好地收集学生反馈，教师可以添加三个自定义问题。这些问题可以涉及课程内容、教学方法、学生参与度等方面，有助于教师更全面地了解学生的需求和期望。

（6）Q 评价结果的应用

Q 评价结果在多个层面产生影响。首先，Q 评价结果有助于指导学生选课，让学生了解课程的实际情况，从而做出更明智的选课决策。其次，教师非常重视学生的评价，虽然评价结果保密，但总体趋势和建议对教师教学改进具有重要意义。

（7）评估结果的共享与教学改进

评估结果向学院院长、课程主任和助教开放，以便他们了解课程的优势和不足。此外，德里克博克教学中心（Derek Bok Center for Teaching and Learning）提供分析 Q 评估结果的服务，帮助教师发现和解决问题。针对 Q 评价中发现的教学问题，德里克博克教学中心通过各种方式，如培训、工作坊、一对一辅导等，帮助教师提高教学质量。[②]

（8）Q-Review 奖励机制与教职员工表彰

哈佛大学通过设置 Q-Review 奖励机制，表彰在教学质量方面表现突出的教职员工。这些奖励包括哈佛大学荣誉教学证书（Harvard University Certificate of Distinction in Teaching）、哈佛卓越教学证书（Harvard University

---

① 哈佛大学：关于 Q-History［EB/OL］（2012 - 07 - 21）。
② 哈佛大学：关于 Q-History［EB/OL］（2011 - 04 - 25）。

Certificate of Excellence in Teaching）和德里克博克奖（Derek Bok Award）。
这些奖项不仅激励教师更加注重教学质量，还向学生展示了哈佛大学对优
秀教学的重视。

哈佛大学本科教育质量课堂教育 Q 评价（Q Evaluation）体系作为一项
重要的教学质量评估工具，为哈佛大学提供了宝贵的数据和反馈，有助于
学校不断提升教育水平。自 1925 年以来，课程评估历经多次改革，从 Cue
到 Q Evaluation，从纸质到在线，覆盖范围也逐渐扩大至近 1000 门课程和
2000 多名教职员工。通过 Q 评价体系，哈佛大学实现了教学质量的持续改
进，为学生提供了更优质的教育体验。

2. 哈佛大学本科教育质量早期反馈评价

哈佛大学为了提高本科教育的质量，采用了早期反馈评估制度。这一
制度由德里克博克教学中心负责组织和运行。评估活动鼓励所有教职员工
在课程的第三周和第四周对学生的课堂体验进行调查，以便在课程中期就
可以收到关于教学效果的反馈，从而更好地调整教学策略和课程内容。

早期反馈评估量表围绕五个主要领域进行设计，包括：课程组织、教
学效果、阅读和家庭作业、学生学习、努力和感知。这五个领域涵盖了教
学过程中的关键因素，有助于准确反映学生在课堂上的体验。评估题目类
型多样，包括多项选择题和开放式问题，以便全面收集学生对课程和教师
的意见和建议。

为了更好地了解学生的想法和需求，早期反馈评估采用了两种评价方
式：论文形式和小组访谈。在论文形式的评估中，学生需要填写纸质表格，
记录他们对课程的想法和建议。这种方式可以让学生在相对私密的环境中
畅所欲言，提供坦诚的反馈。小组访谈则由外部人员组织开展，以结构化
的面对面访谈形式进行。这种方式有助于获取学生对教学的深入看法，了
解他们在课堂中的实际需求。①

在线反馈评估则包括两个在线评估工具：完整课程评估和具体讨论课
程、实验室课程与研讨会课程评估。教师在评估结束后，通过电子邮件将
评估结果通知学生。这样的反馈形式既方便快捷，又能让学生时刻关注自

---

① 德里克博克教学中心：《早期反馈评估表》，［EB/OL］（2013 - 07 - 08）。

己在课堂上的表现。

为了确保学生积极参与早期反馈评估，教师要求学生在评估结束时打印并提交确认页。同时，教师会给予学生小组参与分数作为奖励，以提高学生参与评估的积极性。

评价结果公布后，教师会与学生公开交流，分享他们在课程中的收获和成长，同时根据反馈结果调整课程内容和教学方法。这种公开化的沟通机制有助于建立良好的师生关系，增强师生互动，使学生更加投入课程学习。

早期反馈评价对提高教育质量具有积极意义。一方面，可以培养学生质疑、批评和挑战权威的勇气，激励他们主动参与课程讨论，提出自己的观点和想法；另一方面，教师可以根据学生的反馈及时调整教学策略和课程内容，以满足学生的需求，提高教学效果。

3. 哈佛大学本科教育质量保障体系建设的核心

首先，哈佛学生评估是教师和学生共同参与的过程，教师和课程是评价对象。这个过程意味着，评估不仅仅关注教师的教学方法，还关注课程的内容、结构和组织。这样的评价体系有助于确保课程质量得到持续改进，同时也有利于激发教师的创新精神。

为了保障教师的权益，哈佛大学允许教师自行编写问题添加到评价问卷中。这种做法可以使评价更具针对性，更加贴近教师的教学实际。同时，哈佛大学还对教师的评价进行保密，以保护教师的隐私和名誉。

学生是教学评价活动的发起者，他们根据个人感受客观地评价教师和课程。学生的评价可以为教师提供宝贵的反馈，帮助他们发现自身的优点和不足，从而不断提高教学水平。

评价结果对下一班学生选课具有参考价值。通过查阅前一届学生的评价，新生可以更好地了解学科、学习方法和课程导师的特点。这有助于他们在入学初期就做出明智的课程选择，以充分利用哈佛大学的丰富资源。

教育质量保障体系涉及全校教职员工、学生和管理人员。这个体系要求各方在保障教育质量方面承担责任，共同努力提高教育水平。这种责任感和参与度有助于整个社群形成高度凝聚力，共同追求卓越。

教师是教育质量保障的核心力量。为了提升教师的教学水平，哈佛大学设立了专门负责教师培训、监督和服务的机构。这些机构定期组织教师培训活动，关注教师的教学技能和发展需求，以确保教师具备高水平的教学能力。

学生是教育质量保障的重点。哈佛大学成立了学生学习咨询办公室，为学生提供学习资源和支持。此外，学校还鼓励学生自己组织同伴辅导，交流课程学习中遇到的问题。这种自发的学习互助机制有助于提高学生的学习效果和促进团队协作能力。[①]

4. 哈佛大学本科教育质量保障体系建设的制度化

哈佛大学德里克博克教学中心自1975年成立以来，一直致力于通过提供丰富的资源、多样的计划以及全方位的支持，创造卓越的教学和学习环境，从而提高本科教育质量。中心采取各种措施为学生和教师提供必要的资源，帮助他们相互提高和改进。其中，课程教学评估的开发和协助被视为中心的主要职责之一。

为了更好地了解学生对课程的感受，中心通过访谈和在线评价收集反馈，这有助于教师了解学生多样化的表达方式。通过对评价结果的分析，中心进一步推动了学生教学评价的全面化和规范化。

哈佛大学在教育质量保障方面建立了校—教—系三级质量控制体系。每一级都有专门的机构和部门负责教育质量的监测、管理和评估。校级行政部门在质量保障的经费、人员配备和技术支持等方面发挥宏观调控作用，并通过艺术学院注册处对教师开设的课程进行严格审批和监督。

教师级机构则专注于监督整个教学过程的实施和执行，包括培训目标、课程内容以及教师和学生的评估。这种严格的监管体系确保了教育质量得到充分保障。

2004年成立的克里斯滕森教学中心在推动教学方法创新方面发挥了重要作用，从而提高了商学院的教育质量。克里斯滕森教学中心通过研究和实践不断探索新的教学方法，为教师提供资讯和培训，以便他们更好地满足学生的需求。[②]

---

① 黄爱华：《英美大学教育质量保障体系分析》，《现代教育科学》2011年第1期。
② 于洪丹：《哈佛大学教师质量保障体系研究》，吉林大学硕士学位论文，2017。

　　哈佛大学各级教育质量保障机构还制定了详细规范的管理规章制度，为教育质量保障体系的制度化奠定了基础。这些规定涵盖了从教学过程到评估标准各个方面，确保了教育质量得到长期、持续的监督和改进。

　　综上所述，哈佛大学本科教育质量保障体系建设制度化的成功得益于多方面因素，包括多级质量控制体系、充足的资源和支持、创新教学方法的推广以及严格的管理规章制度等。这些举措共同确保了哈佛大学本科教育质量的持续提高。

　　5. 哈佛大学本科教育质量保障体系构建路径

　　哈佛大学，作为世界顶级学府之一，一直致力于为学生提供优质的本科教育。在哈佛大学的教育质量保障体系中，可以清晰地看到五个关键点：学生评估、教师反馈、评价方式、教学全过程质量保证体系以及构建路径。下面，我们将详细解析这五个关键点，以展示哈佛大学如何确保其本科教育质量。

　　学生评估是哈佛大学教育质量保障体系的一个重要环节。通过这种持续的、不断优化的评估方式，哈佛大学确保了其教师能够提供最佳的教学质量。

　　教师反馈是另一个关键环节。哈佛大学鼓励教师通过学生反馈调整课程内容和教学方法。这种做法使教师能够更好地了解教学效果，从而确保教育质量。

　　在评价方式方面，哈佛大学强调过程评价与结果评价相结合。这种评价方法从教学过程入手，旨在培养多方面教学活动的高素质人才。通过对教学过程的全面评估，教师和学生都可以了解他们在知识掌握、技能提升和综合能力方面的进步。这种评价方法有助于提高教育质量，培养出具备全面素质的优秀人才。

　　教学全过程质量保证体系是哈佛大学教育质量保障体系的核心。这一体系涵盖了教学活动的前、中、后三个阶段。在教学活动前，哈佛大学通过严格科学的师资聘任制度选拔优秀教师，并选拔优秀学生，以保证投入高质量科目。在教学活动中，学校组织教学和定期评价，收集和处理教育质量信息，确保教学操作质量。在教学活动后，学校利用质量评价反馈机制和学习支持系统，协助教职工和学生提高教育和学习质量，确保产出质量。

最后，哈佛大学教育质量保障体系的构建路径坚持"目标—过程—方法"的原则。这一路径最终目标是培养高素质的教师和高素质的学生，实现高等教育人才培养功能。通过不断优化教育质量保障体系，哈佛大学确保能够为社会培养出具备扎实知识基础和实践能力的优秀人才。

总之，通过对学生评估、教师反馈、评价方式、教学全过程质量保证体系和构建路径五个关键点的详细阐述，可以看出哈佛大学在本科教育质量保障方面所做的努力。这些关键点共同构建了一个完整、高效、持续改进的教育质量保障体系，使哈佛大学能够在全球范围内保持其教育质量的领先地位。

## 三 哈佛大学本科教学质量保证的有效性与经验

### 1. 核心课程概念

哈佛大学的核心课程是基于这样的理念：每一位哈佛毕业生不仅应该受到专业的学术训练，还应该受到广泛的通识教育，成为有教养的人。为了实现这一目标，学院有责任和义务引导学生掌握一些标志着受过良好教育的知识、智力技能和思维习惯。

因而，哈佛大学核心课程并不是一般意义上的通识教育课程。它不要求学生熟读某些经典作品，或者记忆大量的信息，或者了解某个学科领域的知识边界。它的目的是向学生介绍各个重要学科领域内的主要知识获取方法。它旨在向学生展示在这些领域中，有多少种不同的知识和探究形式，它们是如何运用的，以及它们有什么价值。

哈佛大学的课程注重培养学生的创新精神和开拓能力，充分考虑了不同年级学生的知识背景、认知能力、心理特征和学科知识体系结构等方面因素。其主要通过以下四种形式实施：

• 教师授课课程。教师向学生广泛介绍该学科及其相关领域的基本知识、主要理论、重要著作和杰出人物，让学生以批判性的眼光阅读有影响力的学术文献，并重建和评估修订后的理论，为学生独立从事高级研究奠定基础。

• 学生个人学习课程。这些课程主要针对大学二年级和大学三年级的学生，提供专注于个性化学习和探究的机会，让学生在高级教授的指导下选择自己感兴趣的话题进行深入研究，了解前沿学术趋势，发表自己的观点，找到自己的学术方向。

- 讨论课程。这些课程主要针对大学三年级和大学四年级的学生，提供小组讨论和交流的平台，让学生在高级教授或博士后研究员的引导下讨论当前学术界普遍关注或争议的问题，锻炼他们的批判性思维、沟通技巧和团队合作能力。

- 师生座谈会。这些座谈会主要针对大学四年级的学生，提供与教授和同行交流分享、向教授和同行展示自己的研究成果和心得的机会，让学生了解教授的研究兴趣和成果，获得反馈和建议，为进一步的学习或就业做好准备。

综上所述，哈佛大学的课程在学生学术生涯的不同阶段注重调整。早年，大部分课程由教师传授基础知识。随着年级的提高，讨论课程和师生座谈会的比例增加，最终成为课程的主要形式。①

2. 教育创新过程体系

哈佛大学的校风充分体现了创新教育理念。其核心要素是：崇尚自由竞争和个人奋斗，冒险创业，追求事业和高度负责的工作态度，强调人生的丰富应该来自勤奋和努力，强调个人的智慧、毅力、能力和自信是事业成功的关键因素，注重理性分析，强调实用性和有效性。

这种创新的校风培养了哈佛大学毕业生在激烈的竞争中脱颖而出的能力，强化了全体学生的潜能、能力和信心，赋予了哈佛大学学生在校最有价值的"东西"、"信心"和"方法"，让进入哈佛大学的学生成为"金子"，发出闪耀的光芒。比如哈佛大学教授有意识地将独立思考的原则贯彻到教学的每一个具体方面。在课堂上，教授讲课主要是为思考提供线索和参考，很少直接给出答案。他们将自己视为促进者、推动者和共同思考者，而不是知识的传授者和回答者。这种课堂氛围激发了学生主动思考、积极参与、勇于质疑、善于辩论的能力。在这里，学生不是被动地接受知识，而是主动地探索知识。他们不是简单地重复老师的话，而是用自己的话表

---

① 刘显宏：《哈佛大学选修课体系的发展与借鉴》，《黑龙江本科教育》1998 年第 6 期。

达自己的思想。他们不是盲目地服从老师的权威，而是敢于和老师对抗并提出自己的观点。

哈佛大学最吸引人的不是课程，而是课程、学习系统和环境中隐含的"东西"，是创新大学教育的核心：哈佛学生的"信心"和"方法"，正确判断可能遇到或遇到的问题种类，并创造性地解决问题的能力，磨炼一目了然的能力，在被认为不可预知的情况发生时做出正确判断的能力。

这些"东西"、"信心"和"方法"是哈佛学生在校期间最宝贵的收获，也是他们毕业后在各个领域取得成功的基础。这些能力不仅适用于学术研究，也适用于社会实践。这些能力让哈佛学生具有创新精神、领导才能、社会责任感和全球视野。[①]

3. 跨学科和社区实习

哈佛大学不仅提供多种跨学科和辅修学位课程，还允许学生在其他一流院校如麻省理工学院和波士顿大学选修课程，从而拓宽他们的专业视野和跨领域合作的能力。这类课程虽然还在探索中，但也为学生提供了进入新兴领域并成为领军人物的可能性。

哈佛大学也将社区实习作为其教学的一部分，让学生将所学知识付诸实践。随着 21 世纪的到来，大学已经成为社会发展和科技进步的重要推动力。哈佛大学十分注重培养学生的实践能力和社会责任感。社区实习项目让学生有机会运用他们的专业知识解决社区内或与他人合作的实际问题。这是一个检验他们的学习成果并将理念变为现实的机会。[②]

# 第三节　美国本科教育质量保障发展的新趋势

## 一　美国本科教育改革新动向

自 20 世纪 80 年代起，美国高校陆续出台了多项大学改革的方案和报告，其中最具影响力的是 1998 年发布的《重塑本科教育——美国大学的蓝图》报告，引发了美国高校的广泛关注，各高校也相继推出了改革措施，

---

① Lindell：《告诉你一个真正的哈佛》，中国城市出版社，1996。
② 刘昱：《哈佛大学课程》，《学习博览会》2010 年第 2 期。

并在实践中取得了一定的成效。

首先，本科教育的基础地位得到了巩固。随着改革的深入推进，人们逐渐认识到本科教育是高层次科研和人才培养的基石。完善的本科教育体系为研究生教育和社会输送了大批优秀人才。这些人才不仅数量增加，而且质量也有所提升。新教改注重培养学生从高中到大学的转变，从被动学习到主动探究的转变。这种人才培养模式无疑对提升美国本科教育质量起到了重要作用。大学毕业生更全面、更博学、更能适应社会需求。纳税人对本科教育的信任也在逐步增强，为大学的发展创造了良好的社会经济环境。

其次，突破专业界限，明确本科培养目标的广泛性。随着社会的进一步发展和变化，大学意识到，仅仅为职业做准备的本科教育似乎过于局限了。学术水平高、资源条件好的大学，要以更高的标准和更广的视野来培养人才。他们培养出来的毕业生不仅适应某个行业或某个岗位，而且在为整个社会文明进步做出贡献方面也发挥着重要作用。他们不仅是社会变革的参与者，也是社会变革的推动者和领导者。他们应该是能够适应未来社会、具有探索精神和解决实际问题能力、具有清晰理性思维、掌握语言沟通技巧、具有丰富多样经验的特殊人才。这样的人将成为下个世纪科学、技术、学术和政治领域的领导者。[①]

再次，建立了以研究为基础的课程体系。研究型本科教育的核心内容是让学生基于现实问题进行协作探索。美国高校努力为学生提供多种发展机会，使协作、问题和实践有机结合，促进学生积极参与学习活动。

最后，以实践为基础的研究在美国本科教育课程改革中发挥着越来越重要的作用。[②] 例如，为本科生提供尽可能多的基于研究和实践的学习机会，增加了更多的讨论课程，开设了跨学科和综合课程，并提高了本科研究学分的比重。

## 二　美国本科教育内部质量保障发展的新趋势

### 1. 招生内部质量保障

美国大学的本科教育以其高质量和多样性闻名于世。每年，有众多来

---

① Ernest Boyle：《学院——美国本科教育的经验》，人民教育出版社，1987。
② 翁伟斌：《美国大学的现状与改革》，《江苏高等教育》2000 年第 3 期。

自全球各地的优秀高中毕业生竞争进入美国大学，但是，由于名额有限，美国大学的本科录取率通常很低，一些顶尖大学甚至低于 10%。为了在海量的申请者中挑选出最合适和最全面的学生，美国大学建立了一套完善和多元的招生体系，以保证招生的质量和公平。

美国大学一般对本科招生实行双重录取，即提前录取（Early Admission）和常规录取（Regular Admission）。

提前录取是美国大学最具特色的招生制度，最早由 20 世纪 50 年代的顶尖大学采用。提前录取要求申请者在高三上学期就要提交申请材料，并在当年 12 月份左右得到录取结果。提前录取有两种模式：早期决定（Early Decision）和早期行动（Early Action）。

早期决定是一种具有排他性和约束力的提前录取模式。申请者只能向一所大学申请早期决定，如果被录取，就必须签署承诺书并缴纳押金，同时撤回其他大学的申请（除非该大学不能提供足够的经济援助）。早期决定适合那些对某所大学有强烈偏好和信心的申请者。

早期行动是一种没有约束力的提前录取模式。申请者可以向多所大学申请早期行动，如果被录取，可以选择接受或拒绝，并不需要立即做出决定。早期行动又分为单选早期行动（Restrictive Early Action）、受限早期行动（Restricted Early Action）和无限制早期行动（Unrestricted Early Action）。单选早期行动和受限早期行动不允许申请者同时向其他大学申请早期决定或其他形式的早期行动，但可以在常规招生阶段申请其他大学。无限制早期行动没有任何限制，申请者可以自由地同时向其他大学申请任何形式的提前录取或常规录取。

提前录取是越来越受欢迎的一种申请方式。一些学者运用博弈论模型分析高校与学生在提前录取中的博弈过程。高校希望通过提前录取吸引到对学校有强烈兴趣和忠诚度的学生，并提高自己的声誉和排名。同时，学生利用各种材料展示自己的能力和热情，争取获得心仪大学的青睐。[①]

常规录取是在固定时间段内进行的正式录取方式，是美国高校最基本

---

① 克里斯托弗·艾弗里和乔纳森·莱文：《名牌大学提前录取》，《美国经济评论》2010 年第 2 期。

和最普遍的招生方式。常规录取要求申请者在截止日期前（通常是每年 1 月 1 日）向申请学校提交申请材料。截止日期结束后，学校招生部门会在一段时间内审查所有申请材料，并在几个月后（通常在 3 月底或 4 月初）公布录取结果。参加常规录取的申请者既包括首次申请者，也包括未被提前录取的学生，以及一些为了获得更多选择机会而放弃提前申请的学生。他们在常规招生阶段可以投入更多的精力和经验提高自己的申请质量。被录取的学生必须在 5 月 1 日前回复学校，决定是否入学。

美国大学在招生方面，采取提前录取和常规录取相结合的双录取方式，以适应美国本科教育的发展，促进不同能力水平的学生与各级大学的合理匹配。

2. 师资内部质量保障

高水准的教师团队是美国大学教学质量的重要保证。

（1）提升师资素质

密歇根大学校长詹姆斯·杜斯塔德（James Dudstad）认为，要保证高水平教师的选聘和管理，"教师是大学最重要的奖励机制，也是大学直接雇佣的人才类型。他们影响着大学的学术活动、学生素质、教育质量、学术水平，以及为社会提供服务的能力。他们还通过公共服务和各种资源获取方式为大学创造价值。"[1] 大学的教育和科研任务由直接接触并影响着学生成长发展的教职员工承担。可以说，师资队伍水平决定了培养出来的人才水平。因此，美国大学不仅力求引进世界顶尖的教师，而且不断完善教师选聘和管理机制，激发他们对教育事业的热情，发挥他们在人才培养中的作用，从而保证高等院校本科人才培养质量。

（2）实行公开公平选聘

美国大学在教师招聘中遵循"远亲不如近邻"的原则，采用公示制和竞争制，保证师资队伍的高质量。首先，美国大学遵循"远亲不如近邻"的教师招聘原则。他们认为，大学的学术进步需要教职工之间的交流和碰撞，这就要求有一定的流动性和活跃的学术氛围，而"近亲繁殖"会阻碍学术交流。为了避免"近亲繁殖"，美国大学一般不直接聘用本校毕业生为

---

① 詹姆斯·达斯塔德：《21 世纪的大学》，北京大学出版社，2005。

教师，即使是优秀的博士生。毕业生必须先在其他大学或机构工作一段时间，才有可能回到母校任教。许多大学，如耶鲁大学、斯坦福大学和哥伦比亚大学，都规定教员的任命不能基于与他或她有婚姻、血缘或其他亲密关系的人的权力关系。[①] 这些做法造就了美国大学的高度多样性和公正性，形成了良好的学术关系结构，促进了学术发展，并为大学间分享教育和科研经验搭建了平台。

（3）保障教师权益

美国大学注重提升教师的社会地位，维护其合法权益和稳定其收入水平，确保教师能够专心于教育和科研。教师参与美国大学内部管理是美国本科教育的一个特点。教授在高校中拥有多种职能和权力。他们不仅负责大学的教育和科研，还负责与学术相关的教师选聘和任命等重要事宜。教职工参与大学招生、课程设置、教学评估、教员选拔和晋升等事务。这种民主化的校园治理制度，使大学教师能够充分参与大学的管理事务，既发挥了教师在学术管理方面的优势，又保障了教师在大学中的地位。在美国，教职工享有很高的社会地位。随着高校经济基础的壮大，教师的薪酬和福利远高于其他行业。

3. 学生培养内部质量保障

（1）在培养学生方面

美国高校的教育内容以通识教育为主导。通识教育不只是为专业知识打基础，更是为培养完整的人格，为学生的未来生活奠定良好的基础。通识教育与专业教育之间有序衔接，知识由浅入深，符合学生的发展规律。

由于高校之间存在激烈的竞争，高校不得不设计多样化的本科专业和课程，以突显学校的优势，彰显学校的特色。

美国没有统一的专业目录，因此在专业设置上美国高校有很大的自由度，每年高校管理部门会根据高校设置的专业进行统计，然后对现有专业进行分类发布，为高校专业设置的决策提供信息支持。[②] 学院的新专业是根据学生的需求、学院的使命和学院的发展而创建的。目前，哈佛大学有49

① 车海霞、陈超：《美国大学的师资发展》，《教师教育研究》2008 年第 6 期。

② 林子琪：《1990 年代以来美国本科课程体系研究》，浙江师范大学硕士学位论文，2007。

个本科专业和跨学科课程可供本科生选择。学生需要完成 12～14 学分的主修课程，占培训课程的 40%。

由于学生可以选择不同的职业道路，因此培训项目也有差异。美国高校试图在保证培训质量的同时，提供丰富多样的课程以满足学生的需求。例如，斯坦福大学为 6000 多名本科生提供了 6000 多门课程。只要有学生选修这门课程，那么这门课程就会正常开设。①

美国高校的专业课程有两个主要特点：首先，学生在选择专业方面拥有更大的自主权。斯坦福大学学生可以根据自己现有的经验、个人兴趣和未来抱负选择专业并制订自己的学习计划。据统计，美国 16% 的本科课程是大学允许学生自己设计专业的，甚至有 2% 的高校根本不开设必修课。其次是跨学科专业。这些跨学科专业不受传统专业的限制，包括单独的课程或选修课，允许学生根据自己的兴趣和相关要求攻读其他专业。

美国高校的大多数本科课程选择分阶段进行，逐渐从广泛扩展到专业。美国高校学生在大一和大二年级是不分院系的。他们主要根据学校的要求参加通识教育课程，不仅为未来的专业学习打好基础，也为未来的职业生涯做准备。从大三年级开始主修专业课程。例如，哈佛大学的本科生必须在前三个学期参加通识教育课程，为他们以后专业所需的语言和写作技能做好准备。普林斯顿大学还要求本科生在大一和大二年级打好基础，大三年级只专注于专业知识。高校提供种类繁多的选修课程，以确保学生能够学习广泛的知识。为此，美国高校需要考虑在专业设置和课程安排方面建立院系和学科之间的相互联系和学术一体化体系。这种强调课程的有序衔接和不同部门之间建立有机联系的做法，符合知识的系统性、递进性结构，有利于学生为各个学习阶段打好学习的基础，也有利于为本科培养提供内容保障。

在培养方式上，本科研究已成为美国本科培养过程中的一大亮点。1998年，美国教育委员会发表了《重建本科生教育》，提出将本科研究作为本科教育改革的重要内容。此后，为本科生提供研究机会，参与学术研究成为高校建设的重点方向。目前，几乎所有的美国高校都为本科生制定了各种

---

① 张小鹏：《美国高校创新人才培养模式分析》，《中国大学教学》2006 年第 3 期。

研究项目，为他们提供了许多在专业教师的指导下开展研究活动或创造性活动的机会。

（2）在学生输出方面

本科学术评估是对学生表现的检验，它反映了学习的效果和水平。学生可以对教师在每个科目中给出的成绩提出异议，并要求重新评估。严格公正的评分制度不仅能够避免学生在学习上松懈和采取不正当手段获取成绩，还能够让学生对自己所在的班级培养出一种踏实、认真、负责的态度，并通过自己的努力获得优异成绩并确保学习质量。

本科学术诚信体系是美国大学校园学术活动的一项重要的准则。它能够有效地创建一个真实、诚信的学术氛围，防止学术不端行为，为学生提供一个良好的学习环境，保障本科生的培养质量。同时，严格的学术诚信管理能够有效地形成大学成员之间相互交流的诚实学术风格，让学生敬畏学术规范，不敢轻易违反，恪守契约精神。

从申请毕业到获得学士学位，学生必须经过严格的学位审核程序。如果不符合要求，将无法毕业，也不会获得证书。获得高质量的学士学位意味着学生接受了更好的本科教育，为其未来的成功做好了准备。

## 三　美国本科教育外部质量保障的新趋势

### 1. 学术认证

美国高等教育质量保障体系是一个成熟而完整的体系，其质量保证主体从一元论发展到多元论，形成了权力与互惠的平衡局势。这种平衡局势有助于提高教育质量，同时维护了各方的利益。在这一体系中，学术认证作为美国本科教育体系保障的重要组成部分，是保障美国本科教育质量的主要手段。

认证机构在美国是非政府、非营利性组织，它们需要获得美国教育部（USDE）或美国高等教育认证委员会（CHEA）的认证才能开展认证工作。[①] 这种管理方式保证了认证机构的公正性和权威性，避免了政府干预和商业利益影响认证结果的公正性。

---

① 美国认可机构认可的机构和项目数据库［EB/OL］，（2017 – 08 – 28）。

　　美国的学术认证主要分为机构认证和专业认证两种。机构认证是一种强制性的地区或学校级别的认证，旨在评估学校的使命、条件、做法和有效性。这种认证方式有助于保障学校整体教育质量，确保学校具备教育资源和教育质量的最基本条件。评估认证内容包括教育资源的充足性和大学的输出质量，即学生的学习和成就。

　　认证标准涉及大学教育质量的各个方面，各项指标具有严格的认定标准。这些标准旨在确保学校能够提供高质量的教育，帮助学生在毕业后能够顺利地融入社会和职场。在美国，有 60 家大学和专业认证机构，涉及医学、法律、建筑、商科等专业。① 这些认证机构覆盖了各个专业领域，有助于确保不同专业的教育质量得到有效保障。

　　专业认证一般是自愿的，是自我评估和其他评估相结合的方式，由专业认证机构的专业人员进行。这种认证方式鼓励学校自主提高教育质量，通过自我评估和外部评估相结合的方式，不断优化教育资源和教学质量。专业认证机构不受任何政府部门管辖，与政府和大学之间没有直接的利益关系。这种独立性有助于确保评估结果的客观性和公正性。

　　专业认证结果具有权威性，可作为学生和家长选择学校的依据。这对于学生和家长来说是一个非常重要的参考因素，可以帮助他们了解学校在不同专业领域的教育质量，从而做出更加明智的选择。同时，这也有助于增强学校之间的竞争，进一步提高教育质量。

　　专业认证机构非常重视动态评价，要求高校在每次评价中关注提出的问题，并致力于不断改进。这种动态评价机制有助于确保学校持续优化教育资源和提高教学质量。通过识别和解决评价过程中发现的问题，学校可以在各个方面取得持续的进步。这种持续改进的过程有助于推动整个教育体系不断向前发展，为学生提供更好的教育环境和条件。

　　此外，美国高等教育质量保障体系的成功还归功于其权力与互惠的平衡局势。在这一体系中，认证机构、政府部门以及高校之间形成了一种有益的互动关系，共同维护和提升教育质量。认证机构的独立性和公正性得到了保障，政府部门通过监督认证机构的工作，确保认证过程的规范性和

---

　　①　目录 – chea-recognized-orgs. pdf ［EB/OL］，（2017 – 10）。

有效性。高校则通过参与认证过程，不断优化教育资源和教学质量，从而为学生提供更好的教育。

总之，美国的高等教育质量保障体系在保障本科教育质量方面发挥了关键作用。这一体系通过完善的认证机构、严格的认证标准、动态的评价机制以及权力与互惠的平衡局势，为学生提供了高质量的教育资源和条件。这种保障体系不仅有助于提高教育质量，还为学校之间的竞争和自我完善提供了良好的环境，为美国高等教育体系的持续发展奠定了坚实的基础。

2. 社会评价

社会评价是美国本科教育质量保证的一个重要方面，它体现了评价结果的公正性和客观性。

由学术顾问评估。"全国学生学习参与度调查是一项非政府性的跨校园调查项目，由印第安纳大学高等教育研究中心、印第安纳大学调查研究中心和国家本科教育管理系统中心联合实施和管理。该项目以印第安纳大学为基地。作为一个独立的调查研究中心，它的调查过程具有高度的自主性，保证了评价结果的科学性、客观性和公正性。[1] 自2000年成立以来，全国学生学习参与度调查每年对数百所高校的四年制本科生进行调查，收集大一和大四年级学生参与学校对其学习和个人发展有利的活动和计划的信息。全国学生学习参与度调查弥补了传统以高校财力和科研产出为导向的评价模式的不足，将高校质量评价聚焦于学生自身，开创了一种新的质量评价方式。该项目已广泛应用于本科教育领域。全国学生学习参与度调查包括两类反映大学教学质量的教学指标。一类指标是本科生在有目的的学习和成长上投入的时间和精力，即学生在大学里做了什么；另一类指标是大学提供与学习相关的课程、资源和活动的程度以及它们创造机会引导学生将更多的时间和精力投入到学习上，即大学做了什么。[2]

由大学自治协会评估。美国大学自治协会涉及本科教育体系的各个方面，是推动美国本科教育质量的重要社会力量。近年来，大学自治协会在本科教育问责方面发挥着越来越重要的作用，成为保障美国本科教育质量的一个重

① 叶信治等：《美国公立大学教育质量保障研究》，厦门大学出版社，2015。
② 龙奇：《美国全国大学生学习投入调查及其变化分析》，《高等教育发展与评估》2016年第32期。

要部分。例如，美国教育委员会负责组织标准化本科教育评估，建立评估本科教育质量的综合指标体系，并定期评估学科规模、毕业生、学校声誉、图书馆藏书、研究经费、学术成果等项目，以监测他们加入大学的教育质量。[①]

由媒体机构评价。大学排名始于 1983 年的美国，以《美国新闻与世界报道》的"美国最佳大学"排名为代表，被全球公认为世界大学排名的先驱。大学排名将竞争引入本科教育，向公众展示大学的实力，营造大学的危机感，让它们积极参与竞争。大学排名的指标包括大学系统的学术声誉、教学投入、研究水平、教学产出等方面。其中，直接关系到教育质量的教学投入和科研指标在排名体系中占比较大。因此，大学排名可以在一定程度上反映大学教育的质量。

3. 政府宏观调控

美国大学除了受到社会评估的影响外，还受到政府的宏观监管，政府为大学的正常运作提供了法律和财政上的保障。

联邦政府的间接担保。美国实行分权治理，大学享有高度的自治权。美国本科教育机构在机构治理方式和董事会治理体系上呈现出强烈中层结构特征；其次，权力以行会和官僚控制的形式在部门、多学科学院和研究生院等较低层面增长。相对而言，最弱的权力是在政府层面。[②] 在美国，没有统一的管理机构管理本科教育的质量，联邦政府没有权力也不会直接干预本科教育，而是扮演着服务提供者和支持者而非管理者的角色。联邦政府通过立法、政策指导、审计和认证机构以及财政援助等方式对本科教育进行宏观调控，以确保大学教育质量。

州政府的直接保护。与美国联邦政府的间接保护不同，在美国本科教育体系中，州政府承担着对高校的直接保护责任。"美国的传统是，各州对各级教育负有基本责任。"[③] 州政府不仅可以通过立法和财政支持保障本科教育的发展，还可以设立专门的本科教育管理机构，负责全州高校的管理

---

① 叶信治等：《美国公立大学教育质量保障研究》，厦门大学出版社，2015。

② Burton R. Clark：《本科教育体系——学术组织的跨国研究》，王承旭等译，杭州大学出版社，1994。

③ PhilipG. Altbach，RobertO. Berdahl，PatriciaJ. Gumport 等：《21 世纪美国高等教育：社会、政治、经济的挑战》，北京师范大学出版社，2005。

和协调。与美国国会的间接立法保障相比，州立法机构对州高校的影响更为直接，州立法机构制定的教育法案更为详尽、全面、具有约束力。根据每个州的教育立法，每个立法机构至少任命一个本科教育管理委员会，负责各州本科教育的管理和协调。国家级本科教育监管委员会的主要职能是收集和传输有关高校的信息；制定预算计划；监控和调整节目质量；制定和应用激励机制，鼓励高校之间的合作。

总的来说，联邦本科教育宏观调控，立法确保大学在良性环境中正常运转，维护本科教育秩序；为大学提供资金支持，以促进大学之间的竞争，提高研究和教学质量。而州政府则有针对性的立法保障和充足的资金支持，明确了大学的发展方向，使大学在政府主导的竞争与合作中不断完善人才培养模式，提供优质的教学科研服务。

## 四　对我国本科教育质量保障的借鉴与启示

### 1. 中美教育质量保障模式比较

本科教育质量保障是高等教育质量保障的重要组成部分，也是提高高等教育水平和国际竞争力的关键因素。中美两国作为世界上最大的两个教育体系，其本科教育质量保障模式各有特点和优势，也面临着不同的挑战和问题。从本科教育质量保障模式的类型来看，美国采用了一种权威性、独立性和自主性并存的模式，即由州政府机构、专业评估机构、学校组织等多元主体共同参与，形成了一个不受联邦政府干预的自下而上、依靠市场机制的运作模式。这种模式强调了教育质量保障的民主性、多样性和灵活性，也促进了高校之间的竞争和合作。而我国目前实行的是一种政府主导、社会补充的模式，即由国家层面制定统一的标准和规范，由相关部门和机构负责实施和监督，形成了一个自上而下、依靠政府指令的运作模式。这种模式有利于保证教育质量保障的统一性、规范性和可控性，也反映了我国特殊的国情和发展阶段。但随着我国经济社会的发展，本科教育质量保障也需要适应市场经济和社会需求的变化，增加多元化和创新性的因素。

从本科教育质量保障模式的基本要素来看，美国强调了教育认证、学生能力评估、高校内部评估等方面。其中，教育认证是美国本科教育质量保障最核心和最具影响力的环节，它是由私立专业评估机构或私立学校组织按照一定的标准和程序对高校进行定期或不定期的审查和评价，旨在保证和提高教育质量。学生能力评估是美国本科教育质量保障的重要补充，它是通过各种标准化考试或其他方式对学生在学术和专业方面的知识、技能、态度等进行测量和评价，旨在反映学生的学习成果。高校内部评估是美国本科教育质量保障的基础环节，它是由高校自身通过问卷调查、教学观察、教学反馈等方式对教师或教学内容进行定性或定量的评价，旨在改进教学质量和提高教学效果。这些要素构成了一个系统的、完整的、经得起检验的评价体系，体现了美国本科教育质量保障的科学性、客观性和有效性。而我国目前重视的是教育监督、学生考试、高校外部评估等方面。其中，教育监督是我国本科教育质量保障的主要手段，它是由国家或地方相关部门和机构按照法律法规和政策文件对高校进行定期或不定期的检查和督导，旨在规范和指导高校的教育行为。学生考试是我国本科教育质量保障的重要内容，它是通过各种统一考试或其他方式对学生在学习过程中或毕业时的知识、能力、素质等进行测试和评价，旨在检验和促进学生的学习进步。高校外部评估是我国本科教育质量保障的新兴环节，它是由国家或地方相关部门和机构按照一定的标准和程序对高校进行周期性或专项的审查和评价，旨在评估和提升高校的办学水平。这些要素构成了一个相对完善的、符合我国实际情况的评价体系，体现了我国本科教育质量保障的严谨性、规范性和可操作性。[①] 但与美国相比，我国本科教育质量保障还需要加强多元化和创新化的因素，增加社会参与和市场竞争的机制。

从本科教育质量保障模式的立法体系来看，美国有着非常完备和成熟的法律法规，为教育质量保障活动提供了基本的法律依据。美国于 1965 年颁布了《高等教育法》（UEA），并于 1998 年进行了修订，这是美国本科教育质量保障最重要的法律文件，它规定了联邦政府在本科教育中的角色和职责，以及对高校认证、资助、监管等方面的要求。此外，美国各州也有各自的法律法规，涉及高校设立、运营、认证等方面。美国本科教育中的

---

① 尤竹然、姚利民、蒋家琼：《美国本科教育质量认证的特点、争议与启示》，《外国教育研究》2010 年第 1 期。

每一个人和每一个群体都必须遵守这些法律法规，否则将受到相应的惩罚或制裁。①

2. 影响中美教育保障机制的相关因素

首先是政治因素的影响。美国实行三权分立制度，宪法没有赋予联邦政府直接干预教育的权力，教育管理主要由地方政府负责。但是，地方政府也不会过多地干涉高校的内部事务，给予了高校较大的自主权。而在中国，教育属于国家事业，高等教育评价机构由政府部门设立和管理。因此，中国的教育评价机构是政府机关，教育评价仍然处于政府的监督和控制之下。②

其次，经济因素也影响着中美教育保障机制。美国的教育评估机构多为自发组织的私人组织或教育机构。这些评估机构能够适应社会需求，特别是民间评估机构具有较高的声誉，在实践中得到了广泛的认可和支持。因此，美国的教育评价体系呈现多元化的特征，符合经济发展的需要。在中国，教育保障机制由政府主导，导致中国教育保障机制单一化。所有教育评估工作都由政府承担。面对中国教育人口数量的激增，政府面临着巨大的压力，尤其是对高校的发展。这种不平衡性使评价工作更加困难，这就需要政府建立更多的教育评价机构，保证教育评价的正常进行。③

最后，文化传统因素的影响。中国是儒家思想的发源地，其教学理念强调学问至上。这种文化对中国教育有一定的影响。美国是一个注重实际问题、实用主义占主导地位的国家，这使他们的教育理念和教育目标以培养实用型人才和发展人的独立性为重点。

3. 美国本科教育质量保障机制对我国本科教育发展的启示

美国本科教育质量保障机制是其本科教育发展的重要基础，为美国本科教育的优势和竞争力提供了有力支撑。美国本科教育质量保障体系之所以能取得如此好的成绩，根本原因在于这一机制符合美国国情，能够得到

---

① 李素敏、陈利达：《加拿大本科教育质量保障体系及其改革趋势》，《黑龙江高等教育研究》2013 年第 2 期。

② 王一兵：《本科教育质量保障机制：国外趋势与中国面临的战略选择》，《本科教育研究》2002 年第 2 期。

③ 陈小尘、胡弼成：《美国本科教育质量管理及其借鉴》，《高等教育探索》2010 年第 1 期。

美国教育从业者的大力支持。正是在此基础上，这种机制才能生根发芽，最终发挥出应有的作用。如果深入分析美国本科教育的质量保障机制，不难发现，有不少值得中国学习和吸收的东西。

一是减少行政权力对本科教育的干预，给予本科教育足够的自主权。虽然美国法律规定州政府有权管理教育，但仅限于外部管理，无权直接干涉大学内部事务。正是因为这种制度保障，美国的本科教育基本不受政府干预，所有高等教育机构都拥有完全的管理自主权。中国教育管理部门有权直接干预教育机构。因此，我国本科教育的一大问题是行政的干预和影响，本科教育自主管理和发展的权限相对有限。[1] 尤其是在现行的本科教育评价体系中，行政机关仍然是评价的主要实施者，这也为行政部门干预高校事务提供了机会和可能。因此，在我国本科教育的未来发展中，应尽可能减少行政干预的可能性，赋予高等院校自主管理的权力。其中，重点应将本科教育评价权赋予民间组织，确保评价的设计和实施符合教育规律，为成果的真正实现创造条件。

二是进一步加大对本科教育的财政支持，保障高校有效运行。美国大部分学校都是私立的，这些学校可以向学生收取费用。我国绝大多数高校基本都是公办学校，这在很大程度上决定了高校的发展必须依靠国家的财政支持。虽然国家加大了对高校的财政支持力度，但与高校发展的实际需求相比，仍有较大差距。因此，在本科教育的未来发展中，有必要进一步加大对本科教育经费的支持力度。国家要大力支持本科教育，最好是全额资助，使本科教育正常发展。大力引进社会资本进入高校，逐步形成高校市场化融资体系，解决本科教育发展资金短缺问题。

三是我国本科教育质量保障机制的建立应充分考虑我国的文化传统。美国本科教育的质量保障机制是基于美国的国情和文化传统。正是因为这个机制是基于它的国情和文化传统，才能够收到这样的效果，显示出强大的生命力。因此，在建立我国本科教育质量保障机制的过程中，还必须考虑我国的国情和文化传统。中国是一个拥有五千年悠久文明历史的国家，其文化传统的核心是儒家思想，其教育目标是"学而为官"。正是在这种文

---

① 罗雄荣、张晋高：《美国本科教育质量困境及其启示》，《理论月刊》2007 年第 5 期。

化传统的影响下，我们的教育体系存在许多亟待解决的突出问题。其中，最重要的是淡化传统读书为官的观念，使教育回归本色，尤其是在本科教育过程中，求知求真。只有这样，才能实现本科教育质量的质的提升。

四是树立以学生为本的教育管理理念。任何教育都是为了实现人的更好发展，为人的更好发展创造条件，必须牢固树立以学生为中心的教育管理理念。现阶段我国本科教育比较注重培养范围，忽视对学生个体的培养和教育。这是我国本科教育中各种问题的症结所在，严重制约着本科教育的顺利健康发展。提高本科教育质量，需要创造促进学生健康成长的一切条件。高校的一切工作都应着眼于素质的提高、学生能力的提高和身心的全面发展。树立以学生为本的管理理念才是保证本科教育质量的关键。

综上所述，美国本科教育质量保障机制基于其国家特征和文化习惯，对提升美国本科教育质量起到了关键作用。我们可以从中学习和借鉴一些有效的方法。我们有信心，在党和政府的领导下，中国本科教育的快速发展和繁荣将不再遥远。

# 第三章 英国本科教育质量保障体系研究

英国是现代高等教育的发源地之一，也是世界上最早建立教育质量评估和保障体系的国家之一。作为高等教育体系发展完善的必要指标，英国的高等教育质量评估和保障体系日趋完善，在不同历史时期表现出了不同的特点。总体来看，英国高等教育质量保障体系经历了以大学自治为主、加强外部质量控制、有机结合内外部质量控制三个阶段的历史演变过程。

## 第一节 英国本科教育外部质量保障体系

英国高等教育具有悠久的"学术自由和大学自治传统"①，20世纪60年代以前，英国的高等教育质量保障主要由大学自身完成，是大学内部的一种自发管理行为，政府等外部机构不具体介入大学事务。英国高等教育外部质量保障体系的建立和发展与高等教育大众化、市场化的进程密不可分。二战以后，英国经济的恢复急需大量的专门人才。1963年《罗宾斯报告》的出台开启了英国高等教育从精英化培养迈向大众化的进程，英国政府将教育经费与学生人数挂钩，高校大量扩招，新兴大学不断建立。如何在规模扩大、经费紧缩的同时保障质量成为重要课题，英国高等教育的外部质量保障体系应运而生。

---

① 盛欣、李建奇、曹受金：《英国高等教育质量保障体系及其借鉴》，《求索》2014年第4期。

## 一　英国本科教育外部质量保障体系的发展阶段

英国本科教育外部质量保障体系在 50 多年的发展过程中，随着高校建设制度从自治到"双轨制"，继而发展至"单轨制""一体化"，再到如今的"多元独立"的发展历程，其本科教育质量的外部保障制度也经历了相应的发展阶段。

（一）英国本科教育外部质量保障体系的初建阶段（20 世纪 60 年代～80 年代初）

1964 年，英国成立了全国学位授予委员会（CNAA），这是英国第一个高等教育质量保障和评估机构，也标志着英国高等教育外部质量保障体系开始建立，但它的监督、审查和控制对象仅限于职业学院和继续教育学院，大学依旧享有自治权力。当时，英国高等教育实行"双轨制"：一部分由大学拨款委员会进行经费支持的大学，根据英国高等教育的传统，享有学位授予权和高度的自治权；另一部分由地方教育当局承担教育经费的多科技术学院和其他学院，不具备学位授予资格，统一由 CNAA 授予学位。除了授予学位，CNAA 同时承担公共高等教育机构的质量保障任务，主要关注课程的质量与标准，制定课程确认、认可及院校规范制度。其中，多科技术学院和其他学院的课程必须得到 CNAA 的确认。[①]

此阶段英国高等教育外部质量保障体系的特点是：大学实行"自治"，自行保障质量，不接受外部机构评审；其他公共高等教育机构的教育质量监督和学位授予权由 CNAA 负责，由此保障此类学校学位的"含金量"及其相对于大学学位的竞争力。

（二）"双轨制"下英国高等教育外部质量保障体系的确立阶段（20 世纪 80 年代初～90 年代初）

该时期，虽然英国经济发展持续乏力，但高等教育的规模却大幅增长。受双重因素叠加影响，1981 年，英国政府大幅削减对高等教育的拨款，严重地影响了大学教学和科研的整体质量，引发了社会广泛的批评。

---

① Jackson, N. and Lund. H. Benchmarking for Higher Education [M]. Society for Research into Higher Education & Open University Press. 2000.

为继续获取政府的财政支持和回应外界的批评，英国新一轮高等教育改革势在必行。1988年，英国颁布《教育改革法》，要求大学从资源利用、目标达成等方面评估办学情况，同时决定收回地方政府对大部分多科技术学院和其他学院的管辖权，由中央政府直接管辖。为执行上述改革，1989年，英国将具有70年历史的大学教育资助委员会（UGC）改组为大学拨款委员会（UFC），管理和服务大学体系，并新建"多科技术学院与其他学院基金委员会"（PCFC），负责公立高校的拨款与资助。由此，英国高等教育的大学和非大学体系中的公共高等教育机构的拨款和质量管理机构结为一体，"形成了UFC、PCFC和CNAA为主体的'双轨制'拨款和质量保障体系"①。

UFC作为大学外部组织，以经费拨款为抓手，具有强制约束力，要求大学必须采取行动保障教育质量和标准。为保障教育质量，持续获得UFC的拨款，英国的大学行业组织机构——大学校长委员会（CVCP）专门设立了保障学术审核部（AAU），负责审查、评估各大学的质量保障机制。作为大学行业组织的评估机构，AAU的主要职责是，通过评估促进大学不断完善学术标准，实现教育教学目标，同时对大学内部质量保障措施、机制给予评估。其评估环节包括大学提交自评报告、外部专家审核及外部审核报告三部分。② 评估的主要内容是："大学质量保障机制、专业计划与课程结构、教学及教学方法、教师素质、学生对教学质量的评估意见、学校师资队伍建设规划及其实施以及大学自我评估报告等。"③④

此阶段英国高等教育外部质量保障体系的特点是：高校的拨款和质量保障体系实行"双轨制"运行机制，由UFC和AAU、PCFC和CNAA分别对大学、公共高等教育机构进行拨款和评估。政府以此对高校进行控制和干预（李静，2015：14）。

---

① 刘忠学：《英国高等教育质量保证体系的发展及现状分析》，《比较教育研究》2002年第2期。

② 唐霞：《英国高等教育质量保证体系》，北京师范大学出版社，2012。

③ 王嘉毅：《英国高等教育质量保证政策的历史演变及启示》，《大学》（学术版）2010年第1期。

④ 李璇：《英国高等教育质量第三方评估机制研究》，沈阳师范大学硕士学位论文，2018。

（三）"单轨制"下英国高等教育外部质量保障体系的初建阶段（1992年～1997年）：学科评估和院校质量审核

"双轨制"作为一种高等教育制度，使大学在竞争中处于明显的优势地位，对多科技术学院和其他学院并不公平，加速了高等教育分层和等级化。1991年英国颁布的《高等教育新框架》白皮书，倡导建立单一的高等教育保障体系，同时设立高等教育基金委员会（HEFC）取代CNAA负责高校的质量评估。该倡议于1992年予以实行，废除了"双轨制"，授予原多科技术学院学位授予权，建立高等教育基金委员会（HEFC），取代UFC和PCFC，对各类高校进行拨款；同时，撤销CNAA，HEFC下设质量保障委员会（QAC），负责评估教育质量，并与拨款挂钩。这样，英国高等教育管理体系由原来的"双轨制"走向"单轨制"，政府进一步加强了对高等教育的控制。对此，为了切实保障高等教育组织内部的利益，注重大学内部的学术审核，"高校行业组织大学校长委员会（CVCP）、多科技术学院院长委员会（CDP）立即做出反应，成立了高等教育质量委员会（HEQC），对高等教育质量进行统一审核和认证。"①

在高等学校"单轨制"初步建成的阶段，英国高等教育外部质量保障体系形成了政府（代表政府）和行业组织两套评估体系，二者分工合作：学科层面的质量评估，由HEFC下设的QAC负责；院校层面的质量审核，由HEQC负责。在评估内容上，QAC主要负责对高校教学质量进行评估，评估结果分成优秀、满意、不满意，优秀和不满意将分别得到激励和警告。HEQC主要负责审核高校的质量保障系统，确保其有效运行，其结论与拨款无关。1996年以后，英国海外合作办学机构的评估与审核也由HEQC负责。

（四）一体化的英国高等教育外部质量保障体系建立阶段（1997年～2002年）：QAA及其评估活动

上述两套评估机制在当时是保障高校教育质量的强有力的外部力量，但由于分工复杂，管理多头，多年运行下来造成了英国本科教育质量评估的混乱局面，不利于统一评价标准的执行，使高校面对两套标准无所适从，

① 刘忠学：《英国高等教育质量保证体系的发展及现状分析》，《比较教育研究》2002年第2期。

承受了较大的负担，因此引起了社会的广泛批评，建立一个统一的高校质量保障和评价机构的呼声日益高涨。1997 年，英国成立高等教育质量保障署（QAA）[①]，全面负责高等教育的外部质量保障工作，这标志着英国一体化的外部质量保障体系正式建立。在这一体系下，英格兰、苏格兰和威尔士的高等教育基金委员会（HEFC）都委托高等教育质量保障署（QAA）完成英国本科教育质量保障工作。

QAA 是一个非官方、非营利性的独立机构，接受政府授权进行高等教育质量评估。其经费来自高等教育基金委员会的合同拨款和大学会费，其宗旨是通过制定科学、合理的高校教育质量标准，促进高等教育质量不断提升改进，保障公众的权益。从组织架构上看，QAA 的最高管理机构是一个由 14 人组成的理事会，为体现其管理的公正与合理性，该理事会的人员构成多元，其中 4 人来自大学，4 人是 HEFC 的成员，6 人来自工业、商业、金融等行业的代表。"QAA 的日常工作由首席执行官负责，下设几个办公室，分别负责不同的评估工作和其他事宜。其评估人员主要包括 QAA 的成员、各高校推选的教师和管理者、教育评估专家、与高等教育利益相关的工商界人士。"[②]

2002 年（初期），QAA 调整了评估工作的名称，将原来由 CVCP 进行的院校评估和 HEFC 的学科评估合称为学术评估（Academic Review）。其中，学科评估（Subject Review）于 1993 年启动，2001 年结束。

综合来看，"单轨制"下，英国逐步建立了一体化的高等教育外部质量保障体系，取得一定成效，也引发了一系列问题。人们认为它背离了英国学术文化的核心价值。2001 年，HEFC、英国大学联盟、QAA 等机构经过讨论，认为"只要高校内部质量保障机制能够有效发挥作用，就没必要再进行综合性的学科评估"[③]，并决定共同建构一个新的质量保障框架。在此情况下，QAA 开始设计新的质量保障体系，并于 2002 年发布了新的评估方案——院校审核（Institutional Audit）。

---

[①] 梁晶晶：《构建高等教育质量标准的思考——以英、澳高等教育质量标准为例》，《武汉职业技术学院学报》2021 年第 2 期。

[②] 唐霞：《英国高等教育质量保证体系》，北京师范大学出版社，2012。

[③] 杨习超：《英国高等教育质量保障体系的嬗变与启示》，《财经界》2006 年第 8 期。

（五）多元独立专业的英国高等教育质量保障体系（2003 年至今）：QAA 的院校审核和学生事务办公室（OFS）的卓越教学评估

2003 年，院校审核开始正式实施，其代替了之前的学科评估和院校层面的学术评估，QAA 负责的外部质量评估迈向新的发展阶段，目前已经成为英国本科教育外部质量保障体系的主要内容之一。这是英国高等教育外部质量保障制度和体系的一次重要改革。

伴随高等教育进入普及化阶段，2015 年以后，英国高等教育开始了新一轮的改革，政府提出实施卓越教学框架（TEF）。自此，院校审核和卓越教学评估成为了英国本科教学质量保障体系的两种主要方式，这两种评估都遵循独立、专业的评价原则，在英国国内、国际上都享有较高的声誉。

## 二　英国本科教育外部质量保障体系的特征和主要内容

总体来看，英国的本科教育质量保障模式是教育分权制国家的一种"集权"做法，这种有共同标准、集中运行的教育质量保障模式可以说做到了有力、有效、有益，既保证了英国大学持续提高教育教学和科学研究质量，也推动了英国高等教育质量标准在世界范围内的传播，维持了英国大学在国际上的声誉和地位。

在体制机制上，英国的这种质量保障模式有效地调动了各方的积极性，政府、社会、高校等各方相互制约和协调，发挥了不同作用：政府制定法律和政策，独立机构如高等教育质量保障署（QAA）、学生事务办公室（OFS）、英国科研与创新署（UKRI）等进行质量评估和监控，法定行业组织如工程、法律、医学等实施带有行业准入性质的质量认证，公共媒体如《泰晤士报》《卫报》根据公开信息对大学进行排名和质量监督。四者相互协调、联系，构成了一个有机的外部质量保障体系。

从质量保障体系的内容上看，其现行针对所有高校的质量保障方式主要有三种：QAA 负责进行的院校审核（Institutional Audit）、OFS 负责的卓越教学评估（TEF）和 UKRI 负责的卓越科研评估。

（一）QAA 质量保障框架与院校审核

1997 年 QAA 成立，标志着英国形成了统一的高等教育质量保障标准运作模式，其负责对全英高等学校提供统一的综合质量保障服务。工作范围包括英格兰、威尔士和北爱尔兰地区的高校和英国海外的高等教育办学机构（苏格兰拥有独立的高等教育质量保障机构）。QAA 发展初期负责的评估比较多，经过改革，目前对英国高校的评估主要是院校审核。

QAA 制定了全国统一的质量保障框架（Quality Assurance Framework/QAF）和《院校审核手册》，强调高等学校要遵守全国统一的质量标准与学术准则[①]。高等学校内部质量保障机制的有效性是 QAA 院校审核的重点。于是各高校纷纷发挥主观能动性，在全国统一的质量标准下，根据学校实际，建立健全大学内部质量保障体系，建立起规范的质量保障流程。可以说，目前英国高校的内部教学质量保障体系主要由外部质量保障活动所推进，其形成了显著的外生性特点。

1. 英国高等教育的学术标准和教学质量准则

除了质量保障框架外，QAA 还制定了英国高等教育统一和详尽的学术标准与教学质量准则。[②] 主要包括：学术资格框架、各学科的学科基准说明、专业细则编写指南、学术标准与教学质量的实施规范等。（1）学术资格框架规定了英国高等教育各个学历、学位的学术标准和教学质量准则。（2）学科基准说明由各学术团体确定，是"英国各学科教育的学术标准和质量准则，是学术资格框架在学科层次上的体现。QAA 将学科划分为医学、生物科学、化学、工程、法律、历史等约 42 类"[③]，并就每类学科制定了各层次学位和学历教育的基本学术标准与质量准则。学科基准包括三部分：一是学科定义与说明，二是该学科优、良、合格三到五个级别的学习成果标准、教与学的特点，三是评估，如何将学生表现与基准对比进行评价。学科基准信息非常重要，被用来帮助高校进行专业设计与认可、外部检察官检查、职业团体在专业认证时使用、学生与用人单位查询等。（3）专业细则是各高校对本校每一个专业制定的教育标准，其中需要明确学生经过

---

[①] 方鸿琴：《英国高校内部教学质量保障体系的特点与启示》，《中国大学教学》2013 年第10 期。

[②] 唐霞：《英国高等教育质量保证体系》，北京师范大学出版社，2012。

[③] 崔爱林、董佳佳、荣艳红：《英国高等教育质量外部评估体制与指标体系》，《高校教育管理》2008 年第 2 期。

某个专业的学习后，应掌握理解的知识、技能。同时说明了教与学的方法、评分标准、就业资源以及该专业位于学术框架的层次水平。为方便高校使用，QAA 还编撰了《专业细则编写指南》。（4）实施规范规定了保障高校学术质量和标准的操作指南，共有 10 部分，非常详细。

2. 院校审核情况

院校审核的周期为 6 年。（1）其宗旨是确保高校提供的高等教育具有合格的教学质量和适当的学术标准，同时，合理行使其学位授予权力。（2）审核的内容包括三大领域：一是高校内部质量保障机构与保障机制的有效性，考察高校对 QAA 实施规范的执行情况、教学质量与学位标准考核方法的实施情况；二是高校所发布的教学质量与学位标准信息的准确性、完整性和可靠性；三是高校专业层面或院校整体层面上的内部质量保障活动抽样调查。[①]（3）审核工作通常由一个 4～7 名审核员组成的审核小组，以及一名审核小组秘书进校开展。通常，审核小组会提前 8 个月通知受审核高校，进校审核包括 2 天的短期调查和 5 天的审核调查。（4）审核小组完成工作后，通过评价高校的信心指数提出结论性的审核意见。该指数分为三个等次：广泛信心、有限信心、缺乏信心；同时，审核意见会根据改进的轻重缓急程度，将改进建议分为必要的、参考的和希望的。如果结论为缺乏信心，18 个月之后，QAA 将对该校进行后续调查。

院校审核的重要特征在于确认高校内部质量保障体系的合理性和有效性及其教学质量信息的真实可靠性，而非直接评估教学质量本身。它既保障了 QAA 评估使命的实现，又使高校在发展上有比较大的空间和自主权。

（二）科研卓越框架和卓越科研评估

英国对大学科研的评估始于 1986 年的研究精选评估（Research Selectivity Exercise）。1992 年实施《教育改革法》之后，研究水平评估（Research Assessment Exercise，RAE）由高等教育基金委员会组织，以学科作为评估单元，按照各学科科研质量进行排名。由于 HEFC 主要依据研究水平评估的结果确定各大学的科研拨款额度，英国各高校因此高度重视 RAE 评估。

---

① 吴海燕：《我国民办高校发展中的政府角色定位研究》，上海师范大学博士学位论文，2018。

RAE 每 4~6 年开展一次，1986 年至今开展了 7 次。最近的一次是 2014 年，在此次评估中，RAE 被改革为一个新体系：科研卓越框架（Research Excellence Framework，REF）。

1. 英国大学科研评估的机构改革

根据 2017 的《高等教育和科研法》，英国成立了新的独立于政府的公共机构：英国科研与创新署（UKRI），作为全国统一的科研和创新管理机构。UKRI 受英国政府商业、能源与产业战略部（Department for Business，Energy & Industry Strategy）委托进行科研经费和活动管理。同时，取消高等教育基金委员会，其高等教育领域科研资金的管理职能并入 UKRI，其他管理和监管职能并入 OFS。英国研究与创新署由 3 个部分组成：7 大研究理事会、英格兰研究委员会（Research England）和英国创新署。HEFC 的高等教育领域科研资金管理职能则由英格兰研究委员会执行。

在此之前，英国的公共科研资助体系为"双重资助体系"：一是原英格兰高等教育委员会以"拨付式"的资助方式为大学提供科研基金，其经费分配主要依据 RAE/REF 的评估结果；二是英国 7 个研究理事会采用项目资助方式，对高校及科研机构的研究工作进行立项资助。UKRI 成立后，对该双重资助体系进行了改革。[①]

2. REF 评估的主要内容

为深入了解 REF 的评估机制与内容，我们以 2014 年的 REF 评估为例，分析其评估组织、评估标准和评估结果。

第一，评估组织。REF 以学科为评估单元，共设有 36 个学科，分为 4 大类：医学、健康和生命科学类，物理、工程和数学类，社会科学类，艺术和人文学科类。4 大类设主专家组，负责制定专家标准和工作方法，监督专家遵守规定的程序，执行统一的标准，并对评价结果予以确认。每一个评价单元的子专家组将对提交的材料展开详细评价。

第二，评估标准和等级。REF 评估指标主要有三个：科研产出，权重约占 65%；科研影响，权重约占 20%；科研环境，权重约占 15%。这三方

---

① 许竹青：《英国研究与创新署的治理机制及对我国的启示》，《全球科技经济瞭望》2018 年第 3 期。

面的评估均以质量为核心，从低到高分别分为 5 个等级：无分类、一星、二星、三星、四星。

第三，评估结果和绩效拨款。REF 评估结果通过两个排名来体现：Research GPA 和 Research Power。Research Power 排名指英国各大学的科研力量，在此排名中，四星级别的学科、论文以及教师越多，科研力量一般也越大。Research GPA 排名则以各大学的平均科研质量排序，四星级别的学科、论文以及教师占比越高，排名越高。在评估周期内，英国政府会根据评估结果给大学进行年度拨款，REF 总体能力排名越高，获得的拨款就越多。如排名第一的牛津大学，得到的拨款占总量的 6.24%；排名第二的 UCL（伦敦大学学院）占 6.07%。据 UCL 的 Derfel Owen 主任介绍，大约 75% 的拨款给了 4 星学科，25% 的拨款给了 3 星学科。科研评估和经费拨付的超高竞争性可见一斑。

英国高校运行的大部分经费依赖于科研的评估结果，尤其是科研卓越框架（REF）的实施，使英国高校重科研、轻教学的倾向愈演愈烈。于是，2016 年英国政府在原来的英格兰高等教育拨款委员会、高等教育公平入学办公室的基础上，成立了学生事务办公室（Office for Students，OfS），来组织实施教学质量评估，即卓越教学评估框架（Teaching Excellence Framework，TEF）。作为英国高等学校教育质量保障体系的最新发展，TEF 的具体内容将于本章第四节展开具体讨论。

### 三 英国本科教育外部质量评估与保障的多样性：其他外部质量评估

英国本科教育外部质量保障体系还具有多元化的特征，除了 QAA 负责进行的院校审核（Institutional Audit）和 OFS 负责的卓越教学评估（TEF）之外，各院校还要接受其他外部质量评估，主要有政府部门及公共机构进行的评估和检查、专业法定规范团体开展的评估活动以及公共媒体发布的排行榜等。

（一）英国教育标准局（Ofsted）组织的教师职前培训（Initial Teacher Training）督导

英国教育标准局是英国的一个非部级政府部门，它具有法定的权力，对教师职前培训质量进行评审和检查。2021 年 6 月，英国公布了努力打造世界一流教师专业发展体系的改革计划，该教师专业发展体系涵盖初任教师、早期专业教师、经验丰富教师和高级教师四个发展阶段。同时，英国教育部门还明确了各个阶段的发展内容及指导框架——《教师教育框架》，英国教育基金会对这些框架进行独立审查，以确保教育研究证据的可支撑性。

新教师专业发展体系主要包括以下四个方面：初任教师培训、早期专业发展支持、专业化和领导力，这一体系的建立有助于提升教师专业发展水平，提高教师的教学质量，最终提升学生的学业成绩。英国教育标准局通过设定《新教师教育督导框架》，对上述培训进行质量监督，其目标体现在四个方面：确保督导侧重于教师教育课程的实质内容，确保职前教师能够接受高质量的培训，将教师教育督导的重心从"结果"转向"过程"，使《教师教育框架》与《教育督导框架》的培训课程重点保持一致。督导的核心领域包括：总体培训的有效性、教育和培训的质量、重点专题考查以及领导和管理。督导的结果包括良好、需要改进和不足三个等级。督导人员遵守相关指导和行为准则，运用多元方法收集不同阶段的培训证据，向公众和政府提供以下保障：达到培训教师的最低标准，确保教师培训资金使用良好，保障教师培训的组织保障和制度安排的有效性。[①]

（二）专业法定规范团体评估和媒体排行榜

1. 专业法定规范团体评估

专业认证是质量保障体系中的重要一环，特别是在某些与职业相关的本科专业，如工程师、建筑师、医师、律师等职业对应的工程、建筑、医学和法律等，因其专业性非常强，在英国都需要经过相关专业团体按规定条件进行审核和认证。对于此类专业性强的专业，进行并通过专业认证是判断其专业质量和水平的重要标志。

以工程教育专业认证为例，英国高等工程教育来自外部的质量评估形成了一个自上而下的三级质量认证管理体系：高等教育质量保障署（QAA）——英国工程委员会（ECUK）——由工程委员会授权的各领域的工程专业协会。这个体系一方面有利于保障英国高等工程教育的整体质量，

---

① 祝刚：《英国最新教师发展与督导改革透视》，《上海教育》2021 年第 29 期。

另一方面也可以兼顾不同工程专业的学科特色。

英国工程委员会在工程教育质量监管和专业认证方面发挥着不可替代的作用。英国工程委员会是经英国皇家特许的机构，负责对英国的工程行业进行管理，对工程教育质量予以监管，并代表着英国工程界的整体利益。目前，英国工程委员会下设了40多个专业委员会和19个专业联盟组织，共同负责英国高等工程教育的专业发展，与高校保持密切联系。同时，它也是工程师的注册负责机构。工程委员会还为工程课程制定教育标准，提供工程类专业毕业生在实践中必须要拥有的基础知识和能力，并制定了工程专业的发展标准。①

英国工程委员会通过专业认证的方式对英国工程专业的教育质量进行评估。该专业认证主要包括两个部分，第一，与QAA合作，对高校工程专业的发展进行质量监控，并对经费拨款提出指导性的建议。第二，该委员会对高校的工程专业采取间接的认证方式，通过委托各工程专业协会开展。委员会主要负责制定英国专业工程能力标准（UK-SPEC），各工程专业协会需要在此基础上结合不同工程专业的特点制定更加细化的认证标准。可以说，英国的工程专业认证制度既是一种保障工程教育质量的外部评价和监管制度，同时也为工程师资格国际认证提供重要基础，促进工程教育的高质量发展。从评价的角度来说，它是一种使培养对象顺利达到毕业要求的合格性评价。

2. 媒体公布的大学排行榜

英国的高等学校历史悠久，且纷繁复杂。在学生选择上哪所大学的问题上，高校排名是学生参考的重要数据之一。英国媒体根据这一需求，发布了一些排行榜。这些排行榜虽不审核大学的质量保障体系，但通过相应办学指标的数据处理，对大众产生了重要影响，各大学也越来越重视。

第一，《泰晤士报》大学排行榜。《泰晤士报》（The Times）自1992年起每年发布英国大学排名，是英国最早发布大学排名的媒体。其主要指标包括学生满意度、师生比、生均经费、设施和设备、优秀学位获得率、毕业率，其中学生满意度占比最高，占15%，其余指标占比均为10%。

---

① 陈嘉俊：《英国高等工程教育专业认证研究》，东北师范大学硕士学位论文，2021。

第二，《卫报》大学排行榜。《卫报》主要针对本科院校进行排名，排名指标增加了大学学费、辍学率和在读学生人数等。与研究生教育相关的学生意见反馈、科研成果等因素均不纳入评分范围。此外，该排行榜侧重就业情况，以协助寻求本科学位的学生挑选大学为目的。

第三，《完全大学指南》排行榜。该排行榜由英国著名报社《独立报》参与制定，并于 2007 年发布，其数据来源于英国高等教育统计署，排名指标包括英国 116 所大学的研究水平、学生满意度、入学标准、就业前景等。

## 第二节　英国本科教育内部质量保障体系的个案研究
### ——牛津大学

英国具有悠久的大学自治和学术自由传统，在传统上，大学对自身所设专业和所授学位的质量负责。随着外部质量保障的要求，英国大学也在不断完善内部质量保障体系。目前，英国各高等学校普遍设有内部质量保障机制，既实施经常性的教学监控，又对各专业实行周期性的审核。同时，各高等学校还聘请校外检察员和学术审核员，对学校的办学标准和运行过程进行审核评估。[①] 相对而言，英国大学的内部质量保障体系因校而异，本节以牛津大学为例，分析英国大学内部质量保障体系的情况。

### 一　英国高校本科教育内部质量保障体系

从内部质量保障机构和机制层面看，在英国高校，"通常董事会（Council）是大学的最高权力机构，其下设的教育委员会为校级的质量保障部门，负责人为大学的教育副校长。教育委员会提出宏观框架的指导并监控各部门的执行情况，各部门及学院依据自身情况，在宏观框架下自行保障教育质量。教育委员会与各部门和学院合作，一起为大学的教育质量保驾护航"[②]。大学教育委员会旨在基于学校的办学理念发展规划，督导各学院的政策落实和教学；把控监督各学院制定的政策规则符合学校大政方针；日

---

① 臧强、唐霞：《剑桥大学内部质量保证体系研究》，《黑龙江高教研究》2017 年第 7 期。
② 曹尚丽：《英国高校教育质量保障体系研究》，黑龙江大学硕士学位论文，2018。

常的培养方案、教学大纲等的教学事务的检查，确保其符合第三方审核标准。同时，教育委员会还负责督促各学院根据学校的《质量保障手册》进行自查。学部及院系是教育质量的具体实施单位，由学部的分董事会和学院董事会指导实施。

从内部质量保障体系的形式和内容上看，英国的大学普遍执行 QAA 制定的学术标准和质量准则，同时，也会根据学校自身的情况，制定学校内部的教育质量保障规则或规定。其质量保障的内容或维度也通常包括学校的学术声誉、学术水平和准则、学生学习环境、学校的社会服务以及运用何种第三方外部机构的评价等。从内部质量保障的具体形式和内容来看，主要包括专业审批、年度监控、定期评估等，另外还有外部检察官制度。

第一，专业审批（Program approval）。伦敦大学学院（UCL）的学术委员会对新专业的审批负责，并通过其下设的教育委员会、专业与课程批准次级委员会进行审议。系和学院经过论证程序，向学校教育委员会提出申请，教育委员会通过商议，向学术委员会提出"通过"或"退回进一步修改"的建议。

第二，年度监控（Annual monitoring）。其主要目的在于评估各专业是否有效地达到了既定目标，学生的学习成果是否有效达到预定目标。年度监控一般由专业所在的院系主持实施，主要包括各专业小组对自身工作的年度考评，另外还涉及教师和学生的反馈意见（问卷）、学校外部检察官的检查报告、专门职业团体的认证要求、用人单位和毕业生的反馈等。

第三，定期评估（Periodic review）。为了维持或提高学校的办学质量和专业水平，部分学校会每隔 5 ~ 7 年进行校内全面的定期评估。在评估维度方面，除了从教育质量角度进行评价，某些学校还会对学校专业设置的合理性和必要性进行全面审慎的评估，并将学校的办学效率纳入考量。此外，还适当安排对各种学生服务的周期性审查。

第四，外部检察官制度。英国大学普遍建有校外监审员制度，聘请若干校外独立学术专家作为检察官。外部检察官是对学术标准的一项重要保障，其就指定专业的运作情况提出公正的咨询意见，直接向校领导报告。外部监审员主要是以国家的相关标准为指导，检查相关课程和学位的授予是否达标；横向比较该大学的学位授予标准与同行高校的异同；监督大学教学评价程序和结果的客观性与公正性；全面审核学校的课程设置、教案教法、学生成绩认定和评价以及相关专业、学位的授予标准，对其提出改进建议，形成报告反馈学校。该报告将作为大学进行课程、教学、学位授予标准等相关改革的重要依据，也是证明学校教育质量的关键证据之一。

## 二　牛津大学概况

牛津大学闻名世界，是英国最古老的大学，其办学历史悠久，历经八百年的沉淀，形成了较为复杂的组织机构。"根据《牛津大学章程和规章》（University Statutes and Regulation）的规定，牛津大学是一个独立的和自治的机构，由大学和学院两部分组成"。[1] 从校级层面看，副校长是学校最高行政官员，另外有五位专职副校长，分管外部事务、教育、学术服务与大学关系、人事与平等、规划与科研等。其中，大学校长作为大学的代言人，不参与具体的校内事务管理。[2] 其 39 所学院构成大学的核心，但又是相对独立和自治的机构，它们以联邦体制的形式联合在一起，与美国的国家体制类似，每个学院都是根据英国枢密院（Privy Council）批准的特许证而建立的。如图 3–1 所示[3]，牛津大学的最高权力机构是全校教职工大会，其负责大学的立法工作。其次是校务管理委员会，负责大学的学术政策和战略方向的制定[4]。该委员会由 26 名成员组成，委员分别来自学院教师和校外代表。校务管理委员会通过 5 个下设委员会运作。这 5 个委员会分别是计划和资源分配委员会、总务委员会、教育政策和标准委员会、人事委员会以及财务、审计、健康和投资委员会。其中，教育政策和标准委员会负责对学术政策和教育政策进行整体监督，提出有关教育质量和学术标准方面的政策建议。

---

① 赵红：《"浙江模式"独立学院与联邦制大学比较》，《宁波大学学报》（教育科学版）2015年第 4 期。
② 朱国辉、谢安邦：《英国高校内部教育质量保障体系的发展、特征及启示——以牛津大学为例》，《教师教育研究》2011 年第 2 期。
③ 周常明：《牛津大学史》，上海交通大学出版社，2012。
④ 刘阳、宋永华、伍宸：《再论书院制——英、美及我国香港顶尖大学书院制模式比较及其启示》，《高等教育研究》2018 年第 8 期。

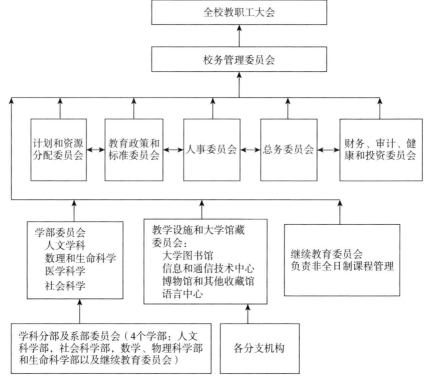

**图 3 - 1  牛津大学治理结构：大学层面**

## 三  牛津大学本科教学质量管理与模式

如前文所述，牛津大学作为英国典型的古典大学之一，其学校的发展进程历经了英国本科教学质量保障体系发展的各个阶段，既经历过最早的大学自治阶段，如今也发展形成了多元统一的质量保障体系。就其内部质量保障体系而言，牛津大学形成了"学校—学院—学生"三位一体，宏观制度与微观维度相结合的具有校本特色的内部质量保障体系。

（一）建立专门的校级保障组织

从组织架构上看，牛津大学的内部教育质量保障组织框架也内嵌于学校管理架构之上。如图 3 - 2 所示，该教育质量保障组织框架涵盖学校、学部和学院三个层面。在学校层面上，校务管理委员会基于大学章程承担全面责任，负责所有学术教学事务大会的决议、起草并实施学校的战略发展规

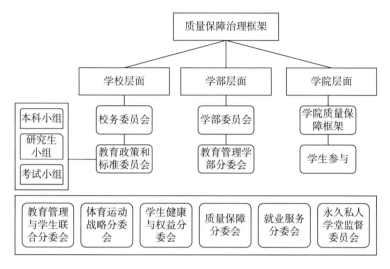

图 3 - 2　牛津大学内部质量保障组织架构①

划，拟定特定时期大学的发展目标，其具体的事务由各委员会负责。其中，教育政策和标准委员会作为校级教育质量保障组织的战略监督机构，向校务管理委员会负责，具体职责包括：监督及保障学校教学相关规定的质量，特别关注质量保障和控制规定的制度设计、实施、评估及监督；负责学校教学质量的提升；学校各类学术标准的监督保障等。

同时，教育政策和标准委员会下设三个咨询小组，包括本科小组、研究生小组以及考试小组，其成员由教育政策支持部门成员担任，由分管教育的副校长管理。本科小组和研究生小组主要关注影响学校宏观学术政策制定和落实的相关因素、支持学生团体的建设以及负责审议学术、学生生活指导、学生就业、技能发展和学生反馈的相关事务。为确保相关规定的有效落实，上述小组的成员构成通常涵盖学监、学部、学院以及学生代表。

除此以外，教育政策和标准委员会还设有多个分委会，负责落实教育政策和标准委员会下各个方向具体领域的审议事务。其中，与质量保障体系直接相关的分委会包括：教育管理与学生联合分委会、学生健康与权益分委会、就业服务分委会、体育运动战略分委会、质量保障分委会等。

学部层面上，主要由学部委员会进行质量的管理和监督，掌握各学部

①　相关信息参考自牛津大学官网 https://academic.admin.ox.ac.uk/quality-assurance-governance。

和学院层面落实学校相关质量保障和控制的政策情况。各学院层面则是具体落实日常教学质量监督、管理、控制措施的主要责任者。各学院需按照学校相关规定，通过召开学院大会实施学院内部的质量保障。其院内的年度教育质量报告由更高一级的导师委员会、研究生委员会以及学校教育政策和标准委员会审议。各学院大会在学部理事会、教育委员会及其相关分会和小组中都拥有代表席位。

在牛津大学，学生参与是学校内部教育质量保障制度的重要组成部分。学生在上述质量保障体系的组织架构中都是重要的代表，学校拟定了《学生参与及代表政策指引》，规定了学生参与学校教育质量保障和控制事务的权益。

（二）制定统一的质量保障手册

在英国高等教育问责制框架的要求下，为了保障大学内部质量保障机构各个层级之间的合理规范运行，保障学校教育质量维持在较高水平，以持续获取英国高等教育基金委员会的拨款，牛津大学制定了大学教育质量保障手册（Quality Code）。根据牛津大学官网的介绍，该质量保障政策于2015年冬季学期发布，2017年7月进行了更新。从总体上看，牛津大学的教育质量保障手册的整体内容布局包括两大维度：对 QAA 设立的高等教育学术标准和指导原则进行阐释、详细列明牛津大学落实上述标准、原则的具体措施。从内容上看，该手册包含了课程设置开发及审核、招生及录取、教学、学生发展支持、学生参与、外部监督、教学监控、学术上诉及学生投诉、教育合作管理、研究型学位等11个部分。从流程上看，手册规定了对接、落实国家相关学术标准及原则的六大流程（见图3-3）：于常规的质量保障流程中全面系统地收集相关数据、学部及学校层面全面审核相关数据、推广示范做法及明确整改重点、落实整改措施、检验整改效果保障学生学习，以及落实整改的全程监督。对于上述提及的11部分内容，牛津大学均制定了具体的落实措施及规则，如针对设立新课程的审核备案及课程大纲修改的规定（P&G on new courses and major changes to courses），针对本科新生选拔及录取工作的政策框架（Common framework for undergraduate admissions），促进本科教学质量提升及保障的规定及流程（P&G on undergraduate learning and teaching），以及支持关爱残障学生的政策框架（Common framework for supporting disabled students）等等。

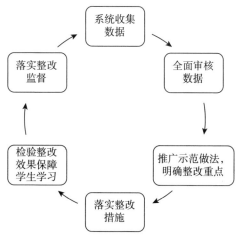

**图 3 - 3　质量保障流程**

（三）实行年度课程质量监督制度

教育质量保障首先体现在本科教学的质量上，牛津大学除了通过设立专门组织机构、监督小组进行教学质量控制外，自 2015 年以来，牛津大学还实行校内年度课程质量监督制度，通过设定系列监督流程，对大学的本科课程、硕士研究生课程以及博士生课程进行年度质量评估与监控，以发现问题，明确改进方向及意见。该方案于 2015 年拟定，经大学教育质量保障分委会审议通过后实施，后陆续于 2016～2018 年经过多次修改完善，形成了牛津大学《年度课程质量监督制度》，以确保学校教育质量符合相关教育框架标准、保障教育公平。如图 3 - 4 所示，从内容上看，该制度主要涵盖五个部分：学生录取情况、测评员报告、课程年度报告、学生评估与反馈、就业情况。从形式上看，每部分内容形成的报告首先在学院内部进行审核，由学院相应的学术委员会进行审核，之后提交学部审核，学部教育委员会或其下属分支机构进一步审议，形成相关意见。

第一，学生录取情况方面。本科、研究生小组每年公开发布学生录取情况。学院对该相关数据、学生申请流程等情况进行审核，主要包括录取数据呈现的总体数据、学生基本信息情况、确保录取流程符合相关框架的标准并对未来录取招生的流程提出改进性的意见建议。学院完成审核后，提交学部审核，主要开展跨院系的横向趋势对比，再由学部的本科招生委员会大会通过，形成报告最后提交大学教育政策和标准委员会。

图 3 - 4　年度课程质量监督内容与流程

第二，测评员报告。该部分主要对测评委员会和外部测评员在监督本科课程质量方面形成的报告进行审议，同样包括学院审议、学部审核以及提交质量保障分委会三个环节。学院审议环节通常在春季学期开展，评测员首先对本科生的考试及管理流程进行严格监督，以确保考试流程的透明度以及信息的共享，并提出改善考试流程、测评方法、教学方法及与课程相关的意见建议，形成报告。其后，学院学术委员会将进一步审核考试流程的公正性，全面考量本年度考生表现与上年考试情况的差异、不同性别学生的表现、考试中是否严格执行相关国家标准和政策要求等。除了内部测评员的报告外，学院学术委员会将同时收到外部测评员的报告，该报告的审核内容比内部报告更加详细，涵盖课程、教法、考试政策与规则。值得一提的是，学院学术委员会中通常会设置一定数量的学生代表，学生也参与到上述报告的审阅当中，充分体现了牛津大学对学生声音的重视。学院审议所形成的会议纪要会连同上述内外部报告，一同呈交学部进行审核。

学部审核一般于夏季学期开展，针对上一环节所形成的报告及审议纪要进行审阅，对未决事宜进行讨论或者回复，或对需要向上一级汇报的事宜开展讨论。学部审核同时关注不同学院之间的共有问题，必要时向上汇报。该环节完成后，提交给大学教育政策和标准委员会的事宜仅重点提及需要进一步审议的事项以及不同学院呈现出的共有问题。其余内容的报告仅以附件形式上交备查。该环节中，教育政策与标准委员会对上述事宜进行充分讨论后，形成相关决议，标志着课程质量监督制度全流程的结束。

第三，年度专业数据（APS）。牛津大学每年年底 12 月 1 日前，将对大学本科教学的专业类别、学生申请学位比例及历年变化趋势进行分析。由于上一部分提到的内外测评员对近三年内每一类课程学生的表现都会进行总结与评估，而该部分内容的数据化意义不大，因此年度专业数据的学院审核环节通常不做要求。直接由学部进行审核，其关注的内容主要包括学部或学院层面特定群体学生的学业表现，并将其审核反馈至具体学院，强调执行相关改进措施，也可向上级教育政策与标准管理委员会提交相关审议意见。学校教育政策与标准委员会属下的学位教学小组与学位研究小组将对全校学生的学业表现进行评议，分析近年发展趋势，其中包括海外留学生的学业情况。

第四，学生评估与反馈。牛津大学内部质量保障体系的重要组成部分为学生的参与与反馈。为了保障学生的参与度和代表性，学校建立了两种学生调查机制，分别是学生晴雨表调查（Student Barometer Survey）以及全国学生调查问卷（National Student Survey）。学生晴雨表面向牛津大学除毕业生以外的所有学生，在第一个学期结束后由副校长通过电子邮箱发起填写问卷邀请，主要针对学生对学校教学质量、学校的优劣势的反馈开展调查，相关结果将通过学校网站公布。后者则面向毕业年级学生，由学生的导师以邮件形式发送给学生完成调查，了解学生对学校的课程教学、课程资源建设、课堂组织管理、学生学习支持学习资源建设、学生个人发展和对学校的总体满意度等维度的意见和建议。该项调查结果也适时公开发布，为其他学生提供学校和专业选择的参考①。

两项调查报告形成后，也将经过学院、学部以及大学三个层面的审议流程。首先，学院及时查看本院课程的调查结果，形成具体的行动改进计划，并及时与教育管理与学生联合委员会沟通，对学生的关切予以回复。学部的审核要点则主要对各学院呈交的报告进行跨院系审核，并为教育质量保障分委会提交审议报告，指出需要特别关注之处。教育分委会的学位教学小组与学位研究小组将直接审核与教学相关的事项，面向行业趋势分析学校的强项和弱势，为未来学校发展政策的制定提供信息。上述两项报告的审议在时间与频次上有所区别，本科学生晴雨表调查结果通常在第三学期开展，而全国学生调查问卷则通常在第一学期接受审核。最高层次的

---

① 朱国辉、谢安邦：《英国高校内部教育质量保障体系的发展、特征及启示——以牛津大学为例》，《教师教育研究》2011 年第 2 期。

大学教育政策与标准委员会的审核则采用定期抽查的方式，主要针对两项检查的结论性意见予以审查。

第五，学生就业情况。在英国，教育管理部门每年会在全国范围内开展《高等教育学生就业情况》调查，收集学生获得毕业证书六个月后的就业去向。相关调查结果会在每年八月公布。学部对该部分内容的审核于秋季学期开始，主要关注特征性指标，并将审议意见指派具体学院或部门跟进。教育分委会的学位教学小组负责对学生就业能力开展分析，为学校未来学生就业指导政策的制定提供参考。

## 四 牛津大学本科教学质量管理的效果与经验

得益于学校内部对本科教育质量的全面把控、考核、监督与管理，牛津大学的本科教育质量享誉全球，历经八个世纪依然保持着世界一流大学的卓越地位。根据 2023 年 QS 世界大学综合排名，牛津大学名列全球第四[①]，一直是世界各国留学生孜孜以求的梦想学府。全面总结分析牛津大学本科教学质量管理的有益经验，将给我国高等教育的质量保障和管理工作带来多方面的参考与启示。

（一）坚持以人为本，注重学生的参与与体验。

纵观牛津大学的本科质量保障制度，以人为本的理念贯穿其中。首先在制定学校教育质量保障政策上，学生享有充分的参与权，他们是质量保障组织机构的重要一员。其次，在具体质量保障内容方面，处处体现对学生事务的重视与关心，如在质量保障组织机构中规定相应小组职责，包括支持学生团体的建设、学生生活指导、学生就业、技能发展和学生反馈的相关事务；在质量保障手册中，更明确将学生的投诉、学生发展支持、学生参与作为重要的保障内容；在年度课程质量审查中，注重分析学生的个性特点、录取情况并通过问卷调查的方式收集学生的反馈意见，了解毕业生去向，将其作为政策制定的重要参考内容。再者，牛津大学内部形成了非常完善的学生学术、个人及职业发展的服务支持体系，覆盖不同能力类型学生，纳入学院、专业院系、大学中心服务机构等多元主体。以人为本

---

① 资料来源：https://ranking. promisingedu. com/2023 - qs-all-undergraduate/university_ of_ oxford。

的理念指导学校教育质量的保障工作，有利于激发学生的主人翁精神，促进学生深入理解、认同学校的质量文化，从而使其成为教育质量的践行者、建设者和监督者，由此形成良性循环并行之有效的质量保障制度。

（二）强调多元主体，多点保障教学质量。

作为以学校自治为优秀传统的古典学校，牛津大学有着强大的内部质量保障体系，其中重要的一点在于其能够发挥学校多元主体的协同作用，使各利益群体充分参与到学校的制度制定、实行与监督的全过程当中。前文提及的学生参与是其中重要的一环，除此之外，牛津大学的质量保障体系囊括大学、学部、学院三个层级，以及多个下设机构，同时纳入外部测评员制度，以制度流程的方式规范每一类利益相关主体的权利与义务，使之在规矩中合作，从宏观、微观层面开展多维度的评估与监督，确保学校内部质量保障体系的系统性和全面性。这种以政府相关规则标准为参照，以大学自身为主导，充分发挥大学内部各部门、各利益主体的积极主动性，充分参与到教学质量保障体系的建设、监督与执行当中，同时寻求第三方外部力量加持的模式，能够最大限度盘活学校自身力量，构建高效运行的质量保障制度。

# 第三节　英国本科教育质量保障发展的新趋势

对于什么是质量？谁来保障高等教育质量？高等教育界的认识并不统一。伦敦大学教育学院巴纳特教授认为，过去多年来，英国的教学质量责任意识经历了一个演进的过程，即从教师个人到大学，从大学到国家，从国家又回到大学自身这样一个逐步演进的过程。[1] 当前，英国高等教育质量保障体系的基本特征是，高等教育机构自身是维持和提高学校学术标准和质量的第一责任人，而外部质量保障机制最重要的作用，体现在其对内部质量保障制度有效性的监督和支持上，其重点是监督、检查、审视内部质量保障制度的状态和作用过程及结果。

英国的本科教育质量保障和评价体系是一个开放系统，在评价机构发

---

[1]　金顶兵：《英国高等教育评估与质量保障机制：经验与启示》，《科学大众》2007 年第 5 期。

展、评价主体参与、评价机制调适、评价结果公告等方面都体现了开放性特征。英国的本科教育质量保障和评价体系机制灵活、适变力强、能够与时俱进。近年来，随着高等教育进入深度的大众化发展阶段，英国政府更加注重高等教育质量的科学化评价，先后将高校的科研、教学及社会服务纳入外部评价范围，从前文提及的 2014 年开始实施的科研卓越框架，到 2016 年的卓越教学框架（TEF），再发展到 2020 年启动知识交换框架（KEF），英国高校的本科教育质量框架自此形成了"三足鼎立"的稳固平衡局面。本节将重点介绍 TEF 框架和 KEF 框架的政策机制及评估内容。

## 一 卓越教学框架（TEF）和卓越教学评估

过去，英国高等教育是具有普惠性的福利，其经费来源于公共机构。相应地，高校的质量评价则是由出资的公共管理机构委托高等教育质量保障部门执行。而如今，特别是 2010 年以来，英国的高等教育的旨归发生了变化，从人人获益的福利变成了谁支付谁获益的自我提升途径。学费收入是学校的主要经费来源，学生是学校和高等教育的"客户"与"消费者"。高等教育的质量则由市场化的消费思维左右，主要看是否"物有所值"，消费者权益是否得到保障。[①] 英国政府由此开展了构建"以学生为中心"的教学外部评价机制，制定了《卓越教学框架》（TEF）作为新的质量"度量衡"，并根据其评估结果确定高校经费拨款的额度。

2015 年，英国政府颁布的绿皮书中提出通过"'卓越教学评估'的机制实现三个改革目标：建立竞争性的高等教育市场，为学生提供更多的择校空间，完善高等教育的管理架构"。[②] 之后，卓越教学评估被写入《高等教育和科研法 2017》，评估工作由新成立的"学生事务办公室"（OFS）负责实施。根据相关报道，该框架实施的前两年，高校在评价当中达到金、银、铜任一等级都有权按照通货膨胀情况上涨学费。其后的两个学年（2019/2020 学年），该办公室调整了激励的措施，实行差别化方案。即评为最低等级的学校学费上涨幅度不得超过通货膨胀率的 50%，评为较高等级的学校

---

① 庞春敏：《英国教育评价的特点与启示》，《上海教育评估研究》2021 年第 5 期。
② 侯定凯：《英国大学卓越教学评估：为何评、评什么、如何看》，《高校教育管理》2018 年第 2 期。

可按 100% 的通货膨胀率上涨学费，但不得超过议会通过的最高收费标准。①

（一）TEF 框架评估的主要内容

实现教学的卓越是英国政府希望通过 TEF 框架评估所要达到的目标之一，其实施标志着英国高等教育教学范式的转变。该评估框架体系包含了五个组成维度：质量（quality）、标准（criteria）、证据（evidence）、结果陈述（statement of finding）和评级（rating）；三个核心指标：教学质量、学习环境和学习结果，以及其对应的六个具体维度（见表 3－1）。其中，教学质量方面，除了官方的全国性调查所获取的数据外，跟国内开展的院校评估一样，各参评高校还需提供书面评估的自评材料，同时提供相关实证数据作为支撑。

表 3－1　卓越教学评估的核心指标②

| 核心指标 | 界定 | 具体指标 | 数据来源 |
|---|---|---|---|
| 教学质量 | 提供能激发和挑战学生思维的教学，最大限度地帮助学生投身学习过程，为学生作业提供有效反馈等 | · 课程教学<br>· 评估与反馈 | 全国学生调查（NSS） |
| 学习环境 | 能支持学习、提高学生保留率、促进学生学业进步的资源和环境（如图书馆、实验室、工作体验） | · 学术支持 | 全国学生调查（NSS） |
| 学习结果 | 各类学生在教育和就业上取得的成就 | · 辍学率<br>· 就业率或继续深造的比例<br>· 高技能岗位就业率或继续深造的比例 | · 高等教育统计署（HESA）<br>· 个性化学习者记录<br>· 大学毕业生去向调查 |

（二）TEF 框架评估的工作机制

TEF 框架评估为期四年，一般会分阶段进行。每一轮评估之前，OFS 会先发布详细的指南，列出具体的分阶段工作时间表。具体的评估由一个 27 人的独立评审小组负责开展，其成员囊括学生、学者、企业雇主和教育专

---

① Department for Business & Skills（BIS）. Success as a Knowledge Economy：Teaching Excellence，Social Mobility and Student Choice［EB/OL］．［2020－01－13］．

② 侯定凯：《英国大学卓越教学评估：为何评、评什么、如何看》，《高校教育管理》2018 年第 2 期。

家代表。该小组对参评高校的学生满意度、学生流失情况、学生成就以及就业情况进行书面评估（不开展现场观摩或听课评估）。为了保证评估的公平公开，保持学术性与统一性，评估开展前，参与者须参加培训，具体包括模拟评估测试以及评估材料讲评。[①] 在评估分数统计环节，评审小组计算分数时，还须将参评学校的学生特点、入学资质、学科专业建设多样性等考虑在内，对照各参评高校提交的自评报告及支撑材料，综合分析后得出最终的评审意见及评估结果。[②]

从评估过程来看，评估分成三个阶段。第一阶段为初步评估阶段。评审小组将会根据评审员个人专业特长，将其分成若干个三人小组，通常由一个学生代表及两位学术评审员组成。在这一阶段，三人小组的成员将根据 TEF 指标框架对高校提供的各项证据及数据进行评估，提出评估级别，上报三人小组。第二阶段为集体评议阶段。各小组召开全体会议，提出小组内的推荐意见，对参评高校的评估等级进行集体讨论。为确保评审的信效度，TEF 评审组会对不同小组在评估不同高校时的信度进行检验。同时该集体讨论还会在不同三人小组中再抽选代表，组成"转评小组"，针对处于不同等级边缘的高校或具有明确差异评审意见的维度进行重新评议。集体评议的结果最后会形成集体评议决议，由 OFS 起草相关评议结果、维度解释以及反馈意见发送至参评高校。第三阶段从参评高校获得该评议决议后开始。参评高校可在 28 天内反馈是否同意转评小组的意见。若无进一步反馈则被视为同意评审意见。OFS 则按照规定流程将结果予以公布。

（三）TEF 框架评估结果及其运用

作为英国本科高校教育质量的衡量标准，从评估结果来看，英国卓越教学评估通过的结果分为三等：金牌、银牌、铜牌，若该学校所提交的证据未能证明其提供教育的卓越，则会被评为有待改进。其中，评估结果为金牌的，意味着学生的学习环境及学习结果均达到卓越水平。银牌结果表示学生的体验及学习结果具有很高的质量，部分指标达到卓越水平。铜牌则表示学生的体验及结果质量较高，部分指标质量很高。一般而言，评估

---

① 丁磊：《英国高等教育质量评估新进展》，河北师范大学硕士学位论文，2021。

② 侯定凯：《英国大学卓越教学评估：为何评、评什么、如何看》，《高校教育管理》2018 年第 2 期。

结果的有效期为 3 年。

新阶段的英国卓越教学评估在英国国内和国际上都产生了重要影响。总体来看，卓越教学评估是英国首个将学费收取、财政经费拨付、学生贷款等经费政策与教学质量评价结果挂钩的政府绩效审核设计，是英国高等教育市场化改革的重要措施，在其高等教育评估史上具有重要的标志性意义。

## 二　知识交换框架（KEF）与大学社会服务活动评价

21 世纪以来，英国面临经济下行的压力，"脱欧"行动给新时期国内经济的发展也带来了巨大挑战。2017 年以来，英国政府发布《产业战略绿皮书》，强调英国现代工业发展的战略目标，拟定实现经济转型的路径，提出制定一个新的知识交流框架衡量大学在促进知识共享、知识交流和科研成果商业化方面所做的贡献。[①] 于是由英国科研及创新中心下属机构英格兰科研局（RE）开发并运行了知识交换框架（Knowledge Exchange Framework, KEF）。这一框架自 2017 开始研发，经过发布技术报告、知识交换框架试点工作坊运行、于 21 所高校实施前期评估试运行测试等一系列工作，于 2020 年三月正式推出。后由于受到新冠疫情的影响，原定于 2020 年 4 月正式开展的第一轮评估工作受到影响，推迟至 2021 年 4 月正式实施，至 2022 年 5 月完成了第一轮评估。

（一）框架的评价维度及内容

具体而言，KEF 关注大学不同的知识交换活动，主要涵盖七个领域，如表 3 – 2 所示。上述指标的具体维度多数来源于英国高等教育统计局于 2019 年开展的同样以考查高校知识产业化转化程度为重点的一项问卷调查——高等教育商业与社区参与问卷（Higher Education Business & Community Interaction Survey, HEB-CI）。不同的是，KEF 对高校知识交换情况及社会经济发展参与程度的考查，更加注重货币化的考量，其数据来源除了量化数据外，还从执行层面考查相关信息。

---

① 徐小洲、王劫丹：《英国大学评价新动向：基于"知识交流框架"的分析》，《高等教育研究》2021 年第 6 期。

表 3—2　知识交换框架的指标及维度①

| 指标 | 具体维度 |
|------|----------|
| 合作研究 | 学术部门对合作研究的投入 |
| | 学术伙伴作为共同作者的成果 |
| 商业合作 | 英国创新局资金投入 |
| | 所得企业合同研究收入 |
| | 所得企业咨询及设备收入 |
| 与公共及第三产业合作 | 所得公共及第三产业合同研究收入 |
| | 所得公共及第三产业咨询及设备收入 |
| 技能、企业及创业培训 | 所得继续职业发展及继续教育收入 |
| | 从事上述教育活动的天数 |
| | 当量全日制学生的创业比例 |
| 地区增长及重建 | 所得各个渠道的重建及发展收入 |
| | 附加说明材料 |
| 知识产权及商业化 | 衍生公司所得平均营业额估值 |
| | 衍生公司所获平均外部投资 |
| | 专利及其他知识产权收入占科研收入的比例 |
| 公共及社区参与 | 根据一定指标自评分数 |
| | 附加说明材料 |

（二）工作机制

根据英国创新局的介绍，开展 KEF 评估遵循了系列原则。比如，评估旨在促进各学校持续进步；分享成功经验，加强本校对外知识交换、参与社会公共服务的能力。基于上述原则，鉴于不同高校有各自的特色及专长，若机械地将高校开展两两比较，用评分决定等级高低，将与评估的目的和原则背道而驰，有违公正。因此，对于上述维度的评价，该框架不是采取为每个高校进行单独评分的方式，而是在召开多场专家咨询会后，创造性地组建了技术顾问小组，按照学科特征、研究经费来源、办学规模和学生类型等对英国的高校进行聚类，提出了七个聚类（Cluster）：聚类 E、聚类

① 冯磊、马星：《大学外部评价的英国探索：卓越框架体系的形成、特征与发展趋势》，《教育发展研究》2021 年第 5 期。

J、聚类 M、聚类 V、聚类 X，艺术类聚类和 STEM 类聚类①。比如巴斯、杜伦、埃塞克斯、莱斯特等 20 所大学被归为聚类 X，它们均为规模较大、科研实力排名靠前，科研经费主要由政府相关部门拨付，只有 8.5% 的经费来源于企业，学科专业综合性强，包含 STEM 和非 STEM 学科，但不包括医药类专业，教学型研究生居多。在此分类基础上，KEF 开展了不同聚类高校之间的分类评价，虽然评价以 1~10 分的评分为主，但高校的分类比较使对每个高校的评价都基于同类高校的水平，凸显组间评价的意义，使高校能更清楚地看到不同类型高校的比较优势，为其寻求合作伙伴提供信息支持。

在评价主体方面，KEF 同样采用了多元主体进行评价。评估由英格兰高等教育基金委员会、英国研究与创新署和英格兰研究院作为主管和组织部门，纳入英国大学联盟（Universities UK）、大学研究与工业联络协会（Association of University Research and Industry Liaison）等作为高校、行业、社会机构代表进行协助，共同实施 TEF 评估工作。②

（三）结果使用

如前文所述，KEF 旨在让高校在同行、同类当中进行横向比较，发现自身的增长点，以促进未来建设为主要目的。根据第一轮 KEF 评估报告，每个参评高校的评估结果以雷达图形式呈现，以高校在近三年各指标维度上的平均值核算出十分位数，计算实行一定的数据标准化处理，呈现高校在各聚类中的百分位置，如考文垂大学所在的集群 V 占据了合作研究、商业合作、知识产权商业化、公共及社区参与的 20% 的位置，在推动社会经济发展方面贡献了突出力量。除了使高校明确自身的比较优势，拟定未来发展方向，更好地寻求合作伙伴开展社会公共服务以外，KEF 评估结果同时可为企业、社会机构带来政策制定的必要信息，如每一所高校的特征及优势，从而最大限度地实现产学研融合，推动高校知识生产服务于工商业和其他社会组织发展。此外，KEF 评估结果也将被用作分配高等教育创新基金及其他知识交换项目基金的重要参考，并促进高校之

---

① 徐小洲、王劫丹：《英国大学评价新动向：基于"知识交流框架"的分析》，《高等教育研究》2021 年第 6 期。

② 同①。

间的名誉竞争①，最终服务于高校教育质量的提升。

随着 KEF 的研制出台及第一轮评估工作的顺利开展，英国高等教育，特别是本科教育已经建立由 REF、TEF、KEF 三个卓越评价框架构成的聚焦科研、教学、社会服务多个层面，兼顾多方利益的"三位一体"的卓越外部评价体系，并作为高校进行内部自治、研制内部质量保障与控制体系的重要抓手。

## 三 英国高校质量保障制度对我国高校质量保障体系建设的启示

英国高等教育机构对教育质量的关注由来已久，经过百余年的发展迭代，可以说，英国高等教育质量保障的责任已经呈现从教师个人到大学、从大学到国家、从国家又回到大学的演变历程。"质量文化"的理念已成为英国高校内部的价值共识，各高校将质量保障作为己任，努力构建能够支撑学校教学科研社会服务等各方面优质发展的质量保障体系，充分发挥多方主体的能动性，以学生为本，以学生的学习为中心。当前，我国高等教育面临多项改革，"以本为本""四个回归"的新时代要求对高校教育教学改革也提出了更大的挑战。高校须全面贯彻落实党的教育方针，以立德树人为根本任务为党育人，为国育才。其中，加强高校教育教学质量保障体系的建设是其重要一环。根据教育部印发的《普通高等学校本科教育教学审核评估实施方案（2021 - 2025 年)》，我国将启动实施新一轮审核评估工作，将聚焦本科教育教学质量，重点审核各学校的质量保障体系。在此背景下，对英国高等教育质量保障体系进行总结和反思，可为我国提供相关借鉴和启发。

（一）建构体系、多维多方法并举保障本科教育质量

从外部评价机制来看，英国大学通过构建完整的卓越框架体系，将教学卓越、科研卓越、知识交换与社会参与卓越等目标纳入大学教育质量保障内涵，并将上述三个维度的质量置于同等位置，破除了过去以教学为尊或以科研为尊，忽略高校的社会贡献等偏颇倾向。同时，通过基于证据的

---

① 冯磊：《英国高校评价中的多元利益协调——以卓越框架体系为例》，《外国教育研究》2021 年第 7 期。

评估方式，既从量化角度进行评分，也将相关质性证据纳入考量，进一步提高了评价体系的科学性及有效性。高校内部的质量保障内容则纳入了学生录取、就业、教学、科研、学生服务、学生健康与权益等极为丰富的维度，既注重从数据监测上量化评估各项指标的等级水平，又采用网络问卷等形式收集学生的反馈意见，多方法并举促进评估的全面性与合理性。目前，我国高校的质量保障体系主要靠政府政策推动，学校内部的保障制度尚处于初级阶段，存在片面认为高校质量保障即高校教学质量保障等单一质量观的现象，尚未建立全面、多维、体系化和整体性的认识。在方法上，也存在忽视量化数据的科学呈现，过分依赖质性评价的趋势，尚未形成科学合理的评估机制。在迎接新一轮审核评估的努力中，各高校应树立全面的质量观，围绕本校的优势和特色，以体系化的思维将影响学校办学质量的各领域各方面的要素纳入考量，搭建教学、科研、社会服务相统一的质量保障体系。

（二）以学生为中心，以卓越为导向，实行持续改进的质量保障模式

学校的质量着重体现在人才培养的质量层面，教育质量保障因此可以理解为学生的发展和成长的质量保障，以学生为中心，以学习为本是高校教育质量保障的应有之义。因此，学生参与、学生的角色在高校质量保障体系中不可或缺，以学生为中心是高校质量文化的重要内核。英国高等教育机构质量保障体系历经多次革新，其始终围绕学生、学习、学校效果这三大中心，如 TEF 框架中所设置的学习环境、学习结果、教学质量维度，QAA 所制定的质量标准，以及牛津大学无论从组织架构、参与主体还是评价内容上，处处突出、保障学生的参与。部分学者指出，当前我国高校的质量保障工作依然关注教学本身，以传统的评估模式对高校的办学条件、管理水平和社会声誉进行考查，较少关注学生的学习效果，更忽视了学生从入学到就业的全过程监控，也没有将学校为学生成长与发展提供的各类服务措施纳入质量保障范围，导致只重入口，忽略出口，只重教而忽略学的现象。我国高校在这方面需加强以学生为中心的理念建设，以学生的成长和发展为质量保障的出发点，从顶层设计上保障学生参与的权利，质量监督及控制的措施须囊括学生发展的全过程，如从入学录取，到课堂学习、课外活动参与、学生其他发展权益、学生校园生活服务，以及毕业就业等

一体化全流程的内容。同时，如英国高校质量保障体系最新拟定的知识交换卓越框架所强调的那样，高校知识生产对社会服务的贡献，尤其是高校培养的人才与社会经济发展所需要的人才之间的匹配程度，也应纳入高校教育质量的考查范围。

此外，我国高校应进一步树立以卓越为导向，实行持续发展的质量保障模式，摒弃以往任务式、应对管理的单次性评估思维，杜绝形式主义，切实以主人翁精神，建立起服务高校持续进步，追求卓越教育质量的质量保障模式。积极开展自我评估、课堂质量监察、学科专业水平审核等质量监控活动，以发现问题、研讨对策为主要目的，不断优化学校的教育资源投入，促进大学内部教育质量内涵的提升。

（三）内外融合，以内为主，实现多元主体的协作保障

英国高校高等教育的质量在全球一直处于领先水平，无可置疑是得益于英国政府、教育机构对质量的重视与把控，其质量保障体系得以高效运行正是在于其不断优化内部评价和外部评价的平衡机制以及其有效发挥多元主体的作用，使之协调运行，共同服务于一体化的质量保障体系。如前文提及的牛津大学，其内部质量保障体系不但纳入了学校各层面的行政管理部门，还设立了多个质量保障小组，由学者和学生共同参与，并灵活、充分发挥导师对学生学习、生活的指导作用，充分调动了校内的校级层面、院系层面、各专业学术机构以及学生自身的力量。同时，还借助中介机构，设立校外测评小组，作为第三方独立力量参与学校教育质量的评估。在体系构建上，以外部或政府的相关质量标准和指标为纲，制定校内质量保障手册，设定质量监督、控制流程，将各级权力主体规范于同一框架承担各自责任，协调运作。反思我国高校当前质量保障体系的运行机制，诸如机构壁垒，权责不清，管理层级过多，校、院、系、师生等多级组织联动不够，跨学科机制不完善等问题依然存在。如何搭建一个协调配合、联动运行的质量保障平台，把学校各部门、各环节与教育教学质量有关的管理活动严密组织起来，把在教学和信息反馈的整个过程中影响教育质量的一切因素控制起来，将是我国各级各类高校面临的共同挑战。

# 第四章　法国本科教育质量保障体系研究

　　1998 年 10 月，联合国教科文组织（United Nations Educational, Scientific and Cultural Organization—UNESCO）主办的世界本科教育大会在巴黎举行，最后通过的《21 世纪世界本科教育宣言：展望与行动》第 11 条 "质量评估" 部分提出："本科教育质量这个概念可解释为多层含义，它包含了本科教育范围内的职能和活动：教学和学术课程、研究和学术工作、教职人员、学生、校舍、设施、设备、社区服务和学术环境。" 此外，本科教育质量还涵盖国际交流、专业知识交流、教师和学生的流动性以及国际研究项目。当然，我们也应关注本民族文化价值和国家现状。这些是 21 世纪世界各地教育专家对本科教育质量概念的共识。

　　法国是一个中央集权制国家，在本科教学发展方面有着悠久历史。欧洲中世纪时就有世界著名的巴黎大学，大革命前出现培养精英的大学，到拿破仑帝国时期，大学建立改革中央集权制教育管理机制，然后再到近年来的大学合同制改革，博洛尼亚进程（Bologna Process）背景下 "358" 学位制度的改革创新（又称 LMD 改革）等，从传统到现代法国本科教育的变化，也在一定程度上推动了世界教育的发展。

　　法国本科教育主要包括三类本科教育组织①。

　　第一类本科教育组织是综合性大学。综合性大学内设系，包括一些附

---

① 游佳：《法国高等教育质量保障模式及特性分析》，《天津中德应用技术大学学报》2020 年第 4 期。

属学院——大学技术学院（IUT）、教师研修学院（IUMF）、大学职业学院（IUP）、高校企业行政管理学院（IAE）和政治学院（IEP）。

第二类本科教育组织是大学校。大学校以其专业特点和高质量的教学而闻名，包括高工程技术人员学院、高商业服务管理学院和行政管理学院。

第三类本科教育组织建立在初中教育管理体系上，提供本科教育水平课程，包括高端技术人员培训机构（STS）和本科学校预科班（CPGE）。

法国综合大学是法国本科教育最基本的构成部分，这是时代进步的产物。综合大学拥有悠久历史，善于发展技术专业和设定岗位学历实现达到市场需求的目的。综合大学专业院系设定齐备，科学研究是综合大学的重要组成部分。到 2001 年，法国一共有 90 所综合大学，共有学生 150 多万名。在综合大学学习的学生占全国大学生的 74%。综合大学大多为社会发展培养老师、科技人员，为理工学院、司法部门、医疗服务等相关部门培养专业人员。

法国大学校是培养精英的专业院校。大学校培养工程师和具有商务接待与管理能力的企业精英、行政部门的高级公务员等。目前，法国有 300 多所大学，精英大学校是法国本科教育的重要组成部分，其以严格的入学选拔考试、招生总数少、教学设备丰富、教学质量高而闻名。

法国大学校分为公立大学校和私立大学校。公立大学校有些受国家教育部管控，有些则归某一政府行政部门负责人负责。许多私立大学校归工商部（CCI）工业协会负责。然而，所有大学校的教学都必须由教育部监督。与大学相比，大学校自治权力很大，每所学校都有自己的管理模式，实行封闭的办学和管理机制。

1956 年开始，法国大学校逐步招收高技术员班，学制为 2 年，没有入学考试。毕业学生可取得"高级技术员证书"，农业部管辖的可授予"农业高级技术员证书"（BTS）。

预备班（简称 CPGE）是设在重点高中的本科教育培训机构，是大学校的主要生源。1994 年以来，预备班设文史类、科学类、金融类三类课程。

现阶段法国政府本科教育质量保证的对象是所有以综合性大学为主的本科教育组织。自 2006 年以来，法国政府在本科教育质量保证方面逐渐取得了新的发展。法国政府在本科教育质量保证方面仍以综合性大学为主导，但其范围已扩展到大学校及其他科研机构。

# 第一节 法国本科教育外部质量保障体系

法国公立大学和私立大学是并存的。法国大约有 3000 所本科教育机构，主要包括巴黎大学、图卢兹大学、蒙彼利埃大学等成立于十二、十三世纪的世界古老大学。这类大学的课堂教学质量位居世界前列，校园里有许多著名的科研中心和庞大的研究团队。

法国本科教育比较发达，在质量保障方面一直在积极推进。从拿破仑时代开始，法国本科教育与法国政权一样，属于典型的高度集中的本科教育管理机制。高校管理很少，政府直接管理本科教育的各个方面，社会、民间参与本科教育的管理非常少，本科教育质量评价体系也不可避免地由政府操控，特点是质量评价和保障工作的各个环节都融合了政府的意志。政府的参与是不可或缺的。政府处于垄断地位，控制意识明显。国家是本科教育的重要管理者，负责高校校长和教师的聘用。法国本科教育行政主管部门是法国国民教育、本科教育与研究部，通常被称为法国教育部。

## 一 法国本科教育质量保障体系形成的背景与历史沿革

法国本科教育历经两次转型，服务的对象从上帝变为众生，越发积极关注社会经济发展，承担服务经济社会发展的重任。事实上，本科教育转型发展的全过程也是质量保证机制完善的发展过程。纵观法国本科教育评价模式的发展历程，可以分为四个阶段[①]。

（一）萌芽期

在欧洲中世纪，法国大学接受了教会和世俗政府的多重控制。大学对教会有很强的附属性。此外，大学的"精神手工业行会"的特点，导致大学远离社会发展的实际需要。本科教育质量低，存在质量危机。因此，拿破仑政府关闭了传统的低质量的大学，在实用主义和精英技术教学理念的指导下开设了大学校，塑造了工程技术人才，实现了满足经济社会发展的

---

① 张继平：《法国高等教育评估模式的发展及特点》，《大学》（学术版）2010 年第 3 期。

需求。此外，政府将教师纳入公务员轨道，严格控制教师资格证书数量，提高教师物质待遇，建立国家学位制度，建立文化教育监督机构，确保大学真正遵循课程标准、教学大纲和教学理念等，从而提高了文化教育质量。

大革命结束后，法国建立了教育督导制度。1968 年大学和政府选用合同制，在大学和政府之间建立起公平的交流体系。通过设立管理委员会、科学委员会和教学与生活委员会，重组大学内部结构。然而，评价规章制度不明确，导致法国本科教育评价出现大学早期内部结构的行为——只是对学校的相关情况、学生成绩和学校的整体质量等方面进行非系统评价。

（二）形成阶段

法国真正意义上的本科教育评估始于国家评估委员会（Council of National Evaluation，通称 CNE）的建设。1984 年 1 月，密特朗总统签署了一项新的《本科教育法》，即《萨瓦里法》，以鼓励大学之间的学术竞争，鼓励专家教授大力开展国际合作，加强对大学质量的检查和评价，并建立全面的国家评估委员会。1985 年，经总统和议院批准，法国各地评估委员会成立，意味着法国已经走上了以政府部门为主体的本科教育评估之路。1987 年，法国教育部长莫诺里（R. Morlory）明确提出在部门设立"评估与预测司"，即评估高校教育体系，预测分析教育的发展，对高校情况进行信息统计。该机构的建立意味着法国本科教育评估模式的形成。

（三）发展历史

1989 年，法国政府对 1984 年的"合同制"进行重新修订。"合同制"明确提出法国政府部门通过与各本科教育机构签订合同，给予财政补贴，监督各高校的课程建设规划。但在 1989 年之前，这类公约仅涉及科学研究，且没能有效实施。1989 年以后，合同范围扩展到学校的任何主题活动。一方面，给予大学更灵活的管理权；另一方面，大学的未来发展趋势要响应或配合国家创新的需要。实施细则为：合同期满时，国家评估委员会对高校协议的执行情况和总体目标进行评估，政府部门根据评估结论分配款项。"合同制"在一定程度上减少了政府对大学的直接干预，大学全体人员可自行制订计划，这也是保证法国本科教育质量的关键转折点。随着"合同制"的实施，20 世纪 90 年代末，欧洲本科教育一体化被提上审议日程，法国于是致力于"建立本科教育的欧洲模式"。

（四）健全阶段

自 1999 年起，欧洲正式进入"博洛尼亚进程"，即欧洲国家根据政府部门间战略合作和商议，在全欧洲范围内开展本科教育全过程调节，其中一个主要任务是到 2010 年建立一个欧洲本科教育区。基于上述需求，2006年 4 月，法国研究方案法令开始着手进一步创新评估体系，建立和欧洲与国际相匹配的独立机构来规范本科教育和研究的评估，从而形成 1334 号法案：创建法国研究与本科教育质量评估组织——研究与本科教育质量评鉴局（Agence d'évaluationd Elareche Rcheetdel' Enseignement Supérieur，通称 AE-RES），并且于 2007 年 3 月 21 日挂牌成立。AERES 主要从事对本科教育科研机构和学校实施的活动，以及对科研机构和学校组员评估的程序进行评估。2007 年，该局评估了 204 所大学。在接下来的评估中，该局准备对全部研究部门进行评估，计划一年评估 1000 所。

## 二　本科教育外部质量保障体系的构成和评估模式

（一）本科教育外部质量保障机构

1. 国家教育评估委员会

法国本科教育外部质量评估主要是由 CNE 执行。CNE 是一个独立行政部门实体，直接对共和国总统负责，不会受到教育部的领导，具有彻底的自主管理权力；其经费预算来源于国家财政补贴，并有独立费用预算。CNE也同时独立于被评估的本科教育机构。

CNE 评价的具体内容包括入职前后的教育、学生的生活水平、科研成果的应用、高校的管理模式和措施，涉及与公立本科教育有关的所有行业。评估工作组到被评估学校了解情况，并征求相关负责人的建议，通过完善评估报告，形成结果和建议的最终报告。自 CNE 成立以来，法国所有的大学基本上都进行了大约两次评估，每年大约有 20 所大学，这些大学通常是政府部门必须在第二年与其签订合同的大学，评价结论是大学与政府签订合同的重要指标，因此受到各个大学的高度关注。

独立于大学和国家的 CNE 进行单独客观的工作。一方面，它们都在摆脱拿破仑时代高度集权制形成的传统堡垒；另一方面，它们都在加强质量控制体系的标准化管理。同时，国家教育评估委员会和教育部建立了良好的联系。政府公布的评估报告的结论基本上是以国家教育评估委员会的评价为核心。因此，社区组织可以监督政府的评估报告，从而激发其他评估主体的主动性。国家教育评估委员会的评估将政府管理人员与评估人员分开，确保评估的客观、公平和公正。此外，评估结论面向全国公布。

2. 研究与本科教育质量评鉴局（AERES）

为了适应博洛尼亚进程中欧洲地区本科教育一体化的需求，法国政府部门建立了专门本科教育评估机构——AERES，其特征为以下 5 项评估标准：秉持单独、合理合法、全透明、多元化和重高效率。

AERES 致力于提升法国研究与本科教育全面的质量，使之适应博洛尼亚进程中要求的法国本科教育质量保障体系中的需求。其核心使命如下：

（1）评估各种本科教育机构、研究组织、科学研究类企业及机构，以及法国研究协会所承担的各种任务与活动等。

（2）评估以上组织或机构的研究活动，AERES 除了能对这些活动直接使用独立评估，还可以遵循以上研究组织和机构的有关规定，依照机构承认的有关程序流程对这些研究组织和机构开展评估。

（3）评估各种本科教育机构的科研课题及学位授予等情况。

（4）准许这些研究组织和机构的员工评价程序，并对这种程序实施给出有关具体指导及建议。必须注意的是，AERES 仅仅评估这种员工评价程序流程，而非对员工开展评估。

AERES 并不仅仅是法国的本科教育评估机构，它也是面对欧洲、走向世界的一个机构。AERES 所做的评估工作都是在欧洲一体化、本科教育国际化环境下进行的。表现在以下几方面：AERES 会依据评估目标和不同类型的工作，聘用来自各行各业的外国人参与到评估队伍中；AERES 还积极开展其他的全球性的评估工作，与全球范围内的许多评估机构开展广泛协作。从 2010 年开始，AERES 参与欧洲本科教育质量协会的评估工作，逐渐提高了 AERES 在国外的影响力。正因 AERES 这样积极开展欧洲甚至全世界的本科教育评估工作的态度，才赢得了全世界本科教育评估工作领域内的普遍认同。

3. 工程师职称委员会（Commission des Titres d'Ingénieur，CTI）

CTI 是法国工程师专业认证行业极具权威性的机构，1934 年成立，其使命是正确引导工程师教育发展的方向，确保工程师教育的品质，并确保工程师教育与欧洲及国际的工程师教育保持一致。CTI 自 2005 年变成欧洲地区高等教育质量保障组织（ENQA）的成员后，其认证规范合乎欧洲标准，认证结论互相认可。CTI 有 32 名委员，来源于高校和公司的委员各占一半，其由法国高等教育及研究院任命，任职 4 年。

CTI 职责包含以下七个方面：

对工程师院校开展 5 年一次的认证；对外国的工程师院校开展认证；制定工程师文凭（学位）授予标准和培养体系；为法国教育部提出工程师教育的意见；支持工程教育质量保障的发展；参与全部与法国工程项目学位和工程师职衔有关的学术与专业主题活动，如与国外企业合作学历双边认定；为法国和法国以外的工程师新项目制定认证规范。

4. 社会评估机构：法国研究与本科教育评估高级委员会（HCERES）

HCERES 是一个独立行政部门机构，是不受利益相关方影响的，评估报告向社会公开。HCERES 理事会由 30 名来自不同国家、不同领域的专家构成。其采用适度的对策以确保评估流程的透明度、公开化和评估结果的质量。

HCERES 的职责包含以下几个方面：

（1）对本科教育机构以及科学研究实体、科学合作基金及法国国家研究机构或其他实体所实施的研究活动进行评估；

（2）对本科教育机构所提供的项目及学士学位开展评估，或者对第三方的评估结论进行认证；

（3）保证本科教育及研究机构或者个人依规实施的全部任务被列入评估；

（4）HCERES 评估主要分三个层面：机构评估、附设研究实验室评估与教学评估。评估的科目非常广泛，除商科和理工科有关专业外，其他都由 HCERES 承担评估。

（5）保证与科学、技术和工业文化传媒相关的活动都被列入本科教育机构和研究者个人职业生涯发展；对项目投资开展后评估，以保证其主要用途确为科学研究和本科教育。

（6）HCERES 每一年会对高达 50 个本科教育机构或研究实体、630 个科研机构、600 个学士学位证书点、300 个硕士学位点、70 个博士学位点开展评估。[①]

**（二）本科教育评估模式**

自法国成立 AERES 后，科研和本科教育评估体系进一步完善，AERES 所涉及的行业和运行模式反映了本科教育评估发展的趋势。其评价指标的设计、评价主体的选择、评价方法的应用和评价结论的处理方法都突出了不同的价值观。

**1. 评估指标**

根据《本科教育法》，高校与政府之间存在合同关系。政府根据合同向高校分配资金，高校根据合同完成日常任务。政府授权委托 AERES 检测高校合同任务的完成情况。不同大学签订合同的具体内容不同，评估指标也不同。AERES 只确认了一级指标，包括课堂教学、科研、学校环境、学生指导等。内容涉及大学的所有活动，但没有细化一级指标，也没有制定具体的评价规范。二级指标、三级指标及其评价规范是指被评价大学制定的规则和总体目标。因此，不同类型的大学有不同的侧重点和中心，所有的评价指标管理体系都表现出开放和灵活多变的特点。

**2. 评估主体**

以政府为核心，多元化共存。法国是欧洲大陆国家本科教育质量评价的先驱。政府选择一元核心和多元化的评价方法在评价中占主导地位。AERES 建立了一个 3500 人的专家团队，这意味着政府有权履行评估。为确保评估来源的多样性，AERES 招聘了 19 名外国专家，占专家委员会成员数量的 19.3%，其中，在对科研机构评估层面：生物科学机构占 25.1%，社会科学机构占 17.5%，人文科学机构占 10%。

为了提高专家的自控能力，所有专家名单都可以在网上找到。此外，社会组织也参与 AERES 评估，主要方法是监督 AERES 评估，防止评估标准化的单一化。

**3. 评估方法**

AERES 是一个非常专业的评估组织，在综合分析方面具有很强的专业

---

① 李志民：《法国的高等教育质量保障体系》，*http://www.hr.edu.cn/xueshu/zjgd/201909/t20190924_1684376.shtml*。

技能，其不仅选择大学自我评价、现场访问、问卷调查、座谈等，还将定性研究与定量分析紧密结合，在综合分析中获得评价结果，并非常重视评价团队的专业化。AERES 聘用的每一位专家均拥有丰富的评估工作经验与专业社会经验。它们从高级行政人员中选出专家，对学校行政管理进行重点评价；科研机构部门对本科院校及其下属的科研业务进行重点评价，选定的专家均为某一课程或专业领域的专家；理论与实践教育部承担课程教学大学学位资格评价，其专家也是本科院校课堂教学和科研人员的技术骨干。

4. 评估结果

自大学与政府建立合同关系以来，法国就高度重视绩效考核，将评估结论与拨款相结合。AERES 始终坚持这一传统风格，向政府提供评估结果，作为政府对大学拨款的主要参考。评估结果不仅会直接关系到各高校的预算，还会在不断变更合同条款的谈判或拨款成本预算的博弈中起到适当的作用。根据合同，评估是政府给大学拨款的前提，拨款金额根据大学绩效考核确定。评价结论的好坏不仅与政府对学校的拨款额度有关，也会进一步影响学校新合同的制定。

## 三　本科教育外部质量保障体系的特点与评析

（一）本科教育评估体系的特点

1. 本科教育评估规章制度产生的特点

法国本科教育评估体系的产生与本科教育管理机制的特点和本科教育本身的快速发展密切相关。首先，由于法国是高度集权的中央集权制的政治制度，法国的本科教育管理制度存在僵化、统一、官僚作风、缺乏基层民主等诸多问题，无法融入社会经济发展，因此本科教育的快速发展对本科教育提出了新的要求。与此同时，自 20 世纪 70 年代以来，全球本科教育迅速扩大，本科教育、科研与市场和公众的联系日益密切，本科教育服务社会的责任日益突出。由于市场控制的本科教育质量不能满足社会发展的需要，因此迫切需要高效权威的质量评估机构。

2. 本科教育的评估是教育体系评估的一部分

在世界各地，特别是在发达的资本主义国家，教育评估的范围通常仅限于学生的成绩和学校的整体水平。法国教育评价的主要特点是对整个教育体系的评价。这是各种因素联合作用的结果：国家对教育投资巨大，必须进行综合分析；当地政府、家庭、公司成为教育体系的投资者、合作伙伴，用户需要对教育进行综合评价。20 世纪 80 年代分权改革后，教育体系评估成为教育的基本管理方法。本科教育评估是对全系统本科教育的评价，基于对学校细节的理解，分析本科教育的内部基本问题，为法国当前本科教育政策提供了新的指导方向。

3. 评估委员会、高校和政府职权划分清晰

法国国家评估委员会成立于 1985 年，具有相对的独立性。[①] 它不同于需要评估的本科教育机构和政府，也与本科教育组织不同，评估委员会进行了全面的战略合作，以确保评估的客观性和公平性。它只提出高校运行机制的症结所在并不强迫本科教育机构接受和执行其提议。政府包括教育部直接管理本科教育事务，对评估委员会的工作只有任命委员的权力，所以对评估的工作没有决定权。在宏观政策、协调和监督中发挥重要作用的是国家。评估委员会将本科教育评估人员与管理人员分开，确保本科教育评估的客观性、公平性和公正性，从而保证评估委员会和工作人员的权威性和在评估中的地位，也确保了评估结果的科学性。

4. 评估方式多样，评估结果面向社会公开

评估委员会通过大学评估、现场访问、问卷调查和座谈会等方式进行综合评估。在评估过程中，采用定性和定量相结合的分析方式，对收集到的数据进行全面解析。评估报告最终将反馈给被评学校领导，明确提出意见并调整评估结论，以确保客观性。此外，在具体的评估环节中，允许对学生进行评估，并充分尊重他们的建议。对权威专家的评估报告将保密，但评估结果将公开。这一做法不仅对国家、高校、学生和各类教育培训机构负责，也有助于社会各界对教育部门的管理。

从以上解读可以看出，法国的本科教育质量评价服务体系虽然经历了一系列重要的改革创新，但仍具有独特的政府核心色彩。法国本科教育的

---

① 吴本文：《法国高等教育评估制度评析》，《长春工业大学学报》（高教研究版）2006 年第 9 期。

资金分配以政府为主体，绝大多数按照公式计算分配，资金预算也按客观标准分配。合同分配现行政策引入谈判制度，减少国家干预，增强高校管理权，提高政府宏观调整水平，激励学校自身提高本科教育质量。然而，国家权力机关在所有本科教育质量评价环节中仍有发言权，包括评价体系和评价阶段。教育部集审计、管理决策和决策权于一体，体现了国家信念，具有很强的官方性。

（二）本科教育质量保障体系的有效性分析

以总体目标为核心，以客观事实和价值为准则是法国本科教育质量保障体系的综合评价规范。经过两次历史性的变革，法国本科教育质量标准主要体现在以下三个方面：（1）满足社会经济可持续发展需求的程度；（2）促进教师和学生融入社会发展环境的程度；（3）大学生自身成长的程度。[①]

法国以《欧洲本科教育区质量保障标准与指南》作为法国本科教育质量评估的实施标准。法国的本科教育质量评估体系是政府核心、社会参与和绩效导向的社会问责机制。这种制度具有明显的建构主义理论色彩，遵循公共治理的理念。质量评估的效果不仅是检验本科教育的质量，更重要的是提高教育质量，满足本科教育相关者的需求。其特点具体表现为质量评估目标、评估过程、评估结论及其评估行为主体四个方面。

1. 评估目标：提高绩效

（1）提高办学效率。由于国家评估委员会与高等教育与研究评估署都是独立、权威的政府机构，因此，质量评估由政府主导，评价政府资金投入高校后产生的效用，由此促使高校提高质量，充分利用人才培训、科研和社会服务提高教育水平，达到满足经济社会发展的需求。本科院校为了得到政府更深层次的支持，也需要通过提高自己的办学质量达到政府的要求。因此，绩效考核已成为本科教育质量保障体系的核心关键词。[②]

（2）加强高校质量责任。民主与责任相匹配，随着大学管理权的逐步扩大，政府也赋予了大学提高教育质量的责任，并认为大学是提高本科教

---

[①]　朱家德：《自治－问责：法国高等教育转型与质量保障体系的发展》，《中国高教研究》2012 年第 4 期。

[②]　朱家德：《自治－问责：法国高等教育转型与质量保障体系的发展》，《中国高教研究》2012 年第 4 期。

育教学质量的直接责任人。经过长期实践形成了一种必须重点关注大学内部结构质量的外部制度环境，要求大学要完善内部结构质量保证体系，并高度重视质量，始终把质量保障作为大学的法律义务和积极的个人行为。

2. 评估过程：相互信任

高等教育与研究评估署组织本科教育机构总体评估、科学研究评估和教学与学历评估，评估全过程以信赖为载体，均在平等的前提下进行。评估由内部评估和外部评估组成。基于内部评估，实现外部评估。整个评估过程可分为：提前准备、实地考察和撰写报告三个阶段。评估与被评估机构之间可以实时交流。评估按照签订合同的内容执行。

3. 评估结论：激励大学依据质量竞争获取资源

（1）评估结论向社会公布。国家财政局税收来自全体公民，政府将财政分发到本科院校，公众有权知晓本科教育的质量，高校也必须对此做出回应。因此，法国本科院校有向社会报告其教学质量的责任和义务。政府会按照要求发布高校质量评价报告，确保公众的知情权，这有利于维护国家、高校、学生和公众的权益。（2）评估结论直接影响政府分配，并刺激质量竞争。高等教育与研究评估署根据合同约定的时间进行评估，在媒体上发布评估结论，这样可以比较被评估单位，促进学校之间的互利共赢。评估结果直接关系到合同的签订并决定拨付的金额。[1] 因此，评估结论可以促进本科教育利益相关者注重其质量，可以充分发挥以评促建的功能，为政府管理决策提供参考。

4. 评估行为主体：包含大多数权威的评估专家

25 名国家评估委员会专家来自政府、经济、教育等相关部门和领域，其中包括 3 名外国专家。高等教育与研究评估委员会由 55 名工作人员和 77 名科技领域人员共同组成评估工作组，并由 3200 人组成专家库。高等教育与研究评估署内设的理事会也由 25 名国内外专家组成，其中外国专家 9 名，与国家评估委员会相比更具有国际性和专业性[2]。

---

① 朱家德：《自治－问责：法国高等教育转型与质量保障体系的发展》，《中国高教研究》2012 年第 4 期。

② 高迎爽：《法国高等教育质量保障历史研究（20 世纪 80 年代至今）——基于政府层面的分析》，华东师范大学博士学位论文，2010。

## 第二节　法国本科教育内部质量保障体系的个案研究
### ——巴黎·萨克雷大学

　　法国是中央集权制国家，高校内部结构治理主要有两种集权轨道：一是行政部门的权力轨道，根据资金预算和规范进行约束；二是学术权力轨道，根据专业知识的权威和职业声望来决定。[①]校长行政集权和教授学术集权在不同阶段的权力也不同。1968年以前，高校民主权在学院，由教授和院长控制。他们有权决定行政部门、财务和教学等相关问题。校长更多的是大学的形象代表。1968年法国颁布《本科教育指导法》之后大学成立了行政委员会，委员会是高校最高权力决定组织。委员会由教授、学生、行政后勤人员以及校外人员组成，打破了教授治理的模式。副校长的选举需要得到校长的认同，可以从学术人员中选取副校长。此外，校长以大学的名义进行治理。1968年以后，法国本科教育治理的特点是校长的行政权力特别大。2013年，法国颁布了《本科教育与研究法》，在一定程度上削弱了校长的权力，教授的权力有所增加，形成教授学术集权。在法律上，学术委员会也获得了治校权力。学术委员会主要由教授和高级研究人员组成，他们凭借自己的学术影响力和工作知名度可获得优先权。

### 一　法国本科教育内部质量保障体系概述

　　法国大学在学校内部成立专门机构，并有专人进行自我纠正和自检，以便及时与评估机构和法国教育部沟通，并立即分析和总结评估结论，同时督促有关部门纠正问题，促进教学水平的提高。

#### （一）绩效评估

　　2001年8月，法国实施了新的《财政法组织法》（LOLF），要求本科教育单位引入绩效评估机制。也就是说，高校按照工作计划和绩效考核标准，采用一定的评价方法评价学校的目标完成情况和岗位职责的实施，并根据评价绩效分配教育资金。根据这一要求，为了实施绩效评估机制，法国高

---

① 侯玉雪、时广军：《高等教育治理：四国的经验与启示》，《黑龙江高教研究》2019年第3期。

校在学校内部建立了相应的组织，收集和整理本科毕业生和研究生的信息，并制定了相应的评价指标体系，以提高大学的数据分析能力，高校将根据绩效考核结果分配教育资金。绩效评价体系的评价规范主要包括以下几个方面：大学毕业生的工作和就业状况、科研单位和博士研究生的科研成果、管理质量和学位授予数量。高校分配资金预算的重要依据有以下三个标准：首先，要更加平衡地支配资金，尽可能覆盖高校所承担的每一项公共事务，以提高绩效考核水平；其次，制定简单、开放、透明的高校资金预算分配机制，公布统计分析标准、捐赠数量等核心数据；最后，高校应设立一些职位，以提高对学生的就业指导和专业指导。通过绩效评估与教育资金相关联的做法，促使在校园内部形成更好的激励机制。在这一制度的推动下，高校更加重视教学水平和办学效率，从而推动了法国本科教育内部结构质量保证体系的进一步完善。

（二）合同制

1983 年 12 月 20 日，法国政府发布了《本科教育法》（又称《萨瓦里法案》），通过合同制度改革，即大学与国家签订合同，确立合同有效期的责任和权利，给予大学更多的财政和行政自主权。合同制度实施后，大学摆脱了服从政府部门的局面，逐步致力于校园建设，提高教学质量。为有效提高高校内部结构质量，高校确立了合同制度的实现目标，如表 4 - 1 所示。

表 4 - 1　合同制度要求高校实现的目标

| 目标 | 具体内容 |
|---|---|
| 学生指导 | 加强对学生的指导，创建大学生生活观测站，通过辅导制、重新定向、个性化课程等帮助大学生与学业失败做斗争，为学生提供实现学业成功和顺利就业的最好条件支持 |
| 面向社会 | 满足社会需求和学生期望，开发面向工商业的职业化课程。通过合同拨款优先发展社会急需的职业，大力发展继续教育事业 |
| 人才培养 | 提高人才培养质量，加强物资设备、师资保障、文献资料等方面的建设，鼓励学生和教师的国际流动，培养国际水准的研究型和应用型人才 |
| 改善条件 | 改善学生生活条件，努力建设校园文化，创建乐队、大剧院以及体育活动设施，为大学生提供更多的社交和文化体验场所，加强大学社区卫生设备的维护与更新 |

建立和完善高校内部质量保障体系，这充分体现在高校与政府签订的

合同内容、程序和政府对合同执行的评估方面。合同中明确规定了大学和政府各自的义务，合同制定的全过程是双方协商的过程。大学建立了既定的目标，可以与政府部门进行更实际的协商，从而获得预期的资金预算，因此合同制度受到了大学负责人的广泛欢迎。合同制度重建了大学与政府之间公平对话的合作伙伴关系。一方面，大学实现财政自由从而获得了更多的自主权；另一方面，政府简化了对大学的管理，双方实现了互利共赢的局面。

（三）学科专业评估

自 1996 年以来，在教育部的号召和指导下，法国本科高校对学科专业进行了评估。学科专业评估可以保证政府的教育财政投入获得有效回报，有效提高本科毕业生和研究生的学习质量。一般看来，院校首先从以下几个方面对学科专业开展评估：学习的成果（Learning Outcome）；跨学科深度合作（Interdisciplinary Cooperation）；技术专业涉及的核心科目（Core Sujects Of the Program）；学科特色（Special Characteristics），并以报表的形式展示学科专业评估的具体内容。①

（四）高校自评

本科教育教学质量的提高关键在于学校内部，主要取决于学校日常监督和在提高教学质量标准方面的要求。外界即不能保证质量，也无法强制本科学校保证质量。法国也是如此，其评价方法的起点是以高校自我评价为前提，即在政策公约的保证下，本科院校本身高度重视绩效考核，并根据内部结构评价绩效考核。因此在政府与大学签订的合同中，有一个指标可以用来准确测量或检查其目标的实现或实施。法国高校自身评价的管理机制是：高校根据合同制定评价指标和评价规范，在此基础上进行自我评价，然后撰写自我评价报告并上交 AERES。高校内部配备评估委员会，对高校内部结构进行自我评价，包括院系评价、教育教学质量评价、学校发展政策评价、学生成绩评价、学生评价、学科发展评价、大学毕业生情况分析等。由于高校内部结构质量更加关注输入和过程的运行，因此自我评

---

① 白争辉：《高等教育质量保障的理论与实践研究——以英、日、法、德为例》，华南理工大学硕士学位论文，2014。

价强调学校教学人员、教学环节、管理设备、公共图书馆、科研设备符合规定和质量要求。重视高校内部自我评价，有利于高校确定自己的需求，提高教学质量，从而获得分配的优势。自我评价报告的内容包括评价工作的各个方面，如学校的基本信息、学校发展的总体目标、各种指标的评价数据信息等，是外部环境质量保证活动的契合点和平衡点。[1]

## 二 巴黎·萨克雷大学概况

巴黎·萨克雷大学（UNIVERSITÉ PARIS SACLAY）位于巴黎南部被称为"法国硅谷"的"萨克雷科技谷"地区，其前身为 2008 年法国高等教育和研究评估署批准的"第三批校园计划"发展趋势结构的一部分——"巴黎·萨克雷大学项目"。早在 2007 年，法国高等教育与研究评估署就开展了应用物理工程"高端主题网络研究"，其中"萨克雷"工程项目的建设为当地科研合作奠定了基础。该项目汇集了帕莱索—奥赛—萨克雷的 40 多个物理实验室、1300 多名研究人员和技术工程师以及国家科研中心等 3 个科研机构和 7 个本科教育机构，如巴黎第十一大学等。[2] 随后，2010 年"雅克·阿达玛数学慈善基金会"以及后来的"巴黎·萨克雷科学合作基金会"的建立更加夯实了萨克雷地域院校与地方组织之间的科研合作。最后，2010年的"未来投资计划"和关键投资项目"卓越大学计划"将这些最初只关注科研合作的机构引入更广泛、更深入的大学服务平台，其合作延伸到文化教育、产品研发、科技和社会领域。

经过近两年的"卓越大学计划"项目两轮的筛选审批，巴黎·萨克雷大学从来自法国 12 个地区的 17 个项目中获胜，其获得的 9.5 亿欧元的项目建设资金是获赠金额最高的竞标项目。根据法国政府部门 2014 年 11 月通过的《"巴黎·萨克雷"大学与科研机构共同体章程》（以下简称《章程》），巴黎·萨克雷大学全体成员组织须遵照该法令的有关规定，并具备授予学士、硕士研究生及博士研究生的授予权。2015 年 9 月正式启动第一期项目，由阿兰·布拉沃主持的"巴黎·萨克雷校园"科学合作基金会在萨克雷校

---

① 张继平：《法国高等教育评估模式的发展及特点》，《大学》（学术版）2010 年第 3 期。

② *Marion Renaudie: Le Triangle de la Physique Dans le Projet*，2010 年 10 月。

园承担项目运营。依据法国国务院总理在新闻发布会上的公告，巴黎·萨克雷大学项目首次获得 1000 万欧元款项。同时，政府部门提前支付卓越实验室计划 10% 的资金预算作为"卓越大学计划"获奖项目的保障营运资金。这种预付款也有助于项目能够在第一时间运行，并开始实施卓越教师培训计划、自主创新教育培训计划和机构整合计划。此外，本科教育研究部和国家投资总署可以讨论项目投资预算，达成国家项目投资预算协议，在四年试用期内完成最终目标，国家投资才能最终实施到项目点。巴黎·萨克雷大学由 22 个成员机构组成，包括许多法国顶尖大学和研究机构，主要包括法国综合大学排名第一的巴黎第十一大学，凡尔赛大学，法国本科院校排名第一的巴黎国际商学院，法国最优秀的工程师学院——巴黎综合理工学院等 10 所本科院校，国家科学研究中心、法国原子能研究中心等 7 个研究机构以及数个其他合作企业单位（如巴黎 Systematic 竞争力园区）等，其中大部分在各自行业享有盛誉。

## 三 巴黎·萨克雷大学本科教学质量管理与模式

### （一）重组后的巴黎·萨克雷大学内部质量保障体系

1. 重组后的质量保障机构

根据"卓越大学计划"的架构，巴黎·萨克雷大学在内部再次构建了由董事会、成员会、学术委员会及学校外权威专家组成的科学与创新战略委员会作为质量保障机构，并由其内部组员一同决定学校章程。

2. 重组后的质量保障制度

《大学章程》对各个部门实际职责和奖惩制度做出了详细规定，对课堂教学、督导、评价等课堂教学全过程的落实提供了完善的制度保障。

3. 具有特色的质量保障机制：绩效评估

从高校毕业生的就业状况、研究单位与博士研究生院的科学研究项目清单、管理质量、学位授予数量四个方面设置工作规划和绩效考核标准，采用有效评定方式评估本校的工作任务完成情况和职责履行程度，并依照评定结论分配教育投入经费。

4. 确立教育质量保障措施

通过改善校园内公用设施，优化教学条件，以学生为核心，提升信息化建设，打造魅力校园。本科院校内部重视各种知识分享，彼此渗透和交叉式发展，在合作中不丢失自己的特色，追求合作平台的高品质，同时在这个过程中追求公平公正。

5. 独有的"本科行动计划"和"互联网 + 教育"方式

"本科行动计划"构建了基础创新教学方式，根据量身定制的知识传授体系、对应的大学课程和课程标准、多学科课程体系，打破学科的界线，对学科以外相关领域更为开放，更加趋向协作性，从课程目标、教学内容等方面形成良好沟通，注重团队协作，淡化个体作用，弱化老师与学生间的等级关系，且更加侧重于不一样学科背景和不一样专业背景的老师与学生间的组成，每位学生都有机会创建适合自身的灵活多变的专业学习方式，打造从学士到博士完整、连贯的专业化人才培养系统，密切关注从基础学科到应用学科的衔接、跨学科与全球化水平及学生的培养质量。

"互联网 + 教育"方式，依托信息化建设，以慕课和在线课程等形式吸引更多国际学生，主推课程内容重视多学科交叉和国际互认，打造独有的"互联网 + 教育"方式，完成资源共享，推动教学资源空间全球化配备，以应对教育公平的全球考验。

（二）巴黎·萨克雷大学内部质量保障机构

根据"卓越大学计划"的架构并依照 2013 年出台的法国《本科教育与研究法》"2013 - 660 号法案"，法国巴黎·萨克雷大学构建了由 3 个校内组织（董事会、成员会与学术委员会）和学校外权威专家组成的科学与创新战略委员会的管理体制。校董事会、学术委员会、学校外权威专家及校长由投票产生。与此同时，董事会接受学术委员会与"巴黎·萨克雷校园"科学合作基金会的管理，但是其彼此的监管依据不尽相同，如图 4 - 1 所示。在管理体制上，巴黎·萨克雷大学参考了科学合作基金会以往整治工作经验，董事会和学术委员会的组织架构也与其类似。《大学章程》对大学管理体制及相关内容做出了详尽要求。

1. 董事会

董事会承担大学政策制定责任，具有董事会主席及副主席选举权，大学行动方针、治理、结构与内部结构政策法规修订的表决权，项目执行、文凭证书、不动产租赁等批准权，费用预算、资金管理、组员人事任免、

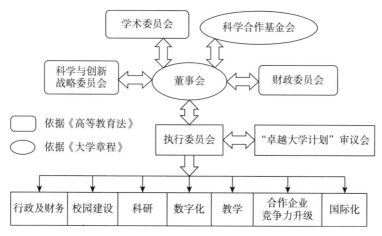

图 4 - 1　学术委员会与科学合作基金会的管理差异

捐助和根据本科教育法"卓越大学计划"审议会执行委员会产出让等决策权。董事会组员根据大学规章汇聚了大学各组成机构在任的 26 名代表，其中 10 名是成员单位的合作企业代表，10 名是教职员工代表（5 名教学研究全球化智能化行政及会计、校园建设竞争能力及产学科研人员，3 名员工及 2 名学生），2 名地区团队代表，2 名社会经济界代表和 2 名具备专业资格的工作人员。各成员的任职不同，在 1~4 年不等。董事会一年至少举办 2 次大会，由董事会现任主席或最少一半的董事会组员、法国巴黎地区教育署负责人、学术委员会代表或助理参加。

2. 学术委员会

学术委员会由教师、工作人员及其他成员的代表构成，主要负责政策及科学研究层面的决策商议，其成员来自科学合作基金会和学术委员会提议的 220 名候选人，其中包含 94 位教学研究工作人员代表，32 位工作人员代表、30 位园区客户代表、24 位校外专家和 40 位成员企业代表。学术委员会成员的任职为 4 年，可续任一次。学术委员会最少每两年举办一次会议，具体时间由委员会现任主席决定，所有成员不能超过一次缺席。

3. 成员会

成员会由高校各成员机构的代表构成，职责是协同配合各机构开展工作并执行董事会的决定。主要从事费用预算修订、根据《章程》第 15 条协调和组织机构研究发展战略事宜、根据《本科教育与研究法》决定高校有关机构和部门的协议和规章、制定高校内部结构管理制度、签署多年期合同书、修订《大学章程》等工作。

校长由董事会任命，由董事会代表根据两轮多数赞同票选出。校长任期为4年，到期可连任一次。校长在法律上代表法国巴黎·萨克雷大学的一切民事行为，具备行政和学术双重合法性，其职责是在董事会明确的行动战略方针下管理并领导高校，主要包含主持董事会大会、明确会议时间及议程安排，编制预算以确保收入支出、审批拨付，每年向执行委员会递交行为及管理报告，收集董事会建议并任命副校长及董事会现任主席，实施竞选、帮助竞选各委员会的成员，管理研究机构及公共科技机构等机构的工作。其下有一个十余人组成的行政团队配合校长管理，主要职责为协调科学研究、课堂教学及博士研究生培养，行政团队成员在各自行业领域内制定战略并相互配合，其职能范围主要包括科学研究、课堂教学、开发设计、数字化、校园、公共关系、国际交流、行政部门及资源相关行业。

（三）巴黎·萨克雷大学本科教学质量保障的效果与经验

巴黎·萨克雷大学自身有健全的质量保障体系，选用与教学运作相匹配的管理机制，即院校领导高度重视，把教学质量提升到学校生命线层面，校教务管理单位具有执行政策和监督的职责，各学院可以在日常的教学组织和运行中主动承担对教学质量的保障和监管职责，校园内每个部门都依据实际对应的职责各司其职，对教学给予帮助和支持，学校每个部门基本上都参与到教学保障工作中。

巴黎·萨克雷大学的质量保障规章制度公开化、透明化。把质量保障提升到学校战略层面高度。实施绩效评估规章制度，严格做到教学经费的合理安排。巴黎·萨克雷大学是依托独有的"本科行动计划"和"互联网＋教育"方式，打造出从学士到博士的完整、连贯的专业化人才培养体系，推动多学科交叉合作，为学生提供量身打造的知识传授体系，借助信息化建设，利用MOOC和网络课程等形式吸引更多国际生源，提高国际影响力。

巴黎·萨克雷大学由董事会、院校教学指导委员会、学术委员会等相关部门构成自上而下的质量保障组织，在内部推行校系院三级质量保障。质量保障工作人员充足，巴黎·萨克雷大学在此基础上还聘请了校外权威专家。①

现阶段，中国绝大多数本科院校基本上是闭环控制的质量保障组织，推行校院二级管理，质量保障工作大部分落到教务部和教学指导委员会手上，质量保障工作人员数量相对不够。巴黎·萨克雷大学则通过创建独立的质量保障组织，掌握学校教学资源，并科学、合理地利用教学资源，实施校系院三级管理模式，将质量保障工作贯穿于各个部门、各个环节和各类教学活动中，在确保工作人员充裕的前提下，保证质量保障管理体系并然有序地运行，运行成效显著，值得学习和参考。

1. 跨学科跨机构开放式人才培养管理体系

巴黎·萨克雷大学是一所经营规模与实力并存的大学，有1万多名老师和科研人员。还包括6万多名在校学生，其中23%是外国学生。同时每年有8000多种出版物发行。在常年的实践中构建了一套不同于其他学校的具有特色的人才培养管理体系。其人才培养的两个基本点是：以学生为本的人才培养过程和教学实践活动，有一套从学士到博士完整连贯的人才培养管理体系。能够培养出具有非凡科学理念与专业技术能力的面向未来社会的毕业生，密切关注从基础科学到应用科学的衔接性交叉性与全球化水平以及博士研究生及硕士研究生的培养质量。主要关注专业复合型人才和技术工程师的培养，制订多学科协作的"本科行动计划"。

所有学生都有机会创建适合其个人的灵活多变的专业学习方式。新生可以在进入大学的前两年时间内在巴黎第十一大学、凡尔赛宫大学、巴黎高等商业学院等任何成员学校中选择不同的课程或课堂教学模块开展学习，之后在第三年完成专业方向的课程学习。新的课程内容及学习的过程十分注重多学科交叉及国际化。学生是巴黎·萨克雷大学人才培养及科研产出的关键。通过大学课程及工程师培训课程，院校也为学生及研究团队提供量身打造的知识传授体系，学生从本科学习阶段便能逐渐为以后研究的探索与创新打下基础。除此之外，无论是在学术研究试验室还是在特定行业领域，学校也通过提升学生在不同研究领域的基础知识储备和科学素养，

① 张志军：《中外一流大学内部质量保障体系比较研究》，中国医科大学博士学位论文，2019。

增加其就业机会及拓展其就业领域。

院校十分重视博士研究生的培养，构建了一套完整连贯的"本科—研究生—博士生"的教育课程体系。2014 年 1 月巴黎·萨克雷大学创立了可以授予学位的公共科学合作方式，这之后全体成员组织所颁发的证书将完全一致，包含一级学科和博士点。院校打造出了公共的"博士平台"。在平台上有 5700 多位博士。另外配有 17 个独立的博士研究生院和 3 个协同培养博士的研究生院。

2."产学研"紧密结合的协同创新平台

依据英式高校教学方式，巴黎·萨克雷大学在科研机构上分为 8 个学院，包含生物多样性、农业（食品）与社会及环境科学学院，生物、医学与药学学院，法学与政治学学院，人文科学学院，工程与信息科学学院，运动人体科学学院，基础科学学院，社会科学学院；以 10 个研究方向为主导，包含化学、电子及光学工程、数学、机械和能源、物理、波与材料物理、地球与宇宙科学、生命科学、人文社会科学、计算机与通信技术。

在执行学校交叉学科与跨组织科研协作发展层面，巴黎·萨克雷大学研究团队基于 8 个不同的专业动态发展平台（数学、物理、工程科学、科学与信息通信技术、生物、化学、经济学、管理和社会科学），开展平台与学科之间的相互合作，推动了全校规模交叉学科与跨组织科研协作的共同发展。以数学领域为例，它不但要和物理、工程科学、科学与信息通信技术专业的团队互相配合，也致力于"阿达玛数学实验室"等和企业联合的技术创新科技研发。除此之外，巴黎多家科研院陆续推出由"卓越大学计划"关键合作伙伴重新组合而成的跨学科精英团队，如新成立的"极端光线国际研究中心""萨克雷纳米技术多学科研究所""粒子—激光—材料物理实验室"中的高端物理国际研究中心，以及由国家科学研究中心、法国原子能研究中心和巴黎第十一大学联合组建的"分子和细胞生物学中心"等。①

① 张惠、刘宝存：《法国建设世界一流大学的战略及实践——以巴黎·萨克雷大学为例》，《清华大学教育研究》2015 年第 6 期。

## 第三节　法国本科教育质量保障发展的新趋势

### 一　法国大学本科教育改革新态势

法国是中央集权制国家的杰出代表。在如此高度中央集权制国家里，法国几乎所有的本科教育都是由国家创办的。从宏观方面讲，教育部的工作职责是制定本科教育发展政策，审批公立本科学校的建立、本科学校新专业或综合性大学内新建学院等，监督本科教学规章制度的实施，确保本科教育发展资金并监督执行等。法国允许学校在考试大纲范围内有一定的管理权，但大部分技术专业课程标准由教育部制定。高校专家教授、教师等人事调整，由总统确定。除综合性大学科研费外，公立本科学校的费用由教育部一次拨出，实际支配权交给高校，但高校必须确保财务平衡。

法国本科教育的发展具有较强的功利主义和国家主义色彩。第一，大学与大学校两个本科教育组织并行存在，但大学历史较短。第二，中央集权制的管理体系。第三，为满足国家和社会的需要，新增设自然科学和技术类课程内容。第四，各种类型的本科教育机构与本科教育科研机构分离，联系较少。第五，注重本科教育的办学方向、提高教学质量。

自21世纪以来，法国政府高度重视教育的发展，把教育放在国家发展战略的全局地位，不仅坚持传统，而且注重加强教育改革，以达到实现教育可持续发展的目的。目前法国对教育的一系列改革举措预示着其未来的发展趋势。

首先，实施民主化和现代化的教育政策。法国将继续执行战后以来实施的教育民主化和现代化教育政策。也就是说，100%的学生可以从学校教育中获得文凭或证书；80%的学生可以获得中等教育文凭，50%的法国青年可以接受高等教育。①

其次，把教育和经济紧密结合。法国政府认为教育要为经济服务，教育的目的是更好地适应社会经济发展的需求，因此，面向社会和现实是符合法国教育发展道路的。为适应这一要求，法国政府要求高校要实现"产、

---

① 梁金霞：《法国教育改革与发展趋势探析》，《中小学校长》2009年第8期。

学、研"的紧密结合，参与到生产和研究的过程中，为现代化建设和经济社会发展做出应有的贡献。

再次，创新教育理念。法国政府认为创新是当今社会的主流，创新在当今社会竞争中起到至关重要的作用。新的思维方式、新学科、新工艺、新发明都是创新的关键因素。法国政府为激励学校创新做了很大改革，如，支持产品和技术的研发，鼓励科技成果转化，鼓励大学面向国际，以及提供给研究人员特别是年轻研究人员更大、更自由的研究空间等。

最后，提倡教育要面向全世界。实施伊拉斯谟计划，加强与欧洲其他国家的教育合作以及大学生交流，加强与欧洲大学之间的联系和合作，促进欧洲教育技术培训计划和语言培训计划。① 法国各级学校都在大力开展外语教学，以满足欧洲统一市场的需要。

由此可见，法国在教育领域实施民主化和现代化政策，包括推动学生获得文凭或证书，获得增加中等教育文凭的比例，提高青年接受高等教育的比例。教育与经济密切结合，将教育目标与社会经济发展需求相适应，强调高校与产业和研究的紧密结合。法国政府注重创新教育理念，鼓励学校创新，支持科技研发和成果转化，并提供研究空间。此外，法国重视与其他国家的教育合作和学生交流，通过伊拉斯谟计划等方式促进国际教育合作和语言培训。各级学校也致力于外语教学以适应欧洲统一市场的需要。

## 二 法国本科教育质量保障发展的新趋势

在教学管理实施过程中，本科教育评估作为本科教育教学管理的一种协助方式，越来越受到管理人员的重视。21 世纪 40 年代，自美国著名的"八年研究"开始，教育评价从简单的测量发展为基于目标的价值导向活动。21 世纪 50 年代，苏联卫星上天掀起的世界教育改革浪潮推动了现代教育评价的出现。

现阶段，教育评价不但发展成了教育科学的一大研究方向，而且成为世界各国政府部门以及社会各界了解、影响本科教育的主要凭证和本科教育自我改进、自我完善的有效途径。

---

① 梁金霞：《法国教育改革与发展趋势探析》，《中小学校长》2009 年第 8 期。

  法国政府部门为了提高本科教育保障质量，引入了一个新的行为模式，改革创新传统本科教育管理方法。专注于合理利用各类政府行为为高校造就自治空间，积极主动搭建一个新的本科教育质量保障体系。

  法国本科教育外部质量保障体系的新趋势

  经过多年探索，法国的外部教育评估方式关键是在评估主体、评估人员、评估标准以及运行模式这 4 个方面展现出飞速发展与转变的趋势，如表 4－2 所示。①

表 4－2  法国高等教育外部评估模式的演变趋势

| | 确立阶段 | 发展阶段 | 完善阶段 | 趋势 |
|---|---|---|---|---|
| 标志 | 1984 年《高等教育法》颁布后，创建了国家评估委员会（CNE）。《高等教育法》为法国高等教育外部质量评估模式的确立提供了法律基础和制度框架 | 改革合同制，建立新的评估标准与程序 | 2006 年《法国科研规划法》颁布后，创建了高等教育与研究评估署（AE-RES），同时建立了新的评估标准与程序 | 持续立法先行 |
| 评估主体 | 以国家评估委员会为主，国家工程师职称委员会、学位授予委员会等多方评估机构为辅 | 同前 | 统一为高等教育与研究评估署 | 主体单一化 |
| 评估人员 | 国家评估委员会由 17 名学术人员和 24 名行政人员组成，其中 3 名学术人员来自国外 | 同前 | 高等教育与研究评估署人员分为 4 个不同群体，分别是理事会成员、三大评估处的科研代表、专家和行政人员，其中理事会成员中包含 9 名国际成员 | 国际化，分工精细化 |
| 评估标准 | 1987 年，国家评估委员会与大学校长委员会共同确定了评估范围，并将其分为 12 个定量和定性标准 | 发布《高等教育机构质量保障指南》 | 发布《欧洲高等教育区质量保障标准与指南》 | 与国际接轨 |
| 运行模式 | 国家评估委员会开展机构评估和学科教学评估，其他机构负责科研评估等 | 同前 | 高等教育与研究评估署统一开展机构评估、研究单位评估、教学与学位评估以及综合性评估 | 分化与整合 |

  1. 法律是外部质量评估的重要保障

  法国外部质量评价的改革与法国本科教育的发展过程一致，也通过立

---

① 胡森：《高等教育外部质量评估模式的发展趋势——来自法国的经验》，《比较教育研究》2012 年第 7 期。

法揭开序幕，并按照法律规定的方向进行。1984年，法国《高等教育法》规定成立国家评估委员会，2006年第1334号法令明确提出成立高等教育和研究评估署。外部质量评价模式的转变主要标志着法案的颁布，评价机构的性质、责任和使命也有严格的法律规定，使评估工作有规则可循。由于法国是中央集权制的国家，因此先行立法对法国本科教育管理机制来说是十分必要的。因为在有章可循的背景下，能够减少政府对院校不必要的行政干预，保证大学在法律规定的范围内提升自主办学的可能性，只有这样才能保证评估工作的公平和公正，进而提升评估的质量。

2. 评估主体转变

在本科教育外部教学质量评估的早期阶段，法国有许多外部评价主体，如国家评估委员会，国家工程师职称委员会，在教育部本科教育理事会范围内批准研究生课程、授予相应学位的学位授予委员会。这些机构通常负责科学研究或课堂教学的单方面评价，并针对不同的评价对象、目的和内容，有自己的评价重点。这种多方面评估的方式尽管在一定程度上促使单方面的评估更为系统化，却也使被评估组织需接纳数次评估，导致人力与资源的消耗，并无法统一评估结果。伴随着评估方式的持续演变，这样的情况得到改善。法国逐渐简单化烦琐的评估程序流程以减缩繁杂的评估组织，建立了高等教育和研究评估署，在评估的行业层面有所扩张。这一系列的转变意味着法国本科教育质量评估出现了重大转型。

3. 评估工作人员国际化、分工精细化

法国本科教育外部质量评估机构模式国际化和多元化的特征，是在法国本科教育外界评估方式建立之后逐渐产生的转变。在AERES创立之后，这类特征变得愈发明显，组织内人员的分工更加明确和细致。初期，CNE由17名委员和24名行政人员构成。其中，11名委员分别由大学国家理事会、高校校长和教师联盟、中小学校长和企业家联盟、经济和社会理事会、国会、国家审计办公室等组织提名，代表学术与研究团队。此外6人来源于政府部门。委员中包含三名外籍人员。AERES成立后，分成理事会成员、各评估处的科研代表、专家和行政人员这4个工作群。总共25名组员，其中外国籍权威专家为9人，是CNE外籍人员的3倍。人员的国际化有益于使评估更为科学合理、中立、客观。在分工层面，AERES的4个群体各尽其责，理事会承担日常工作计划、制定评估架构、评估总体目标、评估规范等；科研代表一般是研究者或专家教授，承担科学研究机构评估的前期准备工作、实地参观考察、参与评估汇报、组织评分会、起草综合评估总结以及改进评估方法等工作；AERES 在每一次的大型评估中都会临时招聘来自不同地区、不同文化背景和学术背景的专业人士，对评估工作给予指导；此外，AERES 每年还招聘 70 名行政人员协助评估工作。这一系列措施使评估工作更为专业、细致、高效率。

4. 国际化评估标准

评估工作开展需要一套完整的评估标准。CNE 与大学校长委员会在 1987 年联合建立了 12 个定量的判定标准，并一同确认了评估范畴。自 1993 年后，CNE 与大学校长委员会尝试降低可操作性指标总数，以激励高校依据可靠的信息与教学、科研以及管理领域内的关键性数据建立自己的程序。受到博洛尼亚进程影响，法国开始考虑将评估标准与欧洲接轨。2003 年，CNE 与大学校长委员会共同建立了《高等教育机构质量保障指南》，该指南在许多指标值上采用了国际标准。2006 年 AERES 成立后，以《欧洲高等教育区质量保障标准与指南》为评估标准，法国制定了一系列国际化评估标准，说明了法国积极参与欧洲地区本科教育一体化的意愿。通过采取国际标准，法国高校可以参加欧洲大学排名，这也进一步扩大了法国本科教育的影响力和知名度。

5. 评估工作模式展现分裂与融合

法国本科教育外界评估方式未宣布建立以前，CNE 关键任务是负责机构评估，其余中小型评估机构（如全国科学研究评估委员会）负责评估课堂教学或科学研究。21 世纪初至今，本科教育的人才培养、科技研发、知识生产的职责越来越受到法国政府部门的重视，外界评估也更加全面和统一化。因而 AERES 成立后，内设三个评估处：机构评估处、科学研究单位评估处和教学与学位评估处，三者分别就本科教育和研究机构的行政管理等总体情况、科学研究情况及教学与学位情况开展评估。每个评估处权责明确，评估目的、评估方式不尽相同。依据评估种类以及使命的不同，每个评估处的评估程序流程也不一样。评估处的评估流程会依据评估的种类出现相对应的差别。每个单位会相对独立地做好工作范畴内的评估工作，但也会根据工作需要互相配合开展综合性评估。

就实际职责分工而言，机构评估处负责评估本科院校、科研型机构、科研合作产业基地及法国国家研究局。针对科研型机构而言，评估则包括了机构的所有学术活动，特别是科研成果开发和转让；对本科教育机构而言，评估重心放在机构的组织和监管措施、科研成果开发、学生日常生活、院校公关关系等战略层面。科学研究单位评估处负责评估高等教育机构和科研型机构内设的研究单位，受法国高等教育研究院和其他单位（农业部、工业部等）的监管。教学与学位评估处则在建设欧洲地区本科教育与研究区域的大环境下，负责评估法国本科教育的教学水平和学士、硕士、博士三级学位的授予情况。评估范畴涉及全部公立和私立本科教育机构所开办的大学本科和研究生专业。从评估角度来讲，主要从知识获取与技能塑造两个实际层面，剖析本专业与科学和岗位的相关性，从资源利用的视角，评估博士研究生就业和终身学习的状况。

## 三  对我国本科教育质量保障的借鉴与启示

法国的本科教育评估不同于英国和美国的本科教育评估。它不仅评价单独的大学，而且通过分析大学的现象，重点评估所有的大学管理体系。因此，法国的本科教育评估主要在于对国家教育政策的评价。

从目的、过程、结果和主体四个方面来看，法国本科教育质量保证体系是政府主导、社会参与、责任导向和多维管理体系。中国政府在本科教育质量保证体系中发挥着非常重要的作用，这与法国非常相似。我国 2004年发布的《普通本科学校本科教学水平评价方案（试行）》提出了以评促建、以评促改、以评促管、评建结合、以建设为重点的评价目标。

法国本科教育评估的优势包括独立性、综合性评估，参与度和反馈机制，改进导向以及多层次评估。其独立的评估机构保证了评估的客观性和公正性，综合性评估方法能全面反映学校实力，参与度和反馈机制促进信息透明和持续改进，改进导向使评估结果推动学校发展，而多层次评估确保了评估全面准确。这些优势共同促进了法国本科教育质量评估的有效性。参照法国本科教育质量保证体系的积极因素，对我国本科教育质量保证体系的完善具有重要意义。

（一）法国本科教育质量保障体系的特点

1. 法国具有多维的本科教育质量保障体系。本科教育质量保障体系是现代大学体系不可或缺的一部分，既是政府的需要，也是高校自身的需要。法国政府将评估作为本科教育质量保障的关键手段，由政府主导评估，并通过法律制度化。本科教育质量保障体系包括三个层次：国际、国家和大学。法国本科教育质量保障体系评价权威专家来自世界各地，学科背景和工作背景多样化，非常重视吸收本科教育以外的社会各界人士，将各种利益相关者的建议纳入评价实践，不仅提高了大学的社会适应性，而且确保了公平、公正、合理、合法的组织运作，也确保了评价过程得到高度的社会认可。

2. 在法国，高校是质量责任主体。现阶段，法国高校被定义为："科学、文化与职业公务法人"，高校是质量的主要责任主体。评估是由国家评估委员会和本科教育研究评估机构进行的，通常是为了监督大学教育质量和资金的使用，促进大学满足社会经济发展的需要。在中国，法律赋予了高校法人身份，但高校实际上缺乏自我质量意识。[1]

3. 为了减轻高校负担，法国积极倡导高校提高评估过程的主动性。法国政府和高校共同制定评估标准、时间指标等方面内容，两者之间形成平等信任的对话模式，并且明确质量评估是对高校自治的补充，防止高校在评估过程中处于被动状态。

4. 法国评估结果的公开性强，目的是以评促改。评估专家和被评估大学校长进行几次沟通后，形成评估报告。评估结论会对社会公布，在满足公众知情权的同时也有利于督促大学将确保质量变成一种主动的行为。自2001年《财政组织法》实施以来，国家财政局的预算拨款与评估结论挂钩。

（二）法国本科教育评估对我国的启示

虽然我国实现了两轮本科教学评估，但我国本科教育评估仍存在标准化不足、数据质量问题、评估公正性挑战、考核范围小以及评估结果利用不足等问题。需要统一标准、提高数据质量、确保公正性、拓宽评估范围，

---

① 朱家德：《自治–问责：法国高等教育转型与质量保障体系的发展》，《中国高教研究》2012年第4期。

并积极利用评估结果促进学校发展。因此，借鉴法国本科教育评价积累的经验，有利于建立适合我国国情的本科教育评价方法，提高本科教育质量。

1. 政府部门掌握宏观评价指标，允许高校根据自身情况独立制定下级评价指标

法国本科教育评价只制定一级指标，适应性很高。然而，我国本科教育评价指标复杂，存在划分过于详细的缺点。为保证评估的适应性，可将评估指标简化为输入指标、操作指标和输出指标。输入指标反映了大学的教学、科研、管理等资源投资，如科研资金预算总数、教学质量等数据信息；操作指标反映了大学教学、科研、管理的使用效率，如资金预算支出、机构运营、设备利用率等；输出指标反映了大学教学、学术活动是否满足和实现社会需求的定价，如就业率、科研成果转化率等。

2. 法国本科教育评估虽然是政府中央集权主导，但是起到了减轻评估主体负担、提高评估意识的作用

AERES 不同于文化教育行政主管部门，它只向总统负责，不强迫高校接受建议，只确认高校管理机制的不良症结，并提出意见。该模式有利于体现高校基层民主的特点，具有较强的协调性。与法国相比，我国本科教育评价中存在一定程度的政府集权行为，其中明确规定了行政部门实施的措施，评价行为主体必须接受教育部的工作计划、评价结果和评价建议等。这种评价方法可能会削弱大学的自主性，抑制其积极性。在这一问题上，我们可以参考法国的做法，减少政府的过度干预，建立独立于政府的评估组织，以实现评价主体的解放和教育评价的改进。

3. 改进评价方法，加强评价的专业性

在我国本科教育评价中，评估权威专家专业技术人员比例较小。当评估涉及定性分辨、全过程分辨和事实判断时，很难做出科学合理的选择。从提高系统评价的角度来看，一方面是灵活使用评价方法；另一方面是选择不仅有评价理论基础，还有专业实践经验的评价权威专家，如课堂教学评价，选择具有课堂教学评价经验和一线工作经验的专家，管理方法评价选择具有管理方法评价工作经验和管理实践经验的专家。

4. 优化评价结果，提高评价的有效性

法国本科教育评价将评价结果与分配和大学投资的绩效挂钩，在提高

本科教育质量方面取得了良好的效果。在我国，大部分学校可能缺乏对评价结果的深入理解和分析，无法将结果转化为具体的改进措施。另外，评价结果可能未被充分传达和共享给相关的教职员工和决策者，导致改进措施无法得到广泛的认知和支持。此外，评价结果的利用可能受到一些外部因素的限制，如资源、政策和制度的限制等。因此可以借鉴法国经验，将评价结果作为政府分配大学绩效的重要参考，这样在很大程度上可以调动大学的积极性，促进学校关注办学效率，提高教学质量。

　　经过 20 多年的改革和发展，法国本科教育外部质量评价体系逐步完善，形成了一套更适合法国本科教育体系的评价模式。在演变过程中，也呈现出具有参考价值的发展趋势。法国本科教育外部质量评价呈现国际化趋势，体现在评价人员的组成和评价标准上。这种符合国际标准的做法是欧洲本科教育一体化的要求，也是法国试图消除国内本科教育体系缺点的探索。从评价内容上来看，法国越来越重视本科教育的科技研发和知识创造功能。从评价运行模式上来看，本科教育和研究评价机构的各评价部门分工明确，各负其责，相互合作，和谐统一。此外，法国质量评价一直是立法第一，使评价工作具有法律依据和保障，促进本科教育向自治和卓越迈进。

　　法国的本科教育质量保障体系通过独立的评估机构、综合性评估标准、定期的评估循环、参与度和反馈机制以及教育质量认证，为保障本科教育质量和提升学校教育水平提供了坚实的基础。这一体系的特点确保了评估的客观性、公正性和全面性，促进了学校的持续改进和发展。通过法国的本科教育质量保障体系，学生和社会可以更有信心地依赖高质量的本科教育，为个人和国家的发展做出积极贡献。这些对我国构建本科教育质量评价体系具有参考意义。

# 第五章　德国本科教育质量保障体系研究

　　19 世纪初，德国大学代表着世界高等教育的巅峰，取得了众多重大科学成就，引领世界高等教育发展。近代德国高等教育改革先驱威廉·冯·洪堡提出学术自由、科研与教学相结合的理念，被高等教育界称为"洪堡精神"，至今仍是现代大学的精神之基。随着德国工业经济的迅速发展，德国近代高等教育改革发展走出了学术型人才培养和应用型人才培养的"两条主干道"，成为世界高等教育的典范。

　　从 20 世纪 60 年代开始，德国高等教育发展的主导思想是"教育平等"，引导着德国高校向"均质化"发展，人们普遍追求平等而非差异，因此在社会大众的印象中德国高校水平差异甚微，学生仅需根据个人兴趣爱好以及未来职业发展规划选择高校，不必考虑其等级和排名。在马丁·特罗、伯顿·克拉克等人的院校分层理论视域下，学者们也普遍认为德国高校等级差异和地位分等不明显或较为平均，只是根据办学定位的差异在水平方向上进行区分。德国高校按照人才培养方向的不同可以分为六大类，即综合性大学、师范学院、神学院、高等艺术与音乐学院、应用科学大学、公共行政学院。截止到 2022 年 5 月，德国共有各类高校 422 所，其中综合性大学 108 所，应用科学大学 210 所，师范学院 6 所，神学院 16 所，艺术与音乐学院 52 所。[①] 应用科学大学是偏重实际应用研究的非学术性高校，

---

　　① 资料来源：德国联邦统计局网站：http://www.destatis.de/EN/Themes/Society-Environment/Education-Research-Culture/Institutions-Higher-Education/_node.html。

其在德国出现只有 50 多年的历史，但它的发展却最为迅速，成为极具特色的高等教育院校类型。

1998 年，德国联邦修订《高等教育总纲法》，试行引入国际通用的学士—硕士二级学位制度。随着博洛尼亚进程的推进，整个欧洲也建立起这种国际通行的学位制度。2003 年，德国高校全面推行学士—硕士学位制度，以替代德国传统的学位制度。本章所探讨的德国本科教育质量保障即是指适应新学制下的学士学位教育质量保障。

# 第一节　德国本科教育质量保障体系

德国本科教育实行学位课程模块化并采用欧洲学分转换和积累系统（The European Credit Transfer and Accumulation System，ECTS），即把某一个专业的所有教学内容按照一定的体系和架构分为不同模块，每个模块设定最长学习时限，学生通过考试取得对应模块的学分。[①] 德国本科学段的标准学习时间持续 3～4 年，硕士学段时间是 1～2 年。从学士到硕士的连读时间一般不能超过 5 年。[②] 在统一、互认的学分体系下，德国本科教育国际化程度显著提高，吸引了大量来自世界各国的留学生。

从培养方向来看，德国的本科教育阵营总体上可以分为两大类，第一类是以学术型人才培养为目标，其典型代表是综合性大学（包括理工大学和师范学院），注重培养学生的学术研究能力。第二类是以实践应用型人才培养为目标，其典型代表是应用科学大学、双元制大学。应用技术大学注重培养学生的实践应用能力，双元制大学通过校企合作的方式培养理论知识扎实、实践能力突出的应用型本科人才。

## 一　德国本科教育外部质量保障体系形成的背景和历史演变

（一）产生背景

1999 年，欧洲 29 个国家共同签署了《博洛尼亚宣言》，标志着博洛尼

---

① 林璐：《欧洲学分转换与积累体系在德国的实施经验及其借鉴意义》，《高教探索》2018 年第 12 期。
② 孙进：《德国的博洛尼亚改革与高等教育学制与学位结构变迁》，《复旦教育论坛》2010 年第 5 期。

亚进程在欧洲的启动。博洛尼亚进程的目标是加强一体化的欧洲高等教育区建设，具体目标包括：

（1）增强高校学生、校友、教职员工的国际流动性；

（2）提升欧洲高等教育的国际竞争力；

（3）实现欧洲高校学分和学位互认；

（4）统一学位结构（学士/硕士模式），推行公认的学分制系统；

（5）开展教育质量保障方面的合作；

（6）建立终身学习的文化氛围；

（7）学生参与和学生中心的学习方法。①

随着欧洲高校学位制度的改革，欧洲高等教育质量保障体系也随之建立起来。《博洛尼亚宣言》呼吁，"加强欧洲各国在质量保障方面的协作，发展可比较的标准和方法"，试图推动实现欧洲各国高等教育一体化。各国同意制定欧洲高等教育区质量保障共同标准，其中包括质量保障的内部、外部标准和基本原则，如对质量保障机构进行定期评估等。各国在遵从共同标准的基础上，发展本国高等教育质量保障体系。②

在博洛尼亚进程下，德国的高校实行了新的学位制度，高等教育新生入学率显著增长。根据德国联邦统计局统计，"博洛尼亚进程"伊始的 2000学年，德国新入学人数为 31.5 万人，到 2013 学年入学人数升至 50.9 万，毛入学率由 2000 学年的 33.3% 上升至 2013 学年的 57.5%。③ 高等教育规模的扩大同时也带来了社会公众对教育质量的担忧。高校纷纷设立内部质量保障机构，其独立于大学行政机构，旨在发现教育教学中存在的短板和不足，帮助高校应对博洛尼亚进程中面临的挑战。德国的认证机构纷纷成立，这些机构负责高等学校专业、课程等质量评估或认证，以保证学位课程的质量。而这些机构在运行时其本身也需要定期接受质量认证，德国联邦政府层面成立专门的机构——德国认证委员会（The German Accreditation

---

① 陈璐：《博洛尼亚进程下德国高等教育改革研究》，贵州师范大学硕士学位论文，2015。

② 别敦荣、易梦春、李志义等：《国际高等教育质量保障与评估发展趋势及其启示——基于11 个国家（地区）高等教育质量保障体系的考察》，《中国高教研究》2018 年第 11 期。

③ 朱佳妮：《搭乘欧洲高等教育一体化快车？——"博洛尼亚进程"对德国高等教育的影响》，《清华大学教育研究》2014 年第 6 期。

Council）承担对这些机构的定期评估和监管。

（二）历史演变

1994 年，在《欧洲高等教育区质量保障标准与指南（ESG）》（The Standards and Guidelines for Quality Assurance in the European Higher Education Area, ESG）项目框架下，为了提升高校办学质量及国际竞争力，德国政府开始尝试通过评估提升高等教育质量，找到高校的优势和短板，帮助高校制定系统的质量改进策略。同年，由不来梅大学、格拉斯珐尔特大学、汉堡大学、基尔大学、奥登堡大学和奥斯托克大学等共同发起成立一家地区性评估机构——"北德大学联盟"，该机构对各大学的同类专业进行评估并公布结果。[①] 1995 年，下萨克森州设立了一家评估中心专门负责对该州的大学进行评估。各联邦州也陆续颁布了相应的法规，采取类似的措施，如北莱茵 - 威斯特法伦州（简称"北威州"）将评估写入法规，设立专门评估大学工作的评估站，这些评估站辅助该州的所有大学将教育评估作为大学质量保证和自我调控的措施。不仅各联邦州将高等教育评估作为一种内部管理有效工具，联邦层面也积极推动评估的实施。联邦大学校长联盟、联邦科学协会和联邦 - 州教育规划委员会等机构通过举办学术会议、进行模式试验、推广实践经验以及开展各种质量保障项目推动教育评估制度的实施。[②] 这些质量保障运动的兴起为 1998 年德国联邦《高等教育总纲法》的修订奠定了基础。

1998 年，德国联邦修订的《高等教育总纲法》，明确规定高等学校必须接受定期评估，评估范围包括教学和科研工作、师资培养以及人员聘任等方面，法案还强调评估结果应向社会公开。2006 年再次修订的《高等教育总纲法》，明确规定了高校在科研、教学、学术后备人才培养和促进性别平等等方面的工作需要接受定期评估。该法案还要求学生参与评估工作并公布评估结果。[③] 目前，所有联邦州都在其《高等教育法》中将评估列为高校必须要完成的任务。[④]

---

① 张新科：《教育评估——德国高等教育界推崇的监督模式》，《外国教育研究》2004 年第 7 期。
② 吴妍艳：《德国高等教育内部质量保障体系研究》，厦门大学硕士学位论文，2017。
③ 刘晶：《法、德高等教育评估中的政府角色》，《比较教育研究》2014 年第 10 期。
④ 马建生等：《高等教育质量保证体系的国际比较研究》，北京师范大学出版社，2014。

质量认证制度的引入，主要是为博洛尼亚进程的推进做好充分准备。博洛尼亚进程所推行的学士—硕士两级学制，目的是提高课程的灵活性，提升德国高校毕业证的国际认可度，提高学生的国际流动性，吸引外国留学生来德学习。为保证新学位的质量，德国引入了认证制度，要求对按照新学制所设立的专业课程进行认证。只有通过了认证，高校才可以开设相关的专业课程。为了保证认证制度的实施，德国成立了一个全国性机构——德国高校专业认证基金会（Akkreditierungsrat），负责审核及监管具体开展认证工作的代理机构（Akkreditierungsagenturen）。由认证代理机构对高校专业教学质量进行直接认证和评估。德国实施专业认证制度，影响非常广泛。统计数据显示，在 1998 年至 2006 年期间，德国高校共有 4994 个专业通过认证，占当时德国高校全部专业的 42.8%。[①]

随着专业认证制度的推行，德国高等教育界逐渐对专业认证制度的科学性和其带来的效果产生怀疑，且认为专业认证给高校造成了沉重的负担，一定程度上阻碍了高校的发展，因此专业认证逐渐遭到了高等学校的抵制。为了解决这些冲突和问题，德国开始在专业认证的基础上进行改革，提出了一种新的模式——基于大学内部质量保障的体系认证。高校可结合自身实际自主选择是否进行体系认证。德国各州的认证评估机构也开始转变发展思路，将机构定位于帮助高校建立自己的内部质量保障体系以通过体系认证。至此，体系认证制度成为德国质量保障体系的重要改革方向。

2008 年，德国美因茨大学率先与认证代理机构——"认证、证明和质量保障协会/机构（Accreditation, Certification and Quality Assurance Institute, ACQUIN)"合作开发体系认证程序和架构，美因茨大学因此成为德国第一个通过体系认证的高校。德国高等教育质量保障体系随后将体系认证纳入正式制度，并成为促进高校自律和保障德国高等教育质量的重要机制。目前，德国高等教育体系认证形成了较为完备的认证程序和认证标准。未来，德国高等教育机构将全面推进体系认证，以实现高校自我质量管理为目标。认证的核心内容是"高校内部教学质量保障体系"，采用特定程序保证结果可靠，并以"建立具有健全组织和制度的教学质量保障体系"作为认证标

---

① 矫怡程：《德国高等教育体系认证：缘起、进展与成效》，《外国教育研究》2016 年第 2 期。

准。体系认证制度允许对不同类型的高校制定不同的认证标准和程序，体现出了良好的适应性。体系认证模式对德国高等教育质量保障和质量提升产生了较为广泛的影响。[①] 自此，德国建立了一个以评估和认证为核心的高等教育质量保障体系，两者互为补充，有机结合，共同促进德国高等教育质量提升。

## 二　德国本科教育外部质量保障体系的组成和运行机制

### （一）质量保障机构

德国本科教育质量保障活动也基本遵循欧洲质量保障运动的整体走向，以《欧洲高等教育区质量保障标准与指南（ESG）》为指导进行质量保障活动。德国文教部长联席会、大学校长联席会、德国高校专业认证基金会、认证代理机构等社会机构，是德国本科教学质量保障的主要参与者或执行者。

1. 文教部长联席会议（Kultus Minister Konferenz，KMK）

文教部长联席会议成立于 1948 年，它是联邦德国各州负责高校教育、高等教育研究和文化事务的部长组成的联合会议，总部设在波恩。它是德国教育体系中的重要机构，州政府通过该机构对高等教育实行实质性管理，负责协调各州的教育政策和合作事宜。文教部长联席会议的主要任务是确保德国各州之间教育体系的一致性和相互认可。它扮演着重要的桥梁角色，起到协调和制定关于学校教育、职业教育、大学教育以及学位和学历共同规范和标准的作用。KMK 还负责制定学校课程标准、教育评估体系、大学入学考试要求等，以促进德国的教育质量和提高学生的学习成果。[②]

2. 大学校长联席会议（Hochschul Rektoren Konferenz，HRK）

大学校长联席会议是一个由德国各大学校长组成的会议机构，它旨在促进德国各大学之间的合作和协调。大学校长联席会议在德国社会享有极高的声誉，是德国科学与教学发展的核心咨询机构，也是德国大学对外宣传的主要窗口，代表德国"大学的声音"。该机构致力于推动大学之间的信息交流、资源共享和合作项目的实施，同时促进大学在教学、研究和社会

---

① 矫怡程：《德国高等教育体系认证：缘起、进展与成效》，《外国教育研究》2016 年第 2 期。

② 吴妍艳：《德国高等教育内部质量保障体系研究》，厦门大学硕士学位论文，2017。

服务等方面的高质量发展，并为政府和其他利益相关方提供咨询建议。

3. 德国高校专业认证基金会（Akkreditierungsrat）

德国高校专业认证基金会成立于 2005 年，是一个负责高校专业认证的独立机构，由德国联邦政府和各个州政府共同支持和监督。它是欧洲高等教育认证联盟（ECA）和欧洲高等教育质量保障联合会（ENQA）的成员之一，其主要职责是推动德国高校开展各种评估和认证，负责制定和完善认证标准、程序以及对认证机构进行协调和监督，对德国高等教育认证体系进行宏观调控。

该机构由 1998 年成立的德国专业认证委员会（AR）改革而来，经过改革后，高校专业认证基金会不再从属于联邦政府或州政府，而是一个与政府分离、独立运营的公法法人，可以向认证机构收取认证服务费，而且必须接受所在联邦州的法律监督。该机构的主要职责包括：对认证代理机构进行资格认证，授予其在特定期限内对高校专业课程和内部质量保障体系进行评估和认证的权限；监督认证机构是否正确履行认证义务，定期评估其认证资格；制定认证程序的标准和认证资格的最低标准；促进认证机构和高校之间以及国内外认证机构之间的交流与合作，确保认证代理机构之间有公正和良性的竞争。①

4. 认证代理机构

德国专业认证委员会（AR）成立后，认证代理机构（AA）也纷纷成立。认证代理机构主要负责高校专业和质量保障体系的具体认证工作。认证代理机构与认证委员会共同构成了德国高等教育认证的评估组织。德国专业认证委员会批准的具备认证资质的机构包括认证、证明和质量保障机构（ACQUIN），健康与社会科学学习项目认证中心（AHPGS），标准学习项目质量认证与保障委员会（AKAST），奥地利质量保障委员会（AQA），学习项目认证与质量保障委员会（AQAS），工程、计算机信息科学、自然科学与数学学位项目认证委员会（ASIIN），巴登－符腾堡州评估委员会（EV-ALAG），国际商业管理认证基金会（FIBAA），瑞士高等教育认证与质量保障中心（OAQ），汉诺威评估与认证中心（ZEVA），奥地利质量认证与保障

---

① 孙进：《德国高等教育认证——机构、程序与标准》，《高等教育研究》2013 年第 12 期。

中心（AQAustria）。①

在高等教育认证体系组织架构下，联邦教研部（BMBF）与各州文教部长联席会议（KMK）确立高等教育认证制度和原则，大学校长联席会议（HRK）作为政府和高校之间政策沟通的桥梁，协调德国联邦政府和地方政府对高等教育认证制度和政策的统一。认证组织作为独立的第三方机构，为德国高等教育认证制度执行提供操作层面的组织保障。

（二）德国本科教育质量保障制度

1. 《高等教育总纲法》（Hochschulrahmengesetz）

为使各州高等教育发展基本协调一致，德国联邦政府于 1976 年制定了《高等教育总纲法》。它确定了德国高等教育发展的总体框架，并成为各州在法律框架范围内调整各州高等教育的高等教育法。1998 年，德国联邦政府修订了《高等教育总纲法》，新法对高等学校教学、科研的评估做出了具体的界定："高等学校在教学科研工作、师资培养以及人员聘任的平等性等方面应该接受定期的评估。评估之结果应该向社会公开。"新法还要求学生必须参与高校教学质量的评估，并且公布评估结果，把学生参与教学质量评估作为基本指标。德国联邦政府引进评估制度的直接目的是考察高校的业绩，并把评估结果作为国家高等教育财政拨款的依据。

2. 《德国高等教育学位资格框架》（HQR）

在博洛尼亚宣言框架下，德国遵从《欧洲高等教育区质量保障标准与指南（ESG）》，积极响应欧盟号召，于 2005 年率先颁布了《德国高等教育学位资格框架》（HQR，以下简称《框架》），其核心是以学生能力为基础描述了学士、硕士和博士三个层次的学位资格目标。2017 年，德国高校校长联合会（WRK）、文教部长联席会议（KMK）、德国教育与研究部（BMBF）联合修订了《框架》，从知识和理解、知识的运用和迁移、交流与合作、学术的自我认知四个层面描述了学位资格能力。

作为一种人才培养的标准，《框架》通过可比较的学习成果，为高等教育学习路径提供参考，增加各层次教育的贯通性；有效指导本科课程设计，为欧洲各国国际流动和本科学历互认提供具有可比性的参照，对简化欧洲

① 刘晶：《法、德高等教育评估中的政府角色》，《比较教育研究》2014 年第 10 期。

高等教育区域的本科教育学习成果互认，提升学生流动性起到了积极作用。随着国家框架的颁布，医学、经济学、工程学等一些学科专业根据自身的特点陆续制定了本科学位课程专业标准。以能力为核心的学位资格目标体现在高等教育认证、学位课程设置、教学质量评价、学业考核及实施学业支持措施等各个环节。①

3. 《联邦州学习认证条例》（Interstate Study Accreditation Treaty）

2018 年 1 月，德国联邦政府颁布了由 16 个联邦州共同签署的《联邦州学习认证条例（Interstate Study Accreditation Treaty），该条例确立了德国质量保障机构的合法地位，并明确了政府、高校及质量保障机构各自的责任。该条例以法规形式发布高等教育质量标准框架，对质量评估的类型、评估原则、学术标准，以及质量保障的程序、认证机构、经费来源与使用等操作层面的规则也做出详细说明和规定。②

4. 《教学质量协议》（QPL）

自博洛尼亚进程以来，德国大学的辍学率居高不下，联邦和州政府认为国家对教学质量负有特殊责任。因此，2011 年，联邦教育与研究部（BMBF）通过《教学质量协议》（QPL），支持改善学习条件和德国大学的教学质量。该计划的主要目标之一是提高大学人员的配备水平包括支持大学提高其教师教学、监督和咨询资格标准。进一步的目标是维护和进一步发展高质量的大学教学，在 2011 年至 2020 年期间，所有 16 个联邦州的大学均可获得总计 20 亿欧元的资助。截至 2016 年第一个资助阶段，BMBF 资助了 186 所高等教育机构和 253 个项目。其中包括 78 所综合性大学、78 所应用科学大学和 30 所艺术与音乐学院。在 2020 年的第二个资助期中，经过积极的中期评估，71 所综合性大学、61 所应用科学大学和 24 所艺术与音乐学院进一步发展其成功理念，并将成功经验推广到其他大学。

（三）德国本科教育质量保障体系的运行机制

1. 质量评估机制

20 世纪末，德国不断完善的高等学校评估制度，从评估过程上来看一

---

① 赵琛新：《〈德国高等教育学位资格框架〉修订分析》，《高教发展与评价》2021 年第 1 期。

② 别敦荣、易梦春、李志义等：《国际高等教育质量保障与评估发展趋势及其启示——基于 11 个国家（地区）高等教育质量保障体系的考察》，《中国高教研究》2018 年第 11 期。

般包括三个阶段，分别是自我评估阶段、外部专家评估阶段和整改阶段。

第一阶段，自我评估阶段。由学校成立的工作组负责完成。工作组收集相关数据文件，开展访谈调查等，经分析处理后形成自评报告，提供给专家。通过这个报告，学校和专家组可以掌握学校人才培养的优势和短板，这为接下来进行的外部专家评估做好了准备。

第二阶段，外部专家评估阶段。由评估代理机构组成的专家小组负责完成。德国特别重视专家的遴选工作，设定了很多具体的标准和条件，最大限度排除社会关系因素对评估造成不必要的影响。专家评估持续数天，专家组成员可能采取访谈、问卷、座谈、听课等方式，联系大学行政领导、教授、普通教师、系主任、工作人员、学生等，以此获取数据和信息。在外部专家评估阶段，专家组将形成评估报告及整改建议书草案，被评估单位有权对报告草案提出意见和建议。当存在分歧时，学校也可以提出申诉。评估报告将被提交至州文化教育部，经州政府审批后正式公布。

第三个阶段，整改阶段。在德国，人们普遍认可评估的目的不是区分卓越与平庸，而是通过评估实现质量改进。在接到专家组评估报告的同时，教育主管部门将要求每个被评估高校制订一个具体的整改工作计划并提出切实可行的整改措施，在下一次的评估工作中将持续检验整改工作计划和相关措施的落实情况。州政府与高校将签订评估结果改进协议，把政府拨款与高校落实整改情况联系起来，以促进评估结果得到重视、整改得到落实。[①]

2. 质量认证机制

德国本科教育质量认证程序包括专业认证和体系认证。专业认证是认证代理机构对大学开设的本科专业的人才培养目标、教学课程设置、毕业生就业能力、质量保证措施、学科专业合作等方面进行评估和认证，确保不同学校的同一专业具有等值性，促进专业保持高质量发展；体系认证是认证代理机构对高校内部的质量管理体系进行评估和认证，确保高校内部的组织结构和程序符合专业质量标准，具备较好的质量保障和管理能力。[②]

高校进行专业认证首先需在申请认证资格的认证代理机构处提出申请，

---

① 张艳臣：《德国高等教育内涵式发展不充分的主要矛盾、原因与破解路径》，《现代教育管理》2019 年第 7 期。

② 同①。

并提交必要的自评报告。然后认证代理机构将进行认证费用的预估，并安排合适的专家团队进行认证评估工作。接着，认证代理机构组织专家团队前往高校进行实地考察，深入了解专业情况。专家团队将结合高校的自评报告和实地考察结果，撰写认证报告。认证代理机构据此报告做出结论，并将其提交给认证委员会。

由于专业认证给高校带来了沉重负担，在其推行过程中遭到了许多质疑。在这样的背景下，体系认证逐渐兴起，并在 2008 年正式成为德国高等教育认证制度的一部分。① 体系认证的对象不是高校内的某一学院或某一专业，而是认证某一个高校内部的质量保障体系，通过认证的高校被授权可以对内部的专业设置、教学和学习计划等进行自主认证，时效一般为六年到八年。体系认证是对专业认证的优化，是一种更加高效的认证制度，在德国高校中被广泛接受和应用。体系认证的核心环节主要包括质量规划、质量监控、质量提升、质量结果四个方面，其要求高校必须致力于内部质量保障体系的建立与发展，以及建立完善的质量管理体系，由此可将多样的评估认证方式进行简化、综合化。

（四）德国质量保障体系中政府与大学的关系

德国政府与大学的关系体现了依附性、多样性、自主性。② 在德国，由各联邦州制定本州的高等教育法，州政府依法对大学各项事务进行监督管理。随着政府改革和博洛尼亚进程的推进，高校的办学自治权逐渐扩大，高校有权进行校长遴选、教授聘任等人事任免，也有权确立该校的课程设置、教学目标、国际化发展等。

政府角色从直接管理者转变为大学的合作者和监督者。随着 1998 年德国《高等教育总纲法》的修订，大学的自主权得到明显提高扩大，政府通过推动大学自治促进高等教育办学质量。例如，2019 年北威州政府在其《高等教育法》中进一步明确了州政府与高校之间的合作伙伴关系，强调了共同协调未来发展目标的重要性，这一修订取消了州政府和教育管理部门

---

① 别敦荣、易梦春、李志义等：《国际高等教育质量保障与评估发展趋势及其启示——基于 11 个国家（地区）高等教育质量保障体系的考察》，《中国高教研究》2018 年第 11 期。

② 同①。

对高校具体发展规划和细节管理的参与。①

政府和大学建立契约的方式多是签订目标协议。目标协议的内容包括政府财政拨款、高校发展规划、办学特色、教学和科研质量提升、师资力量改进、国际化与多样化战略、专业设置、专业发展、后备科研力量培养、数字化进展以及现代化治理等方面的内容。目标协议可以是州政府与该州所有高校之间的协议，也可以是州政府与某个具体高校之间的协议。高校也可以采取与学院签订目标协议的方式实现高校内部的治理。

清华大学教育研究院的巫锐等基于柏林洪堡大学目标协定文本对德国政府和高校的关系进行了深入探讨，认为德国政府借助目标协定进行"合约管理"，这种模式在一定程度上体现了德国现代大学治理中的"去管制化"趋势，揭示了政府对大学"既控制又松绑"的操作。也有德国学者认为，目标协议被视为一种具有合同形式的约定，目标协议双方可以借此开展对话与谈判，但这类合约不具备实质意义上的合同特点（比如合约内容的"可诉性"）。② 因此，目标协议实际上是从传统的科层式管理转变为以结果和绩效为导向的调控模式。在这种模式下，高校和政府共同协商确定高校发展目标，高校对发展目标具有认同感，这有助于调动高校的积极性和主动性。

政府通过预算拨款和绩效考核对高等教育进行管理。进入 21 世纪之后，随着政府改革的推进，德国联邦政府逐渐将高等教育的直接管辖权下放给州政府，不再对高等教育活动进行过程控制，而是通过评估的方式对高校进行管理，包括对高校业绩进行结果考核，同时借助财政拨款预算控制、问责等手段进行管理。州政府将办学资金一次性拨付给高校，高校可以根据自身发展规划和需要自主地使用这些资金。为了对高校办学资金的使用进行监管，政府要求高校依法进行成本和收益核算，并进行年终结算，建立汇报制度。例如，依据北威州的《高等教育法》，政府会按照高校的任务、共同商定的目标以及高校的办学绩效提供资助。政府负责为高校提供运营和投资所需的资金。高校需要根据预算法、高等学校法以及相关条例

---

① 曹昱晨：《德国北威州新修订〈高等教育法〉》，《世界教育信息》2019 年第 17 期。
② 巫锐、皮尔·帕斯特纳克：《德国高等教育"合约管理"模式的经验与启示——基于柏林洪堡大学七版目标协定文本的比较分析》，《清华大学教育研究》2020 年第 1 期。

管理和使用资金，以及处理法人财产。①

政府是质量保障政策的制定者和评估制度的设计者。在德国，第三方评估机构是政府实现对高等教育评估的载体，政府则作为"规则制定者"和"裁判员"进行适度干预。虽然在德国均是第三方机构实施具体评估工作，但是德国联邦政府和州政府在评估活动中仍然扮演着重要角色。这些第三方机构必须通过国家认证委员会的资质认可才有资格开展评估活动，而联邦政府的成员在国家认证委员会及其所属基金会的机构组成当中占有一定比重。通过任命认证委员会成员，政府仍然对认证工作有一定的影响。同时，认证制度由各州教育和文化事务部长联席会议（KMK）制定，第三方机构仅负责执行，而州教育和文化事务部长联席会议又是由德国政府直接主导的机构。因此认证制度的工作框架和程序的决定权仍然掌握在政府手中。

## 三 德国本科教育外部质量保障体系评析

### （一）德国本科教育质量保障体系的特点

#### 1. 通过立法确定本科教育质量保障制度的合法性

德国出台的一系列高等教育质量保障法规，明确了政府、高校、质量保障机构的权责，确立了高等教育质量保障机构的合法地位。《高等教育总纲法》明确规定了高校须在教学、科研、师资培养及促进性别平等等方面接受定期的评估。各州的高等教育法对大学的内、外部质量保障工作进行了明确分工，界定了认证、评估、审查等概念，明确了质量保障的目的，保证过程公平、公正、合理。各州不断完善高等教育法，改善质量保障相关法律框架条件。从 1999 年开始，德国政府依据新法律成立了大批高等教育质量保障机构，这些机构根据德国高等教育质量保障框架标准进行评估，同时又有自己的明确定位，评估程序具有合法性，评估活动受到法律保护。近年来，针对质量保障活动的法律条款越来越细致化、具体化、可操作化。例如，2018 年德国 16 个联邦州共同签署了一项确保德国高等教育机构教学质量的新条例——《联邦州学习认证条例》（Interstate Study Accreditation Treaty）。该

---

① 孙进：《政府放权与高校自治——德国高等教育管理的新公共管理改革》，《现代大学教育》2014 年第 2 期。

条例详细阐述了不同层次学位的学术标准，详细说明了质量保障的程序、认证机构、经费来源。①

2. 质量保障机构作为第三方机构保持独立运行，一定程度上保证了外部评估的客观性和公正性

为了保证评估过程的客观公正，博洛尼亚进程的质量保障框架要求德国政府、企业等其他利益相关方不能直接干涉质量保障机构的工作。作为博洛尼亚进程的主要发起国，德国严格遵循欧洲高等教育区的教育质量统一标准，并委托第三方外部机构进行评估和认证。尽管这些外部机构的运作需要官方机构的授权和认可，从某种程度上受到政府的影响，但它们作为独立法人机构，在机构运行上已经完全独立，因此各项评估和认证结果具有较好的客观性。

3. 质量保障分工体现统筹协调性

本科教育教学质量保障是按本科层次人才培养的既定目标和标准进行全面的监测和检查，从而发现本科教育教学过程中的薄弱环节和不足之处，有针对性地提升教育教学质量。这是一个持续的过程，要求质量保证系统内的各环节要协调一致、相互制约、相互补充，促进良性运行和闭环改进。政府通过制定外部质量保障政策和制度，引入独立于政府的第三方机构对高校开展评估和认证，同时对第三方机构的认证资格进行认证和监督。政府、机构、高校之间权责分明，协同维系着质量保障体系的稳定运行，形成了德国高等教育特有的认证模式。由于质量保障标准和框架的制定权、总体预算控制权仍掌握在政府手中，政府在质量保障活动中仍然处于主导地位。

4. 学生作为重要的质量评价主体参与质量保障

博洛尼亚进程所描述的高等教育教学质量保障的重要原则之一就是学生参与。在历年博洛尼亚进程重大工作推进会上，学生代表均有出席，欧洲学生联盟代表更是大会的指定发言人之一。2001 年的《布拉格公报》中进一步强调了学生的地位和作用，倡导要把学生作为欧洲高等教育区建设

---

① 别敦荣、易梦春、李志义等：《国际高等教育质量保障与评估发展趋势及其启示——基于 11 个国家（地区）高等教育质量保障体系的考察》，《中国高教研究》2018 年第 11 期。

的重要力量，鼓励高校重视学生的意见和建议，最大程度地发挥学生在质量保障方面的作用。《柏林公报》再次明确提出学生参与的重要性，认为学生要全方位地参与高等教育治理，并应以立法的形式保障学生参与的各种权利。公报还倡导各国高校与学生组织要积极探索学生参与高校治理的途径和方法，充分发挥学生组织在高校治理中的作用。

（二）德国本科教育保障体系的效果和存在的问题

本科教育质量认证制度逐渐规范化。2006年，美因茨大学质量保障及发展中心与德国认证代理机构"德国认证、证明和质量保障机构"（ACQUIN）共同合作探讨体系认证的规则方法，于2008年首次发布了"体系认证规范"（Rules for System Accreditation）。2011年，美因茨大学成为首个通过体系认证的学校。随着专业认证弊端的显现，体系认证模式得到越来越广泛的认可和使用。德国综合大学和应用科学大学，都开始认可和筹划开展体系认证。德国认证委员会也开始在全国推广体系认证，包括一流大学如柏林洪堡大学、新建的私立大学等都开始进行体系认证。一流大学会进行自身的体系认证，在确保一流教育质量的同时进一步提升办学水平，私立大学则需要通过科学委员会的机构认证，并获得州政府的许可才具备办学资质。[①]

第三方质量保障机构的评估过程和结果在德国乃至欧洲的高等教育系统中具有较普遍的实用性和客观有效性。独立运行的第三方机构加强了博洛尼亚成员国之间的信任，体现出质量评价的公平公正，促进了欧洲整体高等教育的质量保障，并提供了有依据的监测评估结果。通过这种外部质量保障模式，德国形成了本科不同层次的学位制度，保障了德国高校本科学位得到欧盟高等教育区的认可，促进了欧盟高等教育区本科生、教师等的流动性。

尽管德国引入第三方评估机制在一定程度上削弱了政府在评估活动中的绝对主导权，但德国高等教育质量外部评估仍具有明显的政府主导性和问责导向性。这主要体现在：质量标准是在政府主导下由专家制定，质量评估的制度和规则由政府主导发布，第三方机构负责执行并受到政府的持

---

① 矫怡程：《德国高等教育体系认证：缘起、进展与成效》，《外国教育研究》2016年第2期。

续监督。德国高等教育仍是以国家体制为主导，在外部质量保障体系中政府角色始终是核心角色，仍具有主导地位。这种主导地位不可避免地会导致政府过度问责的倾向，从而引发边际递减效应，例如评估崇拜、应对评估、逃避监管甚至投机作假，这会导致问责失灵，高校质量保障体系的主体地位发生异化。因此，我们必须思考：是否应该多元化质量保障的主体？如何让外部质量评估与高校的内部发展相结合，把质量问责关系转变为相互合作关系？如何引导高校改变政府问责思维，真正发挥高校作为质量保障主体的作用？如何利用高校市场竞争机制，使基于社会需求的竞争发挥质量保障的作用？同时，如何避免国家过度干预，并保护高校的自治权和学术自由？德国仍然面临着这些挑战。[①]

## 第二节　德国本科教育内部质量保障个案研究
### ——多特蒙德应用科学大学[②]

### 一　多特蒙德应用科学大学概况

多特蒙德应用科学大学位于德国西部的北莱茵－威斯特法伦州鲁尔区，该校成立于1971年，其前身是"皇家机械师、皇家工匠学校"。多特蒙德应用科学大学的办学理念是"以解决与应用相关的问题和任务为导向开展研究和教学，以职业经验丰富的教授保证与应用实践的紧密联系"。该校开设8个学院、70多种学位课程，涉及建筑、设计、计算机科学、电气工程、机械工程、应用社会科学、经济学和信息技术八个领域，约有14000名学生于该校就读。信息工程专业是这所学校最具声誉的专业，也是北威州所有高校信息工程专业中规模最大、师资力量最强的专业。

多特蒙德应用科学大学是一所典型的以应用型人才为培养目标的大学。该校提供8个学科领域的30多个学士学位课程和20多个硕士学位课程，除此之外还提供一定数量的双元制课程。双元制课程是一种成熟的大学课程，

---

① 俞可：《中德比较视野下学与教的质量发展——第五届中德高等教育论坛会议综述》，《高等教育研究》2020年第1期。

② 本节内容来源于多特蒙德应用科学大学官网以及根据该校教学评估中心负责人 Drs. Ingrid de Jongste 博士提供的资料及访谈内容整理。

修读课程合格后可以获得实际的专业资格。双元制课程不仅提供扎实的学术学位，其所合作的公司还提供培训和实践经验，学生可以在实践中很好地巩固新学的知识。双元制课程通常持续 7 至 9 个学期，通过双元制课程，公司可以培养非常有潜力的年轻专家和管理人员。多特蒙德应用科学大学提供的双元制课程，也成为该校一个鲜明的特色。该校的毕业生大部分就业于德国的先进工业企业，该校为德国工业发展输送了大量理论基础扎实、实践经验丰富的高级技术人才。

多特蒙德应用科学大学的科学研究具有多样性和实用性。应用科学大学设置了多种学科和专业，整个学校约有 230 位科学家在众多项目中进行研究。学校的理念认为，创新源于科学与商业之间的互动，因此，超过 95% 的研究活动都是与商业合作伙伴合作进行的，学生能够从这种合作关系中受益。负责研究工作的副校长安德里亚·基恩（Andrea Kienle）认为"如果他们参与过项目研究，那么对于合作伙伴来说，他们将是极具吸引力的求职者"。中小型公司，尤其是该地区的中小型公司，很容易与应用技术大学的研究实验室建立研究合作关系，应用科学大学是中小型公司极具吸引力的合作伙伴。[①]

根据北威州的《高等教育法》，大学理事会是多特蒙德应用科学大学的中心机构。大学理事会由 3 名内部成员和 7 名外部成员组成，其主要职责是向大学校长办公室提出建议并监督其管理。大学校长办公室由校长、总务长和四位副校长组成，校长对外代表大学理事会并行使权力，总务长负责内部管理、资源预算和控制，四位副院长分别管理教学、研究、国际化与多元化、数字化。[②]

## 二　多特蒙德应用科学大学本科教学质量管理与模式

### 1. 内部质量评估机构

随着博洛尼亚进程在德国的推进，多特蒙德应用科学大学意识到教育质量至关重要。该校将提升教育质量作为其重大改革任务，并于 2000 年成

---

① 多特蒙德应用科学大学网站：https://www.fh-dortmund.de/de/hs/rundUm/index.php［EB/OL］。

② 同①。

立了教学质量评估部门。评估部门的主要任务是在教学、研究、中央设施和行政四个领域提供支持，进行监控与评估，具体任务包括教学、研究、中央设施、行政四个方面。

（1）教学方面：内部部门评估、学生课程评估、辍学调查、毕业生调查、有个别问题的个人评估、学生对试听课的评价、新生调查等。

（2）研究方面：评估研究项目的优先等级及有关建议。

（3）中央设施方面：学校会不定期地对学校的硬件设施设备进行调查。例如，该校曾开展校园 IT 服务的满意程度专项调查，调查结果显示师生对校园 IT 服务有不同的期望，同时表明学生和老师对大学 IT 服务满意度较高，并将评估结果应用到该大学的新 IT 策略的开发中。

（4）行政方面：支持质量管理流程，支持学校教学质量管理、评估工作有序开展。

2. 内部评估制度

多特蒙德应用科学大学有关教学评估的规章制度主要有《德国多特蒙德应用科学大学教学评估规定》《德国多特蒙德应用科学大学研究评估规定》《德国多特蒙德应用科学大学考试规定》等，其中最核心的是《德国多特蒙德应用科学大学教学评估规定》，它说明了多特蒙德应用科学大学教学评估的法律基础、实施教学评估的目的及主要手段、内部与外部评估的主要过程以及教学评估结果的处理方式。《德国多特蒙德应用科学大学教学评估规定》主要遵循欧洲高等教育区（ESG）的质量保证标准和指南及北威州《高等教育法》，它明确规定了所有学院和机构以及所有成员均有义务按照北威州《高等教育法》参加评估。

多特蒙德应用科学大学认为，评估就是"记录和评估过程、结果以监视、控制和反映教育领域的有效性"。为了进行评估，大学以系统的方式收集数据并系统地记录下来，以使调查的过程和结果可理解和可验证。数据收集的标准程序是提问、观察、测试和数据分析。通过将确定的实际值与合理目标值比较进行评估。评估可以提供有用且可靠的信息，以支持对被调查对象进行有针对性的改进。评估也可对一项措施的有效性进行检测，辅助制定下一步的政策措施。评估还可以用于反思和了解教学情况、教学过程和问题。基于对教学评估的认识，该校开展了一些日常的监控，也开展了一些专项的质量提升项目。

3. 教学质量项目（QDL）

多德蒙德应用科学大学的学生来自大约 80 个国家和地区，拥有 39 种不同的大学入学资格选择，学科基础知识也有很大不同。由于大学生群体之间存在高度异质性，学校实行 QDL（Qualität in der Lehre）教学质量项目，旨在找到异质性在学习过程中需要的新途径，以便提高教学质量。学校希望通过 QDL 项目，降低辍学率，帮助学生面对高质量课程的挑战并克服障碍，成功获得学位。

多德蒙德应用科学大学 QDL 项目成功获得了德国联邦教育与研究部（BMBF）的《教学质量协议》双轮资助，该协议旨在改善德国高校学生学习条件和提高教学质量。多特蒙德应用科学大学获得了广泛的资源确保导师和教师加强在关键学科领域对学生的指导和专业支持。在这个项目中，大学希望使所有学生都能面对高质量学位的挑战，并通过入门阶段和量身定制的支持来克服困难。

作为 QDL"教学质量"项目的一部分，多德蒙德应用科学大学每个学院与评估办公室合作开发了一份调查问卷，用于调查新生学习动机。尽管各学院与该主题相关的问卷调查有所不同，但学院之间的调查结果仍然可以进行比较，因为问卷调查包含了一部分相同的"核心问题"，例如"你为什么选择多特蒙德应用科学大学？你申请了几所大学？"或者"你现在正在学习自己选择的课程吗？"有关 QDL 项目的调查显示，多特蒙德应用科学大学的学生在出身、大学入学资格和技术基础知识方面都表现出很高的异质性。

QDL 项目通过辅导学生开展讨论而形成针对学生个人的学习建议，这些建议记录在"数字学习日志"中。"数字学习日志"记录了指导和学生讨论的状态，为学生提供了支持。该项目还通过指导"关键科目""修订课程"的方式为学生提供定制化支持。所有学院都在正式的学习模块中设置了"指导和学习状况讨论"这项咨询服务。教师和学生基于质量准则开展强制性面对面、一对一讨论，从而保证了整个大学具有可比的质量标准。教师按照学生的异质性对授课内容进行及时修订。通过这种定制化的支持，基于效果的数据比较表明，学生的考试成功率在第一学期和第二学期都有所提高。"线上线下混合学习"措施，为学生提供了不受时间和地点约束的学习途径，学生线上学习资源的访问率得到很大提高。

QDL 项目照顾了每个学生，为他们提供量身定制的支持措施，并促进他们养成独立、负责任的学习行为。学生从中得到了很好的学习体验。多特蒙德应用科学大学在该地区教学质量保障工作中具有较强的创新性，起到了良好的示范作用。通过其"异质性需要新的学习途径"项目，多特蒙德应用科学大学在 2020 年年获得了《教学质量协议》的第二轮资助。联邦教育与研究部联邦议院议员兼国会国务卿托马斯·雷切尔（Thomas Rachel）在 2020 年年底亲自祝贺多特蒙德应用科学大学被选为"教学质量条约"的第二期资助对象。措施的成功经验将在《教学质量协议》的第二个资助阶段继续进行推广和完善，并应用到多特蒙德应用科学大学的质量管理中。大学还进行基于数据的教学措施效果比较，基于数据的评估将促进整个项目的健康发展。

4. 本科教学质量管理模式

多特蒙德应用科学大学教学评估工作由大学管理层和院长负责。大学管理层通过提供人员和技术支持来创造必要的实施条件。大学管理层不断完善质量保证和改进措施，其评估过程被视为质量保证的一部分，并在必要时以具有约束力的方式对评估结果进行记录。多特蒙德应用科学大学与教学有关的所有调查均需在评估办公室的同意下进行。评估办公室负责分散数据的收集和分析，院长负责本部门的评估及采取有效措施进行改进，同时学术顾问委员会提供意见和建议，院长在教职人员的支持下履行管理工作。

学校教务委员会通过书面决议确定质量评估部门的人员数量、组成和选举方式。质量评估部门的任务在于发现问题和提出课程的优化措施。质量评估部门可以代表教务长执行评估程序，对相应的结果进行观察、审核和反思，建议采取措施以保证质量，制定有关学位课程发展的措施，审查和评议决定措施的执行情况，并做好有关程序的执行报告。

在多特蒙德应用科学大学，教学质量保障被集成到全面的"三大支柱"模型中，以确保教学和研究的质量。三大支柱分别是经典安全程序、评估程序、认证过程的内部支持。通过经典安全程序保障教学质量，中间穿插评估程序以提升教学质量，在认证周期内为认证过程提供内部支持。

多特蒙德应用科学大学将评估视为自我控制的手段。多特蒙德应用科学大学认为，评估是定期和系统地收集、处理和发布数据，以提高教学和服务的质量。为此，多特蒙德应用科学大学会定期对所有课程进行内部和外部评估。多特蒙德应用科学大学认为评估的作用主要包括以下几个方面：

（1）进行系统的自我分析，就发展潜力制定合理的、有充分根据的决定，并相应地制定适当的措施，以优化学习和考试的条件、过程和结果；

（2）管理和控制各部门和整个大学的结构与课程改革措施，根据自我设定的标准与目标对学习和教学进行内部质量保障；

（3）质量保障外部程序（例如认证、审核、同行评审）的基础，要确保学习和教学方向与大学的主要目标相一致，建立特定部门和整个大学的档案；

（4）确保学习和教学与大学的主要目标相适应；

（5）建立起大学及各学科的信息对公众公开，实行问责制。

5. 内部评估程序

根据《德国多特蒙德应用科学大学教学评估规定》，大学评估部门定期执行以下评估程序：学生课程评价、课程评估、部门评估、对一年级学生的调查、辍学调查、毕业生调查。此外，大学评估部门还会根据当前需求和部门与教师的特定问题进行调查，包括学生对试听课的评价，定向调查，对参与专业课程学生的学习基础、学习期望的调查。在多德蒙德应用科学大学，这些评估程序是强制执行的，每种程序具有不同的适用范围，且必须由评估机构集中执行。

（1）学生课程评价。学生课程评价指学生对所修读的课程给出的评价。多特蒙德应用科学大学提倡学生参与全面监控教学质量。通过学生参与，教师将了解学生如何评价课程的形式和内容。

学生课程评价每学期进行一次，多特蒙德应用科学大学的每门课程都会在"评估周"进行评价。"评估周"一般安排在学期中间，一方面，学生已经可以对活动进行评价；另一方面，可以确保在学习过程中教师与学生讨论结果。同时，学生将根据他们在课程中的评估体验教师对课程教学的改进，以便他们可以直接受益于课程评价。学生课程评价的结果将报送给院长。这样，可以在教师和院长之间进行确保课程质量的对话。教务长通过检查每个学期教师履行教学义务的信息，确保教师进行学生课程评价并及时与学生讨论结果。如果教师或学生未履行评价义务，评估办公室可以召集学生代表，在教师与教务长之间进行谈话。

学生课程评价采用问卷调查的方式进行。通过回答问题，学生有机会就课程的各个方面以及教师的教学方法和教学技巧等向老师反馈。此外，他们可以向老师提出个人建议和批评。学生课程评价由评估部门集中组织开展，并将结果通过电子邮件发送给教师。教师有机会与评估办公室一起为课程设计和使用特定的问卷。

（2）课程评估。课程评估的内容包括教学结构、教学方法和技术的使用、老师和学生的表现以及师生互动情况、课程支持自学的程度和考试的方法、课程内容在跨学科方面的表现、修读课程的框架条件等。评估的内容还会涉及性别平等、无障碍性和社会支持方面法定任务的完成情况。同一门课程可以采用各种形式的教学，主要表现在学习或教学环境、教学地点、教学时间的不同（讲座、研讨会、练习、实习、辅导、座谈会、网络课程等）。本质上，学生与教师之间以主题为导向的互动是教学形式最突出的特征，也是课程调查的重要观测点。

（3）第一年调查。多特蒙德应用科学大学从 2013～2014 学年冬季学期开始启动"第一年调查"。这项调查的目的是了解学生的基本情况和学习背景、学习动机以及他们对学习的期望。学生在调查中须回答为何选择多特蒙德大学、为何选择相应的课程，以及新生使用信息媒体的有效性信息。

（4）学习进度调查。学习进度调查的目的是不断改善学习计划和框架条件。这项调查是在上学期（主要是指第三和第五学期）在线上进行。该调查的主题主要包括课程理念（资格目标和课程）；学习条件（学习和考试的管理与组织，设备和基础设施，咨询和建议支持服务）；学习过程中的学与教的过程（学习能力提升，从学士学位到硕士学位的过渡）；大学的学习条件（与学习有关的优惠政策和学生支持服务，学习研究与教学监督的兼容性，教学辅助设施等。）

（5）毕业生调查。对毕业生的调查旨在评估专业成就、专业资格的程度以及在培养毕业生过程中获得的资格。评估办公室代表大学管理层定期进行毕业生调查，结果将提供给大学管理层和院长。来自毕业生调查的信息，例如对当前职业状况、职业生涯的研究，以及回顾性观点的反馈，有助于进一步提高多特蒙德应用科学大学的教学质量。调查结果还为毕业生提供了学习的参考信息和就业方面的建议等。

（6）辍学调查。评估办公室代表大学管理层对多特蒙德应用科学大学的所有退学学生进行集中询问调查。评估办公室定期将调查结果提供给各部门，以供参考和采取优化措施。

（7）特定主题的评估。除以上强制性程序外，学院或部门还可以与大学的评估办公室协商，进行其他评估工具和程序的调查（例如模块调查）或有特殊主题的调查（例如有关实习或留学的调查等）。

6. 外部评估程序

根据欧洲高等教育区（ESG）的质量保证标准和准则以及北威州高等教育法，多特蒙德应用科学大学必须接受定期的外部质量保证程序。学校需要定期向认证的代理机构提出认证申请，由代理机构聘请相关行业专家组成质量评估小组对专业和课程进行同行评审，代理机构做好认证的日程安排。学校按照认证标准提交自评报告，专家组查阅自评报告后将开始实地考察。在此期间，评审人员及高等教育部门、学院或课程的代表（部门负责人、院长、课程主任以及负责课程的人员、中层人员和学生代表）以及质量评估小组就课程质量进行会议讨论。评审人员撰写评估报告，在报告中提出改进教学和学习计划的建议，同时将大学教职人员、课程管理人员及质量评估小组的意见建议记录在案。该报告将递交高等教育管理部门、相关课程管理部门和质量机构以征询意见。最后大学公布囊括各方面意见的最终评估报告。

截至 2020 年年底，学校大约有 100 个课程通过了外部机构的认证，花费的资金较多，同时每项认证有效期为 5～7 年，有效期过后需要重新认证，工作量极大。所以该校也在尝试开展内部体系认证，试图向州政府主管部门申请资金，计划聘请更多的专业人士帮助学校完成内部体系认证。外部评估也逐渐要求学校要证明其内部的质量保障体系能够控制教学成果和保证教学质量，学校需根据 PDCA 循环完成检查等步骤，如果高校内部循环系统可行，则可申请体系认证。体系认证完成后，学校自己就能完成质量保障认证，不需要申请特定的机构认证。学校将解放更多的人力处理更加关键和复杂的问题。

### 三　多特蒙德应用科学大学内部质量保障的特色与经验

多特蒙德应用科学大学的内部和外部保障体系遵循北威州高等教育法，学校的评估规定等严格按照《欧洲高等教育质量保障标准与指南（ESG）》及州法规的教育政策进行及时修订。该校有关质量保障的做法遵循欧洲高等教育区的有关原则和要求，具有国际化特色。

多特蒙德应用科学大学的内部保障体系贯彻"以学生为中心"的理念。该校重视学生评估课程的评估程序，能充分听取学生意见，从学生的角度出发给授课教师提出恰当的改进意见，这能减少教师长期教学中惯性思维的影响。在课程评估方面，多特蒙德应用科学大学把学生与教师之间以主题为导向的互动情况作为重要的质量观测点。多特蒙德应用科学大学的生源渠道比较多样化，学生的知识背景存在着较大的异质性，该校在学生中开展 QDL 教学质量项目，通过学习进度讨论、数字学习日志、指导关键科目、修订课程以及混合式学习等方式为学生提供量身定做的学习支持措施，有效地降低了学生辍学率，提升了教与学的质量。

多特蒙德应用科学大学内部质量保障程序体现出全面性。该校内部质量保障程序涵盖学生整个学习周期，包括了学生课程评价、课程评估、部门评估、一年级调查、辍学调查、毕业生调查、特定主题的评估等，为教学质量提供全面保障。该校的质量调查不仅包含了学生的背景调查、在校学习情况和毕业后职业生涯情况，还包含了特定主题的评估，比如对校园计算机网络等校园设施设备的情况调查。除了学校设置的一些强制性的质量保障程序，学院或部门还可以与大学评估办公室协商，利用评估工具和程序进行其他特殊问题的调查，例如有关学生实习或留学等主题的调查，学院可通过这种评估工作了解更多的情况，从而改善教与学的过程。

多特蒙德应用科学大学内部质量保障程序体现出针对性。该校把学生整个学习阶段看成一个整体，针对不同阶段设计调查问卷。例如，学生刚入校时开展"第一年调查"，以了解学生知识结构、家庭情况、学习动机等方面的差异性，帮助学生建立适合的学习目标，制定自身的学习计划，并帮助学生确定感兴趣的课程。经过适应期后，分别在第三和第五学期开展学习进度调查，目的是不断改善学习计划和课程的框架条件。学生毕业时开展毕业调查，目的是调查和评估专业成就、专业资格的程度以及在培养毕业生过程中获得的资格。其间针对不同的学习阶段开展不同的调查，这样能较好地体现支持学生自身的个性化发展，帮助学生不断调整学习计划，同时也帮助教师改进课程的教学计划、教学内容及教学方式。针对大学所有退学的学生进行集中询问调查，这样能发现和解决问题，以降低辍学率。

多特蒙德应用科学大学外部质量保障程序不断优化创新。德国本科教育所推行的专业认证，由于认证周期长、过程复杂、耗费成本大等缺点，受到高校广泛地抗拒和质疑，高校纷纷开始尝试采用体系认证。多特蒙德应用科学大学也计划逐步引入体系认证，不再对单个的专业进行逐一认证，而是向机构证明学校质量保障机制能够有效运转，学校本身具有质量保障能力保证专业的教育培养质量，体系认证的模式相比于专业认证能够较大程度减轻学校的财力和人力负担。

## 第三节　德国本科教育质量保障发展的新趋势

### 一　德国本科教育改革新态势

德国曾经是世界上高等教育最兴盛的国家。经历一战和二战后，德国高校实力遭受重创，而随着美、英等国家高等教育的迅速崛起，德国高校失去了其在全世界的领导地位。德国高等教育在全球的影响力逐渐式微的现状迫使德国政府采取各种措施振兴高等教育，由此掀起了德国高等教育改革的浪潮。

（一）德国本科教育理念逐渐变化：从"平均主义"向"追求卓越"转变

从 20 世纪 60 年代开始，德国高等教育发展的主导思想是"平均主义"，这一思想引导着德国高校向"均质化"发展，人们普遍追求平等而非差异，因此在社会大众印象中德国高校水平差异甚微。随着德国高等教育大众化发展，国家政策层面似乎逐渐放弃追求传统的"均等主义原则"而逐步引入高校间的竞争机制，引导整合高校和科研机构的教学和科研资源，以提高德国高校国际竞争力。2005 年，德国联邦政府和州政府签署《有关联邦和各州资助高校学术研究之精英计划的协议》，实施"精英计划"（又译为"卓越计划"），评选出精英大学，重点资助，促使精英大学往上拔高成为世界顶尖大学。"精英计划"一共分为两期，第一期从 2006 年到 2011 年，总经费 19 亿欧元，一共评选出了 9 所重点支持的精英大学。第二期从 2012 年开始，到 2017 年总经费为 27 亿欧元，比第一期增加 42%，一共评选出 11 所重点资助的精英大学。"精英计划"由联邦政府和各州政府共同出资，出资比例分别为 75% 和 25%。[①] 可以说，德国正举全国之力打造世界一流大学，德国高校体系的垂直层次也随之拉开。在"追求卓越"理念驱使下，高校间的竞争因素也不断增加：高校为获得优秀的教师而竞争，为获得优秀的学生而竞争，为获得更多的研究基金而竞争，为获得更好的声誉而竞争。这种竞争机制又进一步拉伸和巩固了高校体系的垂直层次结构。

**（二）本科教育办学形态多样化，注重满足劳动力市场需要，着力培养学生就业能力**

学位制度改革后，德国高等教育更加注重满足劳动力市场需要。博洛尼亚改革之前，德国没有本科学位，硕士学位是大学生毕业后拿到的第一个学位，而拿到硕士学位的平均年限大约要 6 年时间。经过学位体制改革后，德国设置了国际通行的本科学位，绝大多数普通本科生在校 3 年即可毕业，获得本科学位。大学生拿到本科学位后即可选择进入就业市场，学制的缩短提高了人才培养效率，学生也在新学制中获益，同时为就业市场注入更多活力。

德国的教育体系向来以严谨和多样化著称，低年级基础教育阶段就已经为高等教育分流打好了基础，学生在小学阶段就可以根据个人兴趣选择学习方向，基础教育体系和高等教育体系衔接紧密，高等教育形态也较为丰富。就本科教育形态来说，不仅包含了普通的学术本科和应用本科，还包含了职业本科。德国综合性大学以培养学术型本科人才为主，应用技术

---

① 张帆：《德国高等学校的兴衰与等级形成》，北京师范大学出版社，2012。

大学以培养应用型本科人才为主，双元制大学则以培养职业型本科人才为主，部分应用技术大学也提供双元制课程供学生选择。学生的学习选择较丰富，可以根据自身的兴趣选择适合自己的学习方向和目标。在就业市场上，也不会因为学习方向不同而造成就业层次差距。

近十几年，德国在职业教育方面突破创新，成立双元制大学，本科层次职业教育取得了举世瞩目的成就。2009 年，德国巴登—符腾堡州成立了第一所以"双元制"命名的大学——巴登—符腾堡州双元制大学，标志着职业教育正式迈入本科层次教育。该双元制大学的起源可以追溯到职业学院，其成立于 20 世纪 70 年代，由戴姆勒奔驰股份有限公司、博世有限公司、洛伦茨标准电力股份有限公司三家国际知名企业联合向州政府提议创新人才培养模式。他们希望将大学学业与职业教育紧密结合，以吸引更多中学生选择就读，并为企业精准地培养所需的人才。该大学采用总部和分校两级结构，遍布巴登—符腾堡州的 12 个城市，并与约 9000 家企业和机构展开合作。该大学以经济、技术、社会福利和健康领域为重点，提供国内和国际认可的本科和研究生教育。这种办学形式在德国的大学中独一无二。这所大学办学质量受到德国社会的普遍认可，学校的学生数量庞大，是巴登—符腾堡州规模最大的高校。① 双元制大学的学生在入学时与企业签订正式劳动合同，具备学生和企业员工两个身份。与传统本科生相比，双元制大学的毕业生能够更迅速地适应工作环境，具备更高的市场竞争力，双元制本科教育在德国受到学生的青睐和广泛赞誉。随着双元制本科教育的发展，部分应用技术大学也开设双元制本科课程。德国本科层次职业教育为德国社会成功输送了大量应用型人才，是世界各国争相效仿的典范。

（三）本科教育国际化程度不断提高，学生和教师的国际流动性得到显著提升

随着博洛尼亚进程的推进，德国本科教育国际化程度不断提高。2010 ~ 2019 年在德外籍学生数量不断增长，年增长率维持在 4% ~ 6%。到 2019

① 徐国庆、陆素菊、匡瑛等：《职业本科教育的内涵、国际状况与发展策略》，《机械职业教育》2020 年第 3 期。

年，近 40 万外国人在德国留学，占德国高校学生总数的 13.8%。受学制改革后学生数量高速增长的影响，德国学生出国留学的增幅有所放缓，但总体上出国留学人员数量也在稳步增长。除了学生流动性得到提升之外，学者、教学人员的流动性也逐步提升。德国高校在吸引外籍学者方面独具优势，近年来吸引了大量的外籍学者。2010 ~ 2019 年，在德外籍科学和艺术人员逐年增加，十年间增加了 67%，占德国总科学和艺术人员的十分之一以上，并持续保持增长。[①]

近年来，德国本科教育面临着严峻的挑战，也面临着接受难民、应对新冠疫情等各种复杂形势，但德国仍然坚定地推行高等教育国际化。2016 年，德国推行"难民高等教育计划"，以帮助难民学生在德国的大学就读。在新冠病毒流行期间，德国为受到疫情影响的留学生提供资金补助和过渡性贷款，积极与相关部门开展协调，保证留学生能够顺利获得签证来德学习。[②]

### （四）本科教育愈加重视数字化教育，注重公民信息素养的提升

数字化教育通过利用先进的信息技术，增强学习者的信息素养，改变人们学习、工作和生活的方式。数字化教育正迅速普及至德国高等教育领域，数字技术为教学提供更大的灵活性，提高学生的动手能力和终身学习能力。随着工业发展进入以数字化和信息化为标志的新时代，德国亟须更多数字化人才，本科教育也越来越注重数字化人才的培养。2016 年 12 月，德国教育和文化事务部长联席会议（KMK）提出了"数字世界"策略，这是德国教育未来发展的战略构想。德国政府制定了"2030 教育战略"，将"数字教育"纳入基本教育内容，全面推动德国的数字化教育。为了推进数字化发展进程，德国在 2018 年 11 月提出了"建设数字化"战略，该战略的主要目标是发展数字化能力和数字化基础设施。德国联邦教育部于 2019 年 5 月发布了数字战略《数字未来：学习·研究·知识》，其中提出了加强数字教育的相关措施。[③] 一系列数字化教育战略的实施，其关键就是要强化"数字教育"，促进公民适应数字化环境，培养公民的数字化能力，适应新

---

① 徐东波：《德国高等教育国际化的进展与动向》，《黑龙江高教研究》2022 年第 1 期。
② 袁琳：《德国高等教育国际化发展研究》，西南大学博士学位论文，2011。
③ 张霞霞：《德国数字化教育研究及启示》，《湖北成人教育学院学报》2021 年第 2 期。

时代的社会变革。

2022 年，全德第十届数学、计算机、自然科学与技术学科（Mathematik，Informatik，Naturwissenschaften，Technik，MINT）峰会在柏林举行。德国政府牵头实施 MINT 行动，目的是加强 STEM（Science，Technology，Engineering，Mathematics，STEM）教育，提升公民数字信息素养。德国联邦教研部部长贝蒂娜·施塔克－瓦青格出席会议并表示，教研部将投入 4500 万欧元，实施更大规模的 MINT 行动计划 2.0。该项计划覆盖德国教育的全部学段，对德国本科阶段的教育也将产生重要影响，因此各高校也将更注重校内外各类 MINT 教育活动的配合与联动。德国社会认为，MINT 教育是面向未来的教育，德国希望通过 MINT 行动计划 2.0 结构性整合各方资源，实施全社会参与的 MINT 教育，强化公民数字信息教育。

## 二　德国本科教育质量保障发展的新趋势

### （一）高等教育质量保障体系国际化

随着博洛尼亚进程的推进，德国积极与周边国家的高等教育认证机构加强联系，旨在确保认证合法性的同时，注重开阔视野，并与国际认证机构展开紧密合作，以改进认证制度。德国在评价规则、标准、程序等方面符合国际准则，其认证指南遵循欧洲高等教育质量保障联合会（ENQA）制定的欧洲高等教育质量标准和指导方针。高等教育质量保障体系整体呈现国际化的趋势。

### （二）质量保障手段不断科学化、合理化

认证制度在德国不断发展优化，体系认证模式正在逐渐取代过去传统的专业认证模式，德国的认证代理机构不再直接对高校的专业质量进行评估，而是对高校内部教学质量保障体系的完整性和有效性进行检验，这种认证方式具有更高的科学性和合理性，被德国高校广泛接受。体系认证程序和认证标准需要和学校类型相匹配，不同类型的院校评判的标准和准则不同，例如把综合性大学与应用科学技术大学的评价标准区别开来，综合性大学强调学术性贡献，应用科学技术大学强调应用性贡献，从而保证了各类高校能够按照自身的特色和培养目标发展。认证专家团队的组成也不同，比如对综合性大学进行评估的专家组成员须来自综合性大学的高级专

家和学者，而对应用科学技术大学进行评估的专家组成员则来自应用科技领域的高级专家和学者，以此更好地实现同行评议，从而提高评估结果的客观性和可靠性。

（三）深化"以学生为中心"的理念，注重学生参与及学习体验

随着教育评估发展的深入，对学生的学习成果评估日益成为国际高等教育改革与发展的重要课题。德国十分注重创新高等教育大学生学习能力的评估方式与内容。2010 年，由兹拉特金·托伊茨坎斯卡（Zlatkin-Toitschanska）等学者发起，德国联邦教育及研究部（BMBF）资助开发的"高等教育能力建模与评估"项目，因其体现了以能力作为衡量学生学习成果的关键因素，所以日益受到国际高等教育评估的关注与重视。[①]

2003 年，"学习成果"的概念在《柏林公报》中首次提出，用于描述教育质量保证体系的期望和愿景。这一概念也成为了《卑尔根公报》中欧洲高等教育区相关标准设立和推进的有效基础。随着《伦敦公报》对"学习成果"的进一步强调和细化，欧洲的学分互换、毕业生流动、学位改革和课程改革也逐渐发展。随着欧洲高等教育从教师主导转向学生中心模式，并确立以"学习成果"为核心的评估理念，以学生学习成果为中心这一概念逐渐成为欧洲高等教育质量保障的重点和关键所在。目前面临的主要挑战是如何设计科学的评估程序和方法评估"学习成果"，以及学位项目与"学习成果"之间如何联系起来。[②]

（四）强调高校的自我质量保障能力，高校办学自主权和质量保障的主体意识逐渐强化

德国专业认证朝着体系认证的方向发展，体系认证的核心是引导高校健全和发展自身的教育教学质量保障体系。体系认证制度不断发展完善，允许对不同类型的高校制定不同的认证标准和程序，具有良好的适应性。高校必须向教育主管部门及社会证明其自身具有保障质量的能力，在这个过程中，高校的自我质量保障主体意识和能力得到加强。博洛尼亚进程以

---

① 杨启光、瞿笑霞：《德国高等教育能力建模与评估项目（KoKoHs）论析》，《高教探索》2019 年第 2 期。

② 刘志林：《博洛尼亚进程下欧洲高等教育质量保障体系的研究与反思》，《现代教育管理》2018 年第 9 期。

来，德国联邦及 16 个州的高等教育政策均在不断发展。政府授予高校更多的自主权，强化了高校管理部门的领导职能，高校成立了咨询委员会或监事会，改善了高校机构的权力分配。问责与职权被强化，高校质量保障的主体意识也逐渐得到强化。这种教育管理方式的变革被认为是世界高等教育发展的一种整体趋势，在世界各国产生了深远的影响。

## 三　对我国本科教育质量保障的借鉴与启示

基于对德国本科教育质量保障体系的研究和分析，得出对我国本科教育质量保障体系发展的启示有以下几个方面。

一是发展第三方评估。我国高等教育外部质量保障活动是政府主导、高校配合、社会参与的模式。德国的高等教育质量保障体系中，政府虽然起到一定的主导作用，但是外部评估均交由介于政府与高校之间的第三方机构开展，政府只作为一个利益相关方平等参与其中，这在一定程度上淡化了高等教育质量保障的行政色彩，使评估更具客观性。例如，政府推动形成"分权式"的质量认证模式，成立一批第三方机构，把对高校进行评估和认证的权利下放给机构。机构作为独立法人，保持运行独立性，一定程度上保证了外部评估的客观有效性和普遍实用性。我国目前高等教育评估仍然是政府性评估占主导地位，第三方评估发挥的作用非常有限。为推动第三方评估发展，政府应加快角色转变，由"干预式政府"转向"合作型政府"，由控制者转变成引导者。政府应发展第三方评估，逐步退出评估主体地位，确立第三方机构的独立地位。同时，政府对第三方评估机构实施恰当监管，设立第三方评估机构监管机构，通过制定法律、法规，明确第三方评估机构的性质、权利义务、准入条件和审核制度，明确质量保障程序，规范评估活动。

二是重视教育评估的立法。德国各州政府通过颁布高等教育法，明确规定各高校需定期接受评估。自上而下，德国高等教育质量保障制度写入高等教育法，各州的高等教育法清晰阐述了评估的具体操作方法。德国通过立法使高等教育质量保障工作具有合法性，使质量保障程序具有强制性。因此，在德国，任何高校均需要接受定期的评估程序，以此确保教育质量的持续改进，并且评估结果也与联邦州政府对学校的预算支持息息相关。

强制性实施助推学校自主落实质量保障主体意识，对于推动质量文化的形成也至关重要。我国高校虽已建成了"五位一体"的质量保障机制，外部评估基本由政府进行主导，但实际上各高校的内部质量保障工作没有一致的规则和标准，全凭各高校自动落实，每个高校落实程度不一，各校的质量意识相差较大，因此可尝试以立法的方式确立质量保障工作的合法性和规范性。[①]

三是强化高校本科教育质量保障主体意识。在德国逐渐发展起来的体系认证对我国的质量保障体系发展具有重要借鉴意义。从理念上来说，外部的质量保障措施和手段，最终目的是帮助高校实现自我提升，一所高校的教育质量最终还是取决于高校本身。德国的质量保障体系发展看到了这个关键的因素，逐渐将专业认证模式转变为体系认证模式，也就是注重引导高校自身建立并不断完善内部质量保障体系，对高校内部质量保障体系定期进行审核，确保其具备并保持"自我保障"的能力。高校要实现教育质量不断提升，就必须清醒地认识到自我提升和自我改进的重要性。高校要向政府和社会证明，自身具备保证和持续改进教育质量的能力。同时，政府也可以通过采取调整财政拨款的方式，鼓励和支持高校开展体系认证。

四是提升质量保障国际化程度。德国的认证标准遵循"欧洲高等教育质量保证标准和指导原则"（ESG），在博洛尼亚成员国中，德国认证代理机构的认证结果得到广泛的认可。德国的认证代理机构积极加入欧洲认证协会（ECA），在欧洲高等教育区质量保障活动中展现了较高的参与度。来自奥地利和瑞士的两家认证代理机构被德国认证委员会接受认可，可对全德境内的高校进行评估和认证；我国的高等教育质量保障不仅要立足中国实际，也要关注质量保障的国际坐标，加强同国际质量保障机构的联系，成立跨地区的质量保障和评估机构，以提高我国高等教育质量保障水平。

五是进一步完善质量保障标准。中国的国家学位资格框架制定还处于探索阶段，注重学生"能力"培养已经写入各高校的人才培养目标中，国家也强调人才培养要注重综合素质的培养，强调"五育并举"综合发展。

---

① 别敦荣、易梦春、李志义等：《国际高等教育质量保障与评估发展趋势及其启示——基于11个国家（地区）高等教育质量保障体系的考察》，《中国高教研究》2018年第11期。

然而，制定一个普遍适用的学位资格框架，并通过高校有效地实施，仍然是高等教育管理面临的重大挑战。目前中国本科教育"能力"导向培养仍然停留在文字描述层面，具体的内涵体现和行动落实还有待进一步强化。

德国 2005 年从国家层面制定了《德国高等教育学位资格框架》，将学生能力分为工具能力、系统能力和交际能力，关注毕业生解决现实问题的能力。2017 年德国联邦政府又对《框架》进行了修订，重新对学位资格做出了描述，围绕"能力"从四类知识层面进行分解，并从专业能力、职业能力、交流合作能力、自我认知能力四个方面描述能力目标。学位资格的能力要求注重知识创新和运用能力，强调个体成长与社会发展的关系，突出跨学科、个体反思能力和研究性学习特点。面对知识社会的变革，培养目标不仅是培养某一领域的工作知识和技能，更重要的是培养适应未来世界的工作和学习能力，明确这一点对于质量标准的制定者来说尤其重要。《框架》建立了一个与学位资格相对应的能力模型，还以具体量化的形式规范了各种能力关系，把知识和能力结合起来，既有宏观的价值定位，又能对教育教学实践层面起到指导作用。[①] 我国也应加快建立起国家层面的学位资格框架，关注学生各项能力的培养标准，以此规范我国各类高校、各种层次的人才培养规格和质量。

六是评估和认证工作应强调多方参与，尤其关注学生参与。德国高等教育评估和认证充分保证各方利益相关者代表的参与，民主化特点鲜明。例如，德国认证委员会的成员来自政府、高校、相关职业领域、认证代理机构，有些成员来自国外。认证代理机构进行认证程序时，所委派的评估小组成员也来自各方利益相关者，以此尊重各方利益相关者表达价值诉求的权利。

在各方利益代表中，德国尤其关注学生的参与，把学生参与作为教学质量保障的重要原则。欧洲博洛尼亚进程的重要工作推进均会有学生的出席，并把欧洲学生联盟代表作为大会的指定发言人。《欧洲高等教育质量保证标准与指南（ESG）》规定了外部评估专家小组中学生的数量，明确了学生参与质量保障的要求。德国多特蒙德应用科学大学把学生的"异质性调

① 赵琛新：《〈德国高等教育学位资格框架〉修订分析》，《高教发展与评估》2021 年第 1 期。

查"作为一项重要的质量提升工作，根据学生的不同学习阶段开展问卷调查，以此改善教师教学，提高学生学习成效，取得了较好的效果。

在我国高等教育外部质量保障活动中，学生参与评价的主体地位较低，学生是偏向于被动接受的群体。近年来，随着我国高校内部质量保障机构的纷纷成立，学生群体在内部质量保障工作中发挥着越来越重要的作用。高校逐渐重视"以学生为中心"，关注学生评价，听取学生意见和建议。然而，学生参与的积极性、学生意见建议的采纳和重视程度等方面，仍受到多种因素和条件的影响。中国高校也应不断探索新的方式方法，让学生真正参与到内外部评估活动中，更好地发挥学生组织在质量保障活动中的作用。

# 第六章 俄罗斯本科教育质量保障体系研究

## 第一节 俄罗斯本科教育外部质量保障体系

在过去的几百年中，俄罗斯一直立于世界强国之林，尽管近年来经济发展不尽如人意，但俄罗斯在不少技术领域都领先于其他国家，如核能、自然资源勘探、算法开发、数学、物理等领域，这得益于俄罗斯的教育水平，截至 2017 年，俄罗斯和原苏联共有 32 人获诺贝尔奖。

现代俄罗斯的本科教育已经发展到了一个非常成熟的程度，俄罗斯国民受教育程度位居世界前列。据统计，2011 年就有 53.5% 的俄罗斯人拥有大学学位，而根据国家统计局的数据，截至 2019 年，我国本科毕业生数目约占我国总人口数的 3.8%。从数据上来看，我国和俄罗斯在教育水平上还有很大差距，俄罗斯是公认的全球受教育程度较高的国家之一，教育则对俄罗斯国家的发展起到了举足轻重的作用。

### 一 俄罗斯本科教育外部质量保障体系形成的背景和历史沿革

俄罗斯本科院校分为国立大学和非国立大学，类似于我国的公办院校和民办院校，无论是从国家制度上还是从大学类型划分上，俄罗斯和我国都有着一定的相似性。本科教育质量保障体系是为了通过规范的政策、制度、方法全面提升本科人才培养质量。本科教育质量保障体系分为外部保障体系和内部保障体系，外部保障体系一般指的是国家等外部因素为了保证本科教育质量而设定的保障体系，通过政策、财政支持、学校评价等方式；内部保障体系一般指的是院校内部自行设置的保障体系，如学校对老师的绩效评价和对学生的成绩评价等。对俄罗斯本科教育质量保障体系的研究非常具有必要性。了解俄罗斯本科教育质量保障体系的情况，借鉴其优势，择其善者而从之，择其不善者则改之，有利于我们从中汲取经验，优化我国本科教育质量保障体系。

俄罗斯有不少优秀的大学，如莫斯科国立大学、圣彼得堡国立大学、托木斯克国立大学等。特别是莫斯科国立大学，作为俄罗斯教育的最高殿堂之一，拥有独立自治权，是俄罗斯目前最具有权威性的教学、科研、文化中心，同时也是目前俄罗斯规模最大、历史最悠久的综合性国立大学，至今已有近300年的历史，也是全球最有影响力的国立大学之一。这所高等学府在伊丽莎白女皇时期由女皇亲自下令建立，至苏联时期更名为苏联国立大学，苏联解体后，重新恢复莫斯科国立大学本名。莫斯科大学自成立以来，为俄罗斯培养了大批人才，先后涌现了13位诺贝尔奖获得者，6位菲尔兹奖获得者，对推动俄罗斯社会发展进程起到了巨大的作用。

苏联时期的国立高等教育在办学模式、理念、办学方法方面都对我国有着极其重要的影响。当前俄罗斯的本科教育分为国立高校和非国立高校，但是国立高校依然是主流，这和我国在教育结构上有着极大的相似之处，我国也分为公立高校和民办高校，目前优质院校还是以公立院校为主。研究俄罗斯本科教育的外部质量保障体系也有助于对我国本科教育质量体系的完善提供借鉴。

（一）俄罗斯本科教育的历史发展背景

俄罗斯现代教育水平和科研水平已经处于世界顶尖水平范畴内。但是早期俄罗斯的教育发展历程并不顺利，甚至在一些时期还处于举步维艰的境况。因为俄罗斯地处高纬度地区，气候寒冷，整个国家的发展都因此受限，早期俄罗斯的教育并没有得到一个很好的发展。

公元988年之前，俄罗斯的教育主要以家庭教育为主，目的基本都是培养医生和手工业工人。这并不是真正意义上的学校，只能算是一个教学机构。但回顾俄罗斯的教育发展，这些以培养医生和手工业工人为目的的教学机构实际上算是俄罗斯正规学校的准备阶段。正是有了这些教学机构，才使后来的教育学家意识到了知识和教育的重要性，并且开始了教育改革。

从 988 年到 13 世纪中叶，很多俄罗斯人开始意识到了知识的重要性，特别是教会在初级教育方面起到了重要的作用，基本上创立了初级教育。1632 年，政府开始兴办学校，教学机构逐步增多，

1632 年，政府开始兴办学校，特别是 17 世纪后，俄罗斯完成了疆土扩张。同时，这个时期是欧洲文艺复兴时期。随着城市的发展，加以欧洲文艺复兴的影响，俄罗斯在文化、艺术、宗教等方面都有了明显的发展和进步。一些俄罗斯教育学家意识到了教育和知识的重要性，多名俄罗斯教育学家联合办学，1679 年创立了俄罗斯第一所真正意义上的大学也是俄罗斯第一所高等学校——斯拉夫—希腊拉丁学院。学院地点位于俄罗斯首都莫斯科。后来，教会组织陆续开始建立了很多学校。直至 18 世纪，彼得一世发现俄罗斯与西方各国的差距后，开始着手实施教育改革。在这个时期，彼得一世也建立了俄罗斯的第一座博物馆，发行了第一份报纸，从而也促进了俄罗斯文化的发展。

在 1725 年，俄罗斯成立了第一座科学院，但是因为国内科研经验不足、人才缺乏，院内没有俄罗斯人担任科研主力。俄罗斯人民和彼得一世开始意识到国内发展面临的困境和教育改革的急迫性，俄罗斯的教育发展就此开始了多元化的征程。

此外，俄罗斯的教育发展也和政治体制变化有很大的关系。俄罗斯经历了很多年的资产阶级统治，国民教育管理体制混乱。到了 20 世纪，俄罗斯开始十月革命，实行社会主义制度。也就是从这个时期开始，苏维埃政府快速推进国民教育，国民受教育普及率就此大大提高。从 1976 年起俄罗斯全面推行义务中等教育，到 20 世纪 80 年代末，居民识字率接近 100%。在苏联时期及以前，俄罗斯的高等教育最高只有本科层次。到了 20 世纪 90 年代，俄罗斯的高等教育层次才有了一个非常明确的规范。

纵观俄罗斯本科教育的发展背景，其实不难看出，俄罗斯高等教育的每一次发展，都是自身和外界的差距使然，并且每一次进步都与当时的国家发展、社会背景息息相关，特别是国家政策体制的变化、社会的变革等，对俄罗斯的教育转型起到了重要的影响。

（二）俄罗斯本科教育的当代现状

现代俄罗斯的高等教育还处于一个新旧交替的状态，一方面，俄罗斯

的传统教育还在大学中盛行；另一方面，俄罗斯也在尝试学习西方教学体系，虽然在整体教育体系上并没有完全转向西方教育体系，但是本科教育正在效仿西方教育。

1. 学制划分

在俄罗斯本科教育中，学制主要有两种，一种是本科四年的学制，一种则是本科五年的学制。俄罗斯的本科学制为两类，不同类别其实也针对了不同行业。四年制本科教育主要是针对人文科学、自然科学等专业，学生在经过四年的学习之后即可获得学士学位。

针对俄罗斯师范类学生的本科教育也是四年制，学生在本科期间认真完成老师的教学要求，在毕业时，认真准备毕业论文，最后基本上都可以成为一名中学教师，或者成为其他阶段的教师。其实，从这方面也不难看出，俄罗斯对于国民教育是十分重视的。

俄罗斯五年制本科针对的则是一些工业、职业技术培训类的专业，学生的理论学习时间同样是四年，但是经过四年的学习之后还需要有一年的实践时间。最后，学生通过一系列的考核和学校的评估，不仅仅可以获得学士学位，还会获得一项专业资格证明，即通俗所讲的"专家"称号。

2. 学科划分

俄罗斯的学科划分相较于其他国家来说非常细致，有文学、哲学等11个大专业，每个大类下面又划分了很多专业，甚至细分到某一行业的具体生产过程。在一些学科中，专业可以细分到某某行业的某一生产环节。这种学科划分可以说是俄罗斯高等教育的特色。

3. 留学生制度

虽然俄罗斯生源方面主要是以国内学生为主，但俄罗斯也非常重视招收国外留学生，国外留学生有自费和公费两种。因为俄罗斯有多所大学在全球排名都较高，因此，吸引了很多国外留学生来攻读学位，目前俄罗斯留学生可以用"数量多，两种类"概括。虽然相较于俄罗斯的本土本科生国外留学生的数量不多，但是在全球范围内，俄罗斯的留学生数量还是位居前列。

在俄罗斯，留学生种类有两种，一种是自费本科留学生，另一种是公费留学生。但是无论是自费留学生还是公费留学生，所学本科学制基本都为四年。因为俄罗斯五年制本科学历只在本国内承认，虽然有"专家"的称号，也相当于其他国家的硕士学历，但是因为各个国家的教育体系不同，所以基本上不承认俄罗斯五年制本科学历等同于本国的硕士学历。

（三）俄罗斯本科教育的特色

俄罗斯是一个特殊的欧洲国家，苏联解体以来，俄罗斯在政治、经济、文化、教育等领域都发生了巨大的变化，其中教育领域比较大的变化是改变了由国家拨款提供教育财政支持的方式，教育系统的财政支出从国家的垄断支出逐渐变为国家和社会共同承担，高校教育经费的来源也在多元化发展，在本科教育方面，俄罗斯的大学数量非常多，学生的选择余地非常大，也有很多特色。

1. 师资水平高

俄罗斯的大学师资力量雄厚，甚至在一些学校中，有诺贝尔奖获得者也承担了本科生的教学任务。部分大学在全球范围内的排名非常靠前，有着非常专业的科研团队指导本科学生的学业。

2. 本科院校分布不均衡

俄罗斯的地理原因（面积较大，部分地区处于极寒地区），导致俄罗斯的学校分布区域极不平衡。大部分学校都集中在欧洲部分以及俄罗斯中部，在一些比较严寒的高纬度地区，俄罗斯的大学数量较少。

整体来看俄罗斯的本科教育院校虽然数量众多，但是在地理分布上极不平衡。学校主要是受气候因素和地区经济发达程度的影响，密集分布在气候相对较好、经济发展程度较好的地区。

3. 学科细分

虽然俄罗斯的学校分布不太均衡，但是在俄罗斯本科教育里，学科细分程度较高，俄罗斯高校是全球高校学科划分最细的高校之一。

整体来看，在众多学科中，自然科学学科所占比重比较大，整个本科教育的工业力量也比较坚实。其实这也是俄罗斯的历史原因造就的，苏联时期优先发展重工业，为现在的俄罗斯重工业本科教育打下了良好基础。

同时，因为俄罗斯的自然科学所占比例较大，所以俄罗斯的科技项目和教学活动推进速度非常快，这也是俄罗斯能够在苏联解体、经济停滞不前十多年但是现在在一些方面仍然跻身世界前列的原因。

4. 重视科研和实践

俄罗斯引入市场法则和机制管理高等院校，特别是引入竞争机制，在财政拨款方面与教学质量相关，使学校之间开始互相竞争，为了获得更多的经费而不断地提升质量，树立名牌意识，进而办出高水平大学、有水平的大学、有特色的大学。为了能够提升质量，俄罗斯的本科教育需要学习的内容较多，俄罗斯本科教育无论是从课时还是课量上来说，在全球范围内都是属于任务较重的。因为学习任务多，学生本科学习阶段的效率非常高，远超其他国家同阶段学生。另外，学校普遍重视学生的科研能力，在本科教育阶段，学生之间的科研氛围非常浓厚。

在俄罗斯本科教育体系中，两种本科学制，之一的五年本科学制就是多出了一年科研实践的时间，同时，五年制的本科学科相对来说课时课量也更多。但是五年本科学制毕业生在毕业之后，可以同时拿到相应的学士学位以及"专家"称号。四年制本科生虽然在科研实践上没有五年制本科生的机会多，但是如果学生在毕业之后选择继续深造，也可以接触到很多的科研机会。所以整体来看，俄罗斯的本科教育不仅课时多、课量大，而且学校也非常重视学生的科研能力。

5. 留学生多

近年来，去往俄罗斯的本科留学生人数也在稳定增加，其中虽然有公费留学生和自费留学生之分，但是这也恰恰代表着世界各国对于俄罗斯优秀本科教育的认同和认可。此外，俄罗斯本科教育的学费比较低，所以在俄罗斯国外本科留学生体系中，自费留学生和公费留学生的数量基本持平。这也是俄罗斯本科教育的一个特点。

## 二　本科教育外部质量保障体系的组成和运行机制

（一）国立大学的外部质量保障体系

在俄罗斯，高校根据创立者的立场和学校资金的主要来源被分为国立大学和非国立大学。尽管两者有一定的区别，但两者都同样以培育人才为目的，并且都以本科教育质量保障体系提升自己的人才培养质量。其中国立大学的外部质量保障体系主要是由政府建立。

1. 政府保障

国立大学作为俄罗斯高等教育的主要承载机构，受到国家和政府的高度重视。为此，政府为国立大学的发展提供了大量极为重要的政府保障，以保障国立大学的教育质量。

（1）通过制定宏观性的法律规范来保障国立大学的教育质量

法律规范对国家和社会发展有着不可替代的重要作用，高等教育机构作为教育活动中的一个重要环节，也不可避免地受其调控和约束。为此，俄罗斯通过强化法律法规建设来保障对国立大学教育质量的规范和监督。20世纪90年代，俄罗斯颁布了《教育法》和《高等职业以及大学后续职业教育法》，规定了各级各类教育机构获得办学自主权和学术自由的条件。

自2000年以来，俄罗斯制定了大量的法律法规从宏观上确保国立大学的教育质量，也可以说从宏观法律层面上对国立大学进行管理，国立大学必须在法律规范框架内发展。这些法律法规涉及的内容较广泛，但有一点是共通的，那就是通过法律来保障国立大学教育符合国家战略，即规定了国立大学教育的原则方向。这有利于形成统一规范的高质量的国立大学教育，并有利于为国家培养大量高素质人才。以2013年制定并完成的《教师专业标准》为例，这一标准引入绩效制度，促进教师专业化发展，对于学校教育质量的提高有着重要意义。同时，在政府的引导下，还建立了"教师成长国家体系"，为教师的专业成长提供了系统模式。

（2）通过实施统一的国家考试制度来保障国立大学的教育质量

对俄罗斯国立大学而言，其覆盖全国各地方，这势必存在区域性、差异化的特点，从整体上讲就表现为各地方国立大学的教育质量参差不齐，有时甚至存在天壤之别，长此以往自然影响人们对大学教育公平性的质疑和可能发生的优秀人才的被浪费。为此，为了在全国范围内提高国立大学的教育质量，政府组织实施了全国统一的国家考试制度，从公平正义和人才合理利用的角度出发推进国立大学教育质量保障。

（3）通过对国立大学进行评估考核的鉴定制度提升大学的教育质量

政府对国立大学教育质量的保障还可以通过制定鉴定制度实现。确切地讲，这是政府履行监督权力的体现。具体而言，通过制定评估考核的鉴定制度来对国立大学进行统一规范的评估，并对不符合教育质量要求的大学采取相应的整改措施甚至惩戒和限制措施，对表现优异的国立大学则制定相应的鼓励措施，以促其进一步发展。这就是政府宏观调控权的表现方式之一，俄罗斯政府正是通过对教育机构实施许可、鉴定、认证的制度从整体上确保大学教育向着更高质量的方向发展。

（4）通过制定国家教育标准规范国立大学的教育质量

除了可以制定统一的国家考试制度保障教育质量外，制定统一有序的国家教育标准也是促使国立大学教育质量不滑坡的重要手段之一。有了统一的教育标准，各个国立大学才有了教学的风向标和指南针，才能在统一的国家教育标准内容约束之下进行良性竞争。此外，俄罗斯的国家教育标准随着时间的推移十年左右修改一次，还根据不同的科目等内容制定细化的标准，以此进行更为准确的教育质量把关。

（5）通过宏观政策进一步规范国立大学教育

俄罗斯政府还充分运用政府具有的宏观政策调控手段规范国立大学的教育。其主要是通过制定相应的宏观政策影响和决定国立大学的发展方向、教学方向等，最终实现国立大学教育为国家战略发展和社会发展进步服务的目的。俄罗斯政府在进行宏观政策制定时采取了两种方式，一是制定专门的政策；二是灵活地将政策内容糅合进前面四种保障措施中去，也就是将国家意志嵌入各种制度中。

**2. 社会各界提供的保障**

对于俄罗斯国立大学教育质量保障体系而言，政府保障是主要的手段，但却并非唯一手段，社会各界对国立大学的教育质量也提供了很多帮助。

（1）企业积极参与国立大学教学

2010 年，俄罗斯联邦政府颁布了《关于政府支持发展俄罗斯高等教育机构和组织实施全面打造高科技生产项目的决议》，该决议即是为了鼓励校企合作，支持科技发展。

近年来，企业在俄罗斯国立大学中的作用正逐步显现。也可以说，企业作为国家—社会共同治理中的一方社会主体，在相关利益范围内更加积极地发挥其相应的作用。主要表现为：企业代表被邀请参加大学课程设计和考试内容制定，以及结合企业业务进行各种讲座等，实现课堂与工作岗位的有效衔接。这样一方面可以更好地更有针对性地培养企业需要的高素质人才，一方面也可以通过与国立大学进行教学内容的交流来表达自己的意志和间接影响潜在就业者的认知。这样培养出的学生可以更快地融入就业环境，也能够更好地提升教育质量和实现教育目的。

（2）社会各界对国立大学的财政支持

自 2000 年以来，对于俄罗斯国立大学，政府并不为其提供完全的财政支持，故寻求社会各界的财政支援就显得尤为重要。当然，社会各界也都愿意积极支持国立大学教育，并慷慨解囊。因此，社会各界对于国立大学的教育质量也相应地具有了一定的监督权。简而言之，社会各界向教育机构投资，并监督和参与一些教学内容。理所当然，社会各出资方根据自己的出资额也行使一定的权限，比如在教学过程中设计一些符合自己需求的内容。

关于这方面，如此操作可以帮助国立大学解决经费问题，也可以帮助大学和学生们更有效地与社会各界接触，以更早的培养服务社会的能力。但是，这方面也必须把握好度，需要通过契约甚至法律手段来规范社会各界参与教学管理的限度。

对于运用财政支持手段参与国立大学管理这一方式，俄罗斯国立大学是比较理性的对待的，既支持社会各界积极出资和参与大学教学管理，也没有脱离国家和政府设立的原则性要求。因此，从综合效果来看，社会各界的财政支持有利于国立大学有足够的能力保障其教育质量。

3. 其他保障

在其他保障方面，主要是市场参与国立大学治理。市场参与国立大学治理是近年来俄罗斯大学教育的重大调整方向。其具体涉及的内容很宽泛，这里重点分析两方面。

一方面，针对科研人才的流失，国立大学采取了市场化思维，即将市场化的竞争机制引入大学教育和管理中来，通过各种优异条件的设置培养和留住优秀的人才。也可以说，其通过与市场上科研机构进行竞争，并在大学教学内容上也设定了各种竞争和激励制度确保科研人才肯留下来。这与市场参与之前是两种不同的风貌，也在一定程度上提高了大学的教育质量，毕竟高水平的教师才能教出高质量的学生。

另一方面，对教学产品进行重新研发，研发的思路主要是根据市场需求而定。这就避免了大学教育与市场需求的脱节。换句话说，在不违背国家战略和政府需求的大前提下，国立大学目前的教学产品更多地融入了市场元素。这有助于培养出适合市场需求的学生，也可以满足对其财政支持的企业等社会主体的要求，可谓双赢。为此，国立大学根据教学和市场双重需求创新了很多教学产品，包括教材、课程设置、专业划分等方面。

（二）非国立大学的外部质量保障体系

非国立大学的立场导致其在进行学生教育的过程中所受到的强制性外部要求比较少，但这不意味着非国立大学就不会受到本科教育外部质量保障体系的制约。非国立大学依然在很大程度上受到外部保障体系的制约，并通过内外制约体系的共同制约使非国立大学的教育质量保持良好。

外部因素也提供各种保障和支持系统为非国立大学的教学质量提供保障。下面将对俄罗斯非国立大学所受到的外部质量保障体系的制约进行分析和介绍。

1. 政府保障

政府为了保障国家未来发展的效率和力量，保证高等教育能够持续输出高端人才是非常有必要的。

俄罗斯政府一直在教育发展中占据重要的地位，通过一系列的宏观管理评估政策和对教育体制的监督引导来管控各高校的教育质量。这类宏观管控并不强势，但却持续影响着俄罗斯高校教学保障体系建设的发展方向和建设力度。教育需要管控但也需要自由发挥和发展的空间，俄罗斯政府也深知这一点对学术繁荣的重要性，因此尽管宏观调控一直持续，但控制手段都相对温和，主要通过对高校教学效能的绩效考核来引导和监督高校的教学工作，用这种并不强制执行的考核方式温和引导高校更能满足市场的需求和国家发展的需要，也更能让学校在这个过程中适应当下世界的发展趋势。

值得注意的是，这里的温和与宏观，并不代表着俄罗斯的教育质量保障体系只是浮于云端的虚架子，恰恰相反，俄罗斯历代国家领导人都十分重视教育质量保障体系的建设。温和和宏观的管理方式能够落到实处，既能让高校的教育被合理管控，又能避免过度高压的管理使教育丧失了活力。这些教育质量保障体系并不只局限于国立大学，对非国立大学也有同样的监管和引导作用。

自 1992 年俄联邦《教育法》提出制定和实施俄罗斯国家教育标准后，

俄罗斯政府不断根据时代和世界发展的变化修订和更新高等教育国家教育标准。该标准于 1994 年颁布第一代版本，通过对高校教育计划及实施、学生学习负担标准、学术自由以及培养方向、专业目录等提出要求，保证提高教育质量。后来根据时代的发展和社会的需求，于 2000 年修订并颁布了第二代版本，其要求的项目区别不大，但对内容进行了详细的修订。2007 年颁布了新一代的国家教育标准，决定了要主导各高校的教育向两级高等教育过度。

各版本的高等教育国家教育标准为全俄包括非国立高校在内的高等教育质量提供了法律依据，是比较完善和合理的高等教育外部保障。根据这个教育标准，政府会对各大高校进行综合评估和排名，甚至组建高校发展监控体系，形成一个完整全面的高校教育质量保障管理体系。

政府在俄罗斯高等教育质量保障体系中占绝对的主导地位，突出了法制化和标准化。坚实的法律基础为俄罗斯高等教育质量保障体系的发展提供了强有力的支撑，使高等教育质量保障体系的运行更具规范性和权威性。

2. 社会各界提供的保障

教育是全社会的事业，如果只有国家和学校双方努力，高等教育的质量保障体系将会变成一个单一化的固化体系，无法使教育的目的变得务实并符合社会和时代的要求。因此社会各界对高校提供的教育质量保障显得尤为重要。首先就体现在高校毕业生的就业上，这一点无论在什么国家什么年代都是非常直观且有效的高校教育质量保障。用工单位一方面对接产出人才的高校，另一方面对接市场的需求，因此用工单位对高校毕业生的筛选条件在极大程度上体现了市场对高校教育成果的要求。这种非强制、不成文的限制却能最快反馈给高校，对高校教育的内容、方向等进行直观、不诉诸言语的质量保障。

除此之外，还有一些社会教育投资机构会对高校教育提供教育保障。这类的社会保障对非国立大学的教育质量保障要求是更加显著的，因为非国立大学的教育经费更多来源于此，而国立大学的教育研究经费则更多来源于国家的财政资助。

社会各界给予高校的教育质量保障是非常直接的，但却不够详细具体，甚至是有些功利的，如果只单纯接受国家政府对大学的教育质量保障要求，可能会让高校的教育失去活力或者失去与时代和社会的联系。但如果只单纯让高校的教育质量保障依赖于社会各界的要求和干预，则可能会使学术研究失去它本来应该有的责任和纯净，变得功利，导致大量的学术问题，增加学生的压力，也导致培育出来的学生更偏重做事的方法和窍门，而忽视知识在解决问题中的决定性力量。

就像经济需要宏观调控和市场调节共同作用一样，教育的质量保障也需要多方面共同的作用。教育既需要单纯无功利的传道授业解惑，也需要致力于实用的想法和意图。政府可以设定并提升高校教育非公立传承文化的下限要求，但具体的条规和法律却很难对教育所获得的知识要怎么应用于实业发展进行规定。只有在两者的共同作用下，教育才能不偏不倚，用到实处。

3. 其他保障

除了上述政府对俄罗斯高等教育质量保障的支持和社会各界力量对大学的教育质量保障的要求，还有一些比较潜移默化的社会力量会对高等教育有着一定的影响。

首先是国际社会对教育水平和教育质量要求的变化。教育不可能故步自封，与国际接轨、接受国际上新颖的教育方法和教育标准是俄罗斯政府一直以来希望俄罗斯教育发展的方向。政府的很多教育质量保障系统和政策的变动都是围绕着如何更好地与世界其他国家的教育进行交流和衔接而发生的。随着如今国际局势的快速发展，高等教育向国家化以及全球一体化方向发展的趋势愈加明显。在今后的高等教育中，可以推想俄罗斯政府会进一步推动高等教育质量保障体系的国际化，促进俄罗斯教育与国际接轨，促进高等教育质量管理模式向更加先进和完善的方向发展。这无疑也会对非国立大学产生影响，稍欠国家力量支撑的非国立大学在这方面更需要注意，否则很可能会加速降低本校的高等教育质量水平。

其次是社会对教育的看法和尚学的风气。在经济和生产力发展比较落后的时候，教育虽然会被政府及有关阶层重视，但也只会局限于此，形成范围狭窄的精英型教育。这在高等教育阶段愈发明显。而随着经济和生产力的发展，劳动力开始被机械等解放出来，民众接受教育的意愿和范围会越来越广。高等教育逐渐趋于大众化，关于教育质量的观念也会发生转变，以往精英型高等教育的质量标准不再适用于大众化的高等教育，因此新的反映大众化高等教育多元化要求的质量标准也随之出现。这些思想都潜移默化地影响着高校教育在社会和民众之中的评价标准，而舆论逐渐成为支持高校教育质量保障的元素之一。

这些元素对高等教育产生的影响十分重大，而对于获得国家力量支持较少的非国立大学来说，外部质量保障体系对它们的要求和支持一定程度上决定了它们是否能继续立足于高校之列，因此这会对非国立大学产生更加明显的影响。当然外部保障体系因素并不止文中提到的这几种，随着时代的不断发展和变化，这些因素也会随之变化，但是这些外部保障体系的建构思路和产生影响的方式都是值得参考和学习的。

### 三　本科教育外部质量保障体系评析

俄罗斯实施教育改革，政府颁布教育政策，并确保各种规章制度的有效实施，对高校各种信息的认证等工作提供更加高效的途径，充分利用国家的强大资源，让全国各大本科院校拥有人才培养的实力，为高校本科教育外部质量保障体系提供了坚实的后盾。

（一）师资人力资源保障体系评析

外部保障方面，俄罗斯基于政府层面建立质量管理体系，并采用国际标准要求进行评估和审核，这样就有利于高校更加注重本科教育的质量，并愿意投入更多资金在学生的教育培养上，在新的形势和背景下，高校内部的工作质量和人才培养就有了保障。

1. 师资保障

俄罗斯的教育现状大致与国内的本科教育相同，最主要的问题就是教师社会保障较弱。因为俄罗斯的历史问题，工业非常发达，但是在居民生活和社会保障上面欠缺发展。所以俄罗斯本科教育当中最重要的一个问题就是教师缺乏社会保障，这制约了俄罗斯教育的进一步发展。加入博洛尼亚进程后，俄罗斯积极向西方国家学习，由此发现自己国家在高等教育上存在的问题，并按照进程中的标准衡量自己国家的教育水准，通过借鉴西方经验，提高教育质量和师资保障水平。

首先是科学的评估系统，在新的高等教育形势下，俄罗斯本科教育引入了来自欧洲的一套新体系，2013 年颁发的《教师专业标准》进一步强化了高等教育的人才质量培养，对俄罗斯未来的教育事业发展起到了很大的作用，特别是"教师成长国家体系"，这一体系有着完善的理论基础，为跨越当前教育模式提供了一个很好的条件。俄罗斯引入新的高等教育体系后，实施了新的评估方式，这样一来就确保了教育阶段中的各项工作都能顺利完成，这套评估方式的起源来自欧洲，在高等教育中有很强的参考性和代表性。

其次是做好监管，俄罗斯国家教育部成立了新的监管组织，专门采集各高校的信息，并结合现状提出当前教育模式下存在的问题，这样一来就方便国家政府制定新的战略规划，通过这种发现问题并及时解决的方式以确保本科教育的外部质量。同时，在政府的监督下，大学内部自主建立了完善的质量体系，不同职位的人员有着自身的监管工作，在校长、教职工、服务部门和学院等之间构建一个标准的基础设施，并且各个部门的分工都很明确，高校内部搭建的这个系统将会促进质量管理的运转。

再次是促进高校沟通，在政府的指引下，不同地区本科院校之间的交流得到加强，具有不同教育方式的各高校互相学习，一方面促进了学校之间的知识共享，另一方面学生和教师则是受益更多，在相互认识和学习的过程中，学术交流也会更加频繁，这也有利于培养大学生的核心观念。高校之间的合作和交流多了，不光可以保证教师的教学质量，也能让学生的见识和能力得到很大的提升，同时也让高校教师的科研能力和学术知识得到提高，有了更多优秀的大学教师，对学生的教育培养也会有极大的推动作用。

2. 生源和质量保障

好的生源也是教育质量提升的关键，俄罗斯在生源方面，做好了分层，2003 年通过了《天才工作构想》，主要针对天才的学生进行培养；要求高校内部进一步明确三级培养制度，面对不同阶段的学生采用不同的教育方式，在学士、硕士和博士的各个阶段都有一套完整的人才培养制度，不同培养阶段的着重点也不一样，这样就确保了各个阶段人才培养的质量。此外，近年来俄罗斯非常重视引进留学生。2017 年出台《俄罗斯教育出口潜力开发专项计划》，刺激高校吸收更多留学生。

在本科教育中，实行学分系统新概念，学生知识和技能的培养与期末成绩的考核方式发生变化，不再过多采用以往的授课方式，高效的教育更加注重学生能力的培养，这样一来就提高了学生学习的积极性，使当代大学生的综合能力有了进一步的提升。

最后，在政策的引导下，本科教育培养开始更加注重学生的实践能力，与以往教学不同的是加入了一些新的元素，在确保学生学习基本知识的前提下，让学生更多地投入到社会实践中去，这样一来学生不光掌握了相应的课本知识，还掌握了相应的技能。学生获取知识和技能不仅仅靠书本获得，还要投入到社会实践当中才能提高自己的实力。针对积极参与课外活动并且完成相应指标的学生，学校会给予相应的奖励，由此促进学生向课外发展。经过一系列的教育改革，完成本科学业且顺利毕业的学生，拥有足够的专业知识和相关技能投入到社会工作中去，其在学习、研究和探讨知识的过程中也能学到更多实用技能，也为其毕业后的事业发展提供很好的保障。

（二）财政经费保障体系评析

俄罗斯高等教育私有化改革已经有数十年的历史，但尽管如此，俄罗斯在财政方面一直没有放松要求，通过联邦中央拨款、区域和地区的预算拨款等方式为高校提供经费，为此俄罗斯政府也进行了大量的投入。

2009年，俄罗斯政府计划为俄罗斯教育与科学部拨款3.7亿美元，用于联邦大学和国家研究型大学的发展。

2013年，俄罗斯政府还改革了高校拨款模式，对大部分高校的财政拨付采取新的政策，即从原来的按预算拨款体系转变为按人头定额拨款体系。具体做法为，俄罗斯教科部按照专业或者研究方向确定人头定额数目，该数目根据学习所需条件的不同确定。

与此同时，俄罗斯的转轨改革也将俄罗斯的教育推进市场经济的大潮之中，这使俄罗斯各大高校的经费来源更加多样化，在实际管理的过程中，高校经济管理权限高度集中化、行政化。国家通过增加财政投入的方式，给高校的发展打下了良好的经费基础，而与此同时，国家也改变了直接对高校拨款的制度，实行以提升教学质量为拨款的主要依据。鼓励地方政府分担高校的经费。在联邦政府拨款没有保证的情况下，区域的地方拨款也成了俄罗斯地区高校经费的主要来源。同时俄罗斯还实行个人分担机制。为了适应市场经济改革，俄罗斯改变了免费上大学的传统，也开始招收自费生。同时，俄罗斯招收境外留学生，使高校也能获得更多的收入，增强了高校的造血功能同时鼓励高校提供有偿教育服务，高校可以对企业机关等相关的组织提供有偿补充教育服务。高校还能通过从事企业经营活动，申请科研经费，同时吸引社会力量集资办学等方式，增加高校经费来源，使之更加多元化，这些多元化的渠道给俄罗斯的高校经费带来了更多的保障。

综合来看，俄罗斯在财政经费保障体系方面，首先政府层面非常重视，近年来加大了政府支持；其次，俄罗斯在拨款支持方面，也越来越规范，通过科学的方式保障资金用到合适的地方。

## 第二节　俄罗斯本科教育内部质量保障体系的个案研究
### ——莫斯科国立大学

### 一　莫斯科国立大学概况

莫斯科国立大学是俄罗斯的顶尖大学，1755 年正式创办，距今已有 268 年的历史。它在俄罗斯的地位就如同中国的清华大学、北京大学一样，每一个有梦想的俄罗斯学子都希望获得在莫斯科国立大学学习的机会，进入该校，就意味着可以接受俄罗斯顶级的教育。

（一）莫斯科国立大学的历史发展

17 世纪时，也就是彼得一世执政时期，年轻的皇帝意识到国家需要发展教育，为了推动俄罗斯的教育发展，开始在国内创办学校。但由于当时的俄罗斯教育体制中存在各种缺点和弊病，俄罗斯的教育发展速度依然非常缓慢。

1755 年，俄罗斯著名的教育家罗蒙诺索夫想要改善俄罗斯的教育现状，因此向当时执政的伊丽莎白女皇提出了创办莫斯科大学的建议，女皇欣然应允，俄罗斯的第一所大学就此诞生。

1812 年，法兰西与俄罗斯发生战争，拿破仑带领法兰西军队攻占了莫斯科，并摧毁了当时才创办不久的莫斯科大学，这也是莫斯科国立大学自创办以来遭受的第一次打击。直到战事平息之后,俄罗斯才慢慢将莫斯科大学重建起来。

19 世纪时,俄罗斯的社会主义力量逐渐兴起,他们向俄罗斯政府抗议并欲推翻帝国统治,建立无产阶级的民主国家。在这种革命背景下,莫斯科国立大学也曾被政府一度关闭。直到十月革命胜利后,莫斯科国立大学才对外开放,并逐渐接收一些工农子弟出身的学子,面向所有人提供教学机会。

20 世纪时,俄罗斯的教育慢慢复兴,高等教育的发展欣欣向荣,莫斯科国立大学也在这个时期为俄罗斯培育出了一批又一批的人才,与此同时它在俄罗斯教育中的地位慢慢上升,并成为了俄罗斯国立大学排名第一的大学。

到了 2021 年,经过世界教育组织的认证,俄罗斯国立大学在世界各国大学中的排名是第 74 位,这对欧洲国家来说是很好的排名了。

(二)莫斯科国立大学的办学理念及宗旨

俄罗斯是一个很重视教育的国家,为了促进国家教育的发展,俄罗斯政府每年都会拨一定的款项用于资助大学建设。莫斯科国立大学是俄罗斯首屈一指的高等学府,也是各大学校的模范和表率,所以它对于自身的建设也有着很严格的要求。

莫斯科国立大学的办学理念是坚持以校训、祖国、科学、荣誉为指导,通过各种形式进行爱国主义、科学精神、文化修养等方面的教育。

莫斯科国立大学立志要把自己打造成俄罗斯未来的大学,从科技、物理、文化、计算机、生物等不同科目、不同体系多个方面共同努力,培养出符合国家发展战略目标的国家精英。

莫斯科国立大学有着二百多年的创办历史,它见证了俄罗斯自 17 世纪以来的改革和变迁,也承担着宣扬俄罗斯文化精神的重大责任。所以莫斯科国立大学也将文化培养加入人才培养的核心目标中。

另外,俄罗斯在航天、科技、计算机等方面的研究和成就一直排在世界前列,为了将这些优势保持下去,促进国家国力的发展和提升国家的地位,莫斯科国立大学也将这些方面的学科建设放在了重要位置,作为优先发展方向。

学校在大学内创办各类科技园区，为学生提供优越的学习环境和浓厚的学习氛围，将理论技术的学习和科学实践合二为一，促进科技的研发和创新，培养出更具有竞争优势的人才。

（三）莫斯科国立大学的教育规模及构成

莫斯科国立大学是俄罗斯教育规模最大的大学，它坐落于莫斯科市中心，具有非常优越的地理位置和国家顶级的师资力量。设立了16个学系，约460个专业，涵盖的科目包括生物、地理、文化、科学、法律等方方面面，可谓俄罗斯最全面的人才培养基地。

莫斯科国立大学在校园内设立了很多教学科研中心，同时设立科技园区、植物园区、博物馆、天文台等硬件设施，可以保证提供高质量的教学条件。

莫斯科国立大学具有国家顶级的教师团队，包括普通讲师、教授以及上千名具有博士学位的讲师，其中还有125名科学院院士，这样高规格的教师团队也只有在莫斯科国立大学才能够见到。

莫斯科国立大学采用的是国际化的教学方式，摆脱了死板和落后，并与国际接轨，建设了科研交流团队，提升教学质量和教学水平。在高标准、高要求下，莫斯科国立大学一跃成为俄罗斯的第一大学。

莫斯科国立大学有约2.6万名学生，约1万名留学生。这些学生来自全国各地，甚至世界各地，他们互相交流国家文化，这对于加强国与国之间的关系也有很大的益处。莫斯科国立大学不排斥外来学子，它本身就是一个民族大融合、文化大融合的人才培养基地。

（四）莫斯科国立大学的现状特色

莫斯科国立大学的高水平教学是世界闻名的，为了能够保障教学质量，该校制定了完善、合理的教学制度。

1. 严格的教学计划

针对不同专业进行课时划分，使整个课程结构和课程的学习更加合理化；莫斯科国立大学不仅强调对专业课程的学习，更重视对文化课程的培养，希望每一个学生在离开学校后也能够适应社会的职业需求，快速融入社会。

2. 重视社会实践

在莫斯科国立大学，社会实践课程在课程教学中占有很大的比例，大学重视培养学生解决问题的能力。引导学生在学习中发现问题,然后找到解决问题的方法。在课程学习中增加社会实践,让学生走出课堂多与社会接触,这样能够更好地巩固专业知识。

3. 教学方式多样

莫斯科国立大学不拘泥于考核形式和教学方式,有的时候以论文考核,有的时候以考试考核,也常常以课程设计的形式考核学生的学习水平。不允许学生缺席课堂学习,注重培养学生的学习观念,其严格的教学要求也培养出了更加严谨的学生。

## 二 莫斯科国立大学本科教学质量管理与模式

长久以来,莫斯科国立大学都以高学术水平、高教学质量而享誉世界,在莫斯科大学近300年的历史中,诞生了许多著名的校友,如切比雪夫、契科夫、戈尔巴乔夫等都是在政治、经济、文化领域有着很大影响力的国际知名人士。莫斯科国立大学能够有如此建树,与该大学的质量管理体系建设密不可分。

### (一) 莫斯科国立大学的质量管理体系建设情况

高等大学的教育质量,直接关系着国家高端人才的培养,从而影响国家整体资源的利用效率,而顶尖人才及其国际竞争力,是民族振兴的基础和希望。

质量管理体系能够切实保障高等学府的教育教学质量,提升学校管理教育水平,指引学校发展方向。而一套行之有效的质量管理体系的建设,往往与学校的历史、环境、文化等因素息息相关。

从宏观上讲,质量管理体系要根据学校的外部环境进行建设。一所大学,与社会的关系非常密切,体现在实际建设层面上,要考虑国家历史文化、政府政策、人民生活、教育市场等因素,这些也影响着大学质量管理体系的建设。

从微观上讲,质量管理体系要根据学校的内部环境进行建设,即对学校的内部管理起指导指挥作用。体现在具体应用上,就是指学校内部的整体管理制度。这种管理制度直接决定了学校运行中的种种细节。

1755年,罗蒙诺索夫建立了莫斯科国立大学,其核心指导思想就是使科学为国家的社会及文化发展服务。他要求科学必须是大学教育的中心，尽可能地推行全民教育。在当时，这种思想是极为先进的，而这种思想，也成为了莫斯科国立大学质量管理体系的基石之一。

莫斯科国立大学的质量管理体系建立时间长，历史悠久。该大学最早的质量管理体系建设，始于1804年沙皇亚历山大一世授权批准的《莫斯科帝国大学章程》，该章程明确了创始人罗蒙诺索夫科学立校的指导思想，并给予莫斯科国立大学最高的社会地位，确立了董事管理制度，并任命校长为董事会主席，校长由选举产生，这些制度奠定了莫斯科国立大学质量管理体系的基础。至苏联解体，政府为了使大学和社会制度、经济制度结合得更为紧密，并使解体产生的社会动荡尽快平复，平稳过渡，尽快培养新型人才为未来的俄罗斯社会制度服务，政府与俄罗斯国立大学共同制定了许多围绕政府政策的相关制度，而这些制度延续至今，使俄罗斯国立大学的整个质量管理体系具有了新的特征。其中最明显的变化是校长不再由选举产生，而是由联邦政府总统直接任命。

莫斯科国立大学现有管理体系实行的是代表大会制度，该制度明确表明学校代表大会是莫斯科国立大学的最高权力机构，校长在代表大会授权下行使管理职能。学校代表大会由以下几部分组成：

第一部分：学术委员会。学术委员会是代表大会的核心组织之一，但是，在代表大会中，学术委员会成员的席位在总席位中的占比不得超过50%。学术委员会的组织结构是校长任主席，副校长、校监任常务委员和各机构的负责人、院系部主任。学术委员会负责学校的整体教育管理、科研管理等常规运作管理事项。学术委员会的选举每五年进行一次，人数不得超过140人，每2个月举行一次例会，半数以上委员会成员参与并且同意即可通过一项常规议案。

第二部分：学生代表。由学生中选举产生的代表参与到学校的管理之中，不仅有利于学校做出更利于学校教育的政策，而且能够帮助学生更加了解学校，提前步入社会，增加学生阅历。

第三部分：其他机构的代表。一个学校的运转，不只是由教师和学生组成，还要有庞大的为之服务的团队。比如后勤团队、运维团队等等，这些团队也是学校不可或缺的一员。有他们加入代表大会，更能体现学校的民主制度，从而实现民主化管理。

代表大会作为学校的最高权力机构，履行学校战略发展方向的职能，包括但不限于修改学校管理制度和章程、听取学术委员会关于学校重大问题的汇报、选举成员等等。代表大会一年举行一次，学术委员会有权在非举行期举行代表大会，从而达成重大发展事项的决议。

代表大会制度的确立，提升了学校教师、科研工作者、学生、其他机构职员的参与性，提升了以教师为首的学校教职工的主观能动性，但是需要特别注意的是，由于宏观制度的存在，尤其是在校长由总统直接任命的政策颁布后，学校内部的管理机制其实一直受外部管理机制所制约，在这种情况下，为了更好地激励教职工进行科研教育工作，产生更高的社会效益，俄罗斯政府在 2013 年制定了学校教师、科研人员的待遇要提升两倍的政策，并通过修改《移民法》、颁布《关于吸引重要学者到俄罗斯高等教育机构的举措》等决议发展俄罗斯的教育事业，提升大学师资力量。

（二）莫斯科国立大学的师资质量管理与监督情况

目前，莫斯科国立大学拥有教授、讲师、研究人员近 9000 名，有博士头衔的教授占其中一半以上，更有 125 名院士为其工作，可谓人才济济，师资力量强大。而出现这种现象的根本原因，就在于莫斯科国立大学有先进的师资质量管理与监督体系。

根据学校代表大会确立的制度，莫斯科国立大学确立了校、系、教研室三方为主体的运行关系，并通过民主化管理、学术教研优先的原则，明确了三方的权利及责任，使三方各司其职，共同管理，并在学术委员会下设系学术委员会、教研室学术委员等机构。

教师是系、教研室学术委员会的主要成员，通过学术委员会履行管理学校的职能和职责。而系和教研室也各有分工。各院、系部主要履行行政职能，教研室履行学术职能，责权分立，让教师能够在擅长的领域发挥自身潜能。

通过这种模式，能够达成直接由教师管理学校的目的，在这种模式下，教师的意见被放大化，教师更受到重视，从而让教师的潜能得到充分的发挥。

每所大学的核心都是教育教学及科研，莫斯科国立大学更是如此。然而，单单靠模式和制度，无法保证学校持续高质量发展。所以，通过一些激励政策完善人才梯队的建设，也是管理制度中的重中之重。

近几年，俄罗斯尤其重视教师人才梯队的培养，在宏观上，《2017 - 2019 年俄罗斯联邦科技发展战略》中对于学位制度的完善和高技术领域创新型研究的支持，《"2002 - 2006 年俄罗斯科学与高等教育一体化"联邦专项纲要》等，都对整个教师人才梯队的培养从激励政策上进行了阐述。在微观上，莫斯科国立大学提出了著名的"百人计划"，该计划提出每年要有100 位副教授晋升为教授，这 100 名新晋教授要求必须有博士学位和在各自领域独到的研究成果。同时，为了保证人才梯队的建设，人才不出现断层，还要保证每年有 100 名讲师晋升为副教授，这些新晋副教授则要求具有出色的科研水平和副博士学位。另外，莫斯科国立大学还推出了青年教师基金激励计划，通过教育科研基金和现金奖励，刺激教师提升自身专业水平和综合素质水平。

管理和监督并行，是现今莫斯科国立大学执行质量管理体系的一大特色。莫斯科国立大学针对人才的培养，有一系列的考核制度，并通过大学自身的人才积累经验，建立了大学考核的各类标准，通过公共科学标准和专业科学标准对人才进行相关的考核。

（三）莫斯科国立大学的考试制度情况

莫斯科国立大学的考试制度，建立在俄罗斯现行考试制度之上，实行分级并申和宽进严出的政策。一般来说，莫斯科国立大学作为俄罗斯排名第一的大学，对于考试的要求，无论是总体要求，还是细分要求，都要高于联邦标准要求许多。

莫斯科国立大学培养的本科学生，一般分为两种，第一种是按照世界标准进行的 4 年制标准学士学位培养，一种是按照俄罗斯传统进行的 5 年制专家类学士技能型培养。两种培养制度并行，实行的考试制度也基本一致。

本科教育时期，莫斯科国立大学通过公共学科考试和专业学科考试进行人才的甄别培养，考试实行打分制度。自 2011 年起，莫斯科国立大学开始实施高于联邦标准的本校打分制度。在这种制度下，考试已经不被局限于试卷答题一类的"文试"，更有实验、实践、各类考察、论文等一系列符合当今社会要求的考试项目，每项的累计分数成为学生考试的总分，而总分的多少，直接影响到学生的学习生涯，甚至能否毕业的问题。

莫斯科国立大学对于实验、实践等考试环节非常重视，相对于传统的"文试"，这种在毕业后能够立刻应用的技能，无疑更能得到社会的认可。学生在学校学习期间，不允许缺席任一实验实践课，因为每一堂实验实践课都是一场考试，每一次实验实践课都有教师进行现场评定打分，最终分数计入总成绩内。

莫斯科国立大学的特色专业课程占比很高，在这种课程中，学生不仅能学习到理论知识，更能通过实验实践将理论知识应用到实践当中。

通过这种考试制度的学生，往往能够拥有更加丰富和贴合社会的知识面，更加宽广的视野。学生也不局限于书本上的知识，而是真正做到了理论联系实践，在大学期间，就能够获得长足的进步，从而能够在毕业后面对社会激烈竞争做到游刃有余。

莫斯科国立大学实施的这种考试制度，其目的是为了让毕业生能够更好地适应市场，让学生在毕业后能够更快地适应社会，发挥自身力量，以实践为主进行科学研究，从而使其更具备动力。这种定向培养的体系，为莫斯科国立大学和俄罗斯社会带来了大量的人才。

（四）莫斯科国立大学学生成绩质量评定方法

莫斯科国立大学目前实行的成绩评估系统，是在 1944 年就确立的 5 分制评分系统。5 分制评分系统将学生的成绩划分为以下几个档次：

第一个档次：5 分，最高分，优秀。代表着学生已经完全理解了学校所教授的知识，并且能够熟练地运用到实践当中。

第二个档次：4 分，良好。4 分代表着学生已经基本掌握了需要掌握的知识，只是在回答问题时有一些细小的错误，在实践过程中也能够基本运用所学的知识，即使是偶尔犯错，也是一些微小的错误。

第三个档次：3 分，及格。3 分代表着学生已经基本掌握了主要的知识，在实践过程中如果遇到一些自身无法解决的问题，也能够在教师的帮助下顺利解决。

第四个档次：2 分，不及格。2 分代表着学生连主要知识都没有掌握，有很大的空缺和提升空间，在实践过程中会有茫然或一无所知的表现出现。

而这种分值是怎么计算出来的呢？学生通过各类考试得来的分值相加

得出总分，学生得到的总分位于满分的 85% 以上，即可评定为 5 分，65% ~ 85% 的区间则得 4 分，40% ~65% 得 3 分。低于 40% 得 2 分，得分在 2 分以下的学生按照莫斯科国立大学的管理制度需要补考或者重修。

莫斯科国立大学实行的这种成绩质量评定方式，客观上呈现了学生的综合素质，从而能够更加准确地呈现学生的个人能力，在这种制度的测评下，每个人的学习成果一目了然。

（五）其他质量评估模式

莫斯科国立大学还拥有具有其他特色的质量评估模式，比如与政府、全国各大企业进行的联合评定评审制度，这种评审制度可以最切实地呈现学校的教育水准。该评审制度能够切实说明学生在走向社会后是否在第一时间就能适应社会、政府、企业、公司的正常工作，学校的科研成果是否能在进入社会后第一时间就得到应用和推广。

莫斯科国立大学还积极与全球各大高校、科研机构进行联合，实施重点战略科研科技和最新的教育系统化方案。2013 年，通过与外界共同进行研究的方案占校内总方案的 13%。

在我国，莫斯科国立大学与北京理工大学在深圳合办的"中俄大学"，促进了两国教育层面的交流发展，通过不同的文化碰撞，产生了许多不同层面的火花。

莫斯科国立大学的本科教学质量管理与模式是莫斯科国立大学悠久历史和俄罗斯现行文化社会制度结合的产物，在近 300 年的莫斯科国立大学历史中，不乏影响俄罗斯乃至世界历史的人物诞生，而能够持续不断诞生这种人才的根本，就在于莫斯科国立大学对于以科学为教育中心、民主制度管理学校理念的坚持，并对管理制度不断地创新更新，从宏观上贴合国家政策，从微观上通过各种质量管理体系、评估模式、考试评定制度确保学校的不断前进发展。正是这种不懈的坚持，使莫斯科国立大学在俄罗斯社会中始终扮演最高教育者的身份，并且获得了俄罗斯联邦政府的最高认可，最终促进了俄罗斯社会经济的发展。

## 三　莫斯科国立大学本科教学质量保障的效果与经验

在经济全球化的时代背景之下，俄罗斯重视国家高等教育的态度变得更为明确。为了保障其国家教育质量，俄罗斯政府分析了时代背景因素、国家发展规划以及社会发展需求等，确定了经济社会长期发展和全民教育的方针，给莫斯科国立大学等相关国立大学提供了较为完善的本科教学质量保障，取得了丰富的经验。

（一）教育进程体系

莫斯科国立大学的发展规划是国家教育战略的重要组成部分，其教学质量保障效果与国家的干预支持是分不开的。

首先就是政府出台的关于莫斯科国立大学的发展规划，其教育发展的前提就是明确使命、界定现状，莫斯科国立大学履行培养精英人才的使命，认识到其使命承载的不仅仅是公民的文化文明建设，更是国家的科技、经济、文化等的传承和发展。

莫斯科国立大学有较为全面的研究院所和教育体系，在世界范围内也是具有重要影响力的教育高校，所以其不仅要在科研领域不断取得重要成就，还立志于创建俄罗斯未来的大学，适应国际发展的需求，竭力为国家发展和世界进步培养更多的人才精英，并立足于未来世界发展的需求，合理利用俄罗斯地区的自然资源达到可持续性发展，在精神文明建设和道德、语言、意识培养上进行研究、改良、传承，不断创新化发展。

教育发展的重要举措就是重点项目和资金保障。莫斯科国立大学认为优先发展重点项目的前提和关键是建立一套良性的运转机制，也就是将主要的资源优先投入到教育中去，继而发展科研、创新、人才潜能挖掘、基础设施和对外联系。其中重点项目还要明确四大体系：教育进程、科研与创新、师资和学生团体、基础设施，先发展基础，有成效之后再做长期规划，然后再具体到每一处细节。调动教育层面和科研层面的积极性，从而引导社会良性发展。莫斯科国立大学教育进程的良性发展也离不开俄罗斯政府资金保障。任何发展的前提必然有稳固的资金作为保障，由于资金大量的投入，让教育、科研等能够受到更多的支持和关注，也因此有了更多的资源可以更好地发展。

莫斯科国立大学采用双轨制教育体系，一是文凭专家到副博士再到博士，二是学士到硕士再到副博士最后是博士，这种范围比较广的教育体系让莫斯科国立大学培养出了非常多的优秀人才。

莫斯科国立大学自费和公费学生人数逐渐持平的教育模式缓解了很多高校生上不起学的问题，保证了每一位大学生都能完成学业，教育水平也因此提高。俄罗斯政府也会拿出大量的资金资助银行用于帮助学业贷款的事项。经历过苏联解体之后的俄罗斯经济状况不稳定，莫斯科国立大学开始吸收利用社会上的资金维持学校的各项事业发展。

（二）科研及创新进程体系

莫斯科国立大学对于国家的政策、战略和发展方向有很强的适应性，其还很好地利用国家地理位置的优越性，建立多所研究场所，供各位学者研究学习，还开展各种学术性会议，各位学者和研究人员可以互相交流，让教学工作和学术研究能够有序进行。

莫斯科国立大学注重人才培养，本科生受教育课时比重非常大，比起综合课程，教育重心主要放在专业课教育上，学生有大量的时间可以进行学习研究。根据专业类型的不同，本科教育有五年制和四年制，还会进行各项实习课、课堂讨论等形式细化的教育学习。研究生教育的课时则会更多。

莫斯科国立大学还很注重教师培养，通过实行"百人计划"等重要举措培养更多有创新精神和实践能力的教师。另有百名青年教师基金计划，为了培养专业水平更高、素质更高、具有创新思想的优秀青年教师，该计划每年给通过申请的教师津贴奖励，这样不仅能够提高教育水平，还能有效激励教师相互竞争，提升整体的从业积极性，为莫斯科国立大学保持世界一流大学水平提供有利条件。除了以上科研和创新进程之外，莫斯科国立大学同样重视校园内师生等科教团队的精神文明培养和创新，在保障传统文化得到传承的基础上，取其精华去其糟粕，在学习和教学过程中不断贯彻俄罗斯民族精神，发挥师生团队的爱国精神，用严谨的态度搞科研，用饱满的精神为国家做奉献。

不仅在科研上进行创新，还会在管理上进行创新。莫斯科国立大学的教育管理体系一直紧跟世界发展的步伐，将有效的管理形式和体系与莫斯科国立大学的发展相融合，以此保持了莫斯科国立大学的良性发展。

（三）学生与科教团体一体化的有效机制

在莫斯科国立大学中，学生能够接受良好的专业课教育和精神文明培养。由于国家政府的支持，莫斯科国立大学设立了多个专业院系，其中包括专业性很强的实验室和科研建筑等，学生能够全面接受学习教育。数量密集的课程安排和严格的考试标准，让学生能够拥有比较完善的知识储备。教育体系的严密性，让学生能够自动被体系所管制。针对科教团队，则同样实施奖惩和学位制度。学生的进步带动教师的进步，教师的科研成果同样也关乎学生的课程学习，二者同属于莫斯科国立大学教育体系的管辖范围。

针对学生和科教团队的学习教育进程和学术研究报告等的管制，有十分严厉的惩戒制度，学生和科教团队如若在考试或者学术研究上面有任何的抄袭行为，轻则丢掉学位，严重的将会受到开除惩罚，影响以后学习工作的评奖评优等。同时，莫斯科国立大学还有严格的审查体制，当有师生察觉到身边的同学同事有任何的出格行为可以向有关部门检举揭发，该部门会派出检查小组彻查检举事件，坚决不放过任何违法乱纪行为。学校运用一切有效方式维护各位同学和科教团队的利益，维护公平公正的学习、教育、科研氛围。

除了莫斯科国立大学设立检查机构之外，还有国家检察机关帮助其维持秩序，国家严令禁止各种盗窃知识的行为，投入相当一部分的资金建设管理检举部门维持秩序。

（四）基础设施体系

莫斯科国立大学的基础设施完善程度在世界范围内属于一流水平，其中有非常完备的实验室，包括：航天航空、地质勘测、能源效率、纳米材料、宇宙物质结构等领域的实验室，也有战略信息技术研究中心。除以上科技领域内的实验室，还有各种文化教育体系，并建设有各种文化院所和艺术交流中心，更有学术讨论中心。

除此之外，莫斯科国立大学为学生和科教团队创造的居住环境也十分舒适，彰显俄罗斯民族特色的建筑让各地学生领略到俄罗斯的民族风情，真正做到文化艺术的交流互通。

同时，莫斯科国立大学还建有大型的文化交流中心，可以容纳大量的学生和科教团队。由于莫斯科地理位置的特殊性，莫斯科国立大学受环境的影响，四季比较严寒，故而师生在学习、教育、科研等过程中容易受到恶劣环境的影响。为了方便师生和科教团队的生活，莫斯科国立大学专门为大家装配了稳定的保暖设备，各个学生和科教团队能够在舒适的环境中完成工作和学习。

莫斯科国立大学还关注大学生的全面发展，建有各种各样的健身场所，即使在高纬度地区也建立了室内篮球场、羽毛球场、网球场等，大家在进行学习和科学研究之余还能保持身心健康。莫斯科国立大学还很关心学生的多方面发展，投入大量资金以及吸引社会资源帮助学生建设社团，让师生在完成学习和科学研究、学术报告的同时还能拥有健康的体魄。校内同时还有比较完善的医护卫生场所，由于学生和科教团队的数量比较庞大，国家与莫斯科国立大学联合创办了大型医院，让俄罗斯人民、师生、科教团队等有顶级的医学保护措施，大学中医学专业的学生还有直接的实习场所。莫斯科国立大学的规模在世界范围内属于较大规模，其校内的交通设施十分方便，道路整洁平整，有各种班次的公交车运行，方便师生、科教团队等学习和生活。

（五）信息技术网络体系

在莫斯科国立大学的本科教学中，着重发展信息网络技术，培养网络技术领域的高新人才。芯片是信息科技的重中之重，莫斯科国立大学是俄罗斯发展芯片的中心，有多个实验室和团队建设开发金属切割技术，将芯片切割技术逐渐发展为信息技术发展的重心。

同时，还有意识培养大量的计算机网络行业的技术性人才，在建设、维护、运营等方面培养专项人才，经常派遣留学生到其他国家高校进行学习交流，还花重金吸引国外高新技术人才来校内进行学术性演讲。

线下的各种机械化建设都归功于莫斯科国立大学的网络信息技术的发展，人工智能、航天航空、科学勘测等相关实验的进行都需要信息技术网络的发展，莫斯科国立大学大量的实验室为此设立，使信息技术人工智能、航天航空、科学等相结合。国家对于信息技术网络体系的研究和发展尤为重视，花重金打造完备的团队作为信息技术的后盾，通过不断的学习交流发展自身的技术。

莫斯科国立大学还建立一套激励师生工作学习的奖惩制度，相较于其他专业的研究和学习，该专业体系的奖惩程度偏重，因此，大量的学生、老师、科研团队愿意加入其进行研究和学习。信息技术网络体系的良性发展同样也需要与社会公司、企业进行合作，除了俄罗斯政府的大力支持外，莫斯科国立大学还与社会企业进行合作，让信息网络技术真正运用到社会中去，让科研团队研发的成果有途径展示效果，为后续信息技术网络体系的发展做好铺垫。俄罗斯的重心一直是发展军事强国，所以部分大型企业在政府的鼓励和支持下还会向该专业体系进行投资和资助。由于该项技术网络体系需要大量的资金支持，这些大型企业的配合能够有效扶持学校科研团队进行学习和工作，共同推动俄罗斯的发展和进步，莫斯科国立大学也以此实现创建莫斯科未来大学的战略目标。

## 第三节　俄罗斯本科教育质量保障发展的新趋势

苏联解体之后，俄罗斯社会整体进入了改革转型时期，无论是政治还是经济文化都有了新的治理模式。俄罗斯国立大学本科教育也进入了新的改革时期，国家对于大学的影响力也有了逐步的提高，保证俄罗斯国立大学本科教育的发展符合国家战略。现阶段的俄罗斯本科教育已经进行了诸多改革，显露出相应的国家发展新趋势。

### 一　俄罗斯本科教育改革新态势

俄罗斯本科教育质量保障体系方面的新态势主要体现在以下四个方面。

1. 国际化趋势

国际化和国家发展教育显然是有必然联系的，只有紧跟国际经济的步伐才能够更好地发展本国教育经济一体化。苏联期间俄罗斯教育还实行封闭政策，虽然本科教育已经有很好的体现，但是并没有高领域的国际化发展机会。苏联解体后俄罗斯政府采取了很多的措施加速本科教育与国际接轨，同时为更好地融入西方建立欧盟对话和更广泛的合作平台寻求机会。20世纪90年代，欧洲教育界主导了一场"博洛尼亚"进程。"博洛尼亚"进程是一种全球化、国际化的教育形式，它面向欧洲所有成员国进行开放。

"博洛尼亚"进程推动建立新的学位体系，27个成员国之间设置统一的学位附录，各个学校可以互相认可。建立欧洲学分转换体系，学生可以跨国家、跨学校无障碍进行交流。推动教师、学生和科研人员自由流动，促进了欧洲各国之间高等教育领域的广泛合作。

2003 年 9 月，俄罗斯成功加入了"博洛尼亚"进程，享受到"博洛尼亚"进程给俄罗斯本科教育质量保障体系带来的国际化的好处。俄罗斯的高等教育和欧洲大学有了广泛的交流与合作，引入先进的教育理念，学生可以去欧洲的大学交流学习，获得欧洲认可的双学位，有利于学生们未来的发展。教师、研究人员也获得了更广泛的交流机会，交流的经历也能获得欧洲大学的广泛认可。

俄罗斯政府开始把发展理念转入本科教育，认识到重新改革高等教育是俄罗斯发展的驱动力。首先改革的就是学位制，建立两级学位体系，本科学制为 5 年，同时对于学分制也有了相应的编制，一周的学时为 54，课堂教学在 27 学时，虽然改革存在一定的矛盾，但经过一定的改革实现了学分与学时的互换。此外大学生可以流动学习一学期或一学年，对于流动学习的教师和学生实行国家资助制度，与此同时加强教育基础设施建设，与国外大学签署协议，招收留学生，学位证书也更加偏向于欧洲认可。

2. 人本化趋势

俄罗斯历来有人文主义的传统，加入"博洛尼亚"进程后，"以人为本"的趋势更加明显。俄罗斯的本科教育以培养个体素质、健全人格，注重学生的个人发展为主导。学生在进行本科教育时，可以自由转换自己的专业，也可以指定自己的发展道路，如在国内学习还是到国外进行学习。进行学分和学制改革，引进欧洲学校的学分和学位证书管理，学生获得的文凭不仅可以在本国获得认可，也可以在欧洲其他国家获得认可。

加入"博洛尼亚"进程后的俄罗斯本科教育在学位、学分和课程设置等方面都具有较高的兼容性和协调性，保证了学生可以根据自己的实际发展需要自由流动，体现了人本化的发展趋势。

教育人本化理念奠定的现代教育发展新态势，是全球教育改革的基础。转型期的俄罗斯开始重视以人为本的教育价值取向，同时这也是国家经济改革的重大决策，作为高等教育改革的重要内容，制定了人本化的教育课程，采取了欧洲人本化的教育理念、改革了人本化的教育方法等。高等教育的健康发展加快了国家经济一体化的发展，满足了俄罗斯社会对于人才的需求，同时引导了国家教育和经济人才同时发展的趋势。

3. 重实践趋势

俄罗斯将以教师为主的教学模式改为以学生为主的实践教学。通过设计教学环节，尊重学生的创新精神，激发学生的参与热情，催生出了很多实践教学活动新形式。实践教学转换了师生角色，以往都是教师设计教学环节，制定教学目标，实践教学以后鼓励学习小组谋划、组织教学活动，在小组活动中完成答疑、评价等工作。实践教学更能调动学生学习的积极性，更好实现教学目标。

除此以外，俄罗斯本科教育鼓励学生去欧洲国家的学校进行实践交流。每个学生可以选择一学期或者一学年的实践交流机会，这样更有助于学生亲身理解自己所学到的知识。

俄罗斯本科教育的创新发展也为俄罗斯经济发展提供了人才。金字塔教学结构改变了俄罗斯高校布局不均衡的局面，整体上提高了教育水平，作为新型的创新实践教学也取得了很大的成就，直至 2014 年金字塔教育体系仍然在组建。这种教育改革新态势提升了俄罗斯一流大学在世界教育的前沿排名，这也是国家创新的体现。

4. 长效机制趋势

苏联解体后全民参与被不断地唤醒，教师成为俄罗斯大学本科教育治理体系中的重要主体，在新的治理模式中能够积极参与职位选拔。作为学生而言也可以参与学校事务，增强学生的责任感，学生有选择科研课题研究的权利，也是代表大会的主要代表。协同治理构建了国家控制和社会监督的管理模式。

为了保证本科教育能够取得好的效果，俄罗斯制定了相关的教育法律法规，将欧洲的高等教育标准和俄罗斯的高等教育标准相结合，保证本科教育质量的长效连贯性。同时建立了完善的内部和外部评估体系，运用法律对本科教育质量进行保障。评估运行的三个主要程序"认可、评定和国家鉴定"成为一套标准化战略。

## 二 俄罗斯本科教育质量保障发展的新趋势

结合国家政府和教育部的新方略，高校内部也将会迎来全新的教学格局, 两者的统一发展是保障人才质量的前提, 基于内外协调发展, 俄罗斯本科教育会取得更好的成效。

1. 俄罗斯本科教育外部质量保障的新趋势

俄罗斯在苏联解体之后发生巨变, 不仅是制度的改变, 教育也发生了改变, 从原来的国有制教育变成私有制教育, 在教育上打破传统的制度, 开始提倡学习西方本科的多元化教育。这一次的本科教育制度改革在一定程度上提高了本科教育的自主性, 提高了本科大学的管理权限。

(1) 教育形式的改革

第一次的教育制度变革虽然打破了传统的集中制学习西方的多元制, 但是这一次的制度变革并不能提高俄罗斯本科教育在世界的地位, 虽有所改变但是总体上依然停滞, 俄罗斯本科教育二次转型迫在眉睫。第一次的教育制度变革突变性较大, 政府没有能够深刻研究教育制度的方向, 只是看到西方教育制度的优势而制定与西方政策相似的策略。

第二次转型主要是从学习西方的制度到发展具有俄罗斯教育特色的道路。目的是提高俄罗斯本科教育质量以及实现本科教育全面精英化的战略目标, 俄罗斯教育再次改革的重点是从国立大学和莫斯科国立大学等公立学校入手颁布一些法令来改革。

早期俄罗斯本科教育的主要政策体现在自由性方面, 之前的教育由国家高度集中管理, 大学没有自主性很大的事情需要管理。苏联解体之后受到西方思想的影响开始迫切追求自由, 大学想要获得自主权加上刚解体的政府没有余力管理于是顺势而为给了大学一定的自由。直到普京总统上台之后再次回到政府高度集中管理的时期。

如今的俄罗斯本科教育依然和政府紧密相关, 过去直接由国家掌控的大学已经出现裂缝, 主要表现在大学被承认法人地位并拥有一定的地位。

(2) 教学管理方式的新趋势

过去的教育方法是由政府制定的, 包括招生也是受到政府的控制, 能够完成教学的进度但是扼杀学生的自主能动性以及失去很多潜在的人才。在苏联解体巨变时期, 教育改革的方法偏向放权, 逐渐将权利交给大学自治, 只宏观管控教育的大方向, 所以在苏联解体的新时期主要表现为放开权利的趋势, 这一时期的教育方法一度是提高大学的民主化。

过去的教育资金直接由政府颁发，后来可多渠道获得教育资金，这缓解了政府的支出压力同时也促进了大学加强与社会的联系。

自从苏联解体后，俄罗斯教育出现根本性的改革，主要有五个特征：一是将教育市场放开；二是立法通过允许开办私有制的大学；三是由单一主体变成多元主体共同管理；四是倡导大学的个性存在与发展；五是将百分之百的权利下放。

2. 俄罗斯本科教育高校内部质量保障的新趋势

一个新的管理制度的引入必将带来大的改变。各高校内部应该如何面对政府颁布的政策，应该采用什么方式加强管理，这些又会对高校教职工带来怎样的影响，这对在很多刚刚实行或者尚未实行的高校仍是一个挑战。

（1）高校掌握自主权

俄罗斯大学想要进入世界需要获得独立的自治权，为此政府不断地修改法律提高大学的自主权，只有获得独立自主权的高校才可以自行管理内部相关事务。

本科教育高校获得自主权主要表现在四个方面的自治权利，分别是学术、教学、行政、财政。掌握这四个方面的权利可以帮助高校教育在世界上快速确立地位，加快实现俄罗斯的强国梦。

高校能够获得自主权主要原因有三：一是因为政府想要提高本科教育在世界教育中的地位，且只有提高自主权才可以加入博洛尼亚进程；二是政府职能发生转变，现在的政府职能无法完全掌控高校教育；三是政府的经费已经不足以支撑整个高校的全部经费，一旦经费不足就难以控制高校，所以不得不提高本科教育的自主权，配合其他外部力量治理大学。

高校的自主权扩大不仅对政府有利也有利于本科教育的发展，高校教育可以通过自主权自行决定教授的任免以及自主招生，提高高校的人才密集度，向社会输送更多的人才。

（2）落实教授权利

教授自治权利是一个小型的三权分立，将权利划分为三种。院系主要负责各项事务，教研处则是负责与学术相关的事项，可以决定某位教授的学术是否有意义，提高其学术的权威性，校长则是统筹全部起到监督以及调控的作用。

教授自治能够得到落实是专业化的表现，只有自己才了解自己。盲目指导只会加剧本科教育的落后：思想僵化、不愿创新、腐败风气。

教授自治权利的分化能够防止一人独大的现象，但是也会出现抱团现象、整体水平下降、自由散漫的秩序等情况。自治过程中为避免抱团现象，需要校长监督管控。

（3）多元主体保障

从国家管控的单一主体变为由国家、社会以及学校共同治理学校。社会可以由不同的主体构成社会团体，例如学生可以代表学生的利益构成社会团体，企业和机构也可以构成社会团体。

他们可以代表团体的利益向学校提出有利于自己团体的方案，同时也要承担所带来的责任，权利和责任并存才能够促进俄罗斯的发展。

多元模式的形成对于俄罗斯本科教育利大于弊，高校自主权得到扩张，失去政府的保护可能会随时面对各种风险。但是高校可以提高自己在社会中的话语权，可以通过自己的努力创造价值，也能够促进学生和学校的个性发展。

总之，俄罗斯本科教育高校内部质量保障的新趋势主要体现在高校自主权扩大、多元模式以及教授自治权落实三个方面。

## 三  对我国本科教育质量保障的借鉴与启示

### （一）俄罗斯本科教育人才培养保障体系的构建与特点

面对世界全球化格局的不断扩大，各个国家之间日趋激烈的国际竞争，归根结底离不开人才的培养与竞争。俄罗斯作为世界经济体中重要的一员，对于高等教育人才的培养更加重视，尤其是在加入博洛尼亚进程之后，俄罗斯对于高等教育做出的一系列改革和创新是十分值得我们借鉴和学习的，俄罗斯高等教育质量保障体系的构建分为外部保障和内部保障两个部分，其特点如下。

### 1. 高等教育的管理方式由社会与国家共同管理

在中国现行的教育管理制度下，高等教育的保障与管理权一般是采用国家直属教育机构或者地方行政教育管理机构实行绝对的管理并拥有教育权限，这对于高等学校教育保障体系均有一定的负面影响。

俄罗斯面对国内教育体系的这一矛盾，采用了社会与国家共同管理的创新模式，从根本上解决了这一矛盾，从长远发展来看，采用这样的教育管理方式可以使国家、社会和高等学校三者之间的关系趋于均衡，并相互制约相互影响。

但高等教育应对的社会问题同样会决定社会对于人才培养的实际需求，因此只有把社会与国家共同管理的这种模式进行科学而又合理的利用，才能促进高等教育质量保障体系向着一个良好的方向发展。

2. 探索与建立第三方高等教育质量保障体系

我们知道俄罗斯的教育质量管理之所以能够取得如此巨大的成就，这实际上跟苏联遗留的一些先进而又完善的教育体系有莫大关联。俄罗斯虽然在教育质量保障体系上采取了国家与社会共同管理的创新模式，但随着高等教育体系的不断发展，社会与国家之间对于高等学校质量管理体系中存在的问题与矛盾难免会出现分歧。

为了完善高等教育质量保障体系，俄罗斯一直在不断努力与反思，寻求一个既能实行国家对教育质量监管职能，又能在一定程度上达到高等教育质量提升的一个机构，这就是俄罗斯在不断总结与探索中找寻到的第三方高等教育质量保障体系，它在一定程度上缓解了国家在教育质量监管上的压力，又弥补了高等学校对于提升教育质量的不足与缺失。

3. 完善的高等教育质量保障系统

在博洛尼亚进程中，教育质量保障被划分为三个层级，分别是欧洲层级、国家层级以及大学层级，在俄罗斯高等教育质量保障体系中有一个非常明显的特点，那就是教育质量保障必须在国家行政机关的重视下开展，这也是高等学校提升教育质量的重要外部保障。

俄罗斯采取了用法律形式制定相关高等教育质量评估的政策，用这种方式从根本上确保了高等教育质量保障工作能够有序和顺利进行，通过王慧《俄罗斯高等教育质量体系研究》中对于俄罗斯巴尔卡尔州立大学的教育质量体系研究，我们不难发现，这所具有典型代表的俄罗斯高等大学能够在教育质量方面有所建树，主要是因为其教育质量保障工作的开展是系统化的，是有计划、有目的、有条理的。学校内部教育质量管理体系的健全，管理者对于教育质量监管的到位，才能使这一切有条不紊地进行。

（二）俄罗斯教育质量保障体系对于我国本科教育质量的启示

当今中国教育质量体系可以说面临非常严峻的形势。在日趋激烈的国际竞争中，人才的培养与教育质量的保障是一个国家与民族复兴的源泉所在。我国教育体系受苏联教育体系的广泛影响，俄罗斯教育质量保障体系对于我国本科教育的启示主要有以下几点。

1. 将我国高等教育质量保障体系推向法制化

纵观俄罗斯高等教育质量保障体系的发展历程，有一个重要的特点值得我们反思与学习，那就是在其加入博洛尼亚进程之后，俄罗斯为了发展教育质量保障体系而出台了一系列相关的法律法规约束和规范教育质量保障体系，这对于俄罗斯促进教育质量保障体系的发展起到了关键作用。

而我国有关高等教育质量保障体系发展的法律法规有待完善，导致了一些地方教育行政机构在面对高等教育质量保障工作中的一些问题上，没有严格的依法执行，按章办事，大大降低了政府对于教育质量保障的执行力。因此只有把我国高等教育质量保障法律化，才能使其更具有针对性和威慑力，才能更好地保障高等教育质量的良性发展。

2. 加快建立高等教育质量保障结果反馈与改善机制

尽管目前中国在高等教育发展受众群体数量上达到了前所未有的程度，对于高等教育的人才培养与重视也提高到了一个新的基调，但在高等学校的教育质量保障上还是存在一些明显的问题，比如大部分高校往往只注重教育质量的发展与改革，虽然这也确实在一定程度上促进了我国高等教育质量的普遍提升，但是却忽略了对在发展教育质量过程中出现的一系列问题进行反思与总结。

马克思主义哲学告诉我们，任何事物都具有两面性，透过现象看到本质才是了解事物的基本原理。在对卡尔巴尔州立大学教育质量保障体系研究分析中，我们已经看到该大学在注重教育质量发展的同时，一直在不断地总结与反思质量发展过程中出现的一系列问题，然后不断地改善与总结，保障教育质量改革取得的成果，这对于我国发展教育质量保障体系来说同样重要。

3. 建立多元化的高等教育评估体系

高等教育质量评估在我国的主要表现与反馈形式，就是接受高等教育的毕业生在其社会职能上的专业能力表现，但目前中国高等教育的质量评估并没有达到一个理想的状态。其中最为明显的一个特点就是作为高等教育质量主体的学生，一旦进入大学校园，就会放松对自己的要求，认为在大学校园里不需要付出太多的努力，四年的本科教育完成能顺利拿到毕业证就可以，这种认知是目前普遍存在的，这也导致现在很多本科以上学历的毕业生在面对社会赋予的职能时，无法胜任，甚至很多人找不到合适的工作。

高等教育质量保障体系如果没有更多的社会评估体系加以制约，如果没有更为多元化和严格的框架来规范，所谓的高等教育质量保障就无从谈起，因此从俄罗斯多元化的高等教育评估体系中借鉴先进的理论知识，从而建立起我们自己的多元化高等教育评估系统可以说是至关重要的。

# 第七章　加拿大本科教育质量保障体系研究

加拿大教育排名在国际上名列前茅。加拿大联邦政府不设教育部，实行教育分权，由各省负责，没有全国统一的教育制度，各省（地区）建立了适合本地发展、相对独立的教育体制，高等教育总体上保持了较高的水准。大学在很大程度上是自治的，他们制定自己的录取标准和学位要求，在财务和课程管理方面具有较大的灵活性。政府干预通常仅限于资金、费用结构和新专业的引入。

## 第一节　加拿大本科教育外部质量保障体系

### 一　本科教育外部质量保障体系形成的背景和历史沿革

一般认为加拿大高等教育始于法国殖民地时期的 1635 年魁北克的中学性质的耶稣会学院。1663 年拉瓦尔神父创立魁北克神学院，标志着加拿大高等教育的发端。魁北克神学院是法国殖民地时期唯一的一所高等院校。

1763 年英法两国签署《巴黎和约》，加拿大成为英国的殖民地。1789 年温莎国王学院建立，1802 年学院获得学位授予权并于 1807 年开始颁发学位，该学院是从事高等教育的最早学院。温莎国王学院最初是圣公会学校，到 1830 年学校对所有的教派信徒开放，学生可以自由地参加任何教派的活动。1818 年达尔豪西学院创立，主张"用先进的科学和优秀的文学作品教育青年人"，标志着加拿大非教会学院的创立。到 1867 年联邦政府成立，加拿大已有高等院校 13 所，高等教育初具规模。

由于宗教教育与世俗化教育的对立,教会之间、教派之间的斗争,招生对象的局限性、资金困难等诸多因素,加拿大高校转向寻求政府帮助,高等教育发展走向世俗化。1849年"上加拿大"(安大略省的前身)议会通过大学法案,宣布将多伦多国王学院更名为多伦多大学,多伦多大学宗教与教育分离——教育世俗化。《多伦多大学法案》的颁布,标志着加拿大高等教育世俗化的开始。

20世纪上半叶,两次世界大战和30年代经济大萧条对加拿大高等教育造成了不利影响,政府和高校积极应对,度过了高等教育的发展难关。

二战后到60年代是加拿大高等教育快速发展时期。联邦政府和省政府加大对高等教育的拨款投入;高等院校在校生人数大幅增加,拉开了加拿大高等教育大众化的序幕;高校数目增加;大学、学院在校学生和高校教师人数大幅度增加。从20世纪60年代开始,各省认识到对高等教育质量监控的重要性,纷纷建立了质量监控机构。

20世纪70~80年代是加拿大高等教育平衡发展时期。受经济萧条的影响,70年代后期加拿大各省调整高校拨款政策,学生数量成为拨款依据,强化办学效益与质量。这一时期,加拿大成立专门机构,加强对高等教育的管理。

进入90年代,加拿大全国性经济萧条,联邦政府和地方教育部门大力改革,以保持高等教育在国际上的竞争力和领先地位。加拿大各省采取的具体措施有:加强对高等教育调查、评估,重视高等教育发展规划,实施高等教育改革。

在高等教育大众化和普及化背景下,加拿大高等教育质量保障成为社会关注焦点。加拿大通过立法促进大学加强内部质量保障,通过加拿大大学协会(原名加拿大大学和学院联合会)、省级高等教育质量保障机构、大学联合会和专业认证机构,以标准核定、审核、评估、认证等多种方式,形成了内外结合的高等教育质量保障体系。

## 二　本科教育外部质量保障体系的组成和运行机制

在加拿大,质量保障指"达到教育机构、专家组织、政府或由政府所设机构制定的教育项目的质量标准"(CICIC,2009)。教育质量对于学校来说一直都是至关重要的。加拿大实行教育分权，宪法规定举办高等教育属于省级政府与领地政府的职权与职责。经过长期积累、探索和一系列高等教育改革，加拿大形成了较完备的外部质量保障体系，其体系具有多层次、法定性与自愿性的特点，主要包括有关法律规定、学位质量评估机制、高等院校协会标准、独立机构教育质量认证、社会评价、跨境高等教育质量声明等。

（一）加拿大学位质量保障机构与标准

1. 加拿大教育部长理事会

加拿大没有统管全国教育的专门机构，教育由各省负责。为了让各省有一个共同讨论政策问题的环境，建立在共同感兴趣的领域开展活动、项目和发起倡议的机制，开展国家教育组织和联邦政府协商和合作，在国际上代表各省和地区教育利益，各省教育部长于 1967 年成立了加拿大教育部长理事会（Council of Ministers of Education，Canada. CMEC）。CMEC 是一个政府间机构，在泛加拿大和国际层面教育方面发挥领导作用，并为各省和地区对教育的专属管辖权做出贡献。CMEC 按所有成员批准的协议备忘录行使职权职责，每两年在各省之间轮换选举主席，所有 13 个省和地区都是成员。CMEC 秘书处与 CMEC 同年成立，支持政府间机构的工作。秘书处位于多伦多，由执行董事领导，执行董事由 CMEC 成员任命。

CMEC 的主要工作：一是在与教育相关的国际机构中代表省和地区并参与其活动；二是履行加拿大的国际条约义务；三是提供国家信息交流和推荐服务，以支持教育和职业资格的认可与可移植性；四是评估加拿大学生的技能和能力；五是制定和报告教育指标；六是赞助与教育相关的统计研究；七是管理加拿大的国家官方语言课程；八是就幼儿学习和发展、中小学教育、高等教育、成人学习和技能发展的各种问题进行咨询并采取行动。

2. 加拿大学位资格标准

学位质量是衡量高等教育机构教育质量的重要标准。加拿大各省都认识到建立资质认证机制对于促进学生在国内各省之间流动以及支持加拿大教育专业和证书的国际声誉都非常重要。2007 年，CMEC 颁布《关于加拿大学位教育质量保障部长声明》。该声明作为各省新学位项目（program）①和新学位授予机构的决策指导方针，包括三个部分：一是加拿大学位资格框架，二是新学位项目质量评估程序和标准，三是新学位授予机构评估程序和标准。CMEC 颁布这些文件的主要目的：一是向国内外公众、学生、雇主和高等院校提供保证，确保新项目和新高等院校符合适当标准，并通过适当方式对其表现按标准进行评估；二是为不同教育区域的学位证书在水平和标准上提供可比较条件，以促进持续改进，教育和培训出具有国际竞争力的劳动力，以及取得加拿大证书质量的国际认可；三是通过建立学位标准，扩大学生在高等教育阶段继续学习的机会，据此标准，可以制定学分转移和证书认可政策，为选择非传统教育机构的学生制定学分转移和证书认可标准。各省教育部长认为学术和机构质量保障的主要责任在于高等教育机构本身，各个机构和项目的学术诚信和治理自主性必须受到保护和得到维护。各省部长希望各省的高等教育机构致力于与其他高等教育机构、学分转移机构和政府合作（视情况而定），制定、提高和维护反映质量保障最佳实践的质量保障标准和程序，所有学位授予机构都要有适当的质量保障体系。

（1）加拿大学位资格框架

加拿大学位资格框架（Canadian Degree Qualifications Framework，CDQF）对加拿大提供的学士学位、硕士学位和博士学位三个主要学位级别最突出的普遍特征进行描述，说明每个学位级别在总体学习成果中要实现的目标，为每个学位级别提供一个广泛的框架，让每个省为其管辖范围内提供的学位证书制定更详细的资格框架。

CDQF 第一部分从项目设计和成果重点、就业和深造准备、项目学习时间长度、入学要求四个方面对相应级别学位应达到的要求进行描述，第二

---

① 根据加拿大西北地区大学委员会（Northwest Commission on Colleges and Universities，NWC-CU）的《Handbook of Accreditation September 2020 Edition》对 program 的定义：A systematic, usually sequential, grouping of courses, forming a considerable part, or all, of the requirements for a degree or a credential. In this context, the General Education components of baccalaureate degrees and transfer associate degrees and the related instruction components of applied degrees are considered to be programs. 可翻译为"课程群"，本章采用了学术期刊论文出现的一种翻译，称为"项目"。

部分规定学位水平标准。该标准规定了可证明的可迁移学习技能以及在知识的深度和广度、方法论和研究的知识、知识的应用、沟通技巧、对知识局限性的认识、专业能力/自主性等方面对专业知识体系的掌握水平。设定学位水平标准的目的在于促进以学分转移和证书认可为目的的证书评估，为教学和课程设计提供明确的学习成果标准，并作为质量保障的广泛框架。每一个学位水平都以完成之前的一个学位为前提。

（2）新学位项目质量评估程序和标准

评估程序：对评估过程有明确的定义，程序和标准公开透明，审核过程严格，审查结论公正、一致和公平；对每一个申报项目都要进行全面审核，包括研究方向和研究领域。对现有项目的实质性补充，如涉及新的研究方向或研究领域，也需要重新审核；每一个申报项目都要经过一个独立专家小组的审查，该专家小组在相应的研究领域以及项目的设计和评估方面具有丰富的经验，其成员由资深学者组成；评估过程包括机构的书面提案、与机构相关人员讨论、必要时的现场考察、专家小组的书面报告，以及机构对报告的反馈（如有必要，还将对学生工作进行评估，以确定是否达到规定的学位水平和项目学习成果标准）；评估程序的有效性和约束性基于院校的承诺与认可。

评估标准：申报项目的学位水平符合 CDQF；高等教育机构学生的入学、深造和毕业要求，成人学生、学分转移和先前学习评估，上诉和与学术不诚实相关的学术政策与申报学位项目的水平一致；项目学科内容和学习成果都符合 CDQF 的学位水平标准；教育方法能够取得学位要求的学习成果；管理机制能够保证教育质量，达到学习效果；高等教育机构拥有足够且适当的合格人力资源；高等教育机构能够确保学生和教员获得适当的学习和信息资源以及适当的学术支持服务；申报项目的学习成果和标准足够清晰，且有助于其他高等教育机构、雇主和专业机构认可其证书；对于涉及受政府监管职业的申报项目，学习成果和标准以及其他毕业要求将考虑相关监管或职业机构的要求；该机构有正式批准的政策和程序，能够对项目进行周期性审查，周期通常不超过十年。

（3）新学位授予机构评估程序和标准

程序：评估审查过程定义明确，程序和标准公开，结论基于对该机构的严格和彻底审查得出，且公正、一致和公平；机构审查包括独立的专家小组，其成员由高级管理人员和有能力就该单位或业务的质量提供知情意见的专家组成；审查评估机构的财务能力能否维持所申报项目的运行；审查形式包括书面材料审查、与申请机构相关人员讨论、现场考察（如果需要）、专家小组的书面报告以及申请机构对报告的反馈。

标准体系包括：使命声明和学术目标，治理体制机制，行政能力，院系和教职员工，信息服务和学习资源，教学设施和设备，职业道德行为，学术自由和诚信，财务稳定性，学生保护，争议解决机制，定期审查制度。

（二）省级质量保障机构和运行机制

加拿大各省都有自己建立的高等教育质量保障体系。各省高等教育质量保障机构的目标在于避免重复和监控高等教育的未来。这些系统可以由代表大学的组织、机构、省政府或参与者的组合来管理。尽管方法不同，但是省级质量保障体系通常会审核项目以确保所提供学位的质量，监视高等教育机构审核的频率和效果，制定准则以审核现有项目。各省许多公立大学还接受各省、国家和国际专业认证机构专业级别的认证。下面以安大略省为例介绍省级高等教育质量保障机构及其运行机制。

安大略省的高等教育主管部门是省高等教育部（Ministry of Colleges and Universities，MCU）。高等教育部的主要职能包括为应用艺术与技术的大学和学院制定政策方向、规划和管理与其领域基础研究和应用研究相关的政策、授权大学授予学位、向高校分配省级资金、为大学生提供经济援助、注册私立职业学院。

质量保障历史。长期以来，安大略省一直重视大学质量保障，通过定期审查其质量保障项目和程序，在质量保障方面保持领先地位。1962 年 12 月成立安大略大学委员会（Council of Ontario Universities，COU，原名为"安大略省公立院校校长委员会"）。1996 年，COU 采用了外部审查程序对大学本科项目进行审查。审查工作由本科项目审查审计委员会负责，并受安大略省学术副校长委员会（Ontario Council of Academic Vice-Presidents，OCAV）的指导。COU 于 2005 年 12 月批准了 OCAV 制定的大学本科学位水平期望指南（Guidelines for University Undergraduate Degree Level Expectations，UUDLES）。OCAV 于 2010 年成立安大略大学质量保障委员会（Ontario Universities Council on Quality Assurance，简称"质量委员会"）。质量委员会"拥有关于批准新计划和遵守审计准则建议的最终决定权。"然而，在其他方面，质量委员会通过 OCAV 对 COU 负责，OCAV 是 COU 的附属团体。2010 年，质量委员会通过《质量保障框架》（Quality Assurance Framework，QAF）。2018 年开始对 QAF 进行修订，其第一部分，即安大略大学和质量委员会的质量保障原则于 2019 年 10 月获得质量委员会的批准，次月获得OCAV 的批准。其第二部分，即安大略大学和质量委员会的质量保障协议于2021 年 2 月获得 OCAV 和质量委员会的批准。QAF 规定了每所大学的内部质量保障程序，并对这些流程进行了外部审查，从而确保了安大略省公立大学本科和研究生项目的质量。QAF 注重学生中心、产出导向和持续改进的教育质量理念，注重与最新的国际质量保障标准接轨，这有助于提高国际社会对教育机构学位的接受度，并增加毕业生在全球范围内获得大学课程和就业的机会。QAF 制订过程中，注重问责制和鼓励创新课程设计的平衡，深刻认识到过于烦琐的质量保障措施可能会阻碍项目发展和持续改进。

质量委员会的组织架构。质量委员会是一个省级独立机构，已获得各大学授予的有关质量保障方面决定的最终权力，负责批准由公立大学提供的所有新的本科和研究生项目。质量委员会的所有成员由 OCAV 根据质量保障秘书处的建议，在公开提名程序后任命。成员任期三年，通常可连任一次。质量委员会设立评估委员会和审计委员会，负责就新项目的批准和现有项目的审计向质量委员会提出建议。质量保障秘书处负责管理委员会的运作，召开会议并保存记录。

安大略省大学和质量委员会质量保障原则。QAF 规定大学和质量委员会应遵守的原则主要有：产出导向——以学生为中心，确保学位含金量；独立督导——质量委员会具有独立性和督导权，必要时可采取制裁和补救措施，大学可按照程序进行申诉，质量委员会本身每八年将定期接受由包括系统内外和省内外的审计员组成的审计委员会的质量评估审查，对新项目评估和现有项目的周期性评审都实行专家独立同行评审；大学自治——大学在确保学术项目质量以及确定资金、场地和师资分配优先次序方面有自主权，根据 QAF 制定大学《机构质量保障流程》（Institutional Quality Assur-ance Processes，IQAP）并报质量委员会审批；信息透明——质量委员会的评估过程和各大学的内部质量保障过程都是公开、透明的（法律法规限制的除外）；强化责任——不同大学的质量保障能力不同，但都应遵守 QAF 的规定，质量委员会根据大学以往的评估情况相应调整督导工作；持续改进——通过持续监控促进质量的持续改进，并分享质量保障方面的有效最佳做法。

安大略省大学质量保障过程。QAF 第二部分是安大略省大学的协议，是从第一部分阐明的原则中产生的更具体和详细的质量保障程序。质量保障的主要目的是落实责任，即每所大学根据 QAF 的规定制定自身《机构质量保障流程》（Institutional Quality Assurance Process，IQAP），IQAP 须先提交质量委员会批准，并通过其获批准的 IQAP 证明其参与质量保障和持续改进其项目以及学生在这些项目中的学习经验。质量保障过程分为以下五种：

1. 新项目批准过程

适用于新的本科和研究生项目（不含新学分研究生文凭项目），用于确保新项目的学术标准，确保向学生提供的教育经历具有吸引力和严谨性，并确保项目受到常规监控，必要时进行修订确保其质量持续改进。其过程为：

大学制定项目申报书。申请书至少应包括项目目标、项目要求、教与学的评估、入学条件、教学资源、师资条件。

外部评审。IQAP 规定外部评审员的遴选任命和评估标准。至少 2 名外部评审员，应有副教授以上或同等资格，有适当的学科专业知识、资格和项目管理经验，并符合回避规定。还可以指定 1 名校内不同学科人员参与评审。通常采用现场评审方式，教务长也可以提议并经外部评审员接受后通过案头评审、虚拟现场访问或等效方法。提供外部评审报告，报告内容包括对新项目提案的实质内容阐述、对框架规定的评价标准做出回应、对现有物力人力财力充足性做出评论、确认申报项目的任何明显创新方面以及对其进行任何必要修改的建议。

内部回复。新项目申请单位和院长或其指定人或部门负责人必须对外部评审报告和建议做出明确的单独回复。对新项目提案的任何后续修订都应通过跟踪更改或在其他地方进行详细说明。

机构（大学）审批。大学根据申请书、外部评审报告和内部回复，并根据 IQAP，确定申请书是否符合其质量保障标准，从而决定是否接受或需要进一步修改。

质量委员会评估过程。在完成大学内部程序后，大学将向质量保障秘书处提交申请书以及相关的报告和文件（含外部评审员的评审资格简介）。质量保障秘书处收到申请材料后进行形式评审。评估委员会重点审查材料的以下要素：外部评审报告的总体充分性；外部评审员的建议和意见；内部回复是否充分；鉴于申请项目的结构、目标、学习成果和评估方法以及教学评估方法的充分性，如有需要，评估委员会可向大学索取进一步的资料并说明所要求资料的理由。极少数情况下，评估委员会可能会确定最初的外部评审不充分，因此请外部专家通过案头、实地或虚拟现场访问进一步提供意见。如果不需要进一步的信息，评估委员会将向质量委员会提出建议。质量保障秘书处向大学传达评估委员会的意见。质量委员会根据评估委员的建议做出以下决定之一：一是批准实施；二是批准实施（提交报告），通常是指一些目前尚未实施的规定或设施，但计划在以后实施，意味着该项目无质量问题，不妨碍新项目的实施，也不公布在质量委员会网站上供公众参考；三是推迟一年，在此期间，大学可以解决已发现的问题并做出报告和重新提交申请；四是拒绝批准；五是质量委员会认为合理和适当的其他行动。正常情况下，质量委员会的决定在收到大学提交的材料后45 天内做出，由质量保障秘书处将决定传达给大学。

新项目公告。大学可在获得质量委员会批准之前，公开宣布其开设新项目的意向，但须声明该项目仍需获得正式批准。如果大学不同意质量委员会的最初决定，可以请求评估委员会重新审议。质量委员会将其决定传达给大学，并将其报告给 OCAV 和 MCU。质量委员会和大学在各自的网站上发布关于批准开办新项目决定的信息，以及项目简要说明。至此大学的该项目才能招生。

大学后续过程。新项目应在批准后 36 个月内实施；实施后，大学按照IQAP 的说明持续监测新项目，并于第一次周期性评审之前编制中期监控报告；任何新项目的第一次周期性评审必须在项目首次入学注册之日起八年内进行。

2. 快速批准过程

快速批准过程无须经过外部审查，因此审批速度很快，最终审批权属于评估委员会。适用本过程的类型有：新的学分研究生文凭；新的独立学位项目产生于硕士或博士项目中的一个长期领域，该领域至少经历了两次周期性项目评审，并且至少有两届毕业生；也可以选择性地适用于质量委员会对研究生课程中新领域的审议请求，以及大学对现有项目重大修改主动提出的审议请求。

3. 重大修改过程（项目更新和重大变更）

持续改进是质量保障框架中的重要因素，项目更新是持续质量保障的一个重要特征并受到鼓励，保证了学生学习体验的改善和保持与学科最新发展的同步，同时向整个机构及其利益相关者展示了机构对自我评估的重视。项目重大修改过程不需要质量委员会的批准。

大学必须在其 IQAP 中说明哪些条件要求、项目水平学习成果、教员、与课程相关的基本物质资源的变化构成"重大修改"。质量委员会强烈建议 IQAP 确定一个仲裁或权威机构判断提议的变更是否构成"重大修改"或者实际上是轻微修改或新项目。每所大学将在其 IQAP 中列出所需的信息以及内部为此类重大修改的批准流程所需采取的步骤。内部评审和批准流程应包括所拟修改对该项目学生影响的评估，现有学生和应届毕业生的意见应被视为提案的一部分，提案中应包括一份关于提议的重大修改将如何改善学生体验的声明。质量委员会审查这些报告，以确保符合质量保障框架，并为自己的年度报告汇编数据，该报告广泛分发给国内外社会和省政府。

4. 周期性项目评审过程

周期性项目评审过程是关键的质量保障过程，旨在评估现有学术项目的质量，确定项目的持续改进，同时确保开设的项目受到常规监控，并确保项目与利益相关者的持续相关性。自查自评和外部评估提供了有关机构目标、项目目标、项目级学习成果和研究生成果的内外部观点。学位水平期望，加上外部学科学者的专家判断，为评估项目的标准和质量提供了基准。大学对外部报告的内部评审通过最终评估报告（包括实施计划）确定维持学术项目质量所需的变更。实施计划中确定的所需项目变更通过监控关键绩效指标成为持续改进过程的基础。周期性项目评审过程如下：

启动评审。IQAP 中须建立评审时间表，所有项目的评审周期不得超过 8 年，并表明与任何其他内部评审和专业认证同时进行时如何安排。新项目的第一次周期性评审必须安排在首次注册之日后八年内。大学主管部门启动项目评审，确定将要评审的一个或多个特定项目，并确定在提供涉及多个模式或地点的特定项目（如联合项目）时，要评审的每个项目程序的不同版本。

机构自查自评。大学进行项目自评，并撰写自评报告。在项目自评报告中，必须考虑到项目教职员工和学生的观点，周期性项目评审过程包括提交基础广泛、具有反思性和前瞻性的自评报告，并包括对项目的批判性分析。IQAP 中必须说明：如何撰写自评报告，包括如何获得和考虑教职工及学生的意见；评估标准和质量指标；项目相关数据和绩效指标；如何解决之前审查中提出的问题，特别是在最终评估报告、实施计划和之前周期性审查的后续监测报告中详述的问题和建议；对于新项目的第一次周期性评审，如何解决监控报告中标记的后续问题或事项及质量委员会确定的后续事项；在适当的情况下，任何独特的课程或项目创新、创造性的组成部分或重要的影响大的实践；项目的教职员和学生认为需要改进的领域，或有希望改进或改变课程的领域；所有直接有助于所评审的每个项目的学术质量、学术服务的充分性评估；大学认为适合纳入的任何其他相关信息。

外部评估。IQAP 建立和描述了外部评审员和任何其他评审人员的遴选和任命流程，以及行政单位对现有人力、物力和财力资源的充分利用。外部评审通常在现场进行，但教务长（或代表）可建议通过案头评审、虚拟现场访问或同等方法进行评审。评审委员可能会提交一份联合报告，阐述自我评估的实质内容、评估标准、项目的显著优势和创造性、需要改进的领域和改进的机会，并就将导致项目持续改进的具体步骤提出建议。

内部回应。学术单位和相关院长或其指定人/部门负责人必须各自对外部评审报告和建议做出明确的回应。单独回应要求的例外情况是在单系学院（或同等）的情况下，院长也是项目负责人。

撰写最终评估报告及实施方案。IQAP 对如何起草最终评估报告进行了描述。最终评估报告对项目的外部评审和持续改进战略进行综合，包括执行摘要（机密信息除外）和实施计划，发布在机构网站上。实施计划包括：列出选定执行的建议并确定其优先次序；确定负责提供所需资源的团体或个人，以解决外部评审员的建议或落实大学确定的行动项目；确定这些建议的执行者和落实的具体时间表。

报告评审结果。IQAP 规定：最终评估报告和实施计划应分发给大学理事会；执行摘要和实施计划张贴在大学网站上，并向大学管理机构提供副本保存并酌情采取行动；及时监测建议的执行情况，并适当分发（包括在网上张贴）预定的监测报告；确定公众访问自查资料、自评报告、评审委员会报告和对评审委员会报告的具体答复的内容范围。大学向质量委员会提交其周期性项目评审活动的结果报告，包括一个张贴已完成的执行摘要和执行计划，以及上一年完成的任何监测报告的大学网页链接。

质量委员会偶尔会对年度报告和相关周期性计划评审流程进行合规性审查，仅当发现问题或潜在的关注领域时，才会讨论该报告。如果质量委员会随后确定似乎存在实质性问题，可决定启动重点审计。

专业认证和质量保障周期性项目评审的一个共同特点是由接受评审的项目进行自查自评，因此，认证评审可以有效地取代周期性项目评审的一些要求（由于两者目的和适用的评估标准不同，其结合有较大难度）。

5. 审计过程

周期性审计是质量委员会通过评估大学内部定义的质量保障流程、程序和实践符合与满足 QAF 中规定的国际商定标准的程度，为高等教育的主要利益相关者提供必要的问责。周期性审计过程为：

审计前指导介绍会。在大学审计时间表设定日期的前一年召开为期半天的审计情况介绍会，由质量保障秘书处和审计小组的一名成员向大学的主要联系人和任何其他相关者介绍关于周期性审计的预期方向。

遴选审计员。审计员通常由质量保障秘书处从审计委员会成员中选出，与质量保障秘书处的成员构成审计小组的其余成员并进行实地考察。

大学自我评估。大学根据其 IQAP 开展自我评估并撰写自评报告，包括挑战和机遇，需要特别关注上一次审计中提出的任何问题。大学自查自评促使大学反思当前的政策和做法，以及在多大程度上体现出对新项目建设和现有项目周期性审计的持续改进。自评报告应提交质量保障秘书处。

选择审计项目。审计小组选择要审计的项目样本，包括新批准项目和周期性评审项目的审计项目样本框架。审计小组也可以与大学协商，选择仍在开发中的新项目和仍处于周期性项目评审的项目小样本。对于前一次审计记录的问题或质量委员会的要求可添加为关注的重点领域。质量保障秘书处发函通知大学选定的审计项目和重点领域。大学本身也可以要求对特定的项目和质量保障要素进行审计。

案头审计。作为实地考察的准备，目的是提出在实地访问期间要处理的具体问题，并促进有效和高效率的审计。审计员对大学的质量保障做法进行案头审计，即利用大学的自评和抽样项目的记录以及相关文件，检查大学的实践是否符合 IQAP 和 QAF。审计员还将确定大学基于网络发布的执行摘要，以及随后关于本次审计所含项目评审建议执行情况的报告是否符合框架周期性项目评审协议的内部报告要求。

实地考察。案头审计之后，审计人员通常会在两三天内访问大学。实地考察的主要目的是让审计员充分、完整、准确地了解大学在持续改进项目过程中应用 IQAP 的情况。此外，实地考察将有助于沟通，解决案头审计期间出现的信息差距问题，并评估该机构的质量保障实践在多大程度上有助于其项目的持续改进。

审计报告。审计后，审计员准备一份报告（不得包含任何机密信息），对该机构致力于质量保障和持续改进的文化进行评论，并描述审计方法和使用的验证步骤；对机构自评报告的评论；说明大学的实践是否符合 IQAP 及 IQAP 与 QAF 的任何偏差；对要求审计员特别注意的任何方面做出回应；识别并记录审计过程中发现的任何显著有效的政策或做法；评论大学通过实施周期性项目的评审结果和新项目监控，确保质量保障持续改进的方法。另一份附录（将不在网站上公布）为大学提供与审计项目相关的详细调查结果。报告可包括建议（Suggestions）、意见（Recommendations）和关注（Causes for concern）三种形式：建议不具强制性，具前瞻性，有时是传达好做法好经验；意见指将不符合 IQAP 和 IQAP 与质量保障框架所需要素不一致时记录在审计报告中，大学必须回应的意见；关注指质量保障实践中潜在的结构性或系统性缺陷或未能向相关法定机构提交相关实施报告，要求大学采取报告和/或质量委员会规定的措施纠正这种情况。审计报告包括对大学整体业绩的评估，并根据评估结果酌情向质量委员会提出建议。

审计报告的处理。质量保障秘书处向大学"权威联系人"提供一份副本，以进行事实核查，确保报告不存在错漏。大学提交的回复成为正式记录的一部分，审计小组可使用此回复修改审计报告。质量保障秘书处将审计报告提交审计委员会审议。审计委员会对该报告感到满意则质量委员会批准该报告。经质量委员会批准后，质量保障秘书处将报告发送给大学，并注明任何所需后续行动的时间。

跟进阶段。如果需要后续响应报告，大学须在规定的时间内提交报告，详细说明为解决"意见"和"关注"问题而采取的步骤。审计小组对大学的后续回应报告如果感到满意则起草一份关于回应充分性的报告，适合发表的审计报告随后提交审计委员会审议；不满意则通过质量保障秘书处与大学协商，以要求在规定的时间内修改后续答复，以满足审计报告的要求。审计委员会向质量委员会提交建议，接受大学的后续回应和相关审计报告。质量保障秘书处在质量委员会网站上公布关于大学回应的范围和充分性的后续回应报告和审计报告，并向大学发送一份副本，以便在其网站上公布。所有审计相关活动的报告通过质量委员会的年度报告提供给 OCAV、COU 和 MCU。

重点审计。当审计报告确定了"关注"问题时，该报告将描述与大学质量保障过程相关的缺陷。质量委员会将要求审计委员会启动重点审计。重点审计可采取案头审计、额外实地考察的形式。重点审计报告将在质量委员会和大学网站上发表。

### （三）大学联合组织

加拿大的大学从国家层面和省（地区）层面开展合作，成立大学联合组织，发挥大学学术事务自主权的优势，促进大学质量自我保障体系建设。

### 1. 加拿大大学协会

高等教育机构行业协会入会与审核的标准和原则是行业标准，也是重要质量保障标准。加拿大大学协会（Universities Canada）是一个由大学组成的会员制大学组织，前身为加拿大大学和学院协会（Association of Universities and Colleges in Canada），是公立和非营利性私立高等教育机构的自愿团体，其最重要的作用是确保其成员符合共同的高等教育标准，在联邦一级为大学领导者提供一个论坛，以分享想法并应对高等教育中的挑战，管理由国家资助的项目和奖学金，以及由私营部门资助的120多个奖学金，促进大学与政府、私营部门、社区和国际合作伙伴之间的合作，以应对加拿大和全球面临的挑战，促进加拿大成为国际市场上有吸引力的学习目的地。加拿大大学协会积极参与整个国家教育体系改革的决策过程。

加拿大大学协会的成员共有三种分类：正式成员、区域和省级成员、准成员。申请加入协会的机构如果不符合所有成员资格标准，则 3 年内不得再次申请。成员资格标准之一是要求制定可靠的质量保障政策和程序，每所成员大学都必须拥有正式和全面的质量保障政策，如对新项目和重大修订项目的强制性审查、课程评估、定期自评、学生满意度调查、外部评审、公开质量评估过程和结果。成员还必须每 5 年重申其对协会在加拿大高等教育中机构质量保障原则的承诺，以确保其学术课程的质量和完整性。

2. 魁北克省大学间合作局

大学间合作局（BCI）是一个非官方组织，其前身是魁北克大学校长会议（CREPUQ）。BCI 协调魁北克的大学和高等教育机构的工作，并促进大学的发展，致力于为魁北克大学建立一套集体服务系统，致力于改善魁北克大学系统，特别是通过促进组成该系统的机构分享最佳做法。在质量保障方面，BCI 提供魁北克学生交流计划、评估学术机构希望实施的新项目的质量等服务。BCI 新项目评估委员会，负责评审新的学士、硕士、博士学位培养项目，评估报告是大学向省教育部申请新项目资助的文件之一；项目评估审计委员会负责对该省现有项目进行周期性评审，每一个学位授予机构至少每 10 年接受一次评估，评审报告将公开发布在 BCI 的网站上。

3. 安大略省大学委员会

安大略省大学委员会（COU）曾用名为"安大略省公立大学和学院校长委员会""安大略大学校长委员会"。安大略省学术副校长委员会（OCAV）是 COU 的附属机构，2010 年成立安大略大学质量保障委员会。关于 COU 对高等教育质量保证的原则和程序的详细介绍请参阅前述"省级质量保障机构和运行机制"。

（四）专业认证

专业认证由第三方教育质量评估组织负责，其具有如下优势：一是有助于高等教育机构客观全面认识自身的优势和不足，二是有助于有效评估学生学习效果和提高学生的学习体验，三是有利于提高高等教育机构的社会信任度，四是与企业建立联系，以培养其目前和未来希望雇用的人才，五是有助于与其他机构分享优秀的实践案例，六是提高高等教育机构的知名度和毕业文凭及学位的认可度。

1. 加拿大国内专业认证

除了机构内部质量保障过程外，加拿大某些行业领域的学术项目还需要经过省、国家或国际各级行业机构的认可，例如护理、建筑和工程领域。行业机构对项目进行审查，以确保大学项目和教学资源与研究成果的内容始终如一的高质量，以满足对能力的期望并在其专业技能领域中支持未来的专业人员。专业认证包括高等教育机构整体认证、高等教育机构专业项目认证，体现自愿参与性原则。专业性比较强的需要获得相关行业协会或者组织的认证。

加拿大专业认证机构众多，有国家层面的组织和省级层面的组织，主要是后者，它们可以是政府的管理部门或者由政府授权但相对独立的机构。

高等教育质量保障与专业认证的区别：质量保障是旨在维持和不断提高学术项目标准的一系列流程和政策。加拿大质量保障体系是多层的，省级和地区级主管部门与机构本身共同承担角色；认证是行业职业领域的大学项目由相关省、国家或国际各级专业机构进行评审的过程。

2. 跨国联合组织专业认证

西北地区大学委员会（NWCCU）是一家依法成立的私营、非营利性公司，得到美国教育部（USDE）和高等教育认证委员会（CHEA）的认可，在美国西北地区 7 个州及其他国内和国际区域开展高等教育机构认证工作。对高校的认证是一个自愿的、非政府的、自我监管的质量保证和制度改进过程。

## 三 本科教育外部质量保障体系评析

加拿大教育既继承了欧美教育的严谨性又兼有北美教育的灵活性。省政府拥有本省高等教育的立法权、司法权、行政权、财政管理权，各省也通过政府之间、大学之间合作开展高等教育的统一管理。加拿大大学拥有学术自由、招生自由、办学自由。省内各大学也成立了类似的组织协调大学的质量标准。加拿大通过教育部长共同声明的学位资格框架、各省质量保障框架和机构（大学）内部质量保障程序进行高等教育质量文化的培养，取得了显著的成效。加拿大高等教育外部质量保障体系有如下特点：

（一）通过各省（地区）高等教育管理部门官方合作实现对教育质量标准的统一和高等教育的国家意志

加拿大教育部长理事会（CMEC）作为一个政府间机构，在教育方面发挥领导作用，通过制定各省（地区）共同遵守的学位资格框架、质量标准和评估程序为大学（教育机构）间学分互认、文凭和学位认可打下基础，促进高等教育的整体性提高；其对外代表国家进行交流合作和履行国际义务等。CMEC定期举办论坛，讨论共同关心的话题，共享信息，协调全国的教育活动，开展区域间合作，通过省级政府合作较大程度上解决了联邦政府模式下分权管理造成的各自为政的问题。

（二）通过成立大学联盟或协会的会员制组织实现对本科教育质量的保障

在CMEC成立的50多年前，加拿大大学间就成立了加拿大大学和学院协会（加拿大大学协会前身）。申请加入该协会的大学需经过严格的审查，符合严格的标准，并坚持规定的机构质量保证原则，其会员资格本身就是对大学高质量学术成就的认可。加拿大大学协会在联邦一级为加拿大大学领导提供一个论坛，让他们分享想法和应对高等教育中的挑战，促进大学和政府之间的合作。

（三）本科教育有着全过程、全方位和闭环的质量保障体系

加拿大高等教育质量保障主体有政府、高校、行业机构。不同主体的保障机制各有侧重，互相促进，有评估审查，也有专业认证，内部评估和外部评估相结合。质量保障方法方式多样化：有对新学位项目的评估审批，也有对现有项目的评审审计和关闭，以及对整改意见回应跟进的后续工作；有正常的审批程序，也有快速审批程序；有实地考察，也有案头评估、虚拟现场访问；评估过程中有对发现问题的问责，也有对发现的优秀案例或做法的推广介绍。联邦级、省级、校（机构）级对各类保障有明确规定，大学有完整的强有力的质量保障体系，保障工作有章可循。质量评估审计和认证结果将作为政府对大学进行拨款的依据之一。

（四）本科教育质量保障过程中突出责任，着眼持续改进

加拿大认为质量保障和专业提升首先是大学自身的责任。如安大略省，QAF要求每所大学建立自己的IQAP，并由质量委员会对其进行审核批准。IQAP成为高校质量保障行为的准则和依据。对大学开展的审计过程既有对

IQAP 的元评价，也有对大学是否按照其 IPAQ 规定的原则和协议进行教育和保障教育质量的评价。质量保障过程建议与实施为高校反思、调整教育政策、紧跟时代及提升质量等提供了机会，有利于调动高校质量保障的自觉性、主动性和自主性。不断改进教育质量是一个永恒的主题，评估审计等保障程序按周期开展，要求学校对评审人员提出的意见做出回应和制订实施计划，评估报告和实施计划等按规定在相关网站公布，接受社会监督，也有利于为招生提供质量信息，成为促进大学教育质量提升的动力和压力之一。

## 第二节　加拿大本科教育内部质量保障体系的个案研究
——多伦多大学

### 一　多伦多大学概况

（一）历史简介

多伦多大学（University of Toronto）是一所研究型大学，位于多伦多（安大略省的省会），是加拿大最大的大学、最重要的研究机构，其研究在国际上享有盛誉，提供了比加拿大其他大学更广泛的课程，培养了许多加拿大名人。

多伦多大学的起源可追溯到 1827 年根据皇家宪章成立的国王学院。该学院最初是殖民地建制和英国教会控制，1849 年机构世俗化，1850 年成为非教派的多伦多大学。19 世纪 50 年代，多伦多大学被重组。现在多伦多大学已发展成为一个庞大而复杂的机构。它拥有三个校区：士嘉堡校区（Scarborough Campus）、密西沙加校区（Mississauga Campus）、圣乔治校区（St. George，校本部）。多伦多大学有 44 个图书馆，拥有 1110 多万个实体馆藏和 730 多万个电子馆藏。多伦多大学图书馆是北美洲第四大图书馆。

（二）办学理念

多伦多大学致力于成为全球本科、研究生和专业项目品质优秀的研究型大学；致力于培养一个学术共同体，每个成员的学术都会蓬勃发展，对个人人权的警惕保护，以及对平等机会、公平和正义原则的坚定承诺；决心加强研究和教学，维持大型大学形态，并继续利用规模优势，鼓励人文科学、社会科学、自然科学和专业领域广泛学科的学术研究，努力使其校园成为吸引人的学术活动场所。

（三）本科教育

本科生分布于文理学院和许多专业学院中。多伦多大学将大学生活视为本科教育的重要组成部分，创造条件使更多的文科和理科本科生以及专业学院的本科生能够住学校宿舍以获取最为丰富的大学生活体验。

截至 2020 年秋季，多伦多大学提供了超过 700 个本科项目，包括人文社会科学、生命科学、物理与数学科学、商业与管理、计算机科学、工程、运动与体育、音乐和建筑。大学提供教育、护理、牙科、药学、法律和医学方面的二次入学专业项目。

多伦多大学本科招生规模大。2020～2021 年秋季多伦多大学本科生注册人数共有 74385 人，全日制本科生人数共有 15345 人。多伦多大学有来自 164 个国家和地区的国际学生。根据世界大学排名，多伦多大学已跻身于世界上最好的公立大学之列，并被公认为加拿大的顶尖大学，在多个机构的中长期评估中占据国内大学排名第一位。

## 二 多伦多大学本科教学质量管理及其模式

（一）管理机构与职能

多伦多大学将通过评估新项目提案与评审现有学术项目和单位来保证质量作为大学的优先事项，并通过这些做法实现其所有学术项目的卓越。在多伦多大学的《学术项目和单位的批准和审查政策》中概述了大学范围内批准新学术项目提案以及审查现有学术项目和学术单位的原则，该政策使大学的质量保证流程与省级质量保证框架保持一致，其附录《学术项目和单位周期性审查的责任框架》对各层次的机构和主要负责人的职能与责任做出了明确的规定（见表 7－1）。

表 7－1　多伦多大学学术项目和单位周期性审查的责任机构与职能

| 责任机构（责任人） | 职能 |
| --- | --- |
| 大学理事会 | 确保大学管理部门监控学术项目和单位的质量，并采取必要措施解决问题和实现改进 |

续表

| 责任机构（责任人） | 职能 |
|---|---|
| a）执行委员会 | 监督全面评审、审计过程，识别过程中所需的任何变更，与校长和教务长讨论任何未解决的重大问题 |
| b）学术委员会 | 讨论评审概述中提出的任何具体学术问题 |
| c）学术委员会议程委员会 | 确定评审概述中提出的任何具体学术问题，以保证学术委员会的讨论 |
| d）学术政策和项目委员会 | 全面概述评审结果和行政回应 |
| 教务长 | 监控大学所有学术项目和单位的质量，采取必要措施解决问题并实现改进 |
| 院长 | 监控学院所有学术项目和单位的质量，采取必要措施解决问题并实现改进 |

（二）内部质量保障流程

多伦多大学积极响应安大略省学术副校长委员会质量保证框架（QAF）的规定和要求，将学术标准、质量保证和项目改进作为大学本身的首要责任，通过实施《多伦多大学质量保障流程》（University of Toronto Quality Assurance Process，UTQAP，2019 年 5 月修订）保持其学术卓越。质量保证方法建立在两个主要指标上：一是教员的学术和研究质量；二是对学位水平期望的实现程度。多伦多大学副校长和教务长是首要学术官和首要预算官。教务长、副教务长、学术部门负责监督多伦多大学质量保证过程，并确保UTQAP 的应用方式符合多伦多大学的质量保证原则和质量委员会的要求。UTQAP 包括新学位项目批准协议、现有项目重大修改协议、项目关闭和周期性项目评审协议四类流程。

1. 新学位项目批准过程（流程）

多伦多大学强调新学位项目设计和质量保证的主要责任在于大学及其管理机构，学术部门负责课程设计、确定项目目标、制定学习成果和学位水平期望以及人力、教学和物质资源的整合，目的是确保新项目符合机构宗旨声明中规定的学术部门和大学的目标，从而推进大学和学术部门的使命。新项目的批准过程，分为内部流程、外部监管和后续监控三个部分。

（1）大学内部流程

项目开发：院长提出项目大纲——学术项目副教务长（VPAP）办公室协调咨询——院长和教务长签准。

外部评估：院长办公室提名评委（至少一名外部评委）——教务长办公室批准提名评委——邀请评委——评委实地考察——评委两周内提供评估报告——内部行政回复。

大学治理流程：学院或部门审批——学术政策和项目委员会审批——学术委员会审批——执行委员会确认。

（2）大学外部监管

提交质量委员会审批。经大学管理部门批准后，学术项目副教务长办公室向质量委员会提交新项目建议书以及所有必要的报告和文件。质量委员会按照质量保证框架第2.3节的规定进行评估后将其决定传达大学，并报告安大略省学术副校长委员会（OCAV）和高等教育部。关于新项目批准实施决定的信息，以及项目的简要说明，发布在质量委员会和学术项目副教务长的网站上，至此该项目才可以招生。

一旦获得质量委员会批准，大学将向教育部提交资助申请书。审批流程每年发生数次。

（3）后续监控

监控与报告。获得批准的项目必须在批准之日起36个月内实施，否则，批准将失效。实施后，学院对新项目学生入学情况和项目成功率，以及资源分配和项目管理进行持续监控。在新项目第一次周期性评审前进行一次中期审查，并参与年度学术审查。

第一次周期性评审。新项目的第一次周期性评审必须在项目首次招生后八年内进行，并且通常按照多伦多大学项目评查时间表进行。

2. 现有项目重大修改过程（流程）

对现有项目的重大修改不需要向质量委员会提交申请，但可要求质量委员会审查重大修改提案。通常，这将通过快速批准流程实现，无须外部审查流程。

对现有项目的重大修改是指对现有项目进行重组、合并或更新，以保持其与学术学科的同步。规定的项目重大修改包括：项目要求的重大变化，学习成果的重大变化，参与项目交付的学院、基本物质资源交付可能发生重大变化。例如，现有交付模式发生变化（如不同校园、机构协作、项目语言、机构地点、授课模式等）。现有项目重大修改过程为：

制定提案：学术部门内提出重大修改建议并拟定提案（包括理由、变化、咨询、影响等内容）——学术项目副教务长办公室的综合反馈——院长办公室签准提案。

大学治理流程：学院或部门审批后向学术项目副教务长办公室报告——学术项目副教务长办公室向学术政策与项目委员会做年度报告。

外部报告/后续行动：学术项目副教务长办公室向质量委员会提交年度报告，大学向高等教育部提交年度报告，下一个 UTQAP 审查周期中包含的修改项目。

3. 项目关闭过程（流程）

项目的关闭可能有多种原因，包括入学率低、学科格局变化和学术项目质量差等原因可以在外部审查报告中阐明，也可以由大学社区成员确定。大学按规定完成内部程序后要向质量委员会和高等教育部提交年度报告。

4. 周期性项目评审过程（流程）

多伦多大学通过周期性项目评审对项目及其所在学术单位进行持续评估并提出质量改进建议，确保其项目达到最高学术水准。学术项目副教务长负责监督大学的质量保障过程，确保 UTQAP 以符合大学的质量保证原则和质量委员会要求的方式落实；学术项目副教务长办公室负责确保对学术项目和单位进行周期性评审。如果在周期性审查中提出质量问题，学术项目副教务长将监督改进的及时实施。学术项目和政策主任负责大学与质量委员会之间的联系。

周期性项目评审适用于大学提供的所有本科项目和大学与其他机构提供的学位项目。大学制定评审时间表，评审频率的设定以足以使学校领导及时了解所有学术单位的发展情况且不因频繁评审使后勤负担过重为准，项目评审的间隔不得超过八年。

UTQAP 周期性项目评审过程包括五个主要部分。

（1）委托与自评

委托专员发起评审。院长对学术项目及其所在单位（unit）评审进行委托，学术项目副教务长对正在进行部门评审的学术部门（division）和相关项目评审进行委托。委托专员确定评审需要解决的关键问题和必须解决规定的核心项目评估标准问题并启动评审。

单位自评。受评审的学位项目和/或学位授予单位准备一份自评报告。自评报告应内容全面并具有反思性和前瞻性，包括批判性的自我分析，是对项目和/或单位面临的优势和挑战、活动范围和未来规划的评估。自评报告应说明职权范围和项目评估标准，这些将提供给外部评审员，并将构成外部评估的基础。自评过程应包括教师、学生和员工，以及其他被视为相关和有用的人，如该项目的毕业生以及行业、专业、实践培训项目和雇主的代表也可能包括在内。自评报告中应详细说明这些不同人员的参与情况。

（2）外部评估

院长办公室向学术项目副教务长提交审核人提名。委托专员负责与待评审的单位和/或项目协商，遴选外部评委，组成外部评审委员会。通常，本科项目至少两名外部评委（或内部评委和外部评委各 1 名）。评委须有专业和经验资格，在其领域内积极并受到尊重，通常是具有项目管理经验的副教授或正教授，或者是提供所评审领域高质量项目的同行机构的代表，符合回避规定以便进行客观评估。学术项目副教务长对评委提名进行批准。

评委现场考察。委托专员将确定在现场考察之前向评审委员会提供哪些报告和信息。必须包括的核心文件包含职权范围、自评报告、以前的评审报告（含行政回复）、自上次评审该单位和/或项目以来完成的任何非大学委托评审（如专业认证），另外，也提供所有项目说明和教员简历，雇主和行业协会的意见（对于专业项目）。委托专员向评委提供现场访问时间表。评委应该一起访问。在访问期间，必须安排评委与教师、学生、管理人员、高级项目管理员以及委托专员确定的相关同源单位的成员会面。

评审报告。评审委员会通常在现场考察后两个月内向委托专员按模板提交评审报告，报告应涉及自评报告和规定的评估标准的实质内容。委托专员提请评委注意报告中可纠正的任何明显事实错误，并将最终评估报告提交给副校长兼教务长办公室。

（3）回应与治理

学术项目副教务长要求院长做出行政回应与实施计划。相关院长将与受评审的项目和/或单位进行协商，并要求项目和/或单位对评审委员会报告做出简短的行政回应，回应内容包括讨论自评报告提出的计划和建议、评审委员会提出的建议、项目对评审委员会报告的回应，以及一份描述满足和支持这些建议所需的变化、财政和资源、执行时间表（含负责人）、监测执行时间表的实施计划。学术项目副教务长办公室确定最终评审报告和实施计划汇编。学术政策与项目委员会进行讨论，包括可能要求的一年期跟踪报告。

（4）后续治理

评审报告汇编通过学术委员会的学术政策与项目委员会每半年以最终评估报告草案和实施计划纲要的形式提交给治理部门。提交给每次会议的汇编由学术委员会的议程委员会审议，以确定是否有任何学术问题需要学术委员会讨论。学术政策与项目委员会的讨论记录将提交给大学理事会的执行委员会。如有需要，院长需要提交一份为期一年的后续报告。

（5）监管与实施

最终评估报告和实施计划将提供给正在审查的院长和学术单位（学术项目），并发布在学术项目副教务长网站上（不包括任何机密信息），也提交给质量委员会。

质量委员会对安大略省的大学进行审计时，审计人员独立选择审计项目，通常是四个本科和四个研究生周期性评审项目。UTQAP 评审（周期性评审）周期为八年。

## 三 多伦多大学本科教学质量保障的效果与经验

### （一）定位明确，追求卓越

多伦多大学 2008 年《迈向 2030——多伦多大学第三个百年卓越综合报告》指出：大学是加拿大最重要的研究机构，其研究在国际上享有盛誉……该大学坚持所有学科研究的重要性，使其成为加拿大研究生教育的主要中心。多伦多大学致力于成为一所国际领先的研究型大学，拥有高质量的本科、研究生和专业项目，16 年中，大学的研究密集型特征得到了教师招聘模式和政府、非营利机构和行业提供的新研究基金的强化。多伦多大学进行了全面调查分析和预判，根据入学学生的可能走向、安大略省兄弟院校的招生规划和容纳度、全球经济趋势、自身在安大略省的服务定位和社会责任等,决定不扩大本科招生规模。在教学和科研的关系上,也不是以削弱研究生教育为代价加强本科教育,而是坚持"离开我们目前的研究密集型方向将迅速削弱大学本科文化的这些独特方面""大学的招生策略应该发挥我们在研究生和专业教育方面的比较优势,即努力将研究优势转化为丰富本科教育的其他举措""大学似乎更符合逻辑的做法是,利用其研究生和专业项目的优势,保持其研究业绩,并更加努力地确保本科生从多伦多大学独特的学术资产组合中获得更多有形利益"。

正是多伦多大学在全面综合深入分析的基础上,明确办学定位,目标坚定,充分协调本科生与研究生教育,优势互补,使大学发展少走弯路,夯实了其世界顶尖大学地位的基础。

(二)分工明确,各司其职

多伦多大学成立至今已有近 200 年,其治理模式比较成熟完善,理事会通过各下设委员会进行大学治理(关系如图 7-1 所示),这些治理机构得到秘书处的支持。

执行委员会的成员资格和职能由多伦多大学法(1971)规定,负责制定理事会会议议程,监督理事会问责要求的履行,批准外部任命和大学高级职位的某些任命,酌情向其他委员会传达新问题,以及确认某些学术委员会的决定。学术委员会负责影响大学教学、学习和研究职能的事项,确定大学目标和优先事项,制定长期和短期计划,并在这些工作中有效利用资源。学术委员会有四个常设委员会:学术申诉委员会、议程委员会、学术政策与项目委员会、规划和预算委员会。商业委员会负责确保资源分配具有成本效益,并批准大学商业管理中的政策和重大事务,它还负责进步、公共和社区关系以及校友事务等领域。商业委员会有一个常设委员会——审计委员会。大学事务委员会负责审议非学术性质的政策以及直接关系到学生和校园生活质量的事项。

大学与校区的治理关系既集中又有分权,既尊重历史也能按学校现实发展需要调整,保持了学校整体高质量发展的同时也突出了不同校区的个体性和自主性,以更好地协调校本部与校区的关系。

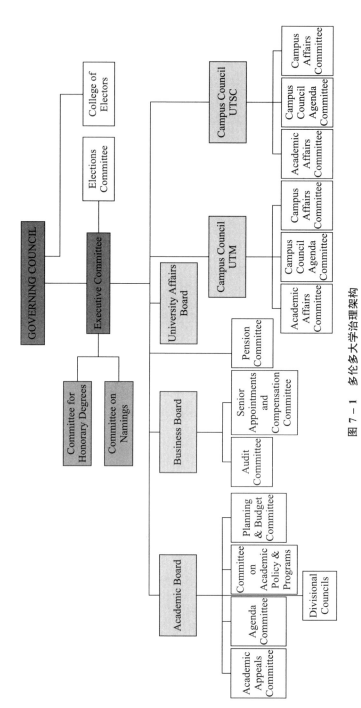

**图 7 - 1 多伦多大学治理架构**

（图片来源：https://governingcouncil. utoronto.ca/governance-bodies。）

（三）体系完善，程序详尽

多伦多大学在安大略省学术副校长委员会质量保障框架（QAF）的基础上制定出 UTQAP，覆盖且控制了与人才培养有直接关系的项目建设全过程，突出了质量的持续改进，对各类质量保障过程都有详尽的规定。质量保障评估体系包括机构内部评估和外部评估，内部评估重视广泛咨询，全面对照标准；外部评估注重公平、公正和客观。重视对评审人员的遴选，重质不重量（如新学位项目最少1名外部评委），评委名单须经过教务长办公室的最后批准。学校重视评估结果和整改，学院对评委的意见和建议做出回应，学术项目副教务长对学院的回应也做出回应，对整改的实施计划进行跟进检查。将评估报告和实施计划在大学网站公布，充分利用社会监督的力量。

多伦多大学通过其质量保障机制保证高学术标准的落实和学位水平期望的实现，提升教师的学术研究质量和行政治理管理水平。

（四）认证评审，有机结合

专业认证与大学内部质量保障的项目评审是两类不同的评估，但也存在共通之处：以先进教育理念引领，健全内部质量保障体系，认证与评估点面结合协同作用，追求高质量发展，培育质量文化。两者的共同点使专业认证可以有效地取代项目评审的一些要求。但专业认证是一种资格或资质认定，旨在确保新项目和现有项目保持商定的质量门槛标准，而质量保障的外部评审在于对项目把脉，发现项目的优势和不足，以及提出改进建议。专业认证和质量保障周期性项目评审两者目的和适用的评估标准不同，其结合对于多伦多大学也是一个挑战。虽然如此，多伦多大学也乐于将专业认证作为项目评审的补充，如"在某些情况下，如果两者委托审查的任务规定紧密一致，并且任何缺陷都可以通过提供必要的补充文件轻松弥补，大学的流程可能会简化"。

# 第三节　加拿大本科教育质量保障发展的新趋势

## 一　加拿大本科教育改革新态势

加拿大高等教育经历了从宗教主导到世俗化的过程，从各省分权管理和各高校自治到强调统一质量标准和质量保障，从精英教育到大众化教育再到普及化教育阶段，从关注本土教育到教育国际化的改革过程。在经济全球化背景下，教育国际化已成为全球教育发展的必然趋势。

加拿大国际教育战略咨询小组提出："我们对加拿大的愿景是：成为 21 世纪国际教育的领导者，以吸引顶尖人才，让我们的公民为全球市场做好准备，从而为我们未来的繁荣提供关键的基石。"加拿大期望通过教育国际化促进加拿大经济发展，将国际教育定位为其最具有竞争优势的 22 个支柱产业之一。扩大留学生的招收规模成为加拿大高等教育国际化的核心，通过吸引更多顶尖人才也可以为加拿大移民培养主力后备军。通过相应政策，加拿大高等教育国际化取得了显著成效，已成为全球留学目的地国前三名。高等教育国际化是全球化发展的重要组成部分，有利于提高人才培养质量，有利于政治利益，有利于促进国家经济发展，有利于建立国家间友好合作关系。加拿大政府积极推动和引导高等教育结构与体制的改革，促进其教育国际化的大力发展。为了增强在全球的竞争优势，加拿大联邦政府在全球事务部（Global Affairs Canada）的领导下相继出台了两份教育国际化发展战略，即 2014 年的《加拿大国际教育战略：利用知识优势推动创新与繁荣》（Canada's International Education Strategy：Harnessing Our Knowledge Advantage to Drive Innovation and Prosperity），以及 2019 年的《立足成功：加拿大国际教育战略（2019 – 2024）》〔Building on Success：Canada's International Education Strategy（2019 – 2024）〕。这两份具有纲领性的文件为加拿大国际教育的发展制定了战略规则和未来政策走向，对高等教育国际化发展起到了重要的战略指导作用。[①]

## 二 加拿大本科教育质量保障发展的新趋势

### （一）通过立法加强对高等教育的支持，促进教育质量提升

加拿大安大略省议会通过大学法案以省级立法形式推动加拿大高等教育的公立化进程，明确了政府对大学的资助责任和大学为经济社会发展培

---

① 郭世宝、刘竞舟：《加拿大高等教育国际化：目标、措施与成效》，《比较教育研究》2020 年第 12 期。

养人才的责任。《多伦多大学法案》形成了两院制的管理架构，明确了大学与政府的关系，形成了大学内部的管理雏形，奠定了加拿大高等教育改革和发展的基础。1971 年多伦多大学过渡到了由理事会单一决策的"一院制"治理模式。各省相继效法，出台本省大学法案为大学治理提供法律依据，制定大学章程明确大学治理模式、组织机构的权力和运作机制。各省级政府立法成立质量保障机构，以支持和协调与高等教育质量改进和完善相关的工作。在加强质量保障建设的同时，有的省还开展了对省政府和教育中介机构的评估及院校层面的自我评估实施监控的元评估。

（二）调整教育评估标准，突出教育成果导向

加拿大高等教育评估与教育质量保障相伴而行，成为教育质量保障的重要手段之一，评估内容包含了从高等教育的投入到产出的全过程。随着对教育产出重要性认识的加深，评估的重心由评估学校（如学校师生比、教师学历、图书馆藏书、实验室设备、运动场所等教育资源）转向评估学生发展（学习效果），教育评估的科学化发展与制度性建设日益受到教育主管部门的关注。加拿大各省教育部门在对学校进行评估时以教职员工和学生利益为根本，以评估教学质量为重点，以内涵评估为宗旨，以动态指标为依据。

（三）推进高等教育质量保障的"泛加拿大（Pan-Canadian）"进程

2007 年，加拿大各省教育部长理事会（CMEC）颁布的《加拿大学位教育质量保障的部长声明》是对学者提出的建立"国家标准"做出的积极回应，在建立加拿大学位教育质量标准方面迈出了非常重要的一步。2012年 8 月，加拿大出台的《国际教育：加拿大未来繁荣的关键驱动力》是加拿大第一份国家层面的高等教育战略规划书，该规划书强调未来加拿大高等教育国际化战略的核心是质量、政策、合作，即：注重高等教育质量保障，提供政策支持，鼓励各机构的相关合作。可见，加拿大已从国家层面建立了统一的质量保障体系与标准，这不仅有利于实现加拿大高等教育质量的整体提升，有利于学生在国内各省间流动，有利于学位资格的互认，同样对做大做强留学生市场也有其重要性与必要性。通过建立健全高等教育人才培养质量的保障机制，提供高质量的高等教育以提升国际竞争力，吸引来自世界各地的优秀留学生，已成为加拿大高等教育改革发展的又一

重要举措。加拿大高等教育质量保障的"泛加拿大（Pan-Canadian）"进程在继续推进中。

## 三 对我国本科教育质量保障的借鉴与启示

我国 1999 年扩大高校招生规模，2002 年高等教育进入大众化时代，2019 年高等教育进入普及化阶段。2003 年首批扩招大学生毕业，引发了人们对于高校大规模扩招可能造成的人才培养质量下滑的忧虑。2004 年教育部高等教育教学评估中心成立后，我国高等教育教学评估工作开始走向科学化、规范化和制度化。本科教学评估作为高等教育质量保障体系的重要组成部分，是全面提高教育教学质量和人才培养质量的重要制度保障。经过多年改革和实践探索，我国已经建立了较为完善的中国特色"五位一体"评估制度，即自我评估、院校评估、专业认证与评估、国际评估、教学状态常态监测，其所秉持的"以学生发展为本位""学生和用户满意度""强化质量保证体系"的理念和标准具有完全"国际实质等效"。[1] 虽然我国在本科质量保障方面有了较大的进步，但借鉴加拿大本科教育质量保障好的做法对提高我国的教育质量仍有很好的推进作用。

### （一）加强对新专业开设的审批

俗话说："万事开头难"，"好的开始是成功的一半"。高校本科教育质量保障要从新专业的设置环节开始。我国《普通高等学校本科专业设置管理规定》（教高〔2012〕9 号附件 3）对高校设置专业须具备的基本条件和审批制度等做出了明确规定。与加拿大新增学术项目批准过程相比，我国规定的程序较宽泛，在操作层面上还不够具体，要求也较宽松。例如，第十一条高校设置专业程序规定"高校经校内专业设置评议专家组织审议通过后，于每年 7 月 31 日前通过专门网站提交专业设置申请材料，内容包括：学校基本情况、人才培养方案、教师基本情况、办学条件等"，第十九条"高校、高校主管部门和教育部设立相应的专业设置评议专家组织，或在现有专家组织中增加专业设置评议职能"。规定虽然要求在国家、省、高校三级层面上设立相应的评议专家组织，实行层层把关的

---

[1] 资料来源：《教育部：健全"五位一体"教学评估制度》，《光明日报》2014 年 9 月 24 日。

质量保障指导原则，但存在自由度过大的问题，没有对"评议专业专家组织"的人员数量、构成、资格等要求做出明确规定，也没有要求学校外部专家参与专业设置的论证，层层把关也可能造成工作的重复和资源的浪费。虽然给了学校较大的自主权，但同时也会造成学校开设新专业对热门专业的盲目跟风。因此，在新专业设置方面建议对相应程序进行具体化，要求开展广泛咨询和全面认证，审批后跟进计划实施情况，落实问责制度。

### （二）加强高校内部质量保障体系建设

我国在本科教育质量保障方面明确了高校负有主体责任，并要求高校健全内部质量保障体系。《教育部关于加快建设高水平本科教育全面提高人才培养能力的意见》（教高〔2018〕2号）第32条指出"完善质量评价保障体系。进一步转变政府职能，推进管办评分离，构建以高等学校内部质量保障为基础，教育行政部门为引导，学术组织、行业部门和社会机构共同参与的高等教育质量保障体系"，第33条指出"强化高校质量保障主体意识。完善高校自我评估制度，健全内部质量保障体系。要按照《普通高等学校本科专业类教学质量国家标准》及有关行业标准，根据学校自身办学实际和发展目标，构建教育基本标准，确立人才培养要求，并对照要求建立本科教学自我评估制度。要将评估结果作为校务公开的重要内容向社会公开"。[1]《普通高等学校本科教育教学审核评估实施方案（2021—2025年)》中将审核评估划分为两类四种，高校可根据大学章程和发展规划，综合考虑各自办学定位、人才培养目标和质量保障体系建设情况等进行自主选择。第一类审核评估重点考察建设世界一流大学所必备的质量保障能力及本科教育教学综合改革举措与成效；第二类审核评估分为三种，重点考察高校本科人才培养目标定位、资源条件、培养过程、学生发展、教学成效等。[2] 可见，我国对高校建立健全内部质量保障体系的完善和规范程度

---

① 资料来源：《教育部关于加快建设高水平本科教育全面提高人才培养能力的意见》（教高〔2018〕2号），http://www.moe.gov.cn/srcsite/A08/s7056/201810/t20181017_351887.html。

② 资料来源：《教育部关于印发〈普通高等学校本科教育教学审核评估实施方案（2021—2025年)〉的通知》（教督〔2021〕1号），http://www.moe.gov.cn/srcsite/A11/s7057/202102/t20210205_512709.html。

未做统一要求，各高校的内部质量保障体系完善度差距较大。加拿大，如安大略省，其质量保障框架要求每所大学都要制定机构内部质量保障程序（IQAP），且IQAP须先提交质量委员会批准后实施。对此，我国也可借鉴其做法，出台高校内部质量保障体系的指导意见，更好更快推进高校构建自觉、自省、自律、自查、自纠的大学质量文化。

（三）提高本科教育质量保障国际化水平

加拿大高等教育具有很高的国际化程度。在质量保障方面，加拿大除了开展国内众多的专业认证外，还参加跨国联合组织专业认证和跨境质量声明。2004年，加拿大高等院校协会（AUCC）、美国教育协会（ACE）、高等教育认证委员会（CHEA）、国际大学协会（IAU）等机构共同发表联合声明《共享高等教育跨国界质量保障》。该声明规定：跨境高等教育应该符合同样的学术标准与组织机构标准；跨境高等教育针对公众、学生以及政府确保质量。加拿大经所有省和地区同意于2018年6月13日批准了1997年《欧洲地区高等教育相关资格认可公约》（Convention on the Recognition of Qualifications Concerning Higher Education in the European Region），通常称为《里斯本认可公约》（LRC）。LRC是一项由欧洲委员会、联合国教科文组织、联合国教科文组织欧洲和北美地区成员国共55个签署国共同起草的国际协议，表明加拿大致力于在加强学术和专业流动性以及促进评估和承认学历等问题上进一步开展国际合作。

在我国，国际化已成为不少高校的办学方向和特色，高校通过申请外国权威机构的专业认证促进本校的教学质量和获得办学质量的社会认可。国内专业认证主要开展师范类专业认证和工程教育认证。2016年我国成功加入《华盛顿协议》，成为该协议第18个签约成员。这有利于促进我国按照国际标准培养工程师、提高工程教育质量，对于我国工程技术领域应对国际竞争、走向世界具有重要意义。总的来说，我国高等教育质量保障国际化起步较晚，国际化程度也较低，可以借鉴加拿大的专业认证、区域联合声明或协定等方式和成熟做法推进我国高等教育质量保障的国际化，提升我国高等教育的国际声誉。

# 第八章　日本本科教育质量保障体系研究

　　日本的高等教育从 19 世纪开始，在实践中引进了德国、法国和美国的教育理念和育人模式，设立了当代高等教育体系。从大学与政府或外界的联系来看，帝国大学完全由政府部门开设，归属于国家文部科学省（简称文科省）。校领导由文化部部长任职，高校资产几乎完全取决于国家预算。因为帝国大学和二战结束后新成立的国立大学的老师是公务员，所以他们的工资待遇基本上与其他政府机构的员工相同。二战前的帝国大学在战争结束后，改成国立大学。从今天高等教育质量保障的角度来看①，学校有关主题活动完全按照政府部门制定的现行政策、办校规范或有关规定执行。即便是通过学校法人设立的私立大学，学生们培训费成为绝大多数办校的资产②，至少在 20 世纪 70 年代以前，其质量保障主要通过政府部门事前制定的有关办校标准实施。

　　日本高等教育大概有三个特点。一是随着日本高等教育的高速发展，经营规模逐步普及化，构成了多层面、多类别的高等教育体系。③ 二是私立大学和本科生总数在所有高等教育机构中占较大比例，这可能是日本与中国及许多欧美国家不同类型的较大特点之一。因为私立大学建学精神实质上各不相同，管理模式不一样，与国立大学和地方公立大学相比，其质量

---

①　黄福涛：《日本大学质量保障体系的建立与基本特征》，《深圳大学学报》（人文社会科学版）2016 年第 4 期。

②　同①。

③　同①。

保障系统也具有各种各样的特性。三是国立大学、地区公办、私立大学职能分工明确。

尽管日本设立了各种各样的方式繁杂、全方位的体系，包含政府部门评价、高校个人评价和第三方评价，但是其质量评价和确保体系仍与高等教育体系的高速发展存有诸多矛盾，严重影响日本高等教育体系的自由竞争和全球化发展过程。因此，日本根据对高校持续发展的分层次定位和分类评价，开展了一系列改革创新，设立了国家质量保障组织，提升数据服务质量和评价效率。这些对我国高等教育质量保障体系的建立和优化具有极为重要的参考意义。

# 第一节　日本本科教育外部质量保障体系

## 一　本科教育外部质量保障体系形成的背景和历史沿革

日本高等教育质量保障体系的高速发展与高等教育体系的发展息息相关，自 20 世纪 40 年代至今，日本高等教育质量保障重点都是基于适龄青年人口；接下来引入了外界第三方认证和评价制度，但是其法律效力遭到怀疑；目前进入新的阶段，出现一种新的质量保障方式，即根据高等院校自身努力的内部质量保障。日本大学质量保障体系的建设和变化大致可分为五个阶段。

（一）第一阶段：设定基准的监管（1991 年前）

政府文科省通过制定《大学设定基准》保证教育教学质量的核心，制定统一的质量标准。现阶段的最新基准于 2002 年进行了修订，包括大学教育科学研究基础组织、教师资格要求、课程内容、学生、校园设备、事务管理机构等。在此期间，政府采取行政手段，严格控制和管理涉及大学质量的活动。这些活动显然是在国家层面实施的。①

第一阶段的关键制度是政府审批。一所新大学按基准成立后，第一批学生的毕业时代称为完成年。在完成年份到来之前，大学必须接受比以前

① 黄福涛：《日本大学质量保障体系的建立与基本特征》，《深圳大学学报》（人文社会科学版）2016 年第 4 期。

更严格的政府控制。这种严格的控制被称为计划实施的质量验证，第三方评价体系尚未发生。

（二）第二阶段：自我评价的引入（1991～1997年）

当日本学龄青年人口总数逐渐下降时，市场经济体系逐渐取代了政府部门的控制机制。在高等教育质量保障机制中，市场经济体制优先考虑高校质量，实施适者生存。因此，在20世纪90年代初，人们开始怀疑和不信任高等教育管理体系，认为学生是高校的主要收入来源，但高等教育组织对学生的主要学术表现不够重视。

政府部门放开高校设定标准中规定的一些限定，把更多的办学权力下沉到各个高等院校，如允许各院校按照自己的办学目标和人才培养规格，自由开发和设立相对应的课程。但是为了避免各院校办学品质降低，文科省同时要求各院校进行自我评定并积极尝试引进外界评定。[①]

（三）第三阶段：第三方评估的出现（1998～2001年）

自21世纪以来，日本高等职业教育逐渐引入了第三方评价体系，这可以被视为政府更严格地监督和引入市场经济体系，以保障高等教育质量，确保两者之间的平衡。1999年以来，各国立大学在文科省的要求下，向全社会发布自己的评价结论，即进入自我评价的义务环节。同时，还规定各国立大学要大力开展第三方评估，进一步注重高校绩效考核和办学清晰度。

（四）第四阶段：认证评估的执行（2002～2004年）

2001年4月，内阁总理大臣给出了政府改革创新的第一个原始目标和行为，提出结构性改革创新应致力于放开政府监管，引入销售市场标准，在一些关键行业经营民营化改革创新。根据这一政策，政府逐步放松了对高校成立时的预监管和事后审查的质量保证制度，要求所有高等学校必须接受第三方实施的验证和评估。

现阶段得到政府验证，有资格评估不同学校的主要有三大机构。一是1947年模仿美国模式成立的大学标准研究会（JUAA），该研究会于2004年

---

①　黄福涛：《日本大学质量保障体系的建立与基本特征》，《深圳大学学报》（人文社会科学版）2016年第4期。

获得政府验证，其第三方评估主题活动包括短期大学和专业研究生；二是公益性财团法人日本高等职业教育机构成立于 2004 年，主要针对民办大学进行第三方评估（JIHEE）；三是政府于 2002 年成立的具有法人资格的大学评估和学位授予机构（NIAD-UE），其作为获得政府认证的第三方评估机构，主要从事国立公立大学评价主题活动。[①] 另一个机构短期大学标准研究会（JACA）成为短期大学评估的组织。

（五）第五阶段：法人评估的开始（2004 年至今）

国立大学在 2004 年逐步法人化后，大学按照文科省制定的六年中期目标，历时六年制订了中后期计划。六年后，根据各大学的中后期计划，总务省和文科省对大学进行评估。法人化后，改变了以往根据大学教职员工、学生人数、上一年度费用预算进行拨款的做法，政府根据评估结果对大学进行预算分配。换句话说，大学在许多方面是否完成中后期计划，成为确定大学预算分配的主要依据。政府成立了以文科省为主导的国立大学法人评估联合会，每六年对国立大学法人进行一轮法人评估，保障国立大学法人的办学水平。[②]

综上所述，日本建立大学质量保障机制的整个过程基本上可以总结为：第一，质量评估的主体以政府为主体转变为以第三方认证机构及其国立大学法人联合会为主体；第二，质量保障的目的从政府开展审查、管理、监督各学校到由第三方或外部组织评估，注重提高高校绩效考核；第三，质量评估方式由政府提前制定管理制度和审计计划，变更为由第三方或外部组织根据各学校的自我评价开展质量评估；第四，质量保障的规范由国家统一制定大学、学院标准和政府管理制度，变更为由不同的评估机构，以及不同国立大学法人制订自己的中期目标和中后期计划。

## 二 本科教育外部质量保障体系的组成和运行机制

日本高等教育质量评价体系最具特色的第三方评价机构的主要特点是独立、公平、客观和权威，它独立于政府和教育部门，主要由大学基准协

---

① 黄福涛：《日本大学质量保障体系的建立与基本特征》，《深圳大学学报》（人文社会科学版）2016 年第 4 期。

② 同①。

会、大学改革支持和学位授予机构与私立高等教育研究所组成。这种第三方评价机构的有效运作保证了评价结果的客观性，也与高校的招生规模、专业设置和资金来源有关，因此，大大提高了高校自我评价的主动性和热情。

（一）大学基准协会

参照美国认证评价模式，大学基准协会于 1947 年成立，由 46 所大学发起成立，包括当时的国立、公立和私立大学。大学基准协会的目的是通过成员的自愿努力和互助，提高日本大学的质量。它从 1951 年开始决定是否接受大学成为其正式会员。自 1996 年以来，该协会以各大学的自检和评价为基础，对大学进行第三方评价。该协会在 2004 年通过文科省的认证，作为认证评价机构对日本大学进行了第一次评价，并公布了结果。[①] 随着日本大学必须在 7 年或更短的时间内接受文科省认证评估机构评估的规定，大学基准协会在 2005 年至 2017 年，共评估了 608 所大学。

（二）大学改革支持和学位授予机构

独立行政法人大学改革支持和学位授予机构由原日本大学评估和学位授予机构与原国立大学财务管理中心于 2016 年 4 月组成。该机构旨在提高教育研究质量、支持大学活动，为社会提供值得期待和信赖的高等教育。大学改革支持和学位授予机构还承担了一系列调查研究，包括评估和学位授予。为提高教育研究活动质量，大学改革支持和学位授予机构对大学实施第三方评价。[②] 原则上，大学改革支持和学位授予机构对所有国立、公立和私立大学进行认证和评估，但实际评估业务主要针对国立大学和公立大学。2005 年至 2017 年，大学改革支持和学位授予机构对 251 所大学进行了评估，其中国立大学达到 169 所，占所评大学的 67.33%；公立大学达到 70 所，占所评大学的 27.89%。[③]

（三）日本的高等教育评估机构

2004 年，日本高等教育评估机构以日本私立大学协会为基础。日本私

---

① 黄福涛：《日本大学质量保障体系的建立与基本特征》，《深圳大学学报》（人文社会科学版）2016 年第 4 期。

② 同①。

③ 张然然：《日本大学第三者评价制度研究》，湖南大学博士学位论文，2019。

立大学协会于 2000 年 4 月成立日本高等教育研究所，主要从私立大学的角度研究大学评价体系的具体方法。首先，与不同经营形式的公立大学相对应，建立适合不同性质大学的评价体系。其次，在评价中，建立灵活多样的评价体系来适应多样性的私立大学。因此，经文科省认证后，该机构主要对大学、短期大学和职业大学进行评估。私立高等教育研究所 2005 年至 2017 年对 616 所大学进行了评估，其中仅包含 7 所公立大学，私立大学占比为 98.86%。

## 三 日本本科教育外部质量保障体系评析

### （一）日本本科教育外部质量保证体系的优势

经过长期的发展和完善，日本大学第三方评价体系在大学自我评价的基础上成为一种具有独特优势的评价体系。

#### 1. 通过政府履行相关职能，实施法律保障制度

为第三方评价提供完善的法律保障。在一系列相对完整的法律体系的保障下，日本大学第三方评价体系得以顺利实施。法律通过多项条款从评估实施者到被评估对象，为第三方评价制度提供了全面有力的制度保障。法律中规范了文科省设置的评价机构的活动，同时提高了评价结果的可信度。由于完善的法律法规的保障，评估事业正常有序进行。[①]

履行服务职能。日本政府在第三方评价体系中实现了职能的转变，有利于第三方评价体系的实施。主要表现为对第三方评价机构有认证准入权，但不参与指导评价工作。这种做法不仅保证了评价事业的科学性，而且保证了评价的独立性和客观性，有利于评价事业的健康有序发展。[②]

#### 2. 大学积极配合，为实施制度提供基础

日本大学在第三方评价体系中表现出了足够的积极性。在大学开展自我检查和评价的前提下，第三方评价机构需要结合外部环境评价建立自身评价体系。内部结构评价根据大学自身评价反思存在的问题，同时积极提高大学课堂教学和研究质量，大学有专门的评价单位定期检查评价。因此，

---

① 张然然：《日本大学第三者评价制度研究》，湖南大学博士学位论文，2019。
② 同①。

大学积极参与是日本大学第三方评价体系得以顺利开展的基础。[①]

3. 规范评价机构，帮助制度顺利实施

现代大学通过第三方评价，促使各自发挥自身特点，全面提高办学质量，建立个性鲜明、充满活力的评价机制。为满足不同办学性质大学的评价需求，不同类别的评价机构也因此产生，有利于对大学进行有针对性的评价。在各机构的评价大纲中，强调评价的目标之一是促进学校发挥其特点和优势。评价内容以教育教学和社会服务为中心，多用定性语言描述，无权重等级。灵活的评价体系更有利于促进不同类型的大学发挥自身特色，也有利于各机构对大学进行更科学更准确的评价。[②]

评估机构专业性高。一是评价组织专业。日本评估机构都设立了专门负责评估的部门。评估结果最终确定后，应向大学、文科省和社会公众公布。整个评估过程更加客观透明。二是评价人员专业。日本评估机构的评价人员来自不同领域，有大学校长和从事研究或教育的人员以及具有社会、经济、文化等学术经验的专家学者。这样评价就避免了一刀切的现象，有效保证了评价的客观性和科学性。三是评价方法采用了实地考察的方法。在实地考察过程中，不仅要考察学校教育教学设备、研究环境等硬性条件，还要考察大学校长、教职工、学生甚至毕业生，[③] 综合考虑与大学相关的各方意见，最终形成对大学的评价。评价机构设定各自的标准、标准项目和评价视角以促进大学的特色发展。

4. 重视高校质量管理周期，重视学生产出性

日本高校校外专业评价重视高校内部教学质量保证体系的建设和有效运行，尊重高校为保证和提高教育教学质量所做的努力，认可高校改进改革的自律行为。一是在诊断和实施专业评价的效果时，注重内部质量管理循环的有效性；二是注重高校是否有常设的全校教育教学质量促进组织，注重内部教学质量保证体系建立和有效发挥作用；三是注重评价结果，根据评价结果完善课程体系设置或解决课程实施中存在的问题，提高人才培养质量。

---

① 张然然：《日本大学第三者评价制度研究》，湖南大学博士学位论文，2019。

② 同①。

③ 同①。

（二）日本本科教育外部质量保障体系的不足

日本大学第三方评价体系自实施以来经历了十多年的发展历程，效果显著。然而，从目前的评价情况来看，评价仍存在一些不足。

1. 评价结果不能有效利用

对于大学来说，一些大学偏离了评价结果的使用，他们在几年内缓慢改进一些本可以在短时间内解决的问题，以达到比上次评价更好的结果；对于政府来说，评价结果没有得到充分、科学的利用，重点表现在制定教育政策、资源分配等方面；对于社会来说，评价结果报告大多是专业术语，不利于公众快速有效地获取信息，容易打消公众获取评价结果的热情和主动性。[①]

2. 评价体系重叠，大学评价任务繁重

自进入评价时代以来，日本大学一直承担着沉重的评价任务。尤其是国立大学。国立大学法人化改革以来，面临着多重评价主体的问题。首先，国立大学作为大学教育机构，需要进行必要的自我检查和评价。其次，根据文科省的规定，所有大学都需要定期接受认证机构的认证和评价。最后，作为一个独立的法人，国立大学的法人评价是必要的。认证评估周期为7年，国立大学法人评价周期为6年。为了满足不同的评价，大学必须花费大量的精力准备材料，从而影响教育研究，增加国立大学的负担。虽然认证评价和国立大学法人评价是两种不同的评价方法，但重复工作是不可否认的，给大学带来了严重的负担。繁重的评价任务不仅消耗了大学教师和行政人员的精力，而且在一定程度上影响了大学评价的有效性。[②]

3. 评价成本高

在整个制度实施过程中，文科省、大学和评估机构之间相互不太熟悉，导致工作量增大，评价成本和效益存在诸多问题。首先，时间成本高。评估机构需要很长时间评估大学，整个评估周期需要很长时间，花费了很高的时间成本。其次，劳动力成本高。评估机构作为评价主体，在维护整个评价体系、提高评价效率和合理化方面负担很大。此外，大学作为接受评估的一方，准备自我评估报告的巨大工作量也不容忽视。[③] 最后，评价成本

---

① 张然然：《日本大学第三者评价制度研究》，湖南大学博士学位论文，2019。

② 同①。

③ 张然然：《日本大学第三者评价制度研究》，湖南大学博士学位论文，2019。

高。除基本费用、部门费用和学科费用外，各被评估机构还应支付负责国立大学法人评估的教职员工的人工费、经营补贴等费用。与大量的人力、物力和财力相比，评价体系在保证和提高大学教育科研质量方面的效果不佳。因此，有必要合理调整和深入思考整个评价体系的设计，建立更有效的第三方评价体系。

## 第二节 日本本科教育内部质量保障体系的个案研究
### ——东京大学

20 世纪 90 年代初，修订《大学设定基准》意味着日本高等教育改革开辟了新的一页。为了确保文化教育和科研水平，建立高等教育质量保证体系，高校必须建立自我评价体系和自我评价组织，高校自我评价体系对高等教育改革的贡献取决于促进高校改善教育现状，提高高校文化教育质量。此后，建立了由自我评价与外部评价相结合的日本大学内部控制管理和外部监督相结合的质量保障体系。本节以东京大学为例，对日本高等教育内部质量保障机制进行研究。

### 一 东京大学概况

东京大学创立于 1877 年，是日本历史最悠久的高校之一。东京大学是一所世界闻名的综合类大学，囊括了当今社会高等教育和科学研究的主要方面。东京大学一共有 10 个学部（本科学院），分 13 个研究科。

（一）东京大学本科高等教育特色

1. 实行通识教育

前两年不分专业是东京大学本科教育的一个重要特色，致力于基本课程文化教育，为以后的课程学习打下坚实基础；后两年专注于专业课程文化教育。东京大学重视早期通识类课程的必要性，进而学生们可以借助他们在这里两年内培育的宽阔视野和扎实基本技能，在随后的专业教育里进一步提升自身。这一基本教育政策被称作"中后期专业教育"。即学生有两年的时间确定他们的个人专业，如果他们不努力获知不同学科的发展趋势，那么他们在进行专业选择时将会变得难以抉择。为了能更好更有效地完成中后期专业教育学习，必须让学生在更早的学年度就能接触到大学本科三四年级的课程或是研究生的研究工作。

2. 推行弹性学制

东京大学高等教育推行弹性学制。一般专业学科学制为 4 年，最多学制为 8 年，其中前 2 年为大学本科的前期课程，都集中在修养学院开展，后几年分离到各学院开展学科专业文化教育。东京大学的前期基本课程由基础学科、综合性学科、主题风格学科和专业课四部分组成，其中以基本学科和综合科目为主导。基本学科和综合科目课程主要是由修养学部的老师出任课堂教学,[①] 专业课主要集中安排在第四学期，由各学部派老师到修养学院授课。然后专题调研和敞开式讨论型课程则由学校各学院、研究室的权威专家等出任。20 世纪 90 年代后，东京大学为了进一步培养学生的创造力和适应能力，以广阔的视野和较强的沟通能力解决学术研究中的问题，于 1991 年和 1992 年分别建立了早期课程教育科技联合会和推进早期课程基础教育改革联合会，重新审视根据现代教育的前期课程设定，并在减少必需学科和学分数、提供更加多元化的课程、改进和提高英语教学实际效果、推动小班化教学、升级课程内容、健全中后期分离规章制度等方面进行了较大力度的改革创新。作为东京大学鲜明的本科高等教育特色，经过几年的实践，校内校外权威专家、老师与学生对早期课程改革创新获得的成果及其提升现代教育水平、重视个体发展给出了高度的评价与肯定。[②]

3. 以质取量，以老学科为主导

东京大学的学科以老学科为主，办学水平很高，绝大多数学科具有授予硕士和博士学位的能力。东京大学的管理者对新创建学科和教学中的改革创新持慎重的态度，以保障教育的高品质与自己的特色。"以质取胜""以质取量"是东京大学的办学目标，学校教育质量的稳定和学术研究上的高水平是维护院校尊严和殊荣所不可或缺的必要因素。因此学校在培育人才层面十分注重高品质。为达到这个目标，学校采用了一系列的对策，例如，严

---

① 刘付林：《传统、务实的东京大学》，《教育与职业》2007 年第 28 期。
② 同①。

格控制学校的办学规模，以维持院校运行的高效率，现阶段一直把本科学生总数保持在 15000 人左右；注重大学在做好课堂教学的前提下，进行科研，努力研究出全球前沿的学术成果；用心挑选，建设一支高质量的专家教授团队；课堂教学上注重基本知识文化教育，要求在校大学生必须有两年时间在修养学部学习培训必需的基础课程和一部分专业先导基础课程；创建导师带硕士研究生的规章制度，对硕士研究生严格管理。

（二）东京大学的现行组织架构

2004 年，日本明确实施了国立大学法人化的改革创新。在改革创新过程中，改革了国立大学传统的学部教授会的模式，增加了校长及其立法委员会的权利。此时，国立大学不再是政府机构的一部分，而是具有法人资格和独立经营权，改革创新了高校自有资金的形式，不再全部由政府部门操纵，而是增加了与外界的合作。[①]

在东京大学的内部治理结构中，根据《东京大学宪章》，东京大学法人团队校长为最高领导，同时设立了 7 名以内的理事和 2 名监事。校长是大学法人，校长对有关高校法人经营管理事务或教育研究的关键事项做出管理决策时，必须经经营协议会或教育研究评议会审议后方可决定。校长的选拔和辞退由校长选拔考试联合会决定，最终交文科省审批或解聘。除校长作为东京大学内部治理权之一外，学校的主要内部治理组织还包括议员会、经营协议会、教育研究评议会、校长选考委员会等。[②]

（三）东京大学内部治理的四大主体

1. 理事会。立法委员会的工作人员由校长和理事组成。校长在制定、变更或者废除有关大学或部门的关键政策、法规或其他关键事项时，必须经立法委员会审议。此外，校长还须根据需要召开委员会会议。委员会会议应当确定委员会的有关审议规定。

2. 经营协议会。经营协议会会员由校长、校长提名的法人理事、校长提名的大学法人员工、8 至 16 名校外人员组成。经营协议会的主要职责是审查中期计划和财务年度计划中与运营管理相关的事项，制定、变更或废

①　孟园园、朱剑：《日本东京大学内部治理体系探析》，《世界教育信息》2018 年第 22 期。

②　同①。

除与运营管理相关的关键标准等。①

3. 教育研究评议会。成员组成主要是校长、校长提名的理事、关键教育研究机构的负责人、特定人员。主要职责有制定、修订、废除大学本科政策法规，审议中期计划和财务年度计划中与教育研究相关的事项，研究法律法规及其他与教育研究相关的主要要求；审查与教师有关的事项；编制教育课程的战略政策；审查与学生有关的事项；制定荣誉博士学位标准，审批拟授予荣誉博士学位的人员；对教育研究情况进行个人检查和评价；审查与教育研究有关的其他关键事项。②

4. 校长选考委员会

校长选拔考试委员会共有 16 名成员，由经营协议会和教育研究评议会的部分人员组成。其主要职责包括校长的任命和解聘。

（四）东京大学内部质量保障的特征

1. 各司其职，相互制衡

东京大学在持续的调整和磨合过程中，逐步完善和形成了其当前的内部治理结构。东京大学的几个管理组织各司其职，相互制衡。校长具有最大控制权，理事会根据行政部门的审议权和优先讨论权限制校长的权力，校长在做出最终决定前必须经过理事会的审议，从程序过程中制约校长的决策权；经营协议会和教育研究评议会决定校长选拔联合会成员，定期检查评估高校法人经营事务，审查咨询高校关键事项，通过上述权力约束校长的权力；校长选拔联合会有权建议选拔、任用或解雇校长，约束校长的权力。通过这种权力分配和履行方式，可以有效防止行政职能或学术权力垄断的主导趋势，③ 完成东京大学权力的相互制衡，确保大学内部治理的有序发展。

2. 国际化战略及实践

作为日本世界一流大学的旗舰大学，东京大学有广泛的国际发展战略和实践活动。在《东京大学宪章》中，东京大学确定了大学的国际发展战略规划，将国际化作为大学文化教育、科研和服务职能再次提升的重要保

---

① 孟园园、朱剑：《日本东京大学内部治理体系探析》，《世界教育信息》2018 年第 22 期。

② 同①。

③ 同①。

障。东京大学国际战略愿景是世界东京大学，努力在新时代为世界文化项目服务，首先在亚洲范围内形成重大影响力，进而在全世界范围内为人类发展做出贡献，使世界更美好。

（1）教育的国际化

东京大学国际化战略的基本内容是将具有全球视野和一流自主创新能力的高端国际优秀人才输送到世界。东京大学规定，优秀本科毕业生应具备国际视野和优秀的语言应用能力及其在国际形势下充分发挥领导能力的前提能力。东京大学在国际发展战略中指出，大学的教育质量应偏向世界最高水平。课程的国际化是东京大学完成文化教育国际化的重要媒介，基本对策包括：一是紧紧围绕区域性和国际性研究，建立跨学科国际化新课程标准。例如，为了增强学生对亚洲社会文化、大国关系和文化媒体交流的判断和分析能力，东京大学自 2009 年起开设了亚洲信息时代课程（ITA-SIA），本课程不区分国家国籍，所有期待在亚洲和世界舞台上有所发展的员工都可以学习该课程。二是增加外语专业讲座和课程内容，加强日语文化教育。为了提高学生的英语能力和国际合作能力，东京大学在学校范围内举办了英语讲座，旨在塑造沟通能力。同时，它还为具有一定英语能力的学生开设了三国语言人才培养课程（TLP）。此外，为了促进日语及日本文化的世界传播，东京大学在建立日语教育学校的前提下，还建立了学校日语教育课程体系，为留学生及外国学者提供多样化的符合东京大学特色的日本语文化教育。三是根据课程目标和体系制订国际合作交流计划。东京大学认为院系是教育国际化的基本单位，还认为应以课程目标和管理体系为基础，根据教师的国际培训情况和学生的国际沟通能力，切实推进国际合作交流计划。

（2）学术研究的国际化

东京大学以学术成果和社会效应作为大学价值的主要标志，以国际尖端科技研究作为大学国际发展战略的重要环节。东京大学认为，科学研究的具体内容、流程和价值的国际化可以构建大学优秀人才及其自身体系，对组织机构可以产生长远的影响。东京大学将其视为大学国际发展战略的重要环节。东京大学充分利用学校的优势学科，提高学校的力量巩固世界上最高水平的学术成果。完成学术研究国际化的基本途径有两条：一是以世界面临的国际课题研究为核心，将单一或多个优势学科与全球问题的解决紧密结合，突出全球问题的研究。二是向世界开放优质教育网络资源，根据科技进步和科研成果的交流情况，促进世界学术成果的共同应用。

（3）提供服务的国际化

社会化服务的国际化是东京大学国际化战略的另一条关键实践路径。有效措施包括：一是发挥世界数字文化产业创新平台的作用。例如，从2012年开始东京大学与一般社会团体法人 Future Design Center 一起联合，从中国、日本、韩国、印度和新加坡的一些地区中选出一些优秀企业，通过创办亚洲创业精神奖对这些优秀企业进行嘉奖。目的是促进亚洲尖端技术和理念的快速发展，创造能够解决世界问题的新产业，然后根据智慧和技术的推广，建设大中型民营企业及一般产业、大学、研究合作一体化发展的创业生态环境保护机制。二是充分发挥知识创造世界聚集点的智库作用。2008年，东京大学设立了现行政策选择研究所，旨在发挥东京大学作为知识创造世界聚集点的智库作用。2016年东京大学以 G7 国家为主要对象，明确提出《全球健康维持的再构筑——对 G7 的建言》促进人们解决传染病传播、极端组织细胞生物学应用、难民问题引起的国际人员流动性等问题。三是充分发挥人才培养组织的作用。东京大学积极推进学校与外国机构合作培养人才。例如，2012年，东京大学与波音公司合作制订了高等职业教育计划，东京大学工学系研究部为波音公司定向培养专业技术人才。

## 二 东京大学本科教学质量管理与模式

东京大学是一所历史悠久的著名大学，具有办学经费充裕，师资队伍齐全，多学院、多学科的传统大学的特点。办学目标始终秉持以质取胜，以质取量，学校质量文化浓厚，保持学校稳定和高水平的学术研究是不可或缺的高校尊严和荣誉。

### （一）以研究生文化教育为重点，促进本科教育

东京大学通过改革创新形成了现有的教学科研体系，进一步改善办学条件，办好以研究生院为重点的大学，通过研究生文化教育促进本科教育。

东京大学特别注重研究生高等教育的质量，以研究生院为重点的改革创新也推动了本科高等教育的改革，加强研究生教育和本科生教育之间的

联系，为本科高等教育带来了更多的帮助和支持。除了历史悠久的传统学科外，东京大学还拥有各种研究所和现代科学研究设备，并拥有一支高水平的科学研究团队。与世界各地的大学相比，这不仅是东京大学的特色，也是难得的优势。在院系、学科、科研院所的协助下，东京大学灵活运用这一特色优势，为日本社会发展培养了大量高水平的研究人员和专业技术人员。

（二）重视科学研究，产生世界前沿学术成果

提高顶尖和基础科学研究已经成为日本面对 21 新世纪教育体制改革的重点。近年来，为了适应学术研究所面临的诸多变化，日本学术决议会于 1992 年 7 月提交了一份名为新世纪学术研究综合推广计划的报告，确定未来学术研究可持续发展的理论依据：将学术研究视为人们共同的理性创造主题活动；整合学术研究的发展方向，构建基础研究；研究人员应服务于社会，其主体性必须受到重视；促进研究和教育的综合改革。根据本报告，文科省给出了丰富学术研究基础的实现世界水平的发展目标；同时，不断完善开放的学术研究体系，使其走向世界，更好地融入学术研究发展前沿。

东京大学为保障以质取胜、以质取量的水平，高度重视培养学生的研究探索能力，提高文化教育研究质量。为了塑造这种能力，东京大学一方面注重实践高等教育的基础和基本精神，增强学生积极探索和处理课题的基本能力；另一方面注重学生文化教育，拓宽学生的学术视野，让学生有能力从不同的角度看待问题，独立全面地思考，然后进行准确的判断，激发学生丰富多彩的人性，让学生能够准确定位自己的知识和生活以及与整个社会的关系。

（三）用心挑选塑造，建设一支高质量教师队伍

东京大学重视面向世界选拔教师，致力于拥有世界公认的学术权威专家或知名学者。教授会是日本高校必备的组织，是法律法规重视高校基层民主精神的中心。教授会对大学教师的招聘和职称评定有很大的权力，这也是一个无法干预的圣域。高权力机构的学校教授会和下属联合会，有权确定学校的所有重要事项，包括竞选学校领导、选拔各类工作人员、制定学校规章制度、编制预算、明确招聘法官、设置课程内容体系等。

东京大学对教师有严格的要求。只有教授、副教授、讲师才能正式授课，助理教授不能授课，只能做一些辅助工作。基本上每个人都有一个以他的名字命名的庞大实验室或研究室，每个实验室都有1~2名助理教授和专业技术人员承担日常工作，另外还配备1~4名辅助管理人员。从任课老师与学生比例看东京大学的师生比大约为1∶10，然而如果加上助理教授和辅助人员，师生比仅为1∶3左右。与此同时，日本政府在制定的法律中，允许大学教授在国立大学与科研机构之间流动，允许大学聘请私营企业专家，允许大学教师在私营企业兼职，实施关键技术竞争产品研发规章制度，认可所有获奖者的专利权等，以鼓励和充分发挥科研人员的个人创造性。

（四）重视现代通识教育，培养多才多艺的优秀人才

东京大学非常重视基础知识的教育。新生开学后，首先在学校的教养部学习和培养两年的历史人文、社会发展和社会科学的基础知识。学习培训的课程分成"教养课程"和"基础科学"两类。教养课程又分为综合文化艺术、地域文化艺术和相关人文科学三组。基础科学分为两组。第一组是数学、物理、有机化学、微生物等专业课程；第二组是边缘科学、人文科学和社会科学的交叉课程，如电力能源计划课程、绿色生态计划课程等。随后，在各学系接受后期专业教育。用一半的时间掌握基础知识，中后期专业教育课程也非常重视基础知识与专业知识的融合。

即便是到了研究生教育阶段，东京大学依然在研究生塑造方面非常重视基础知识的教育。东京大学的硕士课程，在早期一般文化教育和后期专业教育的前提下，培养学生具有广阔的视野，掌握精而深的专业知识，塑造其在专业领域进行基础理论和应用研究的能力。博士课程，根据创造性研究，使学生在现有学术成就的前提下有新的成就和观点，同时塑造专业领域研究能力。

## 三 东京大学本科教学质量保障的经验与借鉴

（一）东京大学优秀人才培养积累的经验

东京大学的人才培养模式是精英培养模式，与东京大学悠久的历史密切相关。东京大学积累的优秀人才培训经验可以总结为以下几个方面。

第一，东京大学坚持延迟专业化的教育理念，高度重视通识教育和教育信息化，为培养具有完整人格特征、良好人文素质和相对较高专业素质的优秀人才奠定坚实的基础。

第二，东京大学要求本科生在入学后重新选择学院、专业和研究室，并逐步从本科二年级上学期选择专业到本科三年级下学期选择研究室，允许学生有两年的时间选择；同时，确保一系列主题活动在公开和公平的标准下进行和开展。这不仅给了学生更大的选择权利空间，而且充分关注学生的学习意愿，让学生有充裕的时间了解自己的真正爱好、专业知识和能力，然后在深入了解自己的前提下选择合适的专业发展方向。

第三，东京大学注重学科交叉、专业知识广度与深度的融合，遵循循序渐进的标准，通过科学的方法，逐步提高学生的素质和水平。

第四，东京大学将研究室作为本科和研究生培训的基本要素，打破了本科和硕士培养之间的隔阂，更有利于挖掘和培养优秀的专业人才。

第五，东京大学通过在学生学习期间开展英语论文阅读文章、研究成果报告、学术协会的一系列交流活动，建立了相对完整的优秀人才培训机制和论文的全过程跟踪体系，充分保证了优秀人才培养的质量和论文的质量。

第六，东京大学本科、硕士、博士招生总数相对稳定，师生比较低，确保每个学生都能享受到足够的教学资源，为培养优秀人才带来更好的基础教学条件。

（二）东京大学人才培养的借鉴之处

虽然中国和日本的基本国情不同，两国大学的具体情况也大不相同，但东京大学独特的优秀人才培养方法确实值得中国大学借鉴参考。

第一，东京大学高度重视通识教育和基础教育，与此相比，我国高校长期以来对通识教育的重视程度不够。无论是从学校管理层面，还是师生重视程度层面，这些年来，我国高校更加重视专业教育，通识教育和基础教育相对缺乏，仍需完善和加强。

第二，东京大学的人才培养始终坚持延迟开展专业教育，给学生更多了解自己、熟悉专业、选择专业的机会，以确保学生取得长远的进步。

第三，与东京大学相比，中国大学的本科教育和硕士教育相对独立，两者之间缺乏有效的互通和共享，不利于尽快发现和培养优秀的专业人才。

因此，在这方面，我国高校必须进行一些大胆的尝试和优化。

第四，东京大学的课程体系具有大量的适合各类师生共同开展的研讨课，研讨课在海外高等院校十分普遍。研讨课讨论主体一般以学生为主，教师只起到正确引导、答疑解惑等促进作用。虽然我国高校也对研讨课进行了一些探索，但在实际应用中还有待进一步加强和优化。

第五，现阶段我国许多高校在毕业论文环节，主要采取中期考核、预答辩、论文检测等方式进行毕业论文的控制管理，以此确保论文质量。这种以怀疑为出发点的监督手段并不能真正有效地解决困难，也不利于人才的培养。因此，我国高校可以从东京大学要求学生在毕业论文全过程中对研究成果进行研讨汇报这一跟踪体系中获得一定的启发，应高度重视学生学术素质的培养，建立良好的优秀人才培养机制和质量监督体系，提高专业人才的培养质量。

# 第三节 日本本科教育质量保障发展的新趋势

## 一 日本本科教育改革新态势

20 世纪 80 年代以后，高等教育的国际化浪潮促进了与高等教育相关的人力、财力、物力之间的流动。全球各类大学排行榜的出现也促进了大学之间和国家之间日益激烈的竞争。因此，提高高等教育的整体水平，建设世界级大学，已成为许多国家特别是后发国家政府和大学的重要课题。20世纪 90 年代在推进新一轮高等教育改革的同时，日本政府也开始出台相关政策，以提高大学教学质量，建设高水平大学。

（一）21 世纪 COE 计划和全球 COE 计划

1995 年，日本学术研究决议会向政府部门提出创建卓越中心（通称COE）的意见，强调为了能推动颇具创造力的世界顶尖水准的学术研究，在高水平的研究中汇聚处在研究前沿的研究者与青年研究工作人员、沟通交流科学前沿的研究信息内容、开启具备原创性的观念是很重要的，因此需要明确一个核心，建设一个高水平的研究中心。

2001 年，在竞争激烈的大环境下，文科省提出了投资建设 30 所全球高质量大学的计划，这一计划在实施后细化为 2002 年全面启动重点支持创建具备全球水平的文化教育、研究产业基地——21 新世纪 COE 计划。"21 新世纪 COE 计划"的效果非常明确，该计划重点支持在大学的各学术领域内建成具备全球最高水平的教育与研究产业基地，以提升研究水准，塑造处在全球主导地位的创造性人才，推动具备竞争力、突显个性化色彩的大学的建立。日本在 2002 年到 2006 年通过该计划投入国家预算共 1634 亿日元，2002 年到 2004 年的 3 年间有 93 所大学批准项目立项建立了 274 个 COE。2007 年，日本政府部门进一步发布"全球 COE 计划"，2007 年到 2009 年 3 年间有 41 所大学的 140 个研究产业基地得到项目立项，每个项目年资助经费预算为 5000 万至 5 亿日元。"全球 COE 计划"的落实关键点一方面是提升研究生教育质量和研究水准，另一方面是注重全球化与国际交流研究。项目实施 5 年后，"全球 COE 计划"的 140 个研究基地的国际交流研究课题数由项目立项前的 3711 项增加到 4964 项，增长了 33.8%；外教老师数由项目立项前的 1295 人增加到 1775 人，增长了 37.1%。[1]

（二）全球顶级大学新项目

在两个 COE 计划以及其他几个有关提高大学教育教学质量和研究水准项目实施的前提下，2014 年日本提出了以建设世界一流大学为目标的新计划——"全球顶级大学新项目"。21 新世纪 COE 计划设置了 10 个学科的研究领域，各大学必须在这 10 个学科研究领域内进行项目申报，政府部门依照学科研究领域执行经费预算支助。[2] 与 COE 计划以学科研究领域为基本单位进行建设不同，"全球顶级大学新项目"以大学整体为基准单位开展实施，政府对得到项目立项的大学进行拨付款项支助。

日本政府部门为执行"全球顶级大学新项目"建立了既定目标，即以提升在日本国内高等教育的竞争力为目的，与体制改革紧密结合，重点支持与世界一流大学开展合作、执行大学改革创新、大力开展国际化教育与研究建设具有全球先进水平的顶级大学和推动建设国际化的全球大学。

"全球顶级大学新项目"于 2014 年全面启动。这一项目的规章制度设计内容主要包含：（1）重点支持的大学分为两类，A 类为教育与研究达到

---

[1]　胡建华：《日本世界一流大学建设新动向》，《华东师范大学学报》（教育科学版）2016 年第 3 期。

[2]　同①。

具有全球先进水平的顶级大学，目前或者未来能够进入全球大学排行榜前 100 名，B 类为引领社会建设全球化的大学；（2）重点支持的大学总数为 A 类 10 所左右，B 类 20 所左右；（3）重点支持的资金总数 A 类大学每所每年 5 亿日元，B 类大学招生规模 1000 人以上的每所每年 3 亿日元，招生规模 1000 人以下的每所每年 2 亿日元；（4）重点支持的期限为最多 10 年；（5）为了确保项目实施效果，除了项目完成之后的评价以外，还将在 2017 年和 2020 年开展 2 次中后期点评，中后期评价的结论将影响后面经费预算的投入及新项目自身的持续性。①

当选"全球顶级大学新项目"的大学制订实施了详尽的规划，这种整体规划不仅仅是项目实施的重要依据，同时也是政府部门点评项目实施情况的指标。以东京大学为例，东京大学制订的整体规划项目名称为："日本东京大学全球校园模本的搭建"。规划中所提出的日本东京大学项目建设目标是："全球化时代全球最高水平的研究型综合性大学。"要实现在顶尖行业进行研究、在最高水平达到教育的目的，整体规划中还列出了包含与世界一流大学进行战略合作协议、根据推动综合教育改革创新搭建一个新的教学体系、执行大学整治改革创新等众多具体措施。

日本的大学通过百余年的高速发展，在世界大学中占有了一席之地，一批大学进入世界一流大学的行列。可以认为，日本政府 2014 年推出的"全球顶尖大学新项目"，一方面是基于日本大学发展的现实基础，另一方面更是为了在竞争激烈的世界高等教育环境中进一步提升日本大学的地位与水平。②

## 二 日本本科教育质量保障发展的新趋势

在高等教育改革的浪潮中，日本的高等教育质量评价和保障机制在高速发展的同时，也存在着不可忽视的问题，引起了社会纠纷和不满，对日本高等教育国际发展战略和整体运行也产生了一些不良的影响。日本高等教育的结构不能满足社会发达技术对教育的需求。随着改革的深入，日本试图通过重新定位和评价高校的发展，提高信息服务质量，培训质量管理

---

① 胡建华：《日本世界一流大学建设新动向》，《华东师范大学学报》（教育科学版）2016 年第 3 期。

② 同①。

人员，建立政府部门、社会和高校关系的新结构，填补政策实施的不足。

（一）高校分类发展，建立与高校发展层次相适应的质量评价制度

针对大学主体个性化发展不足的问题，日本一些专家学者明确提出重新定位各类大学的发展，根据不同类型对大学进行相应的评价，同时加强评价结论与财政补贴的联系，提高评价结果的公开性。日本广岛大学丸山文裕曾指出，21世纪以来，日本教育体制改革和发展的关键问题与政府资金短缺有关。在经济衰退并逐步人口老龄化的日本，政府财政对教育的支出与国际水平相比较低，在制度层面，只为少数大学提供财政支持，即所谓的选择和集中，这将导致许多小型大学可能面临破产危机。因此，大学将更加重视教育教学质量，加快改革创新。丸山文裕指出，目前日本有86所国立大学，但全球大学市场竞争不需要86所大学都参加。他建议将日本大学分为三类：一是世界级大学；二是面对特殊研究领域的大学；三是区域性大学。其中，区域性大学是加强与当地的合作，扩大大学的社会服务能力，为区域发展做出更多贡献，同时提高大学自身的实力。大多数私立大学应该以课堂教学为核心，设立护理人员、康复工程师、计算机工程师等与各种职业相关的课程。在发展中，要做好教学工作，让学生更好地就业。

近年来，日本现行的质量评价和安全保障政策实际上是加强评价规章制度与高校发展趋势类型和水平的联系，通过制定严格的评价规章制度，将评价程序流程和方法标准化规范化，监督和完善目标实施的过程，以确保各学校按照其公布的方案和总体目标进行质量建设，维护质量评价的公平、公正和透明度。例如，政府为获得财政支持的国立大学建立了专门的国立大学评价联合会，每六年对国立大学法定代表人进行一次评估，确保各国立大学在教育科研行业实现中期目标和计划，并参照评估结论进行财务分配。对大学优秀科研教学活动给予各种重点支持的评价，包括COE计划、世界顶尖大学新项目，整个评价过程包括预审、中期评价、最终评价等环节，评价结论不仅用于指导新项目的改进，而且也是拨付中后期协助基金的主要依据，对实施效果欠佳的项目减少或终止拨款补贴。针对在政治上相对独立的民办文化教育，虽然政府降低了对民办大学设定的严格管控，但是由于招生市场竞争和经济收益等多种因素，民办大学也主动加强

了对新生和大学毕业生学习成绩的评价。对于这类大学，政府让它们参与社会认知的评价和验证，其核心目的是根据更专业的评价提高民办大学的办学质量和教育服务质量。

（二）建立国家质量保证组织，利用现代信息技术提高工作效率

就像全球经济合作与发展组织对日本高等教育的评价一样，日本的高等教育改革创新优化了高等教育机构的主体性，促进了学术自由，但现在应该做的是建立国家质量评价管理体系，提高评价效率。2016 年 4 月，在对日本大学学位授予和评估组织及日本大学财务与管理中心进行合并的基础上，高等教育质量提高机构正式成立了。该机构是日本高等教育质量评价和保障的领导机构，受到文科部的授权，其主要工作职能包括高等教育机构评价验证、学位授予、高等教育质量保证国际交流、国立大学法人教育研究及其财务管理服务，确保中立、公平、透明的组织协调。作为一个单独的国家政府机构，高等教育质量提高机构与以往的各种社会认知评价组织不同，它在一定程度上聚集了原本分散的社会发展评价组织的功能，特别是日本大学财务管理办公室，实际上加强了质量评价与财政补贴的联系，确保了质量评价和保证机制的有效实施。为促进日本高等教育的创新和发展，高等教育质量提高机构与日本高等教育验证和资产评估机构合作，收集、整理和发布相关机构的信息活动。高等教育质量提高机构不仅使用各种软件上发布的信息包、国际交流网站、调查报告和定量方法，还为学生和高等教育组织的教育经理提供相关信息，还和日本高等院校门户网人像机构开展合作，根据收集的各类大学的信息管理，建立了公布大学教育和发展的数据应用系统，有效提高了评价数据的利用率，成为高等教育质量提高机构本身项目开发的强大专用工具。除此之外高等教育质量提高机构还提供质量人员培训服务项目，提高员工质量，保证专业技能，提高高等教育质量评价，保证工作效率。

（三）完善高等教育评价的全球化结构，提高日本高等教育的竞争力

和许多国家面临的情况类似，日本的高等教育评价和保障也存在大学、政府和市场三方关系的问题。大学和学术界认为自己具有专业性，政府规定了明确的定量指标及评价结论与财务分配之间的关系，市场从学生的角度考虑或追求市场权益，规定大学排名信息的目的。然而，政府和大学在

创造有竞争力的高质量教育和研究环境方面应该扮演什么角色？马金森与罗兹在重新探讨克拉克（Clark）的三角模型基础上，认为在全球化背景下，这种三角模型已不被通用，政府、大学、市场跨越了全球、国家、地方等层级，成为一体化的"glonacal（global-national-local）"机构，也就是说，高等教育评价超越了政府、大学、市场的力量均衡局面，三者为一体互相合作的方式将作为质量评价的新全球架构而出现。

在过去，大学、政府和市场的三方关系问题中，日本的大学质量评价实际上促进了高等教育资源的竞争，日本高等教育资源存在一定程度的内耗。随着高等教育全球化趋势的加剧，日本应重新考虑和建立政府、社会和高校关系的新结构，一方面在国内实施的大学评价更应注重当地学术界的价值观，调解大学、政府和市场的矛盾，实现三者的平衡；另一方面，在对外开放参与全球市场竞争时，质量评价应统一大学、政府和市场的力量，共同提高高等教育的竞争力和威望。通过这两种结构的齐头并进，扩大日本高等教育的影响力。

### 三　对我国本科教育质量保障的借鉴与启示

中日教育制度有互通之处。首先，中日对大学的分类是相似的。在中国，大学分为公立大学和私立大学，其中公立大学分为部属大学和省属大学。因此，中国的部属大学、省属大学和私立大学可以对应日本的国立大学、公立大学和私立大学。此外，两国政府部门对大学评价的管理和统筹类似，高等教育教学质量评价中心都是由政府部门开设，在政府政策的指导下运行。然而，日本不同于中国之处在于它还开设了完全独立于政府评估机构的专业评估机构，如大学基准协会、大学改革支持与学位授予机构和日本高等教育评价机构等，[①] 它们合作参与高等教育监督工作，调整和填补政府部门对大学教育质量评估的不足。虽然日本这三大机构受日本政府的监督，但与文科部的关系并非隶属关系。因此，在我国大学评价机制组织建立过程中，可以学习和参考日本的有益管理经验。

（一）提升国际化视野，推进学习成果制度

传统的老三中心以教师为中心、以教材为中心、以课堂为中心，把教

---

① 张然然：《日本大学第三者评价制度研究》，湖南大学博士学位论文，2019。

师摆在主体地位，强调课堂上知识的单向传授，方式是灌输式的，学生是被动进行学习的。为推动从"老三中心"向"以学生为中心"的教育方式转型，强调知识是基于学生自身已有的经验主动构建学习，我国急待引进学习成果制度。这样一方面可以帮助学生带着总体目标积极参与学习，让学生进一步掌握知识和技能；另一方面，教师之间的沟通可以调整课程的整体知识体系，使教学内容更加统一，促进课程内容的提高。虽然学习成果是对学生实现自我价值、专业技能、心态等内容的描述，但其实际意义并不局限于此。

第一，从全球角度来看，根据国家级学习成果制度的制定，日本利用定量数据向世界展示了高等教育的整体水平，促进了高等教育与国际化的互联互通，促进了国际交流和人才流动。

第二，从日本国家层面来看，以国家提出的学习成果参考手册为载体，所有高校都根据客观条件制定了学校、专业甚至课程的学习成果，形成了由上而下的国家学习成果管理体系。通过在行动中实施这一管理体系，提高了日本大学的整体教育教学质量，不同大学之间的教学水平差异逐步减小。

第三，从学校的角度来看，学习成果管理体系促进了高校课堂教学资源的整合，促进了教师之间的沟通与合作，形成了更加科学合理的教学体系。同时，学校的特点和实力得到了更广泛的宣传和规划，大量高质量学生的到来有利于提高高校的整体竞争力。

第四，从学生的角度来看，学生可以通过查看学校的学习成果规章制度，掌握大学四年的各种课程内容，实现自我价值，从而更有针对性地选择学校、专业和课程内容。

学习成果制度普及化对于我国具有重要的借鉴意义。一方面，促进和完成"以学生为中心"教学模式的转型。长期以来，我国大学文化教育以教师为重点，高校向教师布置教学内容，教师决定选择哪种教学方法。这种统一的标准化课堂教学忽视了学生的多样性及其需求。而近些年在我国高等教育行业逐渐提倡"以学生为中心"的教学模式的转型，充分运用学生的能动性，探寻分课堂教学、慕课教学、微课程、SPOC 等多种多样的教学方法。另一方面，引进和普及学习成果概念，可以促进以学生为本的教学模式快速发展。在制定学习成果指标值时，首先确定学生可以通过课程内容获得的专业知识、技能，其次老师针对不同学生的学习水平和学习态度因人施教，随时随地调节教学方式和教学内容；高校可以通过学生的整体特点调整整体的课程体系设置，共同实现学习成果的总体目标。在全体人员的共同努力下，带动以学生为中心的教学模式转变，促进教师和学校的改革。

（二）增强大学自我评价观念，建立大学自我评价管理体系

为了保证和提高大学课堂教学水平和科研质量，我国逐步引入了第三方评价作为监督体系之一，但大学评价指标体系的最终重点仍在大学本身。因此，大学应增强自我评价的观念，高度重视内部评价，不断反思自身的特点、定位和目标，不断地对课堂教学、行政组织、教职员工、科研、经营和人事管理体系进行检查，逐步完善自身的教育课程体系。

自《大学设置基准》修订以来，日本大学有义务实施自我评价，并须在网上向社会公布自我评价结论。在第三方评价体系建立之前，日本根据各大学的自我评价，确保课堂教学和科研质量。即使在第三方评价体系建立之后，大学的自我评价也是评价指标体系的重要组成部分。根据各评价机构制定的评判标准，各大学开展个人检查和评价并提交相对应的信息，评价机构主要对大学的自评报告进行核实和评价，再通过参观考察产生最后评价结果。[①] 我国教育部制定了《普通高等学校本科教育教学审核评估实施方案》，强调高校应定期开展教学科研、人才培训模式等考核评价，努力创造独立发展、特色发展、可持续发展的良好体系。然而，目前，大学对教育部的评价往往是被动的评价发现和纠正高校自我评价的不足，提高办学水平的意识尚未普及。因此，完善我国大学评价体系，必须完善大学自我评价理念，建立大学自我评价管理体系。[②] 日本大学的专业评价对我国高校具有一定的启示和借鉴意义。

1. 以高校内部教学质量为目标开展专业评估

校内专业评价是大学综合评价和校外专业评价的前提和基础。通过实

---

① 张然然：《日本大学第三者评价制度研究》，湖南大学博士学位论文，2019。

② 张然然：《日本大学第三者评价制度研究》，湖南大学博士学位论文，2019。

施自我检查和评价，诊断课堂教学中存在的问题并进行改进。学校以各专业提交的自我检查分析报告为载体，对课堂教学提供改进意见和必要的帮助。学院和学校内部质量保障体系的闭环运行和有效联动可以有效改善高校课堂教学的现状，提高教育科研的质量。

2. 以学生的学习成果为中心设置校内专业评估指标

从入口角度，在招生过程中，对学生的基本情况和能力进行具体的要求；通过学习环境的改变，根据教学课程、专业培养、实践活动等教学活动，从出口角度确保学生在高校授予学位后需要掌握的专业知识、技能和水平。对比学生入学前后的专业知识、技能、能力、态度、情感和意识，根据其发展变化判断学习培训的变化，这种变化实际上是学生的学习成果。学习成果的评价指标可以大概设定为专业和学生两个方面。在专业方面，可以量化分析大学毕业后的就业率、就业机会、资格获取、毕业论文的内容和水平等。在学生方面，则不仅要关注学生在学习期间的表现，还要将学生毕业后对学校学习的生活满意度和用人公司对毕业生所学知识和技能的评价纳入标准。

3. 从"要我评"转变为"我要评"

在大学内部建立常规化的专业评价机制，逐步实现高校内涵式发展。高校教育质量水平对吸引高质量学生尤为重要，校内专业评价的目标在于提高大学教学和研究质量，为社会塑造优秀人才。因此，常规化的专业评价机制是促进高校管理人员、全体教职员工和学生同心协力，营造良好的校园质量文化氛围，提高高校教育研究质量，促进高校内涵式发展的必要途径。

（三）创建符合中国国情的第三方评价制度

随着世界经济一体化程度的加深，知识经济已成为世界各国突出竞争力的主要标准，高等教育质量越来越受到世界各国的重视。大学评价体系已成为世界各国保障和提高高等教育质量的通用途径之一。例如，美国通过建立高等教育评价机构委员会对大学进行管理和认证评价，英国通过英国高等教育质量保证机构组织开展对大学的评价，而日本则在自我评价的前提下引入了第三方评价制度。目前，我国的大学评价制度还不完善，仅仅依靠大学本身的评价或政府的评价，无法有力监督大学教育教学质量。

因此，有必要引进独立于大学和政府之外的第三方机构，从外部有效地评价大学。在此基础上，参照其他国家先进的工作经验，建立和完善符合中国国情的大学第三方评价制度，有助于促进我国高等教育的可持续稳定发展。①

中国高校承担着培养基础扎实、知识面宽、能力强、素质高、具有创新能力的德智体美劳全面发展的社会主义事业的建设者和接班人的重任，是开展课堂教学、科研和社会服务的综合性机构。因此，高校必须履行向社会表明责任的职责。因此，要实施高效的第三方评价，就必须充分理解和掌握大学的特点。大学第三方评价重点并不是各大学间的横向对比，而是在充足尊重和考虑各大学特色的基础上，对各大学的教育科学研究情况开展评价，其宗旨是督促大学根据自我检查和评价情况持续发现和解决自身问题，从而提升大学课堂教学水平与科研品质效果。2015 年 5 月 4 日，中国发布了《关于深入推进教育管办评分离促进政府职能转变的若干意见》（以下简称《意见》），明确提出，为全面深化教育产业综合改革，需要对教学管理、办学和评价执行"管、办、评分离"。此外，要进一步完善相关法律法规，建立有效的教育评价规章制度。特别是在中国明确提出建设一流大学和一流学科的基本目标后，人们越来越重视大学教育科研质量，大学评价越来越受到社会各界的重视。②

1. 对第三方评价机构进行规范管理，确保评价公平公正

在中国共产党第十八次全国代表大会报告中，中国首次提出了管办评分离的概念，重点解决政府、大学和社会之间的关系。大学第三方评价机制可以合理保证和提高大学的课堂教学和科研质量，可以在一定程度上减少群众与大学间信息的不对称矛盾，有利于社会监督，但是从实施管办评分离的实际情况来看，第三方评价机构存在着定义不明确，整体规划和法律制度不完善等问题。《意见》中明确指出，在新形势下，政府必须加强深化体制改革，同时改变政府职责，为高等教育管办评分离创造更好的运行条件。

---

① 张然然：《日本大学第三者评价制度研究》，湖南大学博士学位论文，2019。

② 同①。

大学评价一直面临着到底由谁执行评价的困难。为了满足政府、大学及社会对大学评价的不同需求，大学评价应得到政府、大学和社会公众的认可。[1] 中国大学的财政补贴主要来自政府。如果将大学评估交给政府，大学的资源分配将直接完全取决于政府。我国大学之间的资源分配倾向于重点学校，如果政府承担大学评价，将不可避免地加剧大学之间的矛盾，如何制定令所有大学信服的评价规范，对好的大学增加财政补贴或扶持弱的大学，如何更好地实现高质量教育，是政府实施评价需要解决的问题。如果大学评价完全依靠自身进行，其评价结果的客观性必然会受到怀疑。因此，大学评价应由独立于政府和大学的评价机构进行。[2] 例如，日本的大学评价是由第三方评价机构实施的，以确保评价过程、评价结果是公开公平公正的。

然而，中国市场经济和大学评价规章制度并不完善。政府必须以宏观经济政策的形式干预大学评价，确保大学评价在充分发挥高校自我管理职能的前提下有序发展。政府要不断完善法律法规，规范管理，正确引导大学评价科学有序进行。目前，我国第三方评价机构良莠不齐，数量庞大，但评价质量有所欠缺。许多机构的可靠性、普遍性和可信度有待调查。目前，政府尚未对第三方评价机构的设立、评价和评价结论的应用做出具体要求和详细说明。第三方评价的行业规范需要进一步完善和加强。

2. 从评价方式上应高度重视高校自身的评价

高等教育内部质量保障体系是一个宏观系统，由多方面的子系统共同构成，作为高校评价环节的重要组成部分，它能促进大学内部教育质量保障机制的基本建设，提高高等教育质量保障机制的评价规范，逐步提升高等教育质量，有利于完成高等教育的总体目标。

我国一直实行政府统筹管理和评价的高等教育评价方法，高校教育质量保障机制建设存在诸多问题。我国高校普遍缺乏主动性，其发展趋势包括水平和程度，并与政府部门是否高度重视密切相关。政府部门拥有资源配置的主导地位，通过一些现行政策进行资源配置。高校遵循政府指导，开展大学基础设施建设，在一定程度上限制了大学的自主发展控制权，导

---

① 齐小鹂、郝香贺、唐志勇：《日本高等教育三大认证评价机构的借鉴与启示》，《煤炭高等教育》2018 年第 2 期。

② 同①。

致高等教育差距缓慢增大，形成了强者更强、弱者更弱的局面。这违背了我国高等教育的初衷，也严重影响了我国高等教育的发展趋势。如何管理、如何做、如何评价是我国高等教育发展迫切需要解决的问题。追根溯源，要确立高等教育可持续发展的目的和意义，明确政策实施的目的和效果。高等教育的评价主要是针对高等教育质量的评价，高等教育质量保障机制的建立是高校建设发展的关键环节。内部质量保障机制任何环节的疏忽都会影响高等教育质量的快速发展。

党的十八大报告提出的"管办评分离"可以有效改进以往的评价方法。参照日本采用自我评价与机构评价相结合的方式，高等院校在接受第三方机构评价之前，应当按照有关要求进行自我评价，对学校基本情况进行客观评价，并撰写《自我评价报告》。在高校自身评价的前提下，评价机构可以根据书面评价和专家实地考察相结合的方式进行评价，尽可能保证评价的客观性，提高评价结果的真实性。中国传统的大学评价通常是政府单位直接对高校进行书面审查或考察，缺乏高校自身的评价。现行"管办评分离"政策将会逐步推进高校评价形式创新，引入高校自我评价和第三方评价制度，更全面客观地开展第三方评价。[①]

3. 评价标准应重视高校自身特点

通过对日本高等教育三大认证评价机构评价标准的分析，不难发现其评价标准非常详细，整合了大学发展的方方面面，可以从多个方面对大学进行评价。日本大学认证协会建立了 6 个一级评价指标，学位授予与高等教育质量提升机构建立了 10 个一级评价指标，日本高等教育评估所设置 6 个一级评价指标值。对三个机构的一级评价指标进行统计分析，不难发现日本三大认证评价机构评价标准的具体内容中均包含了教学理念和目的、内部质量保障体系。除此之外日本大学认证协会在教育科学研究、社会工作者、社会贡献等方面也建立了相应的评价标准，[②] 学位授予与高等教育质量提升机构在教育数据发布层面设置了相应的评价规范。

---

① 齐小鸥、郝香贺、唐志勇：《日本高等教育三大认证评价机构的借鉴与启示》，《煤炭高等教育》2018 年第 2 期。

② 齐小鸥、郝香贺、唐志勇：《日本高等教育三大认证评价机构的借鉴与启示》，《煤炭高等教育》2018 年第 2 期。

除一级指标外，日本高等教育三大认证评价机构在相应的一级指标下还设置了二级指标和三级指标，将抽象的定性指标转化为若干个具有实际可操作性的定量指标，包括定量分析和量化的考察内容，在一定程度上降低了定性指标评价的主观随机性，提高了大学评价的客观性和真实性。以日本高等教育评估所的一级指标"使命和目的"的设置为案例，可以发现，它的一级指标细分为二级指标，分别为大学使命、教学目的、教育目标的设定和反映指标。在二级指标的基础上，三次细分设置了 9 个三级指标，用 9 个三级指标综合衡量一级指标的结果。日本高等教育评估所与其他两个评估机构还有一个非常典型的不同之处，它除了建立基本标准外，还建立了独立的标准评估大学的特殊性。此外，还记录了大学的特点，主要体现了对学校特点的重视。

大学评价的最终立足点在于保障和提高大学课堂教学与科研质量，因此有必要制定合理的评价标准开展评价。然而，由于不同类型的大学有不同的学校定位和特点，其评价标准不可能适合评估所有的大学，应当考虑大学自身的特点。以日本为例，第三方评价机构根据日本国立大学、公立大学和私立大学的类别和性质，分别制定了相应的评价规范，充分重视大学的办学理念。大学改革创新援助和学位授予组织不仅对所有大学进行验证和评价，而且对国立大学法定代表人和执行法定代表人进行评价，评价的重点是不同的。我国以往对不同类型、不同层次的大学选择相同的评价规范，大学教育质量评价标准相对单一。例如我国综合大学、理科大学、师范大学等自身特点不同，导致学校定位、培养目标、教学模式等具有较大的差异，再结合不同大学在办学历史和文化内涵上的差异，在实施大学质量评价时，不仅要考虑硬性研究成果，还要充分考虑校园文化、社会声誉等综合情况。

因此，对我国而言，高等教育第三方评价从评价标准的建立到评价结果的展现，都应该遵照体现多层次、多角度的原则。从多层次方面来看，优化评价标准，设置评价一级指标，同时对应一级指标的二级指标和三级指标，尽可能详细地设置评价指标，防止语言表达模糊，防止指标值不可衡量。从多角度方面来看，教育评价应尽可能全面地考虑各种评价指标值。指标值的设置不仅要包括课堂教学，还要包括更广泛的视角，包括办学理念、经营情况、基础设施、师生等方面的具体评价内容。此外，还应设置弹性指标值，重视大学特色建设，防止评价过度标准化，杜绝大学为了迎合评价指标而忽视整体建设的现象。①

4. 评价结论应向大众公开

申诉机制对于完善和健全第三方评价结果和高等教育发展与质量提高也具有重要的作用。日本通常是在与大学协商后才正式发布评价结论，这有利于提高评价结果的公平公正，降低后续问题的可能性，同时帮助高校认清自我发展形势，明晰自身的优点和不足，有针对性地提出改进建议。以日本高等教育评估所的评价步骤为例，其初步评价结论形成后允许大学进行申诉，由判断联合会对大学投诉进行判定；当判断联合会做出判断结论时，允许大学进行第二次投诉，投诉建议由联合会审查，根据联合会明确的最终结果，报文科部进行公布。整个评价过程透明化，积极接受高校和社会的监督，② 允许高校质疑评价结论，有利于预防和监督权力运行。除此之外，日本高等教育评估所还成立了专门的投诉建议核查联合会，解决各高校的问题，接受高校的二次投诉，确保评价的真实性和普遍性。

中国应继续完善第三方评价的相关法律法规，确保高等教育评价机构评价的开放性和结论的真实性与客观性。同时，完善申诉机制的基本建设，建立专门的组织解决高校申诉问题。整个申诉过程也应保持开放，并接受公众的监督。③

（四）深化体制改革，完善高等教育法律法规保障机制

日本高等学校内部建立评议会和教授会的制度，对促进学校内部开展具有代表性和民主性的内部管理工作发挥了决定性作用，是日本高等教育教学质量在短期内快速发展的重要原因之一。近几年，在我国高等教育改革浪潮中，较多专家提议学习日本高校管理的经验，仿效日本高等教育两会制，推行"教授治校"。然而，该制度的实施必须有强有力的法律制度才能保证该制度的可信度和权威性。日本评议会和教授会制度的强有力实施就取决

---

① 齐小鹏、郝香贺、唐志勇：《日本高等教育三大认证评价机构的借鉴与启示》，《煤炭高等教育》2018 年第 2 期。

② 同①。

③ 同①。

于完善的社会教育法律法规。日本制定了20多项高等教育相关法律，并逐步形成高等教育法律体系。无论是人事部门还是财务部门，全部与高校管理相关的事项都可以在法律规范中寻找根据。有章可循、有法必依是日本两会规章制度赖以生存的基础，有关法律法规确定了日本两会的地位。如果脱离法律法规的严格保护，两会在高校管理中的权威将失去保障。

综上所述，如果想要切实落实专家教授治学，防止专家教授治学形式化，进一步完善我国高等教育法律，完善法律法规保障机制是重要前提。例如，深圳大学和南方科技大学已经率先向深圳市政府提交了法律法规申请。法律可以保护教授治校，避免政府部门的行政干预。通过改革试点的不断探索，符合我国国情的高等教育法律法规保障机制将逐步完善，在依法治教的保障下确保我国高等教育质量得到提高。

现阶段，随着高校招生规模的逐年扩大，我国高等教育已走向普及化，办学规模迅速扩大，其高等教育规模已名列世界首位。高等教育产品的质量越来越受到人们的关注。建立公平、科学、合理的国家高等教育评价机制迫在眉睫。

1. 以法律法规促进教育发展，加快高等教育评价的法治建设

塑造依法办学的思想和观念，保障大学的合法权利，避免一些不必要的行政干预，提升高校自主办学的主动性，进而保证大学可持续发展的动力，提高高等教育质量。完善高等教育质量保障机制尤为重要。近些年来，《中华人民共和国教育法》《高等教育法》《普通高等学校教育评估暂行规定》等法律文件在我国陆续推出和进行修订。在此基础上，国家再次完善教育法律规范，促进高等教育评价的法治化，确保高校管理各阶段各环节遵守规章制度，大力加强执法队伍建设，确立评价权威认证的独立法人地位，确保合理、合法、独立监督的可能性。

2. 实施高校领导、行政部门、教学研究等综合人事制度改革

日本公立大学人事制度改革是以法定代表人为特征进行的综合改革创新，教师不是主要的改革对象。法人代表化后，从公务员到非公务员是教师和行政人员必须面临的重大转变。在这个过程中，教师和行政人员将会受到重大冲击。改革创新对各高校行政部门岗位的设置、员工数量和质量进行了全面的梳理，并引入以工作能力水平、工作业绩评价为主要内容的

评价体系，实行基于水平等级制度的聘用制度和工资制度，取代以前的出勤率工资管理制度。

　　我国高校人事制度改革大多仅以教师为主要改革创新目标，其主要原因之一就是政府主导的高校评估以及社会效应、各种评价指标都与教师和科研有关，这使高校领导层觉得只有加强对教师的严格要求，才能提高竞争力，从而忽视了行政后勤改革管理。但高校作为社会发展的综合体，高校各部门的共同努力才是其良好运行的保证。因而，管理团队建设与教师队伍建设同样关键，人事改革必须推进高校领导、行政部门、教学研究等综合人事制度改革。

# 第九章　韩国本科教育质量保障体系研究

韩国高等教育入学率常年居世界前列。从 20 世纪 80 年代末起，韩国高等教育规模迅速扩大，并逐步进入高等教育大众化阶段。20 世纪 90 年代以来，面对经济结构改革的需求、知识经济时代的到来，为提高高等教育质量，韩国政府出台了一系列政策和改革措施提高其高等教育国际竞争力。进入 21 世纪后，韩国政府提出高等教育要从"注重规模"转向"注重质量"，建构了符合时代需求的高等教育质量保障体系。目前，韩国高等教育质量评估形成了在政府主导下，以院校认证、专业认证和特定目的评估项目为主多元立体的外部质量保障机制，以及以自我评估、发展战略规划为主的内部质量保障机制，逐步建立起完善的高等教育质量评估体系。

## 第一节　韩国本科教育外部质量保障体系

### 一　韩国本科教育外部质量保障体系形成的背景和历史沿革

1. 时代背景与主要特点

（1）高等教育普及化程度比较高。在过去的几十年里，韩国的高等教育发展迅速，已基本完成从精英教育到大众化及普及化的转变。高等教育机构数量从 1970 年的 168 个增加到 2022 年的 426 个，并且数量和类型趋于稳定，为提升高等教育覆盖率提供了较好的外部保障。韩国高等教育完成率在 OECD 38 个成员国中位居第 4 位，比 OECD 国家的平均值 38.6% 高出 12.1 个百分点。其中，韩国 25～34 岁青年层和 35～44 岁中青年层的高等教育完成率分别为 69.8% 和 66.1%，位居 OECD 成员国首位。[①]

（2）高等教育学龄人口下降明显。自 2011 年以来，韩国高等教育适龄学生人数持续减少，情况日趋严峻。2014 年韩国高等学校在校生人数为 3668747 人，到 2022 年却降至 3117540 人。由于学生数量减少，韩国部分高校已经出现招生困难。有关统计显示，韩国 2020 年参加大学入学考试的学生为 493433 人，是自 1994 年以来第一次下降到 50 万人以下。[②]

（3）高等教育公共资金投入不足。韩国的高校资金主要来自民间投资。2008 年，韩国第三级教育经费来源结构为：公共财政投资占比 0.6%，私人投资占比 1.9%；在经合组织国家中，两者的比例分别为 1% 和 0.5%。欧洲 21 个国家中，两者的比例是 1.1% 和 0.2%。对于私立高校来说，其资金主要来源是学费，占比约为 78%。[③]

（4）高等教育国际化趋势显著。韩国大力推行高校国际化，例如实施了"留学韩国"项目，使在韩国留学的外国留学生人数急剧增加。2003 年，国际学生人数为 12314 人，2010 年为 83842 人。此外，也鼓励韩国学子出国留学，并为其提供相应的学费支持和生活帮扶。

（5）高等教育质量有待提升。韩国高等教育在世界的竞争力一直处于发达国家的中下游。瑞士国际管理学院 2006 年发布的《全球竞争力年度报告》中显示，韩国的高等教育质量在 61 个国家中排名第 50 位。在各类世界大学排行榜中，韩国至多有 2~3 所大学排在前 200 名。大学教育和社会需求度的落差较大。韩国工业联盟 2002 年的调查显示，韩国大学教育满足工业社会知识和技术要求的程度只有 26%，而其平均每年需要花费 2.8 万亿韩元（约 150 亿人民币）对招收的大学毕业生进行二次培训，时长达 2 年。[④]

2. 历史沿革

自 1995 年以来，为进一步提高大学的竞争优势，使其发展适应社会经

---

① 《最新数据！韩国高等教育完成率创新高，远超 OECD 成员国平均水平》，https://zhuanlan.zhihu.com/p/420672565，2021 年 10 月 12 日。

② 《韩国高考报考人数首次跌破 50 万人》，http://news.china.com.cn/live/2020-09/22/content_973653.htm，2020 年 9 月 22 日。

③ 唐小平、尹玉玲：《韩国高等教育质量保障制度探析》，《世界教育信息》2013 年第 21 期。

④ 朴正龙：《韩国高等教育大众化的发展历程及其启示研究》，东北师范大学硕士学位论文，2007。

济发展的需要，韩国政府针对高等教育出台了"BK21世纪智力韩国工程"等一系列改革举措，应对时代挑战。

（1）BK（Brain Korea）21世纪智力韩国工程（1999年至今，以下简称"BK21"工程）

韩国经济常年处于世界第10位左右，但其大学整体评价约排在世界第100多位。在大学发展相对落后和经济危机的双重影响下，韩国政府下决心制订了增强国家竞争力的长期方案，"BK21"工程由此出台。该工程旨在充分发挥高等教育的特点和优势，培养21世纪适应知识经济和信息化时代的新型高级人才和国家栋梁。

"BK21"工程建设内容主要包括以下几个部分：①营造良好的教育环境与科研氛围，如在经费支持上，为学生提供专用宿舍、科研经费及相关生活补助；②改善大学教授的科研环境，如实行专任教授制，改革业绩评价和职称评价等教学、科研及人事制度，构建相对公平的竞争机制；③推进建立人才培养机制，加强与国外高校的交流合作；④改革大学入学制度以及大学人事管理制度，缩小本科招生规模，扩大招生地域范围，保障学生对所学专业科目的选择权；⑤推进信息化建设，如加强电子图书馆、教师研究室、实验室等设施建设。

第一轮"BK21"工程于1999～2005年实施，总投入1.4万亿韩元。7年间，SCI转载的论文量增长了2倍，培养了大量具有国际竞争力的硕士及博士学位人才，为构建研究型大学，提高大学的研究能力和培养研究型人才做出了重大贡献。2006年，韩国政府启动了第二轮"BK21"世纪智力韩国工程，历时7年，总投入2.03万亿韩元[①]。第二轮"BK21"工程增加了法学院、医学院和MBA学院建设计划，通过推进建设高等教育评估所（院）来进一步完善高等教育评估体系，建立高质量的监控体系。目前，该工程已进展到第四轮（2020～2027年）。本轮增加了研究生院创新支持预算，有望通过以大学总部为主体的研究生院制度创新，进一步完善研究型大学生态系统。

---

① National Institute for International Education Development［EB/OL］.［2013 – 08 – 10］. http://www. niied. go. kr/index. do.

总体来说，"BK21"工程的实施与韩国高等教育的发展历史相互交织，为韩国高等教育的发展起到了极大的推动作用；使韩国政府对大学的资助方式发生了巨大的变化，改变了之前仅资助公立大学，对于私立大学很少资助且严格管控的现象。通过择优资助重点学科重点专业，使公立大学和私立大学在同等条件下进行竞争，以竞争促发展，为韩国本科教育质量提升提供了良好的土壤。

（2）大学重构计划（2004年）

2004年8月，韩国教育部围绕促进大学"培养适应社会需求的人才，提高大学运营效率"的目标，主要针对公立大学，出台了大学重构计划。该计划主要包括以下几个部分：①裁并大学，彰显特色。2007年由50所大学合并裁减至35所，招生较合并前减少10%；到2009年招生较合并前减少15%。②改善办学条件和增加经费保障，师生比降低为1∶21。改革公立大学会计制度。保证每年必须投入3000亿韩元的预算，合并大学最高可得200亿韩元的资金支持①。③在各个地区成立促进公立大学结构改革委员会，其成员由大学校长和地区代表组成，旨在探讨公立大学的发展道路和方向。④推行高校信息公开制，要求各高校向外界公布其招生比例、师生比例、就业率、预算决算等信息。⑤出台《大学结构改革特别法》，以解决合并后大学遇到的特殊问题，如退休制度问题等，以缓和私立大学结构改革之中出现的矛盾，保障重构计划落实落地。

（3）大学自主性促进计划（2004年）

韩国高等教育机构的行政管理主要以规制为主，大学的自主性不高。为进一步"去行政化"，提高大学的生产积极性和生产率，减少大学在创新上的"惰性"，提升高校竞争力，2004年12月，韩国教育部颁布了《大学自主性促进计划》，以提高大学自主性、创造性和摆脱政府规制为目标，达到提高大学竞争力和实现自由的大学教育与管理的愿景。

（4）大学特色化政策（2005年）

韩国高校招生数量与高等教育适龄人口之间供需不平衡，再加上高等

---

① 《使大学两极分化加深的"大学结构改革方案"》，http：//moe. news. go. kr.，2008年3月12日。

教育"首都圈集中化"现象严重，地方大学招生日益困难，面临严重的生存危机，这些严重阻碍了韩国高等教育的均衡发展。为此，政府加大了高等教育特色化办学的改革力度，结合区域特色，通过大学合并等一系列举措推动地方大学成为区域发展主体。自 2005 年起，韩国教育部陆续提出"面向特色化的大学革新方案"，成立"大学特色化支持专委会"，统筹相关工作，开发特色化评价标准。大学特色化政策与大学重构计划是相辅相成的，特色化政策的颁布客观上推动了韩国经济发展，在人才培养和技术革新方面起到了很大的作用，但由于国家主导色彩较重，触动的利益面广，所以与大学重构计划一样，也备受争议。

（5）教育能力提升计划（2008 年）

为解决高等教育人才无法适应工业产业劳动力素质要求的问题，韩国于 2008 年开始实施教育能力提升计划。主要做法是：对高校育人水平进行评估，根据评估结果选择性予以资助，并通过指导经费使用等举措提升高校人才培养水平。其中，评估指标包含毕业生就业率、学生录取率、外国教师比例、专任教师比例、国际学生比例、生均教育经费和奖学金覆盖率等方面。韩国政府对评估结果为优秀的大学给予经费资助。以 2008 年为例，全国共有 64 所大学获得了将近 500 亿韩元的财政补助。此外，政府组建了咨询办公室，为受益高校提供专项补贴，并根据需要提供经费执行等方面的咨询，客观上提高了大学的自治能力和经费使用效率。

（6）教育信息化建设（2008 年）

2008 年年底，韩国政府建立了高等教育信息系统，以供高校及时披露运行情况，公开如师生比、学费水平、奖学金覆盖率等相关核心指标，使学生和家长及社会人员获取更多的大学信息，同时也使大学更清楚认识自身的优劣势。

（7）两 C 政策（Cooperation & Competitiveness）

推行以合作与竞争为核心的"两 C 政策"的目的是建立一个包括合作和竞争这两大要素的竞争系统。"合作"旨在推进大学间共享基础设施和教师力量，以增强与提升韩国大学的整体竞争能力。"竞争"主要通过采取差别待遇政策，改革当前的政府投入机制；通过完善私有化等机制调整高等教育的结构；加强质量监控，尤其是加快高校内部质量保障体系的建设步伐，促使学校建立自评机制；推行社区大学计划，培养社会适应性较高的专业技术人才等。

（8）大学教育力量改善计划（2011 年）

2011 年，韩国启动了"大学教育力量改善计划"。该计划的建设目标在于立足韩国具体国情和国际发展形势，建设一批具有世界先进水平的本科院校。阶段性目标是在 2015 年之前，建设 10 个研究中心大学，并力图将其中的 3 所大学建设成世界一流大学，以提升大学育人育才水平。具体举措为在教育、教学、校园环境等方面全面评估教学型本科大学，并在其基础上实施经费倾斜资助政策。2014 年，选定 15 所试点院校优先进行改革，改革内容涵盖教育教学、人事制度、课程设计等。推行大学问责制，阶段性促使国立大学实施法人化改革。进一步完善外部教育质量评价体系，将韩国大学教育协议会指定为大学的评价、认证机构，定期对大学进行评价认证，并将评价及认证结果作为倾斜性财政支持的依据。

（9）以评价为基础的财政支持政策

为了推动高校的改革，国家采取了金融扶持的措施。通常来说，教育部对高校的资金支持有两种类型，一种是普通支持，另一种是特殊目的支持。一般支持指由教育部评价全部大学提交的财政支持申请书，并向这些大学进行不同程度的支持。对大学基础建设的支持、大学设施设备的扩充等都属于这一范围。特殊目的支持是指限定部分的大学具有申请财政支持资格或根据评价结果只支持其中部分优秀大学。为加强各大学间的竞争、提高大学建设质量，韩国从 2003 年开始把原本属于一般支持范畴的项目改为大学特色化支持项目，进一步加强了以评价为基础的财政支持。经过一系列改革，大学内部也纷纷减少行政组织，扩大大学运营自主权，进一步降低费用支出，提升工作效率。

（10）积极应对第四次工业革命政策（2017 年）

第四次工业革命一词起源于德国的"工业 4.0"，指的是数字化制造流程和创建采购流程网络所需的工业变革政策方向。第四次工业革命假设工业与社会的原子化和互联互通，指的是基于机器人化、人工智能和智能工厂技术发展的未来世界。第四次工业革命下，传统行业将被 ICT、人工智能、机器人、物联网（IoE）、大数据和数字印刷等技术进步所颠覆，线上线下贸易将没有界限。共享或按需经济等新兴商业模式也将很快普及。人工智能或社交媒体等知识服务行业将更加重要。产业结构变化直接影响劳动力市场。不需要复杂知识的低技能工作将被机器取代,称为技术失业,同时将需要更多高技能和知识渊博的专业人员。为此,韩国政府于 2017 年成立了第四次工业革命总统委员会(PCFIR),旨在协调与研发相关的重要政策事项。其目的是创造新的技术创新产业和高质量的就业机会。政府还选择了人工智能、大数据、生物技术等第四次工业革命中最热门的课题作为研究议程,并为从事这些研究的小组投入资源。此外,还选择了韩国三所顶尖大学,投资 1700 万美元支持其研究生从事人工智能相关项目研究。

## 二 韩国本科教育外部质量保障体系的组成和运行机制

21 世纪以来,韩国本科教育外部质量保障体系形成了机构认证、专业认证以及特定目的评估项目的外部质量保障机制。其中,机构认证主要依托大学教育协议会(KCUE,以下简称"大教协")开展,专业认证主要由专业学会主导,特定目的评估项目多为教育部直接主导。其具体组成和运行机制如下。

1. 组成机构

(1)韩国教育开发院

韩国教育开发院,设立于 1972 年 8 月,为韩国财团法人,属韩国的政府机关,以对符合韩国传统以及现实的教育观念、目的、内容、方法和评价等展开科学的综合性的研究为宗旨,对有关解决韩国教育所面临的问题进行研究,探索解决方案,提高学校的教育效率,为国民教育的长远发展做出贡献。

从 1998 年开始,韩国教育开发院对开设师资培育课程的大学实施以三年为一个周期的评估,并将评估报告提交给教育部。其随后引进了认证制度,淘汰未达标的大学,从而达到提高教育质量的目的。

(2)韩国教育部

韩国教育部一方面通过政策引领,设立特殊项目,直接评估大学的教育质量,如大力推动教育改革,包括补助优秀大学、地方大学特色化专项、以培养 21 世纪人才为宗旨的"BK21"工程和"NURI"地域革新力量强化工程等，对相关的大学和科研院所开展评估工作，并且直接和财政补助相结合。另一方面，通过给予大教协财政支持、兼任大教协部分管理职务、决策咨询等形式，间接参与到评估认证的业务当中。

（3）韩国大学教育协议会

1982 年，韩国大学教育协议会引入了所有四年制高等教育机构的第一个质量保证机制，当时它是一个四年制大学的自愿协会，其认证制度并没有得到政府的正式认可。2009 年，韩国大学认证机构（KUAI）正式成立，其隶属于韩国大学教育理事会，2010 年获教育部官方认证，2011 年首次进行机构认证，具体依托大教协开展工作。

大教协不隶属于韩国教育部，不受教育部直接管辖，但接受其财政支持。历任教育部次官兼任大教协事务总长，主管大部分经费使用，避免大教协在经费使用上的"完全自治"。大教协将大学的评估认证结果提交至教育部，其评价认证结果及研究成果，是教育部制定教育政策的重要参考依据之一。由此可见，大教协与韩国教育部合作密切，教育部不但赋予大教协一定的空间与权力，也起着引导与限制的作用。

（4）专业学会（学术团体）

专业学会和学术团体也参与机构认证，但主要集中在专业领域。如韩国工程 1999 年成立的教育认证委员会（ABEEK），用于评估工程项目；2003 年成立的韩国护理教育认证委员会和韩国医学教育与评估研究所，主要评估医学和护理领域；2000 年成立的韩国建筑认证委员会（KAAB），聚焦建筑领域认证；2005 年成立的韩国商业教育认证协会，用于评估商业教育领域；2007 年成立的韩国牙科教育与评价协会，用于评估牙科教育等等。为了规范中介评估组织，韩国教育科学技术部于 2008 年 6 月出台了评估认证组织的资质标准，明确了准入机制。各专业学会只有在符合选定标准的前提下，才能提供各类评估认证服务，这些资质标准对保障评估质量起到了一定的作用。

（5）企业

企业资助大学。企业资助大学主要分为专项资助与综合资助。专项资助类似于国内常见的设立某个类别的奖学金、助学金等，分配形式可由企业与校方的专门机构负责，通过设计一定的监管和评审机制，尽可能确保奖励颁发的公平公正。综合资助则大多是一次性的赞助，校方有较大的自主权，但仍要接受企业对资金的监管。

企业创办大学。20 世纪 60 年代以后，在原有的职业训练所、训练院、进修学院的基础之上，韩国的各大企业纷纷创办大学，其中著名的有：专科航空大学（由韩进集团所属大韩航空公司创办）、技术大学（由三星集团所属电子公司创办）、蔚山科学大学（现代重工集团于 1969 年建立）、浦项工科大学（浦项制铁集团于 1986 年设立）等。企业创办大学可以将迫切需要的高科技人才培养融入办学中，一定程度上缩短员工入职后的培训时间，更接近企业实际的用人需求。学校的课程设计与企业发展交相呼应，并能依据实际情况适时调整。

企业收购大学。目前比较成功的有国民大学、成均馆大学、亚洲大学、仁荷大学、中央大学等大学。以成均馆大学为例，在 1996 年，三星公司对成均馆大学实施并购。三星公司并购后，一年投资逾千亿，学校教师人数从并购前的 458 位，到如今已逾 1100 多位，成均馆大学每位老师的对外科研资金也翻了接近 3 倍。有力的经费支持，促使国家增加了对其招生名额的分配。从就业层面考虑，学生对此也有较高的期望和满意度。对部分专业学生来说，如"半导体科学"和"手机科学"专业等，学生不仅可以得到全额奖学金，毕业后只要通过心理测试和适应性测试等，就能入职三星集团。这在就业形势严峻的韩国有着莫大的吸引力。

（6）教育财团

韩国有许多财团和教育相关，例如李宗宰教育财团、高等教育财团、国际交流财团、韩国研究财团、韩国奖学财团等。这些财团为公益性教育组织，主要通过提供奖学金以及研究经费，对设施、设备的支持等举措对大学治理与评价施加影响。如韩国高等教育财团，致力于培养社会科学、自然科学、东方学、信息通信领域的优秀学者，通过设立留学生资助项目，资助优秀学生出国深造，攻读博士学位等。奖学金管理和配套服务均较为严谨、完善，不仅对获奖人员进行严格筛选，还提供个性化咨询指导。

（7）民间组织

自 1994 年起，韩国中央日报社作为民间组织参与对大学的评估。评价周期是每年一次，对大学的发展产生了重要影响。评价内容包括两部分，一是以大学为单位进行评价，二是以学科专业为单位进行评价。评价指标每年修订，及时增补符合实际需求和时代发展需要的指标。评估组由专门进行教育报道的记者和专职评价人员组成，人数在 10 人左右。同时，评估组可向由学术界专家组成的评价咨询团队咨询。评价信息来源包括韩国教育部等行政机构公开的信息资料、问卷调查资料、舆论调查资料等。中央日报社这一民间组织的评估在促进大学竞争以及提高办学质量上起到了官方评估机制所难以替代的作用。但也受到一些质疑，如有人认为这种评价容易将大学不恰当地序化，起到误导作用，将对学校招生及正常运行起到负面影响。

2. 机构认证运行机制

2008 年，根据《高等教育机构自我评估条例》（教育科学技术部条例第 21 号）、《高等教育机构鉴定条例》（总统令第 21163 号）等法律，韩国实施强制性机构认证。机构认证的目的是确定大学是否满足作为教育机构的基本要求，并着重关注学生的学习成效。以下以韩国大学认证协会（KUAI）为例介绍韩国大学机构认证运行机制。

（1）组成机构

韩国大学认证协会（KUAI）设有高校评审委员会和支持管理单位。高校评审委员会是高校评审工作的最高决策委员会，由不超过 17 名成员组成，其中包括不超过 5 名教育学者、5 名产业界代表、3 名公共或政府官员、3 名大学评审专家，其他方面专家 1 名。评审委员会的主要职能是讨论和决定韩国大学认证协会提供的基本方案、评审结果的实施方案、评审结果的最终状态和利用方案，并解决其他相关问题。

支持管理单位由行政单位和大学公正评价鉴定咨询委员会两部分组成。行政单位由认证策划小组和大学评估管理小组组成；咨询委员会由认证规划委员会、认证评审委员会、认证监督委员会三个委员会组成。认证规划委员会拥有大约 13 名由韩国大学认证协会主席聘请的机构评审专家。该委员会就认证的法规和标准以及与认证相关的一般质量保证体系提出建议。认证评审委员会通过文件报告评审、实地考察、结果验证、书面评审结果报告等方式对机构进行评审。一般由 5 名成员组成，其中包括 1 名首席执行官和 4 名高管。委员会成员的数量可能会有所不同，这取决于某一年被评估的大学的数量。评审委员由韩国大学认证协会主席从"大学评审委员会委员名单"中提名，并且必须通过"评估员专业计划"。认证监督委员会对已认证的机构在得到认证之后的两年内进行监督服务，审查该机构是否继续达到评估标准。

（2）认证程序

机构认证程序通常包括对发布公告、院校提交认证申请、确认通知、文件报告审查与实地考察、结果检验、公布认证结果六个阶段。以下是程序的简要说明。

① 发布公告。韩国大学认证协会在申请截止日期前一个月，根据申请进度、评估理由和标准举行介绍会，供各大学参考。

② 院校提交认证申请。大学按要求在校外审核前至少7个月提出申请。

③ 确认通知。在初步筛选申请后选择进行认证的大学，并将选择结果通知大学。认证所需的相关费用，由每个申请大学承担。费用可能会根据大学规模来定（基于前一年的入学学生人数）。

④ 文件报告审查与实地考察。韩国大学认证协会根据大学自评报告，确定大学是否达到教育机构的最低标准，并提出实地考察期间需要审查的其他事项。实地考察的目的是核实大学自评报告的内容，并判断大学的整体状况。在现场考察过程中，大学评审委员会对校方提供的情况进行核实，参观校内设施，并与校长、教授、教职员工、学生等参与自我评价的各级职员进行面谈。实地考察时间根据机构规模来定：学生人数少于5000人的大学为两天，学生人数超过5000人的大学为三天。

⑤ 结果检验。此举在于对结果进行比较，以确保评估组与委员会成员意见的一致。大学评审委员会的全体成员应确认评价结果（指出评价结果需要调整的地方），并审查评价标准，如有必要，应调整结果。此后，收集学校意见，与相关学校核实是否有误或有无其他意见。根据学校提出的意见，经有关委员会成员同意，可以对评估报告进行修改或改进。

⑥ 公布认证结果。机构认证委员会决定大学是否被授予"完全认证"、"临时认证"、"延期认证"或"未认证"状态。其中，6个关键指标和5个评价类别均通过，则认定为"完全认证"。认证期为5年，并持续进行监督。在某一类别评价较弱的情况下，6个关键指标和4个评价类别通过，认定为"临时认证"，认证期为2年。如大学在1年内整改完毕并验收合格，

可获得为期5年的认证；未在1年内改进的则会导致延期。"延期认证"是除上述情况外，还出现当6个关键指标和3个评估类别得到满足，但2个评价类别不合格的情况。2个弱势类别将在2年内整改并重新评估，限期整改完成可认证5年有效。如无法及时改进，该大学将继续保持"未认证"状态。大学可在公布结果后14天内提出上诉。审查委员会会根据该异议申请，重新评估可行性和论点的依据。对于未获得认可的机构，如果大学要求，委员会将在两年内进行重新评估。

（3）评价标准

机构评审标准由两部分组成：6项关键指标和5类10个领域的30项标准。其中，6项关键指标包括全日制教师名额（Quota of Full-Time Faculty）、设施数量（Number of Facilities）、新生入学率（New Student Enrollment Rate）、留任率（Retention Rate）、教育支出与学费比例（Ratio of Educational Expenditure to Tuition）、奖学金与学费比例（Ratio of Scholarships to Tuition）。大学需要达到每一项标准必须满足最低要求才能获得认证。最低要求以大学设立的规则为依据，并依照《大学设立和运行条例》以及申请政府资助项目的机构资格。

5个类别是大学运营和教育活动的组成部分，评估标准是评估领域的基础组成部分。具体包括任务和管理、教育、机构性社区、教育设施和学生支持、业绩与社会责任。每个类别分设不同的领域指标，并有相应标准。具体情况见表9-1。

表9-1　按评估类别和领域划分的评估标准

| 类别 | 领域 | 标准 |
|---|---|---|
| 1. 任务和管理 | 1.1 管理（3） | 1.1.1 教育目标 |
| | 1.2 金融（3） | 1.2.1 财政资源 |
| 2. 教育 | 2.1 学术项目（3） | 2.1.1 通识教育计划的组织和管理 |
| | 2.2 教学（3） | 2.2.1 课程和学术课程 |
| 3. 机构性社区 | 3.1 院系（3） | 3.1.1 教师招聘制度 |
| | 3.2 职工（3） | 3.2.1 人员招聘制度 |
| 4. 教育设施和学生支持 | 4.1 教育设施（3） | 4.1.1 教室和实验室 |
| | 4.2 学生支持（3） | 4.2.1 学生辅导体系和毕业生就业支持 |

续表

| 类别 | 领域 | 标准 |
|---|---|---|
| 5. 业绩与社会责任 | 5.1 大学成果（3） | 5.1.1 研究成果 |
| | 5.2 社会责任（3） | 5.2.1 社区服务政策 |

注：本表改编自《韩国大学教育委员会2016》，第24～25页。括号内数字为评价标准个数。

## 三　韩国本科教育外部质量保障体系评析

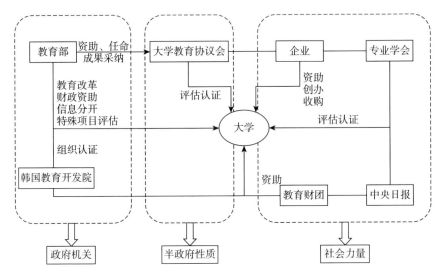

图 9 - 1　韩国本科教育外部质量保障体系结构关系

总而言之，韩国受儒家传统文化影响深刻，在本科教育外部质量保障体系方面主要表现出两大特点：一是强烈的政府主导色彩。二是社会力量对教育的极大热情与参与度。

结合图 9 - 1 可见，韩国在本科教育外部质量保障体系的构建上，政府机构、半政府性质的大教协是其主要力量，占据"半壁江山"，且其发挥的实际作用和影响力更大、更深刻。政府通过制定政策、规划等，对标国际一流学校，结合自身实际，控制本科教育在人才培养、科学研究等方面的目标，并通过组织评估认证，对本科教育质量进行过程和结果监控，最终，通过结构调整、经费资助等方式，奖励支持部分学校的发展研究，取缔或合并一些大学，以进一步提升本科教学质量。在这个过程中，政府部门精力更集中在政策与规划上，而认证评估的实施主要依靠其"代言人"——

大教协组织实施。为此，大教协形成了一套较为完善的内部管理体制，既保障政府在本科教育评估认证过程中的"话语权"，也客观上保证了多方参与、公平民主的需求。

社会力量参与方面，企业将人力资源开发环节往前延伸至大学阶段，通过资助、创办、收购大学等方式参与大学治理，企业已成为本科教育外部质量保障体系的其中一员。但值得指出的是，企业由于自身属性限制，赢利始终是其第一目的，这就导致了企业在人才方面更注重应用型及技能型人才的培养，而忽略了基础学科的培养与研究。教育财团虽然是公益性教育组织，但其本身与韩国内部各垄断型企业、产业发展相关，在对本科教育质量的影响上，有不可忽略的短视性。民间评价机构《中央日报》，有广泛的群众基础，但受企业影响大，指标与评价体系也有待完善，对提高办学质量起到了官方难以替代的作用。专业学会的评估则受众面较窄，可以视为是对大教协评估认证的补充与延伸。

## 第二节　韩国本科教育内部质量保障体系的个案研究
### ——韩国科学技术院

本科教育内部质量保障系统是指高校内部为实施连续有效的质量控制和提高质量所建立的管理系统。与外部质量保障相比，本科内部教育质量保障是一种自我诊断式、自我改进式的机制。在过去的 20 年里，韩国高校内部质量保障系统体现出鲜明的"以学生为中心"特色，在学校发展的改革探索中充分考虑学生的个人素质、技术能力、全球能力的培养。以下，以韩国科学技术院（Korea Advanced Institute of Science and Technology，以下简称韩科院）为例子，介绍其内部质量保障体系。

### 一　韩国科学技术院概况

1. 学校简介

韩国科学技术院始建于 1971 年，坐落在韩国大田广域市，是一所公立研究型大学。其在全球有较高的评价和业界认可度，是韩国第一所技术大学，也是韩国最顶尖的理工类大学，同时也是环太平洋大学联盟、东亚研究型大学协会、全球大学校长论坛、亚太管理学院联合会成员。学校英语名为"Korea Advanced Institute of Science and Technology",缩写为"KAIST",国内通常简称为"韩科院""韩国科技院""韩国高等科学技术研究院""韩国先进科技学院"等,以下简称"韩科院"。学校校园环境优美,大田校区面积为 1432882 平方米,首尔校区面积为 413346 平方米。学校设有自然科学院、工程学院、信息科学与技术学院、商学院等二级学院;建有尖端科学研究所、科学英才教育研究所、数学研究所、纳米科学技术研究所、机械技术研究所和人工卫星研究中心、脑科学研究中心、半导体设计教育研究中心等共 9 家研究所、34 家研究中心(国家指定的研究中心有 9 家)及 62 家不同领域的研究室,堪称韩国基础和高技术研究的摇篮。[①]

2022 年 QS 世界大学排名中,韩科院位列第 41 位;2020 年 QS 亚洲大学排名中,韩科院位居第 9。在英国《泰晤士高等教育》2014 年和 2017 年建校 50 年以下世界年轻大学排名中,韩科院均位居第 3。此外,路透社在 2015 年发布的"TOP100 全球最具创新力大学"排行榜中,韩科院作为唯一的一所非美国的高校挤进了前十位,成为亚洲最具创新力的大学。

招生与奖助学金。20 世纪 90 年代初以前,韩科院没有设立本科部,仅招收硕士生和博士生。自 90 年代后期起该校才开始招收本科生,且招生名额较少,筛选条件和程序都十分严格。生源涵盖全球 60 多个国家,覆盖范围是韩国之最。招生规模不大,全校本硕博合计 1 万人左右,其中本科生占比约 40%。学校为学生提供全额奖学金,本科生、研究生、国际学生凡符合条件者均可享受。奖学金金额与得奖人数比例都非常高。此外,每个月还另外支付一定的生活补助,但这些补助与绩点挂钩。

文化氛围与育人理念。学校致力于培养积极上进求学、具有良好的团队合作精神、勇于创新探索、道德意识强以及对人和环境有深刻思考的学生,力争服务国家和社会发展需求,并为韩国产业界培养创新型的人才。学校鼓励学生勤奋求学,并为此营造良好的学习环境。学生的勤奋精神世

---

① 百度百科:《韩国科学技术院》,https://baike.baidu.com/item/% E9% 9F% A9% E5% 9B% BD% E7% A7% 91% E5% AD% A6% E6% 8A% 80% E6% 9C% AF% E9% 99% A2/5480797? fr = ge_ala,2003 年 7 月。

界闻名，韩媒常常把这里的学生称作韩科院的"学习虫"。作为一所研究型学校，韩科院对学生科研能力的培养和综合素质的提升尤为重视，是全韩最早要求博士研究生在毕业前必须在国际核心期刊上发表过论文的高校。

办学模式与师资背景。根据韩国中央日报的排名数据，该校有超过80％的专业课程实行全英文授课。鼓励师生开展跨学科和综合性的研究并为此创造有利条件，如图书馆和部分实验室 24 小时开放等。此外，学校还引进国际一流师资，在办学模式与人才培养上国际化特色鲜明。

社会服务与影响力。当前，韩科院已成为提升韩国科技创新水平、引领韩国创新发展的重要基地。为了提高学校在全球的影响力，近几年，学校还实施了数项创新变革举措，通过不断增加投入、改革师资管理体制、创新管理模式、提高教研质量、激励师生发挥创造力，韩科院已朝着世界超一流大学的目标奋力迈进。

### 2. 发展规划与愿景

2022 年，韩科院第 17 任总裁李光亨在就任一年的典礼上表示，将推进韩科院新文化战略"QAIST"，为后 AI 时代做准备。"QAIST"指的是培养敢于提问的创新型人才，开展追求第一而非最好的科学研究，创造跃居世界前 10 名的国际化，推动技术创造商业化，扩大社会贡献。

培养敢于提问的创新型人才。开设"教育 4.0 计划"课程，通过各学科问题型融合课程的开发和运营，构建专业教育与领导力教育相互促进的教育体系。其中，领导力教育还将通过专业领导力培训、每月第三个星期一举行的每月沙龙以及建立领导力学院等举措来推进。

开展"追求第一而非最好"的科学研究。鼓励想法验证研究等创新研究——如"创造性挑战项目"和支持中长期想法验证研究的"飞跃研究项目"。2021 年，成立"失败研究中心"，分享失败知识，传播共识，为人工智能（AI）之后的科学范式做准备；成立"后人工智能研究中心"，以发现和支持与未来相关的创造性任务。

创造跃居世界前 10 名的国际化。成立全球竞争力委员会，制定提高世界大学排名所需的中长期战略。通过加强国际合作促进人才培养。制订全球融合计划，以吸引全球人才，推进校园国际化进程。与司法部合作，为校园内的外国人提供便利，建立全球校园，例如放宽对韩科院硕士和博士学位持有者的签证签发要求，并在校园内设立签证中心。

推动技术创造商业化。成立韩国科学技术院控股有限公司。将韩科院的研究能力与社会各个领域相结合，并扩大和发展实验室初创企业。利用韩国科学技术院的研究成果推动技术商业化，建立 R&D 再投资流通体系。建立创业支持创新体系，大力简化创业流程，创造全球价值，打造创业生态系统。

扩大社会贡献。对内，开展横向传播的管理创新，如传播捐赠文化、成立倒置管委会等。对外，建立面向公职人员开展教育的"未来政府领导中心"等，为军事指挥员和军官提供"安全融合教育"，不断扩大其社会贡献活动。

## 二 韩国科学技术院本科教学质量管理与模式

课程设计与学分设置，注重强调通识教育与研究探索。设置基于通识教育的多元化课程结构，制定与其相配套的严格的学分修读要求，是韩科院人才培养方案设计的一大特色。其本科课程结构主要分为"教学课程"和"研究课程"两大类。"教学课程"由三部分构成：一是教养课程，包括教养必修课程（含英语、体育、写作、领导力培养等）、人文社会类选修课程、自由选修课程、新生研讨课；二是基础课程，包括基础必修课程、基础选修课程，主要是通识教育范畴；三是专业课程，包括专业必修课程、专业选修课程、课题研究，主要是专业教育范畴。基础课程和专业课程两部分与国内现行的人才培养方案大致相同。"研究课程"分为：毕业研究、现场实习研究、个人研究、研讨会等形式。其中包括共同必修课程、学士与硕士互认课程、无学分课程三类。课程内容根据各学科的特点设置。明确规定了"研究"是本科生必须达到的课程目标，旨在从本科阶段培养学生的科学研究能力，为今后的研究性学习打下坚实的基础。学分设置方面，在教学课程中，教养课程修读要求为 28 学分以上；基础课程修读要求是 35 学分以上，基础必修是 26 学分，基础选修为 9 学分以上。专业课程修读要求为 40 学分以上（各专业要求不同），修读毕业研究、个人研究、研讨会的学分可以认定为研究学分。根据其本科课程修读计划，每个学生所需的毕业修读总学分是 130 学分以上。①

　　教学管理体系构建，注重以学生为中心。为确保学生能真正投身于研究兴趣所在的专业学习中，本科生阶段实行不分专业院系的入学制度和免试转专业制度。本科生经过一段时间的学习后再选择专业，一旦发现了自己的专长或研究领域调整后，也可以自由转院系转专业。为满足学生不同的学习需求和就业规划，设置了副专业及第二专业，凡本科阶段修满 33 学分以上的学生，可以申请修读副专业与第二专业，这就为满足不同学生的需求创造了条件。为满足学生个性化发展需求，深入推行学分制，配套了较为完善的学分互认制度。如施行本科生学分认证考试；本、硕、博学位连锁课程互认学分，为培养精英人才创设了"直通车"；施行海外大学双学位制度，在学期间国内外其他大学的修读学分可互认；本科学位论文替代制度（比如企业实习），如本科生在企业实习成绩优秀，可用来代替毕业论文，等等。为保证学生能根据自己的需求合理安排时间，设计了独特的 24 小时工作管理模式。学生既可以选择参加 24 小时制的实验课程，也可以选择沉浸在 24 小时开放的图书馆，同时，学生的宿舍楼门也是 24 小时开启的，以方便学生随时休息。实验课、考试都被安排在晚上，为了保障学生有充足的时间参与研究，部分实验室也是 24 小时开放的。

　　学籍管理与学业预警机制，注重对学习成效的管控。学校要求各学生的平均积分在 B 级以上，才能够为其颁发全额奖学金。学籍管理中的警告处分条例中明确：对于上学期平均成绩未达 2.0/4.3 的学生，下学期开学之前给予警告。在读过程中，对于连续 3 次受到教学警告者开除学籍；截至上一学期的成绩累计平均分不到 1.0/4.3 的学生，开除学籍。四年制本科学制最长可以延续到六年，如果学生不能按期毕业，则将被勒令退学。此外，为避免学生因压力过大出现极端行为，每逢期中、期末考试，学校心理健康咨询会发邮件给学生，可以为学生提供咨询。

　　创新教学模式，注重学生自主学习能力的培养。实施"教育 4.0 计划"，使用智能环境下的翻转学习教学；实施面向未来新生的在线课程桥梁

---

①　乐毅、谭晓妹：《韩国研究型大学本科生培养模式特点浅析——以韩国高等科学技术学院、首尔大学、延世大学为例》，《比较教育研究》2015 年第 8 期。

计划；与全球最大的开放在线公开讲座平台（Coursera）达成协议，提供开放的学习和研究平台，为世界各地的学习者提供优秀的课程，并与世界各地的大学合作创造知识。减少单向讲座，利用智能平台，让学生通过实践、互动和团队学习等形式，以及参与各种教学能力强化项目，享有最佳的学习环境。

改革教师评价机制，不再按资排辈，注重"以实力论英雄"。取消了依照教学年限进行晋升的制度，有实力的年轻教师可以在一年内得到终身教职。打破了教授的铁饭碗，更加严格审查终身教授的聘任资格。

推行本科教育国际化，注重与国外一流大学接轨，打造世界顶级大学。引进了大量毕业于全球顶尖名校的教授，如斯坦福大学、麻省理工学院等。坚持以英文授课，大大提升学生英文水平为后续深造打下良好基础的同时，也能吸引优秀的外国教员来校任教。大力推行国际合作，与美国、日本、中国等全球 60 余个国家的 200 多所大学及研究机构建立合作关系，其中包括麻省理工学院、清华大学、香港科技大学等高等院校，且每年频繁地开展学者互访、学生交换、信息互通和合作研究。[①]

## 三 韩国科学技术院本科教学质量保障的效果与经验

韩科院秉承与世界一流大学接轨的办学理念，采用了教学与科研相结合，理论与实际应用能力、研发和实践并重的培养模式及管理制度，使学生在本科时期就可以拥有自己的研究课题，充分开发了学生的科研潜力，也大大提高了学校的核心竞争力。良好的学习环境和灵活的选修制度为学生创造了适宜的发展空间，学生可以根据自己的需求制定发展目标与学习规划。严格的学籍管理制度与学分制的实施相得益彰，使学生能够根据各自的学习特点统筹安排，帮助学生树立学习目标，避免懈怠，促使学生奋力投身到学习中。

毕业后，学生创业和投身大型企业、教育机构或继续深造的比例较高，普遍都有较好的发展。如 2010～2015 年，约有 11.4 万名学生（其中超过一半

---

① 赵允德：《韩国大学评估认证制的实践及其启示》，《高校教育管理》2011 年第 6 期。

是研究生)参与到创业中,总共建立超过 60 家创业公司①,产生了 54.5 万美元的财政收入,这是韩国所有大学中最高的,并且比创收第二的大学——韩国蔚山大学多出了 4 万美元。超过 70% 的学士生选择升学,其中 50% 留在韩科院继续攻读硕士学位,很多人在拿到博士学位时不足 30 岁。此外,毕业生大部分进入韩国民间大企业、研究所和教育机构、政府机关,用人机构满意度达 90.3%。有关统计数据显示,韩国教授中有 10% 毕业于该院。②

可见,韩科院在本科教学方面取得了巨大的成功。以下几点经验值得我们重点关注并思考借鉴。

1. 注重培养学生的研究能力,推进科研育人落到实处

将理论知识与研究应用能力的培养相结合,打造以研究为中心的教育培养模式,扩大本科生参与研究的机会。如制订"本科生研究参与计划(URP)",开设 URP 课程,实施"新生学术研究与读书课题计划",为本科生提供专项经费支持(研究经费、奖学金),使大学生在本科阶段就有机会参与到科研项目中,以便熟悉科研选题、设计、方法和实施过程等各个环节,为日后科研打下基础。此举也是许多世界一流大学培养本科生研究性学习的普遍做法。

2. 围绕"以学生为中心"的育人理念,建立配套教学制度体系

在韩科院无论是专业选择、学分互认、学籍制度还是教师评价制度的设置,实际上都是为了服务"以学生为中心"的育人理念。该理念贯穿韩科院育人全过程。在我们国内近年来的教学改革中,结合韩科院的成功经验可见,要推进"以学生为中心"的育人理念落实落地,需不断深化改革,优化完善现有制度体系,真正做到培养提高学生的能力,为学生的长远发展考虑,为培养其核心竞争力应"计长远"。

---

① 《留学丨亚洲这些学校、这些专业,不比欧美国家差!》,[2015 – 03].https://mp. weixin. qq. com/s?__biz = MjM5NjgOODc5NA = = &mid = 207451469&idx = 1&sn = 4579f18cbf5a8b8c6 d533fd1297a2685&chksm = 2f4b20b8183ca9ae8f8bfba1894ead2d59e9940849bc107de305bfcd650e 716a2f1976a4214f&scene = 27。

② 百度百科:《韩国科学技术院》,[2023 – 07].https://baike. baidu. com/item/% E9% 9F% A9% E5% 9B% BD% E7% A7% 91% E5% AD% A6% E6% 8A% 80% E6% 9C% AF% E9% 99% A2/5480797? fr = ge_ ala。

3. 加强国际化水平建设是打造世界一流学校的必要手段

韩科院通过开设 80% 的英语教学课程、高比例的国际化水平师资、大量的国际合作项目等方式，打通了国际化水平的渠道，使学校科研水平与育人能力向国际一流学校迅速靠近，作为一所年轻的大学，在世界排名中有十分亮眼的表现。推进教育国际化，打造世界一流的高水平大学也是我国高等教育长期以来努力的主要方向之一，韩科院相关举措对我国高校提升国际化水平也具有较大的借鉴意义。

## 第三节　韩国本科教育质量保障发展的新趋势

### 一　当前韩国本科教育质量保障体系的成效

1. 高等教育的质量和水平显著提高

为达到评估认证的指标要求，韩国政府和大学加大教育投入，改善办学条件，为全面提高教育质量奠定了坚实的基础。大学自身引进教学评价制度，通过教学指导等，进一步提高了教学质量。各项教育教学保证制度得以进一步完善和落实，如出勤、学业预警、成绩公开等制度，学习氛围更加浓厚，学生学习积极性得以提升。课程设置更加完善，如周期性地更新课程内容，从而使课程内容能够及时反映学科发展动态和社会变化要求，促进学生学习内容不与社会脱节，毕业后能学以致用。

2. 大学的研究能力和水平显著提升

通过人才引进制度和评价制度的改革，大学引进了大量优秀人才，提升了师资队伍整体水平。改革科研评价制度，在教师聘任、职称评聘业绩评价中加大研究业绩的评价比重，引导教师在高水平学术刊物上发表论文。取消职称评审按资排辈，打通科研能力突出的年轻教师评聘教授职称的通道。这些措施，极大激励了教师科研的积极性，也营造了积极向上的科研文化氛围，使学校师资建设达到与美国名牌大学师资的同等水平。

3. 大学改革的积极性显著提升

韩国大学教育协议会举行的大学评估和认证活动极大地冲击了在大学中蔓延的安于现状的观念，在大学中掀起一股改革热潮，营造了在改革中求发展的浓厚的文化氛围。在这种文化氛围的驱动下，大学主动改革传统的办学思路，引进市场机制，树立主动适应社会经济发展需求，以学生为中心的办学理念，从而在提高高等教育竞争力的同时，增强了大学的社会责任意识和公信力。

## 二　当前韩国本科教育质量保障体系存在的问题与挑战

### 1. 外部客观环境的挑战

学龄人口急剧下降是当前韩国高等教育面临的主要问题。预计2023年大学新生人数将比2013年减少16万人。如果没有政府的干预，大都市地区和省份大学之间的不平衡预计会加剧。由于对有限潜在学生的激烈竞争，大学在教育和研究中可能无法正确地发挥作用。因此，韩国政府启动了学校重组，以尽量避免高等教育质量下降。

### 2. 自身质量评估体系的局限

韩国大学的认证评估要求一支专业且权威的团队具体执行。然而在实际操作中，评估委员是由大学教授临时组成，其权威性、专业性一度受到质疑。在评估指标的选择上，以统一性为主导，兼容性不足，无法很好适配韩国大学个性化和差异化发展的需求，容易造成大学建设"趋同化"的情况，与大学改革的理念背道而驰。在一些发展性指标上，比重偏小，容易挫伤转型中的大学、地方大学等"劣势"大学的积极性，从而影响整体评估成效。在评估的形式上，虽然采用书面评价和访问评价相结合的形式，但仍避免不了重书面评估、轻访问评估的情况。访问评估通常在每所学校安排2~3天，时间短，任务重，同时评估内容多，往往流于形式。

### 3. 来自高等教育国际化的挑战

在韩国，高等教育界和政府更关注国际学生的质量，而不是提高课程质量。为了应对这一问题，韩国教育部引入国际教育质量保证体系，于2012年推出了新的国际学生资格制度，目的在于提高国际学生的素质，为国际学生提供优质的大学课程。若高校未能维持国际学生的质量和为他们提供教育项目，将不会获得国际教育质量保证体系的认可，申请这些学校的国际学生将无法获得司法部的签证。国际教育质量保证体系的引入一定程度上影响了国际生数量。

### 三 改革与发展新趋势

韩国《高等教育法》第 28 条指出，大学的目标是培养学生的个性，教授、研究国家发展和整个人类社会所必需的深刻科学和艺术理论。这也是韩国高等教育一直为之努力奋斗的目标。近年来，韩国的高等教育正在从传统的传授知识和提供优秀人才的角色转变为创新韩国社会、增强国际竞争力、引领知识社会发展的角色。要想实现这一根本性变化，就必须建立完善的质量保证体系。强有力的政府干预，以及高等教育机构提供高质量教育的强烈愿望，一个更适合韩国高等教育的质量保证体系正在快速形成中。

1. 以创新战略为指引，对高等教育机构进行大刀阔斧改革

2021 年 5 月 20 日，韩国教育部发布了《高校系统管理与创新支持战略》，鼓励自主创新、问责制创新和结构改革，从而适应社会的变化，并且提出了以下三个政策方向：一是积极支持高校自愿调整至最佳规模，以追求自我维持的创新；二是促使财政和教育不稳定的大学大幅进行改革，建设效果不佳的大学将面临关闭；三是在大都市地区的大学和其他地方的大学、一般大学和专科院校以及同一地区的大学之间创建一个更加协作的高等教育生态系统。

2. 以政府资助保障入学率，促进高等教育公平

2021 年经合组织教育指标数据显示，韩国国立、公立大学的年平均学费比经合组织其他成员国的相对更贵，约年均 4792 美元，排名第 8；私立大学年均学费 8582 美元，排名第七。① 韩国教育发展研究院 2020 年的数据显示，大学升学率超过 70%。为此，2012 年，韩国启动了国家奖学金计划，目的在于确保有意愿和有能力的人无论在何种情况下都能获得教育公平，并逐步扩大了受益人的范围和福利金额。2022 年预算总额为 41348 万亿韩元，是 2012 年的 2.36 倍②。原则上，政府资助的奖学金赠款根据家庭收入

---

① 《韩国大学毕业生数量在 OECD 占比第一 私立大学学费排名第 7》，［2021 - 9 - 17］，https://baijiahao.baidu.com/s? id = 1711145755243655876&wfr = spider&for = pc。
② Jang Wan Ko. Quality Assurance System in Korean Higher Education：Development and Challenges，109 - 125.

和资产水平进行区分。例如，I 类奖学金直接授予符合收入和资产水平以及 GPA 最低要求的申请人；有两个或两个以上兄弟姐妹的学生也可以获得奖学金；II 类奖学金则授予满足各大学特定要求的学生。此外，从同一个非大都市地区的高中毕业后，在非大都市地区就读的当地人才也可以获得奖学金。另外，建立了 K-MOOC（韩国大规模开放在线课程），让每个人都可以在任何地方享受免费的在线高等教育。

3. 紧扣国家发展需求，培育研究型高精尖人才

第四次工业革命的时代已经到来，信息和通信技术融入了我们的现代生活。韩国政府一方面充分支持大学的基础/文科教育、非学术课程和教学质量，以确定和推广本科学习的典型案例；另一方面支持大学推广硕士和博士学位课程，以创造新的知识和技能，并带来基于创造力的创新。2022 年 8 月，韩国科学技术信息通信部等有关部门联合发布《数字化人才培养综合方案》，旨在结合大学改革重组的战略计划，将大学重组为培养尖端、数字化人才的前沿基地，提升国民整体数字化水平。强化硕博士培养，确保在全球技术霸权竞争中掌握最高数字化技术水平。预计截至 2023 年，新增人工智能融合创新研究生院 9 个，扩大新增下一代半导体、数据、网络安全、元宇宙等数字技术领域研究生培养机构；预计至 2027 年，培养软件学科专业人才的软件中心大学将从现有的 44 所增加至 100 所。放宽教师的兼职限制，将在校规中落实《智能信息化基本法》教师兼职条款，在确保优秀企业教师的同时，加大支持吸引海外优秀教师。

4. 加强高校教育与行业协同，营造良好的创业就业环境

为了应对毕业生就业困难的问题，韩国政府支持高等教育机构提高其就业和创业能力。主要通过支持大学和行业合作开发与实施定制课程，建立一种将大学和行业紧密联系起来的教育模式，并且在财政上支持大学提供符合行业需求的教育；为在国民经济中发挥重要作用的当地中小企业推广采用基于行业需求的课程，以及通过在大学中建设基础设施和创建一个充分支持创业公司的生态系统等举措，振兴创业友好型文化。

## 四　对我国本科教育质量保障体系建设的借鉴与启示

本科教育是高等教育的基础。近 70 年来，我国高等教育规模不断扩大，

为经济社会持续发展提供了强有力的人才保障，取得了巨大的成绩。但与发达国家相比，我国高等教育质量保障体系建设仍存在一定差距，如本科教育质量保障体系建设还不够完善、质量评估机制不够健全、教材与课程体系不够合理、高校自主性不强、人才培养模式较为单一，等等。2019年我国高等教育毛入学率超过50%，从此进入高等教育普及化阶段，随着国内高等教育普及化程度进一步加深，世界新一轮科技革命和产业变革迅猛发展，对我国本科教育质量提升，建设世界一流大学，培育世界一流人才提出了新的要求和挑战。韩国作为我们的老邻居，已率先进入高等教育普及化阶段，并为建设世界一流大学而进行了诸多探索。其在本科教育质量保障体系的建设上有很多值得我们借鉴学习之处，其改革过程中遇到的困难与挫折，也给我们敲响了警钟，可以帮助我们少走弯路，更快更好推进中国特色本科教育质量保障体系的健全和完善。

1. 加强特色化建设推进高等教育布局调整

当前，国内出生率的降低，对高等教育带来的连锁反应牵动着众人的神经。国内学界现在主要有两种声音，一种是认为出生率的降低将对我国高等教育带来比较大的冲击，跟韩国一样，很多大学面临倒闭。另一种则认为影响不大，因为现在国内呈现高等教育布局和发展不均衡，中部和东部地区高等教育资源较丰富，入学率高，而西部高等教育资源相对匮乏，入学率也有较大的提升空间。但不管是哪一种可能，高等教育机构的改革重组将是未来的趋势。韩国近20年来一直在推进高等教育的改革重组，合并撤销了一批高校，虽然数量没有当时预期的那么多，对韩国高等教育界带来的动荡也没有预料中的大，但效果却十分明显。反观我国的高教态势，随着"211工程""985工程"和"双一流"等建设方案的出台，教育资源分配不均衡日益严重，地方大学处境"日渐艰难"，地方大学之间的竞争也更加激烈。随着出生率减少，分配到的招生名额降低，处境不佳的地方大学很可能面临"关门倒闭"的情况。在这个问题上，不如主动出击，学习韩国扶持地方大学的特色化建设思路，通过政府宏观统筹，加大地方政府和地方大学的配合力度，进一步提炼大学的办学特色，结合办学历史和区域优势，加强谋划，通过整合优化，主动打造不同地区、不同级别类别、服务不同战略决策的特色高校体系。在此基础上，进一步下放高校自主权，鼓励高校根据特色情况自主调整办学规模，通过政策扶持和经费支持，为高校的特色化转型营造一个有利资源集聚的外部环境。

2. 建设完善多元化教育评价体系

多元教育评价体系是韩国本科教育体系中最亮眼之所在，也为我国本科教育质量改革提供了很好的借鉴。一是推进"管办评"分离。现在我国推行的主要是政府主导的本科质量评估，在对高等学校进行评估上行政干预较多。此外，社会力量参与较弱，来自社会方面的声音，如企业、媒体、专业学会对高校的影响和督促不够。因此，进一步推进"管办评"分离，推动评估机构专业化、评估主体多元化等，都是我们需要在后续的改革中进一步努力的方向。向韩国学习，赋予高校质量建设和保障的主要权责，发挥专家优势和专业认证机构优势，强调政府、用人单位、行业企业、家长学生等多元利益群体共同参与，共同构建高等教育质量评价的多元价值体系。二是推进评估体系的精细化与指标设计的灵活性。由于我国高等教育目前仍存在发展不平衡问题，在评价指标的制定上也存在"一刀切"，指标不够灵活等情况，在后续教育评价改革中，建议根据办学目标对高校实施分类精细化考核，定期改善优化考核指标，减少对"重奖"的路径依赖，减少高校在发展过程中人才的无序流动和浮夸之风。三是评估结果的运用，应由绩效奖励向问责制改变。资源配置也是我国政府对高校本科建设质量进行宏观调控的有力手段。目前，我国实施的也主要是以奖励为导向的支持体系，问责制的实施往往流于形式，一定程度上造成了大学在改革与发展中的"惰性"。为激发大学活力，提升大学办学自主性，可考虑进一步与评估结果相结合，推进"问责制"的落实落地。

3. 推动人才培养模式向"以学生为中心"转变

好的大学，总是让人"又爱又恨"。"以学生为中心"要求在人才培养方案、专业设计思路、课程设置、教学模式、教学管理等方面以学生为中心，坚持成效导向，关注学生能学到什么，成为什么样的人，注重学生真正获得的知识和能力，注重学习效果的评价和跟踪反馈，将学生作为主要利益群体参与高等教育质量保障过程，将保护学生利益作为高等教育质量保障的重点。在评价方法方面，强调以学生学习结果为导向，将学生的就读体验和学习成果作为评价教学质量的重要指标，重视学生学习结果的记录和评价，在定量与定性相结合的指标体系中展现大学对"以学生为中心"的办学模式的执行力度及改革深度。在具体落实上，韩科院做了一个很好的示范，国内很多高校也有不少行之有效的探索，如推进学分制改革，推动大学间的学分互认，实施"本硕博"课程学分的互认，推进"本硕博"衔接，为本科生创造更多参与科学研究项目的机会等等，都为推动我国高等教育质量保障体系的进一步完善做出了有益的探索。

4. 开展更深层次的产学研协同育人

韩国私立大学众多，大学与企业紧密联系，企业资助办学也是韩国大学办学的一大特色。因为大学的设立与企业有千丝万缕的联系，所以在推进产学研融合方面形成了天然的优势，产生了很多值得借鉴的经验，如在大学设立企业定制类课程、将企业培训前置到大学教育中，改革授课形式，将课堂转移到企业中，等等。而在我国，职业教育与企业的协同育人有较大的优势，职业院校与企事业单位建立了较好的产学研协同育人机制，但普通高等院校虽然近十年来都在大力推进实践教学、协同育人，但更多流于形式；虽然也取得了不少成绩，但成效远不如预期。为"培养一流人才、服务国家战略需求、争创世界一流"，需要进一步推进新文科建设，强化实践教学，深化协同育人，推动高校与企业、政府部门在人才培养方案制定、课程建设、教材建设、学生实习实训等环节深度衔接。建议可在企业、政府部门设立专门机构负责产学研相关工作，建立相关制度保障。将企业的人才需求及发展课题"前置"到高校的人才培养中，探索实行高校和企业联合培养高素质复合型人才的有效机制。整合企业资源，积极拓宽学生到国际组织实习的渠道。

# 第十章　国际高等教育质量保障组织及其发展

　　国际高等教育质量保障组织是指"对高等教育体系、院校或专业（项目）进行持续评估（评价、控制、保障、保持和改进）进程"① 的相关正规国际化组织机构。出于高等教育质量保障国际化进程发展的需要，这类机构常常在发展中呈现出跨境全球化趋势。它们大多数由政府部门或社会团体主导成立，通过组织对高校教育教学开展外部质量保障活动②，从而对某一地区、区域甚至全球的高等教育质量保障发挥积极的作用和产生深刻影响，促进高等教育教学质量保障效能的提升。

　　20 世纪 80 年代以来，高等教育质量保障国际化的诉求开始不断增加，国家高等教育质量保障组织随即出现了国际化的倾向。对于如何在国际化趋势下找到保证高等教育利益相关者权益和高等教育质量新的评估与监控方法这一话题，全球各国及地区展开了深入持久的讨论。一批国际高等教育质量保障组织机构也相继成立。其中，最早成立的是 1991 年诞生的国际高等教育质量保障协会（The International Network for Quality Assurance Agencies in Higher Education，以下简称 INQAAHE）；之后，在欧洲高等教育质量保障的诉求下，2000 年成立了欧洲高等教育质量保障协会（European Network

---

① 〔美〕拜高尔克（Bigalke，T. W.）等主编：《亚太地区高等教育：质量与公共利益》，杨光富、任友群等译，华东师范大学出版社，2012。

② 别敦荣、易梦春、李志义、郝莉、陆根书：《国际高等教育质量保障与评估发展趋势及其启示——基于 11 个国家（地区）高等教育质量保障体系的考察》，《中国高教研究》2018 年第 11 期。

for Quality Assurance，以下简称 ENQA）；出于高等教育质量保障多样性以及亚太地区发展的需求，INQAHHE 于 2010 年在亚太地区设立了分支机构——亚太地区高等教育质量保障协会（Asia-Pacific Quality Network，以下简称 APQN）。在这一话题热烈讨论的过程中，美国高等教育认证理事会（Council of Higher Education Accreditation，以下简称 CHEA）于 1996 年正式成立，它在对评估机构认证规范方面的实践经验有力地促进了全球高等教育质量保障效力提升，对高等教育规范发展产生了深刻的影响。

国际高等教育质量保障组织在质量保障中发挥了不容忽视的作用，其诞生之由反映了时代的需求，发展近况反映了行业趋势，其正常运转与高等教育质量保障的效能紧密相连。而新冠疫情时期以及后疫情时代，这些国际性组织又面临诸多挑战，为保证工作正常开展，各组织不得不积极采取应对策略，履行其职责与使命。

# 第一节　国际高等教育质量保障组织简介

本节简要介绍国际高等教育质量保障协会（INQAAHE）、欧洲高等教育质量保障协会（ENQA）、亚太地区高等教育质量保障协会（APQN）、美国高等教育认证理事会（CHEA）四个国际性高等教育质量保障组织，通过了解其成立背景、宗旨、使命、成员类别等方面情况，从而理解后文中的组织发展近况以及新冠疫情下的发展趋势。

## 一　国际高等教育质量保障协会（INQAAHE）

20 世纪 80 年代以来，特别是 90 年代以来，跨境高等教育质量日益成为世界各国关注和研究的热点。1991 年，来自世界 23 个国家和地区的 100 多名代表集聚在香港，共同商讨高等教育质量保障问题。会议期间成立了"国际高等教育质量保障协会"（The International Network for Quality Assurance Agencies in Higher Education，INQAAHE）。1998 年在巴黎召开的世界高等教育大会上，高等教育的针对性、质量和国际化，作为三个核心理念被写进了其行动纲领《21 世纪高等教育展望和行动宣言》。毫无疑问，21 世纪将是一个质量的世纪。正如美国质量管理协会理事长哈灵顿博士所言："现在正在进行的第三次世界大战，不是军事冲突，而是质量战。"①

作为最早成立的国际性高等教育质量保障组织，INQAAHE 目前拥有成员超过 300 个国家和地区，遍及五大洲，是同类组织中成员最多，影响力最大的教育领域中全球性非政府组织。其会员组成分为三类，包括正式会员、副会员和个人会员。正式会员负责长期对外开展认证和评估等质量保障活动；副会员则是那些对高等教育评估、认证和质量保障有兴趣，但并没有义务对外开展质量保障活动的机构，包括学术机构、高等院校、大学拨款委员会等；对于高等教育评估、认证和质量保障等课题具有浓厚兴趣的学者则可申请成为个人会员。

INQAAHE 创建的目的主要包括：（1）创造、收集和传播当前有关评价、提高和保障高等教育质量方面的理论和实践信息；（2）在高等教育质量相关领域开展或委托研究；（3）通过与国际机构接触和其他方式，表达其成员对高等教育质量问题的集体看法；（4）推进高等教育质量理论研究和实践行动；（5）提供咨询意见和专门知识，协助现有和新兴的质量保障机构开展业务；（6）加强质量保障机构之间的联系，以及支持质量保障机构协会开展活动；（7）协助会员确定跨国经营机构的行业标准，并促进国际上对其资格的知情和认可；（8）协助制定和使用信贷转移和信贷积累计划，以加强学生在机构之间（国内和跨国界）之间的流动；（9）使成员能够对不当的质量保障做法和组织保持警惕；（10）按要求组织对成员运作情况的审查。自成立以来，INQAAHE 在全球范围内收集、宣传高等教育质量评估的理论和实践经验，分享研究成果，以帮助其成员开展国际合作，在高等教育评估上建立国际公认的统一标准和评估机构的行为规范作为自身的职责。该组织的使命是为了高等院校、学生以及整个社会的利益，促进教育质量保障机构相互分享信息与经验；引领行业理论与实践发展；开发与推广质量保障专业实践标准；鼓励与帮助会员机构持续进行专业发展和能力建设②。

---

① 史秋衡、陈蕾：《中国特色高等教育质量评估体系的范式研究》，广东高等教育出版社，2011。
② 赵立莹：《国际化背景下高等教育质量保障组织发展研究》，中国社会科学出版社，2016。

INQAAHE 作为国际高等教育质量保障组织的先行者，它成功构建了一个质量保障联络社区，其成员有着共同的利益、共同的语言和对工作领域非常具体的共同认知。不可否认，INQAAHE 为讨论超越国家或区域边界的全球问题提供了一个论坛，为国际质量保障的发展奠定了良好基础。

## 二 欧洲高等教育质量保障协会（ENQA）

成立于 2000 年的欧洲高等教育质量保障协会（European Network for Quality Assurance，ENQA），总部设在比利时首都布鲁塞尔。在 20 世纪欧盟颁布一系列有关教育的行动计划，高度关注高等教育质量保障，在希冀重塑欧洲高等教育辉煌梦想的背景下，ENQA 顺势而生。它在促进欧洲质量保障专业化、国际化，规范欧洲各国质量保障机构的实践活动等方面发挥了重要的作用。

ENQA 组织构成涵盖五部分：大会、董事会、秘书处、诉求受理委员会、机构审查委员会。大会是 ENQA 制定重要政策和决策的机构，由协会的成员组织组成，并由 ENQA 附属机构、欧洲部长级代表和 ENQA 伙伴组织作为观察员。会员大会每年召开两次，讨论和批准对协会具有战略意义的事项，如战略计划、年度工作计划和预算；大会还负责选举协会董事会、主席和副主席，并批准 ENQA 委员会做出的决定。董事会是协会的执行机构，负责规划、实施和监控 ENQA 的活动，对会员和附属申请做出决定，以及协会的整体管理。秘书处负责 ENQA 的日常行政和管理。诉求受理委员会处理与董事会做出的决定、会员事宜和 ENQA 机构审查程序执行有关的上诉和投诉。机构审查委员会负责通过评估审查过程的完整性和检查报告的质量与一致性验证外部审查报告。ENQA 会员和隶属机构数截至 2021 年 6 月，已达 112 家。

ENQA 作为一家国际性非营利组织，其核心价值包含以下几点：诚信——ENQA 通过与成员、分支机构、合作伙伴协商，以诚信、公平、公正、客观和专业的方式运作；透明——ENQA 的运作具有明确的政策和流程，它发布决策标准和程序，并向公众提供有关项目和事件的报告和信息；独立——ENQA 仅对其成员负责，确保 ENQA 机构审核过程及成员资格决定的独立性；社会责任——ENQA 在制定其标准和流程时谨记其社会责任，在与利益相关者的沟通中，ENQA 确立了质量保障的社会责任以及对联合国可持续发展目标的贡献要求。①

ENQA 的宗旨是通过质量保障实现高等教育的卓越，其职责使命是通过欧洲政策，在国家层面和欧洲层面，对质量保障机构的工作产生积极影响。它是代表欧洲各国和全球范围质量保障机构利益的伞形组织，尤其在与利益相关者机构合作的决策中，为成员机构提供支持。该组织围绕核心价值、宗旨和职责使命，日常通过开展不同类型的活动实现其目标，譬如向会员、隶属机构、利益相关者和政策制定者传播和分享高等教育质量保障方面的信息、专业知识和做法；在欧洲和世界范围内，发展和加强与高等教育组织的伙伴关系。②

## 三 亚太地区高等教育质量保障协会（APQN）

2003 年成立于中国香港的亚太地区高等教育质量保障协会（Asia-Pacific Quality Network，APQN）是亚太地区教育领域非政府、专业性、区域性的国际组织。在高等教育资源不能满足多样性需求，亚太地区高等教育资源相对贫乏与亚太地区对于高等教育质量保障需求扩大之间的冲突背景下，2003 年 1 月，以"加强亚洲太平洋地区教育质量保障机构工作的交流与合作，共同提升该地区高等教育质量"为使命③的 APQN 成立了。

APQN 组织结构主要涵盖会员大会、理事会及其下设的专业委员会和项目组及秘书处等。会员大会为其最高权力机关，理事会主要负责决策，专业委员会和项目组负责具体事项管理以及执行，秘书处负责日常行政和财务管理。到 2020 年，APQN 拥有来自 42 个国家/地区的 242 名会员，包括来自中国、澳大利亚、新西兰、新加坡、日本、菲律宾、巴基斯坦等国家的高等教育质量保障机构或高等院校，已经成为亚洲和太平洋沿岸地区高

① ENQA 2021 年 3 月 10 日发布文件 *STATUTES OF THE EUROPEAN ASSOCIATION FOR QUALITY ASSURANCE IN HIGHER EDUCATION* https://www.enqa.eu/wp-content/uploads/ENQA-Statutes-2021.pdf.
② ENQA 2021 年 3 月 10 日发布文件 *STATUTES OF THE EUROPEAN ASSOCIATION FOR QUALITY ASSURANCE IN HIGHER EDUCATION* https://www.enqa.eu/wp-content/uploads/ENQA-Statutes-2021.pdf.
③ 赵立莹：《国际化背景下高等教育质量保障组织发展研究》，中国社会科学出版社，2016。

等教育质量保障最庞大、最具影响力的国际组织，显示出其蓬勃的可持续发展的趋势。

APQN 希望成为与高等教育相关的自立组织，并为其成员就高等教育中与质量保障有关的所有事项提供专业知识与建议，成为讨论和咨询的首要参考部门。其目标是为质量保障消除区域边界，以实际行动促进亚太地区高等教育质量的保持和提升；为亚太地区质量保障机构提供规范指南和指导性建议；促进质量保障机构之间的密切联系；为成员制定教育机构跨国提供教育服务或进行质量保障活动提供参照标准；促进亚太地区学历证书相互认可；促进学生在区域内教育机构和成员国之间的流动，完善区域内的国际化程序。为此，APQN 将采取一系列方法以达到其目的，比如通过通信、文件、期刊和书籍传播信息，包括纸质媒介和电子邮件等形式；通过研讨会、讲习班、会议和工作人员交流进行培训和提升；开发和利用来自其他组织的数据库和其他资源；理事会确定的其他事项等。

APQN 的使命宣言是通过合作，增强亚太地区机构和个人的知识能力，在其特定的高等教育部门内提供优质的教育；核心价值是致力于优质高等教育，并支持该地区的优质机构。① 不可否认，APQN 作为 INQAAHE 打造的质量保障社区中的一员，其发展态势之迅猛也说明了亚太地区教育需求之大。APQN 有效地提升了高等教育质量保障的多样性，促进了亚太地区高等教育质量保障的发展，提高了亚太地区在国际教育中的竞争力。

## 四 美国高等教育认证理事会（CHEA）

成立于 1996 年的美国高等教育认证理事会（Council of Higher Education Accreditation，CHEA）是一家代表美国国会和教育部进行认证和质量保障的权威机构，同时也是以质量认证机构的资格认可为主要任务的一家非官方机构。它不但对美国本土高等教育机构实施认证，还参与国际质量审核与认证活动，是全球最具影响力的国家质量保障和协调组织之一。

虽然 CHEA 以现有名称正式组建是在 1996 年，但其历史可追溯至 1949

---

① The Fifth Board Council of APQN 发布于 2016 年 6 月 4 日 *Dissolving Boundaries for a Quality Region：APQN Strategic Plan* https://www. apqn. org/images/contents/library/Annual% 20Report/APQN_ Strategic_ Plan_2016 – 2019. pdf.

年成立的全国认证委员会（National Committee of Accreditation，NCA）和
1964 年成立的联邦高等教育区域认证委员会（Federation of Regional Accredi-
ting Commissions of Higher Education，FRACHE）[①]。美国作为全球中认证开
始最早的国家，至今已有 100 多年的历史，而其专业认证协会也随着时代发
展不断改组变迁。到 1993 年，美国高等教育认证才形成了全国统一的局面，
高等教育认证委员会（Council of Postsecondary Accreditation，COPA）成为全
国各行各业院校认证和专业认证的总代表，其后，该组织因为陷入联邦学
生贷款归还问题等纠纷彻底解散。1994 年 7 月，24 所高等院校组成了一个
校长鉴定工作组；1996 年 3 月，该工作组将关于成立新的高等教育认证委
员会的建议和 CHEA 理事会的选票分送到 2990 所院校，从而实现了美国高
等教育历史上第一次全国性公决，在此基础上成立了 CHEA。至此，CHEA
成为了美国高等教育的总代表[②]。此后，CHEA 不但对美国本土高等教育机
构实施认证，还开始参与国际质量审核与认证活动，成为全球最具影响力
的国家质量保障和协调组织之一。

　　CHEA 中董事会和认可委员会负责开展认可工作。9 名成员组成认可委
员会，每人任期三年。委员会中的公众代表来源具有多样性，通常为专门
性认证机构、地区性认证机构、全国性认证机构的代表和来自各所学院、
大学的代表。值得注意的是，委员会成员与董事会成员是相互独立的，董
事会成员不能在委员会任职或工作，这有利于保证认证工作的权威性和高
效性。委员会对认证组织的候选资格、认可资格及认可范围向董事会提供
建议。根据建议，董事会对委员会提交的报告及推荐信进行检查，并做出
最终决定。目前，CHEA 的会员单位已涉及美国 3000 多所大学和 60 多个院
校及专业认证机构。

　　CHEA 一直以来强调其宗旨是通过倡导认证的价值和独立性、对认证组
织的认可以及对高等教育质量的承诺，为其成员、学生和社会提供服务。
CHEA 的国际分支机构——CHEA 国际质量集团（CHEA International Quality
Group，CIQG）则旨在协助世界各地的机构和质量保障组织进一步提高学术

————————

①　侯静：《美国高等教育认证体系中的民间组织研究》，西南大学博士学位论文，2008。

②　任赠林、刘桔、王亚杰：《美国高等教育质量保障体系的特点及其对具有中国特色质量保
证体系建设的启示》，《学位与研究生教育》2004 年第 3 期。

质量能力，并促进国际对质量保障的理解①。通过执行以下职能，CHEA 为高等教育成员、认证社区和公众提供服务：（1）通过认证过程验证健全和有效的高等教育认证机构；（2）开展和协调研究，推进认证和质量保障并提供相关信息；（3）通过认证和同行评审，向政府、媒体和公众宣传高等教育质量；（4）通过公共年鉴收集和传播有关认证的数据和信息；（5）调解争议并促进认证机构与高等教育界之间的沟通；（6）致力于保持学院和大学的质量与多样性②。

## 第二节　国际高等教育质量保障组织的发展动态

国际高等教育质量保障组织的战略目标、活动轨迹和研究方向诸方面的发展动态，一定程度上能够体现国际化背景下高等教育质量保障的发展趋势。通过了解各组织在高等教育质量保障中的作用与影响，可以为我国高等教育质量保障提供一个视角并从中获得启示。

### 一　INQAAHE：引领全球范围内教育质量保障的可持续发展

为了促进教育质量保障机构相互分享信息与经验，引领行业理论与实践发展，开发与推广质量保障专业实践标准，鼓励与帮助会员机构持续进行专业发展和能力建设，INQAAHE 实施了自成立以来就一直坚持的各项举措，在信息传播、组织合作、咨询建议、学术研究、监控认证、机构评估等多个方面发挥积极作用。

2000 年 INQAAHE 借助互联网的东风，通过建立网站搭建了高质量的信息平台。重要会议信息、论文、简报、年报、发展规划、由全球杰出质量保障人员共同编写的培训材料、评估程序和认证标准等材料都会及时地在网站上发布。

---

① 来自 *CHEA AT A GLANC*，由 CHEA 发布于 2021 年 10 月 26 日：https：//www. chea. org/sites/default/files/pdf/CHEA-At-A-Glance_ August2021_ FINAL_0. pdf。

② working-with-members-informing-the-public （chea. org）https：//www. chea. org/sites/default/files/pdf/CHEA-At-A-Glance_ August2021_ FINAL_0. pdf.

1. 战略目标变迁及相关措施

根据 INQAAHE 在网站上发布的 2017 年度报告①：该组织 2013～2017 年的战略目标主要是提高 INQAAHE 作为质量保障全球领导者的可持续性和相关性，在全球范围内促进高等教育质量保障。

为了完成 2013～2017 年的战略目标，INQAAHE 重点围绕以下几方面开展工作：（1）发起《INQAAHE 高等教育外部和内部质量保障全球研究》；（2）引入经修订的程序手册，以实施《INQAAHE 优秀实践指南》；（3）制订 INQAAHE 2017 年资助计划：支持质量、质量保障以及塑造成员能力；（4）开展《INQAAHE 的影响、挑战和趋势——2017 年的研究》，旨在提高 INQAAHE 的关联性和透明度；（5）与英国质量保障协会合作资助打击腐败的倡议；（6）开展一系列与建立和实施全球质量保障注册相关的活动；（7）与区域协会、大学协会和国际领导组织加强合作，推进联合国《2030 年可持续发展目标》，特别是关于教育的目标；（8）修订 INQAAHE 运行和结构模式，以提高其可持续性和相关性；（9）设计 INQAAHE 资金和收入模型（财务多元化模型和《财务操作手册》)②。

2018 年 INQAAHE 启动了新的战略计划，确立了新的行动方针，在新计划的指导下，INAQQHE 完成了以及拟完成以下活动：（1）修订 INQAAHE 成员类别和标准，以引入一个新类别——良好行为指南（Guidelines of Good Practice，GGP）联盟成员，这有利于保持质量保障机构运作的信誉；（2）引入有关质量保障审核员培训和认证的新计划，旨在增强质量保障规定的效果；（3）完成 INQAAHE 高等教育外部和内部质量保障的全球研究及其出版的筹备工作，为此成立了内部质量保障委员会；（4）INQAAHE 2018 年资助计划支持质量和质量保障方面的研究，以及成员能力建设；（5）继续与 IN-QAAHE 会员合作，促进反腐败倡议落实；（6）加强与区域、大学协会、专业和特定学科认证机构的合作，并且领导国际组织共同寻求解决方案，以

---

① INQAAHE 2017 Annual Report https://www.inqaahe.org/sites/default/files/2017 - Annual-Report.pdf 发布于 2018 年 4 月。

② 同①。

应对 INQAAHE 和质量保障目前面临的挑战①。

2019 年对 INQAAHE 至关重要，协会重新考虑了管理方法，以增强其可持续性、规定的相关性和运营效率。协会设法确定了新的收入来源，目前正在研究建立增强收入的提案，希望巩固并扩大组织的潜力，以确保有更多机会使会员受益。为了促进相关性，已采取了许多新举措，例如再次打造 GGP 品牌、小型证书质量保障、外部审核员的培训和认证，同时试图将所有发展与对资格的认可联系起来，与《2019 年联合国教科文组织全球公约》保持一致。

在 INQAAHE 不断调整其战略计划过程中，协会始终坚持开展学术研究活动，既从根本上提升各组织对于高等教育质量保障研究的认识，又有助于从业人员讨论前沿话题、分享最新信息。

2. 学术研究

INQAAHE 早在 1995 年就创办了质量保障和评估类专业学术刊物《高等教育质量》（Quality in Higher Education），此期刊一年三期，每一期主题相对集中，将最新的研究成果在成员之间进行交流。该学术期刊的发行，是 INQAAHE 走向专业化的重要标志。在 2018 年，INQAAHE 提交了此期刊出版有史以来第一份有关教育质量保障和全球质量保障的全球研究报告提案。此提案早在 2017 年就已经开始进行准备，这是首次发布基于全球范围研究的全球高等教育质量保障研究（东欧和西欧、亚太地区、北美、阿拉伯国家、非洲、拉丁美洲和加勒比海地区）。在此提案框架内，INQAAHE 专注于内部和外部质量保障，拟三年做一次全球研究，对全球各地区的高等教育质量保障进行全面的比较分析。

除出版刊物以外，每年的学术会议也发挥了不容忽视的作用。2017 年，INQAAHE 在巴林成功组织了两年一度的重大会议，并组织了由联合国教科文组织赞助，多家国际组织联合举办的国际质量保障会议。同时还开展了由智利信达协办的拉丁美洲和加勒比海地区的国际质量保障会议，其会议主题为"合作与竞争之间：高等教育质量保障的前景与挑战"②。2018 年，

---

① *INQAAHE 2018 Annual Report* https：//www.inqaahe.org/sites/default/files/INQAAHE-Annual-Report‑2018_0.pdf，发布于 2019 年 3 月。

② *INQAAHE 2017 Annual Report* https：//www.inqaahe.org/sites/default/files/2017‑Annual-Report.pdf.

INQAAHE 参与了多项论坛和会议，比如在智利圣地亚哥举办的"多样性、质量和提升国际会议"、在丹吉尔开展的"第四届科学论坛评估、认证和质量保障"、CHEA/CIQG 年度活动、联合国教科文组织全球大会和地区磋商会议。同时举办了主题为"旁观者眼中的质量：相关性、公信力和国际可见度"的论坛①。2019 年，INQAAHE 在参与各地区组织的质量保障国际会议的同时，举办了第 15 届 2019 年双年度会议，主题为"质量保障、资格和认可：在全球化世界中树立信任"②。

　　INQAAHE 的学术研究活动不仅仅体现在其出版刊物和参加研讨会议上，该协会每年例行的资助计划也会单独给"研究与创新"专栏拨出一定款项。

　　2016～2017 年有关电话会议批准的资助项目包括：①评估项目国际化的卓越性；②在完善的系统中建立质量保障新模式；③探讨教师对等评估对外部质量保障的影响：质量问题案例研究③；2018 年，越南区域培训中心的项目——"越南高等教育机构内部质量保障"获得了资助，该项目旨在通过专门针对专业人员的培训讲习班，提高公众对越南高等教育质量保障重要性的认识。中国台湾高等教育评估与鉴定委员会的项目——"中国台湾和印度尼西亚质量保障体系，审查标准和程序以及透明度比较"也获得了资助；2019 年，主题为"利益相关者参与和创新的方式、参与质量保障：如何使教师，学生和雇主参与质量保障过程"的项目"中国台湾高等教育在外部质量保障过程中的学生参与研究——台湾案例"获得了资助。

　　综上，INQAAHE 在学术研究上关注的主题主要集中在以下几个方面：①质量保障文化与质量保障新方式；②高等教育的多样性；③外部与内部质量保障的关系；④质量保障机构运作的公信力；⑤跨境教育质量保障。以上种种，都离不开质量保障规范操作这一基本要求，在此方面，INQAAHE 也一直采取了相关措施来增强这一要素。

---

① *INQAAHE* 2018 *Annual Report* https：//www. inqaahe. org/sites/default/files/INQAAHE-Annual-Report – 2018_0. pdf.

② *INQAAHE* 2019 *Annual Report* https：//www. inqaahe. org/sites/default/files/INQAAHE-Annual-Report – 2019. pdf，发布于 2020 年 3 月。

③ *INQAAHE* 2017 *Annual Report* https：//www. inqaahe. org/sites/default/files/2017 – Annual-Report. pdf.

3. 规范质量保障

除了 2016 年采取的提高透明度和问责制的措施在 2017 年和 2018 年继续进行外，INQAAHE 还采取了多项新举措提高委员会运作效率。

（1）提升协会内外质量保障

2017 年 INQAAHE 建立了内部质量保障委员会，以审查 INQAAHE 行动的有效性。2018 年为了进一步满足外部评估工作需求，引入了新成员类型——GGP 联盟质量保障机构成员，为世界各地高等教育外部评估工作搭建了新桥梁。

（2）项目与倡议

INQAAHE 在 2017 年建立了全球质量保障登记册，在该项目框架内，进行可行性研究，以了解登记册的用途。为了尽可能使较多的成员参与其中，每个项目由一名 INQAAHE 董事会成员和董事会外部成员组成团队管理，此计划也有利于提高 INQAAHE 的运营和支出的透明度。

2018 年 INQAAHE 开发了工具包以支持质量保障机构解决学术诚信问题；同时 MPLC[①] 也实施了一项提案，以开发和提供培训质量保障实践课程。该项目围绕以下思想制定：标准和程序高度个性化，并且由质量保障组织独立开发和实施，带着对文化和使命的尊重，提高教育质量。认证的质量保障专家计划扩大个人对高等教育机构成果评估的了解和理解，以及验证学生成就是否符合认证标准，将结果记录在书面评估文件中，并促进机构有效地履行其使命。MPLC 委员会的第二项主要举措是以自定进度的方式提供培训课程和在线学习模式。委员会将确定在线学习平台，致力于以在线形式实施培训，拟在 2019 年 12 月 31 日前完成此项目标。

同时，INQAAHE 也为其他国家和地区的质量保障开展了相关项目，例如，加强肯尼亚大学教育内部质量保障框架，反合同作弊培训，与西班牙加泰罗尼亚开放大学签署合同，其以西班牙语提供 INQAAHE 质量保障项目，同时将与 LH Martin 高等教育领导机构研究所签署一项新协定，并由墨尔本大学的管理层负责该计划。

---

① Marjorie Peace Lenn 是著名的高等教育认证研究专家，MPLC（Marjorie Peace Lenn Center）是以其名字命名的组织。

除此之外，INQAAHE 对于资金困难的情况给予一定帮助。2017～2018 年，INQAAHE 提供了三项基金（每项最多 10000 美元）支持能力建设和其成员质量保障系统；INQAAHE 分配了 25000 美元的预算，以帮助其来自最不发达的低收入国家和中等收入国家/地区成员参加 INQAAHE 会议和论坛；实施质量保障项目（Quality Assurance Program，QAP）奖学金，INQAAHE 为来自发展中国家合格的申请者登记质量保障毕业证书，分配两项奖学金基金（每人最多 5000 美元）。

质量保障始终是 INQAAHE 的工作核心，作为跨境高等教育保障的领头羊，INQAAHE 近年来始终在信息分享、专业建设、实践理论、行业发展等方面充分发挥自己的职能。

## 二　ENQA：推动欧洲高等教育质量保障专业化发展

ENQA 自成立以来，为欧洲高等教育区域质量保障做出了巨大贡献，通过实施各项举措，为欧洲高等教育质量保障提供了可参照的标准指南，并根据质量保障实践需求和行业发展环境的变化，周期性地修正和完善指南。比如 ENQA 在 2005 年和 2015 年颁布的《欧洲高等教育质量保障机构外部评估指南》，提出了质量保障专业人员的能力框架等；ENQA 还定期发表专业学术作品，开展项目调研。自成立以来，发表的有影响力的学术作品超过 100 份，如《跨境高等教育质量保障》《高等教育卓越的概念》项目报告，以及《ENQA：10 年的发展（2000 – 2010）欧洲高等教育质量保障的 10 年合作》等。这些举措进一步推动了欧洲高等教育质量保障专业化发展。

ENQA 发布的 2019 年度报告中详细说明了该组织近期的发展动态，涵盖了该组织在近年质量保障需求下开展的一系列活动以及参与的各种项目，其大致可分为两类，一类集中在组织自身发展和欧洲本土发展方面，另一类则侧重于国际高等教育质量保障。

1. ENQA 自我发展与提升欧洲本土高等教育质量保障

ENQA 在 2019 年开展了一系列有助于促进组织自身发展与管理，提升欧洲本土高等教育质量保障的活动。

（1）ENQA 领导力发展计划（2019 – 2020）

在 2018 年成功运行 ENQA 领导力发展计划之后，该计划的第二轮于

2019 年开始，该轮改进了方案，且班级规模增加至 24 人，由荷兰特温特大学高等教育政策研究中心（CHEPS）① 制定并实施。ENQA 领导力发展计划旨在为质量保障机构的高潜力中级至早期高级专业人员提供丰富的欧洲同伴学习经验，以加深他们对欧洲质量保障框架和有效团队合作所需的领导技能的理解。

（2）与 E4 集团的合作

E4 集团（ENQA、EUA②、EURASHE③ 和 ESU④）的长期合作也在 2019 年继续进行。该集团召开了四次会议，讨论质量保障领域共同关注的问题，计划联合活动，并接收有关每个问题的最新信息。按照传统，ENQA 继续为集团提供秘书支持。

第 14 届欧洲质量保障论坛（EQAF）⑤ 于 2019 年 11 月在柏林举行，由 E4 集团联合举办，该论坛吸引了代表一系列质量保障利益相关者的 500 多名参与者。2019 年，在 Erasmus +⑥ "支持实施欧洲高等教育改革的举措" 的呼吁下，合作还采取了联合项目提案的形式。

（3）管理 EQAR

ENQA 与其他 E4 集团的成员是欧洲高等教育质量保障注册制（EQAR）⑦ 的创始成员，因此在 EQAR 的执行委员会中有代表任职。

ENQA 委员会和 EQAR 注册委员会二者会定期举行会议，以确保两个组织对审查过程的期望保持一致。此类会议为讨论和审核与欧洲高等教育区域质量保障的标准和指南（ESG⑧）合规相关的问题提供了重要机会，从而为所有相关方提供了积极的审核体验。而 EQAR 作为 ENQA 外部审查报告的主要用户之一，在起草机构审查自我评估报告时，也会特别咨询 EQAR。

---

① 全称为 Center for Higher Education Policy Studies（高等教育政策研究中心）。
② 全称为 European University Association（欧洲大学协会）。
③ 全称为 European Association of Institutions in Higher Education（欧洲高等教育机构协会）。
④ 全称为 European Students' Union（欧洲学生联盟）。
⑤ 全称为 European Quality Assurance Forum（欧洲质量保障论坛）。
⑥ Erasmus + 是由欧盟资助的高等教育领域内的一个合作奖学金项目，是一项提供欧洲高等教育机会的全球性计划，其首要目的在于寻求增强欧洲高等教育的质量和在世界范围内的吸引力。
⑦ 全称为 European Quality Assurance Register（欧洲高等教育质量保障注册制）。
⑧ 全称为 The Standards and Guidelines for Quality Assurance in the European Higher Education Area《欧洲高等教育区域质量保障的标准和指南》。

（4）参与博洛尼亚进程后续小组[①]

ENQA 保持其决策性和代表性的一个重要活动就是积极参与博洛尼亚进程后续小组（BFUG）的相关工作。包括博洛尼亚进程后续小组例会、博洛尼亚质量保障专题同行小组和博洛尼亚进程全球对话协调小组。

ENQA 认为欧洲高等教育区域质量保障的标准和指南（ESG）是实施质量保障的关键。为了在博洛尼亚进程中实施 ESG，ENQA 成功申请了 Erasmus + 资金，以协调支持六个来自欧洲高等教育区（EHEA）的国家建立符合 ESG 质量保障体系的项目。

同时，2019 年，ENQA 与欧盟委员会（European Commission）密切展开合作，通过参与欧盟新计划征集等项目磋商过程、欧盟委员会组织的活动以及讨论博洛尼亚进程的协调战略，加强在博洛尼亚进程后续小组中欧洲方面的投入。

2. 促进跨境高等教育质量保障的举措

在促进组织发展和欧洲本土高等教育质量保障的同时，ENQA 也开展了诸多活动以促进跨境高等教育质量保障，大致集中在三个方面：信息分享、共建项目、寻求质量保障新方法。

（1）信息分享

2019 年，ENQA 推出了新的网络研讨会，并在这一年中处理了四个不同的主题：①项目"非洲高等教育质量保障与认证的协调（HAQAA 倡议）[②]"；②特定主题的外部质量保障方法；③填补信息鸿沟——通过访问外部质量保障结果来促进识别；④如何为 ENQA 机构审查准备好自我评估报告——机构发展过程的价值[③]。所有网络研讨会的相关记录都可以在 ENQA 的 Youtube 页面以及 ENQA 官网上查询。

此外，ENQA 为了进一步实现 2016 ~ 2020 年战略计划中的目标——成为可靠信息、专业知识和质量保障方面的主要信息来源，开始改进其在社

---

① *ANNUAL REPORT*2019 由 ENQA 发布于 2020 年 6 月，https：//enqa. eu/wp-content/uploads/2020/06/Annual-Report – 2019. pdf。

② 全称为 Harmonisation of African Higher Education Quality Assurance and Accreditation（HAQAA Initiative）［非洲高等教育质量保障与认证的协调（HAQAA 倡议）］。

③ *ANNUAL REPORT*2019 https：//enqa. eu/wp-content/uploads/2020/06/Annual-Report – 2019. pdf.

交媒体上的形象，并利用在线工具更好地向网络提供信息和新闻。2019年，ENQA在所有社交媒体平台上的关注度都有所提升。在 Facebook 上有1505位关注者（2019年新增415），Twitter 上有2399位关注者（2019年新增341），Linkedln 上有1547位关注者（2019年新增462），这些关注者根据特定主题或项目，提出问题，并分享自己的经验。ENQA 对于社交媒体的灵活运用有利于信息的高效沟通，尤其是在跨境高等教育质量保障需求日益扩大的现实语境下，社交媒体网络分享交流的方式打破了疆域限制的壁垒，且其关注的问题跨度也十分具有国际特征，这种跨境特征同时也体现在ENQA 于2019年参与的诸多项目当中。

（2）共建项目

ENQA 在2019年与其他地区共建的项目数量相当惊人，包括但不限于：

① 2015~2019年约旦国家资格框架（NQF－J）① 项目。NQF－J 项目旨在通过制定高等教育资格框架，并在不同机构级别实施该框架，支持约旦高等教育系统的结构改革。

② 2015~2019年为东盟地区高等教育（共享）（SHARE）② 项目提供支持。自2015年以来，ENQA 一直在参与该项目以支持东盟高等教育的协调。该项目旨在巩固东盟地区质量保障框架（AQAF）③。2019年，ENQA 的贡献主要体现在以下活动中：一是为东盟质量保障协会（AQAN）④ 工作人员提供培训，二是评论的研究管理，以观察 ENQA 代理机构评论网站的访问情况，三是 AQAN 和 ENQA 董事会成员之间的政策咨询会议。ENQA 还为"SHARE"项目第二阶段的筹备做出了贡献，该阶段将为东盟地区的机构实施机构审查程序和咨询活动，并为 AQAN 及其员工的能力建设提供支持。

③ 2016~2019年实施印度在线学习教育策略的现代化提升（MIELES）⑤ 项目。MIELES 项目旨在支持各种机构线上学习策略的发展，使印度的高等教育系统现代化并增加其使用机会。2019年7月，在印度钦

---

① 全称为 Towards National Qualifications Framework for Jordan（约旦国家资格框架）。
② 项目全称为 Higher Education in ASEAN Region（SHARE）[东盟地区高等教育（共享）]。
③ 全称为 ASEAN Quality Assurance Framework（东盟地区质量保障框架）。
④ 全称为 ASEAN Quality Assurance Network（东盟质量保障协会）。
⑤ 全称为 Modernising and Enhancing Indian eLearning Educational Strategies 印度在线学习教育策略的现代化提升。

奈，ENQA 与印度马德拉斯技术学院（IITM）[①] 合作，进行了在线学习质量保障培训。

④ 2016～2019 年开发基于信任的自适应学习线上评估系统（TeSLA）[②] 项目。该项目旨在开发一种以确保身份验证和作者身份的方式，促进在线考试系统的完善。ENQA 和其他 QA 合作伙伴在 2019 年制定了线上评估质量保障框架（FQAeA）[③]。该框架是根据 ESG 设计的，适应了线上学习（尤其是线上评估）的特定特征，其主要目标是改善和提高各种形式的线上评估中的教育水平。

⑤2017～2020 年加强摩洛哥质量保障管理（EQuAM－M）[④] 项目。该项目旨在帮助摩洛哥实现进一步发展和增强该国国家质量保障。2019 年 3 月，ENQA 在布鲁塞尔组织了一次圆桌会议，从欧洲收集了一些最佳实践案例，向摩洛哥合作伙伴介绍了欧洲内部和外部质量保障的经验，并帮助其制定了质量保障管理实践准则。

（3）寻求质量保障新方法

为提升质量保障的效能，ENQA 始终在寻求质量保障新方法的道路上不断探索，开展了以下项目探索新方法。

① 2017～2019 年促进企业家精神和工作经验与高等教育融合（WEXHE）[⑤] 项目。WEXHE 项目将企业、协会和大学聚集在一起，以分析欧洲高等教育当前的工作经验和企业家精神。在 2019 年，ENQA 分析并调查了 ESG 对于工作本位学习中质量保障的适用性，并与 EURASHE 共同组织了关于 WEX-HE 项目成果的政策研讨会。

② 为（欧洲）大学联盟的综合质量保障制定欧洲方法（EUniQ）[⑥]。EUniQ 项目旨在为质量保障协会提供行动规划，以共同开发适合评估欧洲大

---

① 全称为 Indian Institute of Technology Madras（印度马德拉斯技术学院）。
② 全称为 An Adaptive Trust-based e-assessment System for Learning（基于信任的自适应学习线上评估系统）。
③ 全称为 Framework for the Quality Assurance of e-Assessment（线上评估质量保障框架）。
④ 全称为 Enhancing Quality Assurance Management in Morocco（加强摩洛哥质量保障管理）。
⑤ 全称为 Integrating Entrepreneurship and Work Experience into Higher Education（促进企业家精神和工作经验与高等教育融合）。
⑥ 全称为 Developing a European Approach for Comprehensive QA of European University Networks 为（欧洲）大学联盟的综合质量保障制定欧洲方法。

学联盟的质量保障方法。ENQA 在 2019 年 10 月协助组织了机构和某些选定联盟代表的启动会议。

③ 开展学术认可度与质量保障的关联（LIREQA）① 项目。2016～2019 年，LIREQA 项目通过发布建议更好地将学术认可与内部和外部质量保障相关联，促进了对资格的公平认可。这符合 ESG 的期望，使机构认可与《里斯本认可公约》的原则保持一致，并促进与高等教育机构、质量保障机构和欧洲网络信息中心——国家学术认可信息中心（ENIC - NARIC②）的合作。

④利益相关者有效参与外部质量保障活动（ESQA）③ 项目。2019～2021 年 ESQA 项目检查并探索了利益相关者对外部质量保障的参与，旨在使这种参与有效且多样化。该项目的主要活动包括：说明利益相关者在欧洲高等教育区中参与欧洲质量保障情况的研究；同伴学习活动；有助于改善利益相关者有效参与的指南。2019 年，ENQA 开始对所有成员机构进行调查，并通过分析 ENQA 机构审查的外部审查报告，开始协调利益相关方参与 EQA 的研究，该研究的结果于 2020 年发表。

除上述种种项目与活动外，在 2019 年，ENQA 还参与了以下项目：

——2016～2019 年技能与资格透明度与认可项目评估计划（TLQAA +）④

——2016～2020 年双轨制教育工程课程卓越项目（TEEDE）⑤

——2017～2019 年外部质量保障结果数据库项目（DEQAR）⑥

——促进实施 2017～2020 年欧洲联合计划质量保障方法实施项目（Im-pEA）⑦

---

① 全称为 Linking Academic Recognition and Quality Assurance（学术认可度与质量保障的关联）。

② 全称为 European Network Information Centre-National Recognition Information Centre（欧洲网络信息中心——国家学术认可信息中心）。

③ 全称为 Effective involvement of stakeholders in external quality assurance activities（利益相关者有效参与外部质量保障活动）。

④ 全称为 Programme Evaluation for Transparency and Recognition of Skills and Qualifications（技能与资格透明度与认可项目评估计划）。

⑤ 全称为 Towards Excellence in Engineering Curricula for Dual Education（双轨制教育工程课程卓越项目）。

⑥ 全称为 Database of External Quality Assurance Results（外部质量保障结果数据库项目）。

⑦ 全称为 Faciliating implementation of the European Approach for Quality Assurance of Joint Programmes（欧洲联合计划质量保障方法实施项目）。

以此全面促进高等教育质量保障的专业化发展①。

ENQA 在跨境高等教育质量保障上的高度活跃有效促进了欧洲以及国际高等教育质量保障专业化发展的进程。在帮助他国搭建质量保障体系上，ENQA 发挥的作用有利于行业多样性发展，同时它的创新与实践也为从业人员带来了宝贵的经验与启示。

### 三　APQN：探索新时代跨境高等教育质量保障的有效性研究与实践

综合 APQN 2016～2019 年战略计划和 2019～2022 年战略计划，以及近年的年度报告，可大致窥见 APQN 的发展动态。APQN 围绕其制定的目标开展了具体行动，并在学术贡献和研究方面持续发力。

1. 目标与行动

（1）APQN 从宏观上提出的战略目标围绕以下五个方面展开：

第一，促进维持和改善高等教育质量良好做法的分享，关注高等教育质量管理实践及其对改善亚太地区高等教育质量有效性的研究；

第二，提供咨询意见和专业知识，以协助建立新的质量保障协会，促进它们之间的经验共享和联系，并接受彼此在该地区的决定和判断；

第三，协助其成员确定跨国经营机构的标准，并警惕可疑的认证做法和组织；

第四，为缩短跨境认可的过程，允许在国际上对整个地区的资格进行知情认可，并协助开发和使用学分转移计划，以提高学生在高等教育机构内部和跨部门之间的流动性；

第五，与可以为 APQN 工作做出贡献的相关国际组织和行业团体建立有效的工作关系，包括阿拉伯高等教育质量保障协会（ANQAHE②）、亚太经济合作组织（APEC③）、AQAN、东盟、东盟大学联盟（AUN④）、欧洲高等教育认证联盟（ECA⑤）、ENQA、INQAAHE、联合国教科文组织、世界银

---

① *ANNUAL REPORT* 2019 https://enqa.eu/wp-content/uploads/2020/06/Annual-Report – 2019. pdf.

② 全称为 Arab Network For Quality Assurance in Higher Education（阿拉伯高等教育质量保障协会）。

③ 全称为 Asia-Pacific Economic Cooperation（亚太经济合作组织）。

④ 全称为 ASEAN University Network（东盟大学联盟）。

⑤ 全称为 European Consortium for Accreditation in Higher Education（欧洲高等教育认证联盟）。

行等①。

以宏观目标为方向，APQN进一步提出了五个原则，对于组织发展做出了相应规划和要求。首先，APQN以目标导向为原则，将2016～2017年规划为程序建设之年，2017～2018年为员工能力建设之年，而2018～2019年为行动和成就之年。其次，以项目为导向的原则：所有活动均通过项目进行，其中可遵循项目的五个发展要素：启动、规划设计、执行与建设、监控系统、完成并达到目标。再次，遵循SMART原则，即APQN的所有活动均应满足"特定（Specific）、有意义（Meaningful）、商定（Agreed-upon）、注重结果（Results-oriented）和可实施（Tractable）"的要求；此外，APQN还遵循双赢原则，鼓励会员开展自筹资源的项目，并利用APQN的标志、品牌和声誉进行审查、发布、研究、调查等活动，以增强能力建设并促进可持续发展。最后，坚持可持续发展原则，即APQN的发展必须满足其成员的当前需求，而又不损害其未来的需求，它包含三个关键概念：多样性、平等与和谐。②

（2）在宏观目标和原则的基础上，APQN进一步提出了7项中层目标与行动，发挥了APQN在高等教育质量保障活动上的积极作用。

① 实现建立持续的财务可行性和稳定性的目标。

APQN探索了"APQN兄弟情谊"的概念，召集与APQN有特殊联系的人以无偿方式提供咨询、培训服务；另外，APQN从外部开拓其他资金来源，包括政府、机构/组织、慈善家和其他相关利益方的捐赠，委托工作以及活动或出版物的赞助，例如建立"通过自筹款进行APQN项目的指南"；同时，APQN在内部拓宽其他资金来源，包括亚太地区教育质量保障注册制（APQR）③，用户付费的培训班，所有成员对活动或出版物的赞助；最后，整体上增加收入并减少支出，例如在提供所有财务支持之前，建立有关当前会议、研讨会和项目周期的审核系统。

---

① 2018*ANNUAL REPORT* https：//www. apqn. org/images/contents/library/Annual% 20Report/2018_APQN_ Annual_ Report. pdf.

② 2019*Annual Report* https：//www. apqn. org/media/library/annual_ reports /2019 – APQN-Annual-Report. pdf.

③ 全称为 Asia-Pacific Quality Register（亚太地区教育质量保障注册制）。

② 开发网站以对所有成员提供交流平台。

通过网站，APQN 识别并确定提供质量保障服务的选项，并通过为员工提供支持鼓励其能力建设；同时，为会员设计、开发和促进基于 Web 的讨论论坛，尽可能扩大参与的成员类别。

③ 填充并维护顾问数据库，使所有人都可以访问信息。

APQN 升级了现有数据库以保持相关性和更新性，尤其是虚拟图书馆、顾问数据库和质量信息门户；筛选其成员以确定质量保障的相关要求，例如亚太地区高等教育国际化质量标签（APQL）①；提高透明度和责任感，以确保信息流通，例如 APQ 新闻、APQN 奖项、APQN 出版物。

④ 有效确保 APQN 年度会议召开。

积极推广 APQN 年会，例如，会议主题、会场和财务，与当地组织者一起积极协助会议组织，审查提交的论文，安排会议日程，并出版《APQN 会议录》系列。

⑤ 完成研究项目，助力培训和其他方面。

APQN 制定了项目以鼓励所有新的研究和行动计划，例如"欢迎您提出关于 APQN 协作研究的想法"；建立获取新的线下和在线机会的项目，编辑和存储整个网络上可用的现有培训材料，以提供培训内容；为机构成员开发更多机会，这些机构成员占会员总数的 56%，例如与澳门理工大学（MPI）② 共同组织质量保障会议；开发非会员使用的机会，从而为 APQN 带来资金回报。

⑥ 加强与本区域内外的其他国际、区域和国家组织的联系。

APQN 致力于促进与更多国际、地区和国家质量保障组织的沟通，例如 INQAAHE、ENQA ANQAHE、AQAN、CHEA 等，并扩大与更多国际、区域和国家质量保障组织的通信、顾问数据库、期刊、会议记录和其他信息的交流。

⑦ 扩大其成员的服务基础，确保协会活动的可持续性。

落实已确定的举措，例如亚太质量登记册、质量信息门户网站、质量期刊等；根据国家资格框架（NQF③）促进能力建设，并提高区域内 NQF

---

① 全称为 Asia-Pacific Quality Label（亚太地区高等教育国际化质量标签）。

② 全称为 Macau Polytechnic Institute（澳门理工大学）。

③ 全称为 National Qualifications Framework（国家资格框架）。

的操作性；同时，致力于为其成员和利益相关者提供其他增值服务，这些增值服务可以为协会创造收入并满足其成员的需求。①

除上述提及的五大宏观战略目标、四项原则、七项目标与行动外，APQN 还计划坚持开展以下行动以实现其目标：①通过寻求政府、机构、组织、慈善家和其他利益相关者的赞助、支持和实物捐助筹集更多资金。②确保该地区的所有国家和地区都可以使用认可机构，并建立资格框架。③根据用户付费原则，举办评估员能力建设讲习班。④亚太质量登记册（APQR）将于 2016～2019 年实施。⑤亚太地区高等教育国际化质量标签（APQL）将于 2018 年至 2019 年实施。⑥继续发表出版 APQN 会议论文和期刊系列。⑦继续建立质量保障顾问数据库。⑧建立质量保障机构继续支持这些国家/地区。⑨继续与其他国际、地区和国家质量保障协会/组织建立相互联系。⑩增强 APQN 虚拟图书馆的功能。

2. 学术与研究

2018 年 APQN 发表了两期"APQN 新闻（17&18）"，共 72 篇文章以及许多实时照片。同年还在 APQN 学术会议上发布了"2017 年 AAC 新视野进展：为优质地区消融边界"。APQN 在 2019 年发布了"2018APQN 学术会议选集""APQN 战略计划（2019～2022）""APQN 新闻（第 19 期）""APQN 新闻（第 20 期）"。2020 年 APQN 发布了诸多与新冠疫情相关的内容与调查结果，为国际高等教育质量保障组织提供了宝贵的研究资料与数据。

APQN 举办并参与了多项学术会议，从中可见其在发展过程中关注的核心问题。2018 年 APQN 学术会议和年度股东大会在印度那格浦尔举行。会议主题为"高等教育下一代质量保障的能力建设"，会议主题涵盖：质量保障机构的内部质量保障，高等学校的质量保障，机构和专业认证，国际、地区和国家质量保障。

第七届 APQN 在线讨论论坛于 2018 年 8 月举行，主题为"质量保障机构和大学的能力建设：专业性和有效性"。该论坛涵盖三个重要主题：质量保障机构的员工能力建设，审阅者专业水平的提高，大学员工质量保障的

---

① 2018 *Annual Report* https：//www. apqn. org/images/contents/library/Annual% 20Report/2018 _ APQN_ Annual_ Report. pdf 2019 *Annual Report* https：//www. apqn. org/media/library/annual_ reports/2019 – APQN-Annual-Report. pdf.

管理技能。

2018 年 8 月 29 日至 31 日，在印度尼西亚巴厘岛举办了 APQN 第 3 次全球峰会。峰会的主题是"高等教育 4.0 的质量保障：问题与挑战"，其中包括六个子课题：定义工业 4.0 时代的高等教育质量，东盟国家对高等教育 4.0 的回应，高等教育 4.0 对外部质量保障原则和区域框架的影响，工业 4.0 时代的职业教育质量问题，如何在高等教育中灌输素质文化，在线和跨境高等教育的质量保障。

2019 年于斯里兰卡科伦坡举行的 AAC 主题为"亚太地区的质量保障：对未来的洞察力"，四个子课题为：学术质量和可持续发展目标，世界一流的质量和标准，南亚：不同地区研究合作的挑战和利益，跨国教育的质量保障。

从中可见，APQN 在发展中关注的问题始终围绕跨境质量保障这一核心问题，不断探讨其标准型、进步性、可持续性、时代性，以确保新时代下，跨境高等教育质量保障的有效性。[①]

## 四 CHEA：引领高等教育国际质量认证和保障[②]

CHEA 在高等教育界的作用不容小觑。CHEA 与美国教育部（USDE）[③]紧密联系，互相交流，在对认证活动有影响的法律法规中反映组织立场；同时，CHEA 国际质量集团（CIQG）在国际质量保障方面充当思想领袖和合作伙伴；CHEA 的网站和会议也一直为公众提供有价值的服务。

1. 在为国会和美国教育部（USDE）制定认证和质量保障问题政策法规方面发挥作用

在 2017～2018 年期间，CHEA 与众议院和参议院教育委员会工作人员以及 USDE 的高级领导举行了一次由 CHEA 成员和公认的认证组织组成的圆

---

① 2018*ANNUAL REPORT* 由 APQN 发布于 2019 年 2 月 28 日，https://www. apqn. org/images/contents/library/Annual% 20Report/2018 _ APQN _ Annual _ Report. pdf2019 Annual Report （APQN）由 APQN 发布于 2020 年 1 月 30 日，https://www. apqn. org/media/library/annual_reports/2019 – APQN-Annual-Report. pdf。

② 关于 CHEA 发展近况的资料整理于（1）2017 – 2018 Annual Report 由 CHEA 发布于 2019 年 6 月，https://www. chea. org/chea-annual-report – 2017 – 2018（2）2018 – 2019 Annual Report 发布于 2020 年 2 月，https://www. chea. org/chea-annual-report – 2018 – 2019。

③ 全称为 United States Department of Education（美国教育部）。

桌会议，与认证利益相关者公开讨论了对认证有影响的立法和法规。CHEA关于认证监管救济的立场文件中提出的几个问题成为 2017 年年底在美国众议院通过的高等教育法案的重新授权立法的一部分。

CHEA 将关于认证和监管的立场文件，《认证的适当责任制》和《联邦政策》，全面传递给国会和美国教育部（USDE），要求达到以下平衡：①认证机构本身对问责制的领导；②倡导认证的长期优势（同行评审，使命承诺，形成性评估）；③满足联邦对认证作用的期望。

在整个 2018~2019 年期间，CHEA 会晤了国会议员和主要教育委员会工作人员以及 USDE 领导层，以解决对认证产生影响的立法和法规问题。2019 年 USDE 通过谈判制定规则，修订了认证规则，这反映了 CHEA 在立场文件中寻求的许多变化，该文件也在 USDE 有关认证的文件中以及有关新认证法规的拟议规则制定通知的序言中被引用。

2. CHEA 国际质量集团（CIQG）的国际活动

2018~2019 年，来自 34 个国家和地区的 100 多家机构、质量保障机构、协会和个人加入了 CHEA 国际质量集团（CIQG）。2018 年 CIQG 第六届年会的主题为"政治与政府：全球化、国际化和质量保障"，2019 年 CIQG 年会的主题为"高等教育的质量保障和持续信任"，探讨了质量保障如何适应全球重大的社会和政治动荡。

CHEA 在 2018~2019 年启动了 CIQG 质量奖，以表彰在 2015 年制定的 CHEA/CIQG 国际质量原则方面表现出色的全球高等教育提供者。CIQG 质量奖在 CIQG 年度会议上颁发给了位于加拿大安大略省基奇纳市的康尼斯加技术学院（Conestoga College Institute of Technology & Advanced Learning）和总部设在美国犹他州盐湖城的私立非营利性网络大学，即西部州长大学（Western Governors University），其办学模式促进了美国远程教育的发展。

CIQG 还通过英国考文垂大学的研究团队，积极投身于质量保障和打击学术腐败，举办国际网络研讨会并开展工作，以对全球 250 多个质量保障及相关机构进行研究，最终报告于 2018 年年底完成。此外，通过 CHEA/CIQG 系列出版物，例如 CIQG 时事通讯、国际质量保障新闻、世界范围内的质量保障媒体报道纲要等，CHEA 向成员和质量保障利益相关者阐述了质量保障问题和相关事件。由此可见，CIQG 在 CHEA 的跨境高等教育质量保障中发挥着不可替代的作用。

3. CHEA 网站、会议和网络研讨提供的有价值服务

（1）学术会议

2018 年 CHEA 年度会议主要探讨 "认证的新常态：价值、实践和政策"；2019 年 CHEA 年度会议主题为 "认证：持久的价值、新兴的期望"，重点讨论了认证所面临的重大挑战以及维持认证历史价值和其工作价值的重要性，吸引了来自成员机构、认证组织、高等教育协会、政府和媒体的300 多名代表。

CHEA 代表参加了有关亚洲、欧洲和北美洲认证和质量保障会议、研讨会和其他活动。CHEA 主席朱迪思·伊顿（Judith Eaton）在土耳其、克罗地亚和俄罗斯的会议上做了主题演讲，并参加了在中国和爱尔兰举行的有关对质量保障的会议以及其他活动。

这些会议活动加强了 CHEA 与世界其他组织和地区的紧密联系，有利于其在行业内把握最新发展趋势，并在其中发挥引领作用。

（2）出版发表

CHEA 出版物形式多样，从新闻和联邦更新中的认证到 CIQG 政策简报，高等教育和认证负责人的 CHEA 专栏系列以及 CHEA/CIQG 出版系列，都使读者能够不断了解重要的认证新闻和信息。此外，CHEA 还在 2018 ～2019 年发布了有关创新、学术腐败和证书数字化的重要报告，并定期出版专栏作品，包括《联邦更新》《新闻认证》《新闻和质量国际》中的国际质量保障、CIQG 时事通讯、以及 CIQG 政策摘要。CHEA 在 2018 ～2019 年发表的研究论文包括认证和高等教育创新，认证机构对数字化的描述，短期教育体验的质量，这些是 CHEA 全国质量对话的产物。

（3）网站服务

CHEA 重新设计的网站使用户更容易找到与认证相关的研究和其他有价值的信息。通过包括 Facebook 和 Twitter 在内的社交媒体，大大扩展了其影响力，广泛共享有关认证和 CHEA 活动的信息，包括与认证问题相关的新闻报道，CHEA 新出版物的链接以及 CHEA 会议及其更新。CHEA 向越来越多的受众传递了认证有关信息。且由美国认可组织认可的 CHEA 机构和计划数据库在 2017 ～2018 年间被访问了超过 750000 次，该数据库通常是即将

入学的新生和其父母在做出入学决定之前的重要参考。

（4）其他重要项目服务

CHEA 推出了"国家质量对话"，扩大了 CHEA 的关注范围和对高等教育质量与质量保障问题的关注，包括认证及其他的事项。这项新计划探索并解决了 CHEA 如何进一步强调高等学校的质量问题，说明了高等教育领导者在解决质量问题时可以使用的工具和战略手段，重申了高等教育在确立未来质量保障中的领导作用。对话包括系列访谈及一系列基于地区和部门的会议和各种出版物。自对话于 2019 年 7 月启动以来，举行了总统、总理、智囊团领袖和其他学者的邀请会议，并发表了相关论文。此外，CHEA 修订并更新了 CHEA/CIQG 国际目录，该目录是有关 175 个国家/地区质量保障和认证机构信息的存储库，目前该目录已成为 CHEA 网站上的热门功能。

## 第三节　新冠疫情下国际质量保障组织的新态势①

2020 年 3 月 11 日，世界卫生组织宣布新型冠状病毒性肺炎（COVID - 19，以下简称新冠）疫情全球大流行。新冠疫情的突发与蔓延对世界各国的高等教育产生了深刻的影响，带来了极其严峻的挑战。一方面，它延缓甚至阻断了世界高等教育全球化的进程，减少了部分国家对国际学生输出（输入）大国的依赖，重塑世界高等教育的新格局。另一方面，它助推了世界各国高校改变治理模式和教育教学方式，在线教学课程的数量和质量得到进一步的提升。新冠疫情暴发同时也对世界各地的高等教育质量保障机构产生了一定的影响，迫使其调整原定的工作计划，制定新的政策，采用新的评价工具和交流形式，以适应疫情下世界各地高等教育的新情势。

### 一　新冠疫情下的严峻挑战

新冠疫情的肆虐和蔓延给全球公共卫生健康体系带来了巨大的危机。一系列防控措施对各行各业都造成了一定程度的影响，高等教育质量保障

---

① 本节内容较多引自：袁长青、蒋超：《新冠疫情影响下世界高等教育质量保障机构面临的挑战与应对策略》，《广东省高等教育学会第十六届海峡两岸（粤台）高教论坛论文集》2021 年第 11 卷。

机构的工作开展也在新冠疫情中遇到了巨大挑战。

新冠疫情暴发改变了全球质量保障机构的工作模式，带来了意料之外的挑战，机构被迫适应新的条件并采用新的工具和政策。为保证人员安全，远程办公和学习成为了重要的应对手段。如何适应远程办公学习，长期保持安全社交距离对于所有机构都是一项重大挑战。

然而，首先值得注意的是，远程办公所做出的决策是否可靠有效？为此，APQN 针对新冠疫情对质量保障机构的影响进行了一项调查，这项调查被发送到 71 个质量保障机构，有 32 个机构做出了回应。该调查结果显示（1）疫情导致超过一半的机构只能在远程展开工作，有些人将远程办公与实地办公两者结合，有些人暂时中止了工作。多数人表示远程办公导致与同事的交流变得困难。（2）在远程进行外部审核时很难确保教育质量。一些机构在遵守所有安全预防措施的前提下进行实地访问，而其他机构则在进行远程审查后的合理时间内对机构进行后续实地访问。这就提出了一个问题，即远程的认可决定是否有效，大多数受访者认为有效，部分受访者认为出于远程访问的某些限制，该决定无效。在远程进行外部审核的同时确保教育质量已成为代理商的最大问题之一。

其次，远程办公意味着信息化技术在高等教育质量保障工作中的大量介入，信息化技术应用成熟与否也将成为影响远程办公学习有效性的重要指标。这既要求质量保障工作人员熟练掌握运用信息化技术，也要求搭建内部可靠高效的信息平台，用于行业内信息分享与交流。

最后，远程意味着不得不取消许多面对面交流的活动，并且限制了机构未来活动的规划，这就或多或少地会影响财政运转。财政是支持机构正常运转的重要基础，如何面对疫情经济下的财政危机也是各个组织面临的重大挑战之一。

## 二 国际高等教育质量保障组织的应对策略

根据 INQAAHE、ENQA、APQN、CHEA 官方网站公布的信息，高等教育质量保障机构组织在疫情期间制定了多项举措、采取了多种方式全面应对"后疫情"时代带来的挑战，为因疫情而造成教育中断的会员机构和整个高等教育社区提供相关支持，维持工作正常运作。这些举措大致可划分为以下三个方面：

1. 发布应对疫情的指导文件和工作政策

各组织分别在官网上发布了应对疫情的指导文件和工作政策，以确保组织工作的正常开展，保证质量保障活动的有效开展，同时避免重大财政危机和制度紊乱。

INQAAHE 制定了《危机管理原则》①，该文件有助于维持疫情期间质量保障机构能继续有效开展活动，主要围绕八个方面展开：（1）整体性。借助科技手段维持组织整体性，保持对高等教育质量保障活动的积极性。（2）保护学生，减少疫情给学生带来的负面影响。（3）公平通道。在质量保障上绝不偏颇，对歧视行为零容忍。（4）更快更好的合作。对于线上访问和其他活动制定明确的指南。（5）为需要高等教育质量保障的组织提供帮助。（6）清晰的交流计划，提高审查流程透明度和使用必要的工具。（7）加强同伴联系，互相分享应对新冠疫情的策略。（8）保持一定的弹性和灵活性，以应对未知的突发情况。

ENQA 在疫情早期阶段发布了两份声明，以向机构保证欧洲高等教育质量保障标准指南（ESG）的合规性和外部审查的正常实施，并告知成员和附属机构 ENQA 提供的活动，以支持他们应对疫情带来的前所未有的挑战。② 在声明中，ENQA 提出疫情期间有必要重新考虑"以现场访问为外部质量保障核心"这一方法，疫情下的数字化教学和教育可能会产生外部质量保障的新形式。

ENQA 在疫情期间继续协调机构的外部审查，并与 EQAR 一致声明，通过视频会议推迟程序或实施现场访问不会对 ENQA 会员资格和 EQAR 注册产生负面影响。疫情期间，所有审查和进度访问均根据 ENQA 在线站点访问协议在线进行。ENQA 还鼓励会员在审查过程中灵活处理，在必要时调整当前的活动，并寻求支持高等教育机构的其他方法。质量保障机构可以在

---

① *INQAAHE Principles for Crisis Management* 2020 – 4 – 22 https：//www. inqaahe. org/sites/default/files/INQAAHE-Principles-for-crisis-management. pdf.

② *ENQA-GA Opening Statement*. 2020 – 04 – 29. https：//www. enqa. eu/wp-content/uploads/2020/05/ENQA-GA-openingstatement_ 29April2020. pdf*ENQA Statement on COVID* – 19. 2021 – 06 – 07. https：//www. enqa. eu/news/enqa-statement-on-covid – 19 – pandemic/.

提供指导和支持方面发挥重要作用，例如转移到在线学习和教学、替代评估方法以及维持学术标准和学生支持服务。

APQN 提出新冠疫情下质量保障机构开展外部有效审核的解决方案。该组织认为，借助于现代远程技术是疫情流行下进行外部审查的一个很好的解决方案。为了应对挑战，质量保障组织制定了新的健康和安全程序，告知员工避免感染、停止商务旅行、取消重大活动以及为其提供办公计算机设备等方式。一些组织已经开发了新的工具和政策，具体审核方式上可以使用视频电话会议、电子邮件、文档审阅、电话呼叫等远程方式进行，调查显示，这种方式尽管有负面后果，但大多数问题还是能成功地获得解决。这些机构当前使用的工具也可能会应用于未来。

CHEA 为认证机构提供更多的灵活性政策支持[①]。在疫情期间，该组织会见了国会重要工作人员和美国教育部（USDE）认证领导层，讨论了与认证有关的一系列政策和法规问题，就认证监督工作与 USDE 高层进行了充分的磋商。2020 年 3 月 5 日美国教育部发出一封信函，批准机构可以在不经过常规程序下，临时使用在线技术容纳线上教学的学生，各院校也可以与其他机构签订临时财团协议，使学生可以在其他机构完成课程，但从其母校获得学分。

同年 3 月 17 日 USDE 向联邦认可的认证机构发布了名为《认证机构向新冠病毒受影响机构或认证机构提供临时灵活性的信息》的文件指南。USDE 指南为机构和认证组织提供了相当大的临时灵活性，例如：（1）只要认证机构在合理的时间内跟进现场访问，就可以对机构的虚拟网站进行访问，但必须基于参与互动的模式（例如电话会议、视频电话会议等），而不仅仅是单向的文档审查。（2）USDE 为认证机构提供了在 COVID-19 中断期间合理延长认证期限的裁量权，如果机构无法进行必要的现场访问或举行听证会，认证人可通过提供正当理由申请延期。（3）认可机构可在委员会批准的情况下调整政策以适应疫情期间的行动，无须公众评论和成员投票。（4）各机构应在其网站上公布临时灵活性的决定，并在其中记录学校名称、

---

① CHEA：*Federal Guidance to Accreditors Will Impact Institutions*. 2020 - 03 - 20. https://www.chea. org/federal-guidance-accreditors-will-impact-institutions.

豁免或延期说明、对授予豁免或延期依据的解释、机构授予豁免或延期的日期，以及豁免或延期导致的暂停活动的说明。

2. 提供远程办公学习的平台与资源

为了确保远程办公学习的效率，提高审查工作的公正性，加强各机构应对新冠疫情的能力，INQAAHE、ENQA、APQN、CHEA 都提供了远程办公学习平台或共享学习资源，以促进高等教育质量的共同发展。

INQAAHE 创建了"INQAAHE 线上中心"。该平台为 INQAAHE 会员提供了新的在线共享空间，质量保障机构可以发布他们的问题和实践案例，并相互讨论合作。同时，该机构规划和提供了网络研讨会系列①，计划于 2020 年 6 月开始，专门关注跨地区质量保障机构的良好实践。每个网络研讨会都有来自全球各地的 200~400 名参与者，重点关注在线评估、公平和治理以及疫情期间在线资源的质量保障等主题。疫情期间，该系列研讨会为参与者提供了新的学习机会，以帮助其加强专业化培训。此外，该组织举行了年度运营与财务报告和在线投票的大会，使组织能够继续其业务运营，会员能够继续为 INQAAHE 的治理发表意见，这对于组织财政的正常运转也大有裨益。

ENQA 主动调整办公形式以应对新冠。该组织秘书处改为在家工作，对外联络以电子邮件等方式进行，所有的活动和会议都改在网上进行。与此同时，ENQA 利用网络社交新媒体进行信息分享。该组织在 Twitter、LinkedIn 和 Facebook 上发起了一项社交媒体活动，鼓励机构使用#QAfromHome 标签分享和交流他们的政策、做法和资源，以便成员间可以互相学习。

此外，ENQA 通过开展研讨等活动，加强了社区之间的经验交流。ENQA 在线质量保障网络研讨会系列的第一部分（2021 年 4 月）和第二部分（2021 年 5 月），提供了来自 ENQA 成员的各种示例，说明他们如何以在线形式开展外部质量保障活动。ENQA 于 2020 年 5 月~7 月收集关于疫情对机构初步影响的文章和有关机构如何应对疫情早期阶段的案例集，分享给会员以供学习。在 2020 年 5 月和 6 月，ENQA 进行了在线站点访问的网络研讨会，还专门为 ENQA 成员首席执行官举办了关于疫情战略应对的网络研

① https://www.inqaahe.org/webinar-repository，陈列了 INQAAHE 疫情期间举办的各项网络会议。

讨会（仅适用于网站成员区域的成员和附属机构）。总而言之，ENQA 为会员提供了更多的在线资源和支持，力图支持疫情期间组织活动的正常开展和成员之间的经验分享。

APQN 形成了一个线上支持网络以促进质量保障，包括进行新冠疫情对高等教育机构和质量保障系统影响的研究并组织和参加在线研讨会；APQN 采取一系列行动支持亚太地区的内部和外部质量检查，提供短期和长期指导给 APQN 会员，例如提供财务支持、远程学习手册、草拟关键质量参数等。

CHEA 仍在积极处理涉及世界各地高等教育质量、认证和质量保障的一系列问题，开发了一系列的免费资源提供给机构和认证组织免费使用，该组织开发、发布并提供免费运营工具包和资源。2020 年 6 月，CHEA 公布了该组织与约翰霍普金斯卫生安全中心、托斯卡纳战略咨询为应对新冠疫情而合作开发的免费资源 OpenSmartEDU. org，该网站旨在指导学院和大学在面临疫情等诸多挑战的情况下如何规划近期和长期运营战略，其发布的规划工具包括：

（1）新冠疫情流行期间高等教育规划指南。该指南提出从两方面协助机构：首先，指南提出了四个中心问题，以确定机构在疫情期间是否要重新开放。其次，指南组织了领导层、跨职能工作组、不同职能工作组，以支持各小组全面规划工作，还提供了其他资源以及媒体报道的链接，以进一步补充机构计划。同时，CHEA 倡议各机构必须了解 COVID – 19 的最新发展，包括流行病学报告、条例、准则和安全运作的最佳做法。虽然指南涵盖广泛的主题，但它并非全面到足以应付所有情况，所有决定最终都取决于机构领导。

（2）新冠疫情流行期间高等教育自我评估工具。该规划工具是由约翰霍普金斯卫生安全中心开发的互动式 Excel 电子表格，它旨在帮助机构评估疫情环境中影响健康和安全的主要风险因素，以便确定机构降低风险的缓解步骤。风险评级分为非常低、中等、高和非常高，能够为机构提供有效的自我评估，进一步规划其利益相关者的健康和安全。

（3）高等教育规划工具——智能表。该工具旨在为大学领导层提供规划和监测与校园运营相关的重要健康和安全因素的进展情况，通过 Excel 智能表格，为机构提供了一个在线共享工具，能够分配工作、制定时间表，以及追踪并减少校园与 COVID – 19 传播风险相关的重要问题。

3. 开展新冠疫情研究和网上论坛经验讨论

机遇与挑战并存，各组织在积极应对挑战的同时，对此次疫情带来的影响进行经验交流和研讨学习，以期强化自身应对危机的能力，提高疫情常态模式下的工作能力。

INQAAHE 进行了新冠疫情研究①，对会员进行调查和分析，该调查目的在于了解世界各地质量保障组织疫情期间面对的主要挑战，以便能够更好地支持机构会员在能力建设、信息沟通、专业提升等方面的发展。调查由四个部分共 10 个问题组成。四个部分分别是：（1）疫情对管理的影响；（2）质量保障机构的回应；（3）对高等教育系统和组织的支持；（4）INQAAHE 的作用和支持。此次调查的参与者分别来自 30 多个不同的国家，这保证了调查数据的多样性，从而使结果更加可靠。

结合新冠疫情对世界高等教育的影响，2021 年的 INQAAHE 年度论坛将"在不确定时代重新构想高等教育质量"作为年度论坛的主题，全程线上举行。会议集中讨论高等教育的四个新兴主题：（1）高等教育的数字中断是否会破坏其质量保障？（2）外部和内部质量保障的新议程；（3）支持学习者路径变化的质量保障；（4）面对不确定性保持信任。

为了支持机构在 COVID – 19 疫情期间调整其做法，ENQA 也召开了系列网络研讨会，以促进社区之间共享经验。包括：（1）取消了原定于 2020 年 4 月 29 日至 30 日在伊斯坦布尔举行的年度会员论坛，改为线上举行。（2）2020 年 5 月，专门为 ENQA 会员的首席执行官举办关于疫情战略应对的网络研讨会；（3）2020 年 6 月，举办在线站点访问的网络研讨会；（4）2021 年 4 月和 5 月召开在线质量保障网络系列研讨会。研讨会提供了来自 ENQA 会员的各种示例，说明和分享他们如何以在线形式开展外部质量保障活动。通过网络研讨会，ENQA 为机构领导者提供机会讨论疫情的应对策略，探讨会员的中长期发展需求，为开展外部质量保障创新工作奠定基础。

---

① 参见 INQAAHE 发布的 *Quarterly Communiqué to the General Assembly*［Quarter1 and 2，2020］https：//www. inqaahe. org/sites/default/files/INQAAHE-COVID – 19 – Survey-results. pdf。

2020 年 3 月，APQN 组建了一个特别研究小组，针对新冠疫情对个人与机构的影响展开调查。该调查由五个部分组成——基本信息、个人的心理状态和行为、高等教育机构面对新冠疫情的行动、对高等教育机构的建议、公开问题，共涉及 31 个问题。

通过分析来自全球 47 个国家和地区的 1570 名调查受访者，APQN 获得了以下信息：（1）疫情大流行期间个人心理状态发生了巨大变化，个人行为方式转变为家庭隔离，受访者的人生态度多为珍惜生活；（2）高等教育机构对这种疫情大流行保持积极反应和采取行动支持，通过在线教学保障教学和危机干预措施应对新冠疫情带来的挑战；（3）高等教育机构在后疫情时代的行动虽然是艰难而漫长的但也是可持续发展的，各组织谨慎控制风险，提高组织恢复能力以防止意外情况。

基于以上调查，APQN 提出后疫情时代的教育质量保障解决方案：未来必须深刻反思高校和个人在新冠疫情之前和之后的行为，保持开放和包容的心态，有效地发挥高等教育的特殊作用，并为高等教育的可持续发展做出贡献。其应对策略是：（1）制订未来计划，以提高"后危机时代"的教育治理能力，并发展现代教育治理体系以应对公共社会危机；（2）高校必须从全社会的角度培养具有"宏观教育理念"的人才；（3）高等教育必须进一步加强"人类共同未来的教育共同体"。

APQN 还召开了在线系列会议，讨论新冠疫情对高等教育质量保障的影响。2020 年 7 月 27 日，APQN 召开了主题为"COVID－19 对质量保障的影响：高等教育 4.0 的新常态"的第八届在线论坛，该论坛主要围绕六个主题展开讨论：（1）在新冠疫情的影响下，各国政府作为保证高等教育质量主要角色的地位；（2）质量保障国际化的新常态；（3）基于成果的教学质量保障：新冠疫情的影响；（4）质量保障的数字化：新的质量保障的趋势与进展；（5）在颠覆性技术时代高等教育的认证创新；（6）对新冠疫情大流行中出现的新常态和质量保障策略的思考。

CHEA 召开网络研讨会并进行需求调查[①]，强调疫情时期质量保障的作

---

① *CHEA Survey-Accreditors and Assisting Institutions and Programs.* 2020－04－24. https://www.chea. org/chea-survey-accreditors-and-assisting-institutions-and-programs.

用。2020 年 4 月，CHEA 召开主题为"维持和加强机构自主性：质量保障的作用"的网络研讨会，并对 56 个 CHEA 和美国教育部（USDE）认可的认证组织进行了调查。重点调查学校应对新冠疫情挑战时的认证协助机构和计划，其中 47 个组织做出了回应。调查表明，认证机构普遍认为在保持原有标准和政策要求的前提下，希望给予更多的灵活性，如采取虚拟现场访问、推迟访问、延长认证期限等。其需求与 USDE 指南提供的灵活性相一致。

新冠疫情的暴发和蔓延，给全球高等教育以及高等教育质量保障的国际化造成了一定的障碍。世界各国的教学质量保障机构出于疫情防控和人员安全的考虑，及时调整工作计划，为会员机构提供临时性的灵活政策或指南；建立远程协作平台，方便在疫情时期开展认证、审核与评估工作；开展调查或举办论坛，为制定疫情时期的政策提供决策依据；更改论坛或会议形式，采用线上或线上与线下相结合的方式开展交流合作，确保了会员的权益和工作的正常开展。随着新冠疫情的解除，世界各国教学质量保障机构重新进入了正常运转程序，但它们疫情期间所采取的一系列应急措施和策略，为各组织今后应对全球或局部地区的突发情况积累了经验。

表 10 - 1　国际高等教育质量保障组织缩写（按字母顺序排序）

| 缩写 | 英文全称 | 中文译名 |
| --- | --- | --- |
| A | | |
| ANQAHE | Arab Network For Quality Assurance in Higher Education | 阿拉伯高等教育质量保障与认证协会 |
| APEC | Asia-Pacific Economic Cooperation | 亚太经济合作组织 |
| APQL | Asia-Pacific Quality Label | 亚太地区高等教育国际化质量标签 |
| APQN | Asia-Pacific Quality Network | 亚太地区质量保障协会 |
| APQR | Asia-Pacific Quality Register | 亚太地区质量保障注册制 |
| AQAF | ASEAN Quality Assurance Framework | 东盟地区质量保障框架 |
| AQAN | ASEAN Quality Assurance Network | 东盟质量保障协会 |
| AUN | ASEAN University Network | 东盟大学联盟 |

续表

| 缩写 | 英文全称 | 中文译名 |
| --- | --- | --- |
| C | | |
| CHEA | Council of Higher Education Accreditation | 美国高等教育认证理事会 |
| CHEPS | Center for Higher Education Policy Studies | 高等教育政策研究中心 |
| CIQG | CHEA International Quality Group | CHEA 国际质量集团 |
| COPA | Council for Postsecondary Accreditation | 高等教育认证委员会 |
| D | | |
| DEQAR | Database of External Quality Assurance Results | 外部质量保障结果数据库项目 |
| E | | |
| ECA | European Consortium for Accreditation in Higher Education | 欧洲高等教育认证联盟 |
| EHEA | European Higher Education Area | 欧洲高等教育区 |
| ENIC-NARIC | European Network Information Centre-National Recognition Information Centre | 欧洲网络信息中心——国家学术认可信息中心 |
| ENQA | European Network for Quality Assurance | 欧洲高等教育质量保障协会 |
| EQAF | European Quality Assurance Forum | 欧洲质量保障论坛 |
| EQAR | European Quality Assurance Register | 欧洲高等教育质量保障注册制 |
| EQuAM-M | Enhancing Quality Assurance Management in Morocco | 加强摩洛哥质量保障管理 |
| EUA | European University Association | 欧洲大学协会 |
| EUniQ | Developing a European Approach for Comprehensive QA of European University Networks | 为（欧洲）大学联盟的综合质量保障制定欧洲方法 |
| EURASHE | European Association of Institutions in Higher Education | 欧洲高等教育机构协会 |
| ESG | The Standards and Guidelines for Quality Assurance in the European Higher Education Area | 欧洲高等教育区域质量保障的标准和指南（ESG） |
| ESQA | Effective involvement of stakeholders in external quality assurance activities | 利益相关者有效参与外部质量保障活动 |
| ESU | European Students' Union | 欧洲学生联盟 |
| F | | |
| FQAeA | Framework for the Quality Assurance of e-Assessment | 线上评估质量保障框架 |
| FRACHE | Federation of Regional Accrediting Commissions of Higher Education | 高等教育区域认证委员会联盟 |

续表

| 缩写 | 英文全称 | 中文译名 |
|---|---|---|
| | G | |
| GGP | Guidelines of Good Practice | 良好行为指南 |
| | H | |
| HAQAA | Harmonisation of African Higher Education Quality Assurance and Accreditation | 非洲高等教育质量保障与认证的协调 |
| | I | |
| IITM | Indian Institute of Technology Madras | 印度马德拉斯技术学院 |
| ImpEA | Faciliating implementation of the European Approach for Quality Assurance of Joint Programmes | 欧洲联合计划质量保障方法实施项目 |
| INQAAHE | The International Network for Quality Assurance Agencies in Higher Education | 国际高等教育质量保障协会 |
| IQA | Internal Quality Assurance | 内部质量保障 |
| | L | |
| LIREQA | Linking Academic Recognition and Quality Assurance | 学术认可度与质量保障的关联 |
| | M | |
| MPI | Macau Polytechnic Institute | 澳门理工大学 |
| MPLC | Marjorie Peace Lenn Center | MPL 中心 |
| MIELES | Modernising and Enhancing Indian eLearning Educational Strategies | 推进印度高等教育体系现代化和在线学习策略 |
| | N | |
| NCA | National Committee of Accreditation | 全国认证委员会 |
| NQF | National Qualifications Framework | 国家资格框架 |
| NQF-J | Towards National Qualifications Framework for Jordan | 约旦国家资格框架 |
| | S | |
| SHARE | Higher Education in ASEAN Region (SHARE) | 东盟地区高等教育（共享） |
| | T | |
| TEEDE | Towards Excellence in Engineering Curricula for Dual Education | 双轨制教育工程课程卓越项目 |
| TeSLA | An Adaptive Trust-based e-assessment System for Learning | 基于信任的自适应学习线上评估系统 |

**续表**

| 缩写 | 英文全称 | 中文译名 |
|---|---|---|
| TLQAA + | Programme Evaluation for Transparency and Recognition of Skills and Qualifications | 技术与资格透明度与认可之项目评估计划 |
| U | | |
| USDE | United States Department of Education | 美国教育部 |
| W | | |
| WEXHE | Integrating Entrepreneurship and Work Experience into Higher Education | 促进企业家精神和工作经验与高等教育融合 |

# 参考文献

［1］B. K. Singh. （2006）. Quality Assurance in Open and Distance Education：a Case Study of Kota Open University. 开放教育研究（02），53 – 57。

［2］European University Association（2005）. Developing an internal quality culture in European universities：Report on the quality culture project，2002 – 2003. Brussels：European University Association.

［3］Geoffrey D. Doherty. 2008，On quality in education. *Quality Assurance in Education.*

［4］Hegji，A.（2017）. An overview of accreditation of higher education in the United States.

［5］Martin，M.，& Stella，A.（2007）. *External Quality Assurance in Higher Education：Making Choices. Fundamentals of Educational Planning 85. International Institute for Educational Planning（IIEP）UNESCO.* 7 – 9 rue Eugene-Delacroix，75116 Paris，France.

［6］Vlasceanu E，Grinberg L，Parlea D. 2007. Quality assurance and accreditation：a glossary of basic terms and definitions.

［7］别敦荣、易梦春、李志义、郝莉、陆根书：《国际高等教育质量保障与评估发展趋势及其启示——基于 11 个国家（地区）高等教育质量保障体系的考察》，《中国高教研究》2018 年第 11 期。

［8］陈万灵、郑春生：《中国高等教育发展报告》，社会科学文献出版社，2019。

［9］董垌希：《中外高校本科人才培养质量保障体系比较研究》，中国地质

大学（北京）博士学位论文，2013。

[10] 联合国教科文组织国际教育规划研究所网站，http：www. iiep. unesco. ong。

[11] 中国科技论文在线，http：www. paper. edu. cn/。

[12] 顾明远：《教育大辞典》：上海教育出版社，1998。

[13] 顾明远、梁忠义主编：《美国教育》，吉林教育出版社，2000。

[14] 郭平、田联进：《我国高等教育质量保障体系现状与对策建议》《中国高教研究》2011 年第 12 期。

[15] 高思平：《高等教学评估回顾与展望》，《光明日报》2008 年 4 月 24 日。

[16]《国务院关于〈中国教育改革和发展纲要〉的实施意见》（国发〔1994〕39 号），http：www. moe. gov. cn/jyb_ sjzl/moe_177/tnull_2483. html。

[17] 教育部 2019 年全国教育事业发展统计公报。

[18] 李琦：《基于 OBE 理念的商务英语人才培养模式探究——以北京理工大学珠海学院为例》，《文教资料》2020 年第 27 期。

[19] 李志峰：《我国高等教育质量存在的主要问题》，《大学》（学术版）2011 年第 7 期。

[20] 李志义：《新一轮审核评估方案设计与实施要点》，《高等工程教育研究》2021 年第 3 期。

[21] 李志仁：《建立高等教育质量保障体系》，《计算机教育》2004 年第 4 期。

[22] 李亚东：《我国高等教育外部质量保障组织体系顶层设计》，华东师范大学博士学位论文，2013。

[23] 李红惠：《我国研究型大学本科教育培养目标定位研究——基于"985"高校 2010 年度"本科教学质量报告"的文本分析》，《国家教育行政学院学报》2012 年第 5 期。

[24] 林健：《工程教育认证与工程教育改革和发展》，《高等工程教育研究》2015 年第 2 期。

[25] 林梦泉、唐振福、杜志峰：《国际高等教育质量保障热点问题和发展趋势——近年来高等教育质量保障机构网络组织（INQAAHE）会议综述》，《中国高等教育》2013 年第 1 期。

[26] 吴岩主编：《国际高等教育质量保障体系新视野》，教育科学出版社，2014。

[27] 刘振天：《我国新一轮高校本科教学评估总体设计与制度创新》，《高等教育研究》2012 年第 3 期。

[28] 〔美〕拜高尔克（Bigalke，T. W.）等主编：《亚太地区高等教育：质量与公共利益》，杨光富、任友群等译，华东师范大学出版社，2012。

[29] 普通高等学校本科教学工作水平评估方案（教高厅〔2004〕21 号）http：www. moe. edu. cn/s78/A08/s8341/s7168/201001/t20100129_148782html。

[30] 王战军、乔伟峰：《中国高等教育质量保障的新理念和新制度》，《清华大学教育研究》2014 年第 5 期。

[31] 汪小会、孙伟、俞洪亮：《法国高校的国家评估及对我国的启示》，《上海教育评估研究》2016 年第 12 期。

[32] 吴岩主编：《国际高等教育质量保障体系新视野》，教育科学出版社，2014。

[33] 徐东波：《我国高校内部本科教学质量保障体系研究》，《黑龙江高教研究》2020 年第 3 期。

[34] 赵立莹：《国际化背景下高等教育质量保障组织发展研究》，中国社会科学出版社，2016。

[35] 钟启泉、赵中建：《高等教育质量管理》，华东师范大学出版社，2005。

[36] 付维亮：《中英高校本科教学质量保障体系比较研究》，黑龙江大学博士学位论文，2020。

[37] Matthew Thomas Johnson（2022）The knowledge exchange framework：understanding parameters and the capacity for transformative engagement，Studies in Higher Education，47：1.

[38] 白菁、甄真、米洁、伦艳华：《新一轮审核评估下高校教学质量保障体系研究》，《教育教学论坛》2022 年第 30 期。

[39] 白璐：《高校科研评价指标体系构建研究》，南方医科大学硕士学位论文，2019。

[40] 曹尚丽：《英国高校教育质量保障体系研究》，黑龙江大学硕士学位论文，2018。

[41] 丁磊：《英国高等教育质量评估新进展》，河北师范大学硕士学位论文，2021。

[42] 樊增广、史万兵：《英国高等教育质量保障体系的历史演进及其经验借鉴》，《东北大学学报》（社会科学版）2014 年第 6 期。

[43] 李国强：《高校内部质量保障体系建设的成效、问题与展望》，《中国高教研究》2016 年第 2 期。

[44] 李静：《英国高等教育教学质量评估研究》，东北大学硕士学位论文，2015。

[45] 李亚东：《我国高等教育外部质量保障组织体系顶层设计》，华东师范大学博士学位论文，2013。

[46] 李漫红：《英国大学科研评估制度变迁研究》，东北大学博士学位论文，2016。

[47] 李志义、朱泓、刘志军：《审核评估范围结构及内涵解析》，《中国大学教学》2013 年第 9 期。

[48] 刘华东、李贞刚、陈强：《审核评估视域下高校教学质量保障体系的完善与重构》，《中国大学教学》2017 年第 11 期。

[49] 欧惠玲：《英国大学教学质量保障体系研究》，福建师范大学硕士学位论文，2018。

[50] 彭正霞、朱继洲：《英国高校"质量文化"及内部质量保障体系》，《高教发展与评估》2006 年第 4 期。

[51] 盛欣、李建奇、曹受金：《英国高等教育质量保障体系及其借鉴》，《求索》2014 年第 4 期。

[52] 王小飞：《英国教育质量标准评述》，《中国教育政策评论》2010 年第 1 期。

[53] 朱国辉、谢安邦：《英国高校内部教育质量保障体系的发展、特征及启示——以牛津大学为例》，《教师教育研究》2011 年第 2 期。

[54] 韩映雄：《高等教育质量精细分析》，华东师范大学博士学位论文，2003。

[55] 田恩舜：《高等教育质量保证模式研究》，华中科技大学博士学位论文，2005。

［56］傅芳：《西欧大陆国家高等教育质量保障中的政府行为研究——以法国、荷兰、瑞典为例》，华东师范大学硕士学位论文，2006。

［57］蒋家琼、姚利民、游柱然：《法国高等教育外部质量评估体系的基本框架、特征及其启示》，《教育与现代化》2010 年第 1 期。

［58］夏强、张秀萍：《博洛尼亚进程下法国高等教育评估机构作用初探》，《黑龙江教育（高教研究与评估)》2017 年第 5 期。

［59］Agenced'ev aluation de la recherche et del' enseignement supe rieur. Misions de l'AERES［EB/OL］. http：/www. aeres-evaluation. fr/Agence/Presen-tation/Profil-de-l-agence. 2011 – 11 – 01.

［60］陈学飞：《美国、日本、德国、法国高等教育管理体制改革研究》，教育科学出版社，1995。

［61］苏锦丽：《高等教育机构品质保证制度与实践：国际观与本土观》，台北：高等教育出版社，2015。

［62］黄福涛：《法国近代高等教育模式的演变与特征》，《厦门大学学报》（哲学社会科学版)，1996 年第 4 期。

［63］姚荣：《西方国家高等教育质量保障的法律规制及其启示——基于国家与社会互动关系的视角》，《高等教育研究》2018 年第 39 期。

［64］林海新：《高等教育质量评估模式国际化比较研究》，东北师范大学博士学位论文，2009。

［65］郭丽敏：《中外政府在高等教育质量评估的角色分析——以中、法、英、美、日五国典型模式为例》，西北师范大学博士学位论文，2012。

［66］江波：《法国高等教育质量评估——国际高等教育质量保障模式研究三》，《世界教育信息》2012 年第 10 期。

［67］Kathia E. Serrano. Quality Assurance in the EuropeanHigher Education Area：The Emergence of a German Market for Quality Assurance Agencies［J］. Higher Education Management and Policy，2008，20（3)：16～17.

［68］Agenced'ev aluation de la recherche et del' enseignement supe rieur. Misions de l'AERES［EB/OL］. http：/www. aeres-evaluation. fr/Agence/Presen-tation/Profil-de-l-agence. 2011 – 11 –01.

［69］单春艳：《俄罗斯高等教育质量保障体系建设的新向度》，《黑龙江高

教研究》2011 年第 10 期。

[70] 柳泳：《俄罗斯特殊地位大学对我国地方新型大学转型发展的启示》，《陕西学前师范学院学报》2020 第 3 期。

[71] 秦璟：《俄罗斯政府转变高校财政拨款体系》，《世界教育信息》2013 第 16 期。

[72] 刘省非：《俄罗斯国立高等学校经费来源的多元化》，《玉林师范学院学报》2009 年第 1 期。

[73] 教育部批准境外正规高校：加拿大院校 [EB/OL].（2013 - 01 - 06）[2022 - 0701].http://edu.sina.com.cn/a/2013 - 01 - 06/1117224020.shtml。

[74] 侯建国：《二战后加拿大高等教育改革与发展研究》，河北大学博士学位论文，2005。

[75] 张莎莎：《中国与加拿大高等教育管理体制比较研究》，吉林大学硕士学位论文，2009。

[76] 周光礼：《高等教育大众化与研究型大学质量困境——加拿大经验》，《现代大学教育》2007 年第 6 期。

[77] 李素敏、陈利达：《加拿大高等教育质量保障：动因、体系、特征与趋势》，《高校教育管理》2017 年第 11 卷第 6 期。

[78] 玛格瑞特·豪伊、林世员：《加拿大阿尔伯特省质量保证制度》，《开放学习研究》2016 年第 4 期。

[79] 张胜利：《加拿大 BC 省高等教育机构外部质量保障制度简介——以西三一大学实践为例》，《教育与教学研究》2015 年第 29 卷第 8 期。

[80] Council of Ministers of Education, Canada [EB/OL]. [2021 - 11 - 11]. https://www.cmec.ca/11/About_Us.html.

[81] Council of Ministers of Education, Canada, Ministerial Statement on Quality Assurance of Degree Education in Canada, 2007.

[82] Ministry of Colleges and Universities [EB/OL]. [2021 - 11 - 11]. https://www.ontario.ca/page/ministry-colleges-universities.

[83] Policies & Constitution [EB/OL]. [2021 - 11 - 11]. https://cou.ca/about/policies-constitution/.

[84] History of Quality Assurance in Ontario [EB/OL]. [2022 - 01 - 11].

https://oucqa. ca/resources-publications/history-of-quality-assurance-in-ontario/.

[85] 刘莉、李毅、刘勤:《加拿大安大略省高等教育质量保障框架及其思考》,《清华大学教育研究》2016 年第 37 卷第 4 期。

[86] Quality Assurance Framework (February 2021) [EB/OL]. [2022 - 01 - 11]. https://oucqa. ca/wp-content/uploads/2021/03/Quality-Assurance-Framework - 2021. pdf.

[87] Three categories of membership [EB/OL]. [2022 - 01 - 19]. https:// www. univcan. ca/about-us/membership-and-governance/membership-criteria/.

[88] About us [EB/OL]. [2021 - 11 - 19]. https://www. univcan. ca/about-us/.

[89] Association of Universities and Colleges of Canada [EB/OL]. [2021 - 11 - 20]. https://studying-in-canada. org/association-of-universities-and-colleges-of-canada/.

[90] Quality assurance [EB/OL]. [2021 - 11 - 20]. https://www. univcan. ca/universities/quality-assurance/.

[91] Mission, vision et valeurs [EB/OL]. [2021 - 11 - 20]. https://www. bci-qc. ca/a-propos/mission-vision-et-valeurs/.

[92] Services [EB/OL]. [2021 - 11 - 21]. https://www. bci-qc. ca/a-propos/services/.

[93] Professional programs accreditation [EB/OL]. [2021 - 11 - 22]. https:// www. univcan. ca/universities/quality-assurance/professional-programs-accreditation/.

[94] Accreditation of Postsecondary Institutions [EB/OL]. [2021 - 11 - 22]. https://nwccu. org/.

[95] 许南阳、黄海怡:《加拿大魁北克的高等教育制度特点及启示》,《辽宁经济管理干部学院 辽宁经济职业技术学院学报》2014 年第 2 期。

[96] University of Toronto [EB/OL]. [2021 - 11 - 22]. https://www. thecanadianencyclopedia. ca/en/article/university-of-toronto.

[97] University of Toronto Statement of Institutional PurposE. Approved by Gover-

ning Council October 15th，1992.

［98］ https：//governingcouncil. utoronto. ca/system/files/import-files/mission4023. pdf Statement of Institutional Purpose，October 15，1992，University of Toronto Governing Council—Web version.

［99］ Policy for Approval and Review of Academic Programs and Units［June 24，2010］［EB/OL］.［2022 − 02 − 20］. https：//governingcouncil. utoronto. ca/secretariat/policies/academic-programs-and-units-policy-approval-and-review-june − 24 − 2010.

［100］ University of Toronto Quality Assurance Process（UTQAP）（May 24，2019）［EB/OL］.［2022 − 02 − 20］. https：//www. vpacademic. utoronto. ca/wp-content/uploads/sites/225/2019/09/utqap − 2019. pdf.

［101］ TOWARDS 2030 A Third Century of Excellence at the University of Toronto Synthesis Report，University of Toronto，September 2008.

［102］ GOVERNANCE BODIES［EB/OL］.［2022 − 01 − 17］. https：//governingcouncil. utoronto. ca/governance-bodies.

［103］ 张安富、刘飞平：《专业认证与审核评估的同频共振》，《高等工程教育研究》2021 年第 6 期。

［104］ UNIVERSITY OF TORONTO《University of Toronto Quality Assurance Process（UTQAP）》，Revised version approved by the Ontario Universities Council on Quality Assurance，May 24，2019.

［105］ International education：a key driver of Canada's future prosperity /［issued by］Advisory Panel on Canada's International Education Strategy.（August 2012）［2022 − 01 − 24］. https：//publications. gc. ca/site/eng/427280/publication. html.

［106］ 陶丽：《加拿大多伦多大学内部治理模式特色及其启示》，《商》2014 年第 19 期。

［107］ 郭涛、谢琨：《加拿大高等教育质量保障体系研究》，《法学教育研究》2018 年第 22 卷第 3 期。

［108］ 李中国、皮国萃：《加拿大高等教育质量保障体系及其改革走向》，《黑龙江高教研究》2013 年第 2 期。

[109] 景丽英、宗诚：《重视学生学习产出——强化高等教育评估核心价值取向》，《上海教育评估研究》2012 年第 1 期。

[110] 杨延、陈栋：《中国本科教学评估制度：历程、经验与前景》，《新疆师范大学学报》（哲学社会科学版）2020 年第 5 期。

[111] 陆根书、贾小娟、李珍艳、牛梦虎、徐菲：《改革开放 40 年来中国本科教学评估的发展历程与基本特征》，《西安交通大学学报》（社会科学版）2018 年第 6 期。

[112] The Lisbon Recognition Convention, ［2022 – 01 – 23］. https：//www. cicic. ca/1398/an_overview_of_the_lisbon_recognition_convention. canada.

[113] 李志义、赵卫兵：《我国工程教育认证的最新进展》，《高等工程教育研究》2021 年第 5 期。

[114] 马燕超：《澳大利亚高等教育质量与标准署（TEQSA）研究》，西南大学硕士学位论文，2016。

[115] 史琦：《澳大利亚高校教学质量外部评估体系研究》，华中师范大学硕士学位论文，2010。

[116] 李志慧：《我国地方高校精益教学管理研究》，东北师范大硕士学位论文，2006。

[117] 丁丽军：《澳大利亚高等教育质量保障模式研究——以 AUQA 质量审核为例》，华东师范大学博士学位论文，2010。

[118] 荣军、李岩：《澳大利亚高等教育内部质量保障体系的构建与启示》，《现代教育管理》2012 年第 6 期。

[119] 代林利：《大学内部学术质量保障体系的系统建构——以悉尼大学为例》，《黑龙江教育》（高教研究与评估版）2005 年第 9 期。

[120] 王端庆等：《国内外加强高校教学管理理论与实践研究新进展》，《安徽工业大学学报》（社会科学版）2005 年第 3 期。

[121] 赵明：《澳大利亚高等教育质量监督与保障举措及其启示》，《教育探索》2014 年第 10 期。

[122] 李娜：《澳大利亚高等教育质量保障体系革新探究》，《上海教育评估研》2014 年第 6 期。

[123] 马亚兵：《我国高等教育质量保障体系的借鉴——以澳大利亚为例》，

《教育现代化》2015 年第 10 期。

[124] 王素君、李晓薇：《浅议我国高等教育质量评估制度》，《沈阳干部学刊》2015 年第 17 期。

[125] 乔彦霞、李福华：《中日高等教育质量保障的比较与借鉴》，《山东高等教育》2021 年第 9 期。

[126] 陈武元、李广平：《日本高等教育质量保障体系的重构及启示》，《中国高等教育》2021 年第 2 期。

[127] Rie Mori，孟卫青：《日本高等教育质量保障的发展历程：国内外框架》，《苏州大学学报》（教育科学版）2018 年第 2 期。

[128] 秦琴：《日本高等教育质量评价与保障体系：历史演进与改革方向》，《高教探索》2018 年第 1 期。

[129] 梅红、宋晓平：《日本高等教育评估体系及自评历程与背景研究》，《世界教育信息》2007 年第 7 期。

[130] 张玉琴、周林薇：《日本大学质量保障体系转换的重要举措》，《日本学刊》2008 年第 3 期。

[131] 徐国兴：《日本高等教育质量保障体系的多样化、多元化和一体化》，《高等教育研究》2009 年第 5 期。

[132] 秦琴：《日本高等教育质量评价与保障体系：历史演进与改革方向》，《高教探索》2018 年第 1 期。

[133] 徐国兴：《日本高等教育认证评估制度的"分类"评估》，《高教发展与评估》2011 年第 4 期。

[134] 杜金：《日本高等专门学校教育质量第三方评价研究》，沈阳师范大学硕士学位论文，2017。

[135] 韩小娇：《探究日本高等教育质量保障体系》，《中国电力教育》2011 年第 10 期。

[136] 张萌、宋永华、伍宸：《TQM 视角下本科全球化人才培养策略研究——以东京大学本科全球化人才培养实践为例》，《教育发展研究》2019 年第 11 期。

[137] 楼程富：《东京大学的本科教育特色及基础课程设置》，《高等农业教育》2002 年第 3 期。

[138] 董泽芳、袁川：《国外高校成功培养创新型人才的经验与启示——以哈佛大学、牛津大学和东京大学为例》，《现代大学教育》2014 年第 4 期。

[139] 施雨丹：《二战后日本大学评价的发展历程及基本特点》，《外国教育研究》2004 年第 10 期。

[140] 陈君、田泽中：《日本世界一流大学的国际化战略及实践——以东京大学为例》，《高等理科教育》2017 年第 4 期。

[141] 孟园园：《日本一流大学内部治理结构研究》，浙江师范大学硕士学位论文，2020。

[142] 张春浩：《中日韩建设世界一流大学政策比较研究》，东北师范大学硕士学位论文，2003。

[143] 王缅华：《中日一流大学办学理念及其特色研究》，广西师范大学硕士学位论文，2006。

[144] 吴陈亮、王宝玺：《荷兰、日本高等教育质量保障模式及其启示》，《当代继续教育》2013 年第 4 期。

[145] 韩国现代中国研究会：《韩国教育开发院》，《当代韩国》1996 年第 1 期。

[146] 张亚伟：《韩国大学教育评估体系之借鉴》，《中国科教创新导刊》2009 年第 34 期。

[147] 卢乃桂、徐岚：《政府控制与市场化的博弈——对韩国高等教育结构调整的反思》，《教育发展研究》2008 年第 Z1 期。

[148] 周慧文：《"WCU 计划"与韩国世界一流大学建设》，《中国高校科技》2019 年第 4 期。

[149] 秦安平：《高校本科教学质量保障体系的理论基础与实施路径初探》，《教育教学论坛》2020 年第 51 期。

[150] 唐小平、尹玉玲：《韩国高等教育质量保障制度探析》，《世界教育信息》2013 年第 21 期。

[151] 乐毅、谭晓妹：《韩国研究型大学本科生培养模式特点浅析——以韩国高等科学技术学院、首尔大学、延世大学为例》，《比较教育研究》2015 年第 8 期。

[152] 赵允德：《韩国大学评估认证制的实践》，《教育文化论坛》2012 年第 4 期。

[153] 姜英敏、李昕：《韩国国家创新体系下的高等教育人才培养模式改革》，《郑州师范教育》2015 年第 5 期。

[154] 赵杏娜、薛珊：《韩国高校创新变革模式探析——以韩国科学技术院为例》，《创新与创业教育》2019 年第 2 期。

[155] 钟秉林：《普及化阶段我国高等教育质量保障体系的构建》，《河北师范大学学报》（教育科学版）2020 年第 2 期。

[156] 索丰：《韩国大学治理研究》，东北师范大学博士学位论文，2011。

[157] 朴正龙：《韩国高等教育大众化的发展历程及其启示研究》，东北师范大学博士学位论文，2007。

[158] 陈婷婷：《创新与崛起—美国成为世界高等教育中心的过程研究》，浙江师范大学硕士学位论文，2016。

[159] 杨既福：《中外合作办学质量保障法律制度研究》，重庆大学博士学位论文，2020。

[160] H. C. Lee. The Shift of the University Paradigm and Reform of the Korean University Systems: Higher Education Management and Policy [J]. 2005.

[161] Wilkesmann, M., &Wilkesmann, U. "Industry4. 0: Organizing routines or innovations?" [J], VINE Journal of Information and Knowledge Management Systems (2018), 48 (2), 238 – 254.

[162] J. Avis, Palgrave Pivot. Vocational education in the fourth industrial revolution [J/OL]. Journal of Vocational Education & Training, 2022: 74 [2022 – 1 – 21] https://www. tandfonline. com/doi/full/10. 1080/13636820. 2021. 2018227.

[163] Schwab, K. The fourth industrial revolution. Davos: World Economic Forum.

[164] Yang P, Cheng Y. Educational Mobility and Transnationalization [J]. 2018

[165] Schwab K. The Fourth Industrial Revolution: What it Means, How to Respond [J]. Economy, Culture & History Japan Spotlight Bimonthly, 2016.

［166］이석열. Analysis of qualifying examination for bachelor degree in Korea ［J］. The Journal of Educational Administration，2002.

［167］Ko J W. Quality Assurance System in Korean Higher Education：Development and Challenges-ScienceDirect ［J］. The Rise of Quality Assurance in Asian Higher Education，2017：109 – 125.

［168］Jiangsu Jung. The fourth industrial revolution，knowledge production and higher education in South Korea：Journal of Higher Education Policy and Management ［J］. ［2019 – 9 – 15］.

［169］《使大学两极分化加深的"大学结构改革方案"》［EB/OL］，［2008 – 03 – 12］. http：//moe. news. go. kr。

［170］《最新数据! 韩国高等教育完成率创新高，远超 OECD 成员国平均水平》［EB/OL］，［2021 – 10 – 12］，https：//zhuanlan. zhihu. com/p/420672565。

［171］《韩国高考报考人数首次跌破 50 万人》［EB/OL］，［2020 – 09 – 22］，http：//news. china. com. cn/live/2020 – 09/22/content_973653. htm。

［172］《韩国的高等教育质量保障体系》［EB/OL］，［2019 – 09 – 27］，https：//www. acabridge. cn/rencai/xueshu/zjgd/201909/t20190927_1685005. shtml。

［173］서울대학교 60 년사 ［EB/OL］. ［2010 – 8 – 12］. http：//www. snu. ac. kr/about/ab0101_tab1. jsp。

［174］김도형. 민간평가 대학 줄세우기 중단하라 ［EB/OL］. ［2010 – 8 – 12］. http：//media. daum. net/society/view. html？cateid = 1012&newsid = 20100907082309877&p = akn&RIGHT_SOC = R9）。

［175］E-daily. Opening AI graduates' schools in KAIST，Korea University，and Sungkyunkwan University. ［EB/OL］. ［2018］.

［176］http：//www. edaily. co. kr/news/read？newsId =03040566622420040&mediaCodeNo =257&OutLnkChk = Y.

［177］TIMES H E. World university rankings2010 – 2011 ［R/OL］. （2010 – 09 – 16）［2016 – 03 – 15］. http：//www. timeshighereducation. co. uk/world-university-rankings/.

［178］Objectives and Types of Higher Education Institutions. ［EB/OL］. ［2021 – 10 – 12］. https：//english. moe. go. kr/sub/infoRenewal. do？m =

0305&page = 0305&s = english.

[179] Reuters. ReutersTop100: The world's most innovative universities [EB/OL]. (2015 – 9 – 17) [2016 – 3 – 12].

[180] https://www. timeshighereducation. com/news/reuters-top – 100 – most-innovative-universities – 2015 – results.

[181] National Institute for International Education Development [EB/OL]. [2013 – 08 – 10]. http://www. niied. go. kr/index. do.

[182] Angela Yung Chi Hou. *INQAAHE Study—Previous Results and Findings: Impacts & Challenges of COVID – 19 in the Higher Education and Quality Assurance Sector* [EB/OL]. 2020 – 06 [2021 – 06 – 07].

[183] https://www. inqaahe. org/sites/default/files/INQAAHE-COVID – 19 – Survey-results. pdf.

# 后　记

　　2019 年 9 月 29 日教育部颁发的《关于深化本科教育教学改革全面提高人才培养质量的意见》（教高〔2019〕6 号）第 15 条指出："完善高校内部教学质量评价体系，建立以本科教学质量报告、学院本科教学评价、专业评价、课程评价、教师评价、学生评价为主体的全链条多维度高校教学质量评价与保障体系。持续推进本科教学工作审核评估和合格评估。……高校要构建自觉、自省、自律、自查、自纠的大学质量文化，……将质量意识、质量标准、质量评价、质量管理等落实到教育教学各环节，内化为师生的共同价值追求和自觉行动。全面落实学生中心、产出导向、持续改进的先进理念，加快形成以学校为主体，教育部门为主导，行业部门、学术组织和社会机构共同参与的中国特色、世界水平的质量保障制度体系。"首次以规范文件的形式完整地、系统地提出高校教学质量评价与保障体系的目标与具体内容，为建立中国特色的高等教育质量保障体系指明了方向和路径。在此背景下，以袁长青研究员为主持人的教学管理团队申报了题为《国际视野下本科教育质量保障体系研究》的研究课题，并于 2020 年获广东省教育科学"十三五"规划 2019 年度高校哲学社会科学专项研究项目立项。经过 3 年多的不懈努力，终于将研究成果编撰成书并付梓出版。

　　教育质量保障体系是确保教育质量的一系列制度安排和体制机制的总和，其内涵十分丰富，包括教育质量标准体系、条件保障体系、教学管理体系和评价监测体系等各个环节。本书主要内容是介绍国际本科教育质量保障体系的概况、国际教育质量保障组织机构，以及美国、英国、法国、德国、俄国、加拿大、日本、韩国等国家本科教育质量保障体系的现状与发展趋势,每个国家选取了一所大学作为个案展开研究。全书分为十章,各章的撰写者分别为:第一章,袁长青、陈海燕;第二章,李碧燕;第三章,梁伟玲、孙远雷;第四章,王倩倩;第五章,李昌瑾;第六章,朱琳;第七章,赖文才;第八章,蔡文娟;第九章,李沁;第十章,袁长青、蒋超。全书由袁长青编写提纲并审核定稿,赖文才、袁琦参与统稿。本书对于了解当下国际本科教育质量保障的基本情况和发展趋势,借鉴国外的先进经验,改进我国本科教育质量保障体系,具有一定的参考价值。

在本书编写过程中,参阅了大量的国内外同行著作、论文和其他文献,吸收了同行学者的许多观点,在书中的注释和参考文献中尽可能地予以列出,难免挂一漏万,在此对参考文献的各位作者致以崇高的敬意!广东外语外贸大学党委书记石佑启教授亲自为本书作序,广东外语外贸大学图书馆张爱优老师、学报编辑部刘件福老师、文印中心杨焕英老师,社会科学文献出版社王玉山老师等为本书的编辑出版也付出了辛勤的劳动,在此一并致谢!

高等教育质量保障始终是各国高等教育研究与实践的热点与难点,且内涵丰富,由于本书编者大多数都是教育教学管理部门的中青年管理干部,理论深度和思维广度方面还有所欠缺,必定存在纰漏和不妥之处,还请各位专家、学者、同行和广大读者不吝指正。

《国际本科教育质量保障体系研究》编委会

2023 年 10 月

图书在版编目（CIP）数据

国际本科教育质量保障体系研究 / 袁长青主编；赖
文才，袁琦副主编. -- 北京：社会科学文献出版社，
2023.12
ISBN 978 - 7 - 5228 - 2720 - 9

Ⅰ.①国…　Ⅱ.①袁…②赖…③袁…　Ⅲ.①本科 -
教育质量 - 保障体系 - 研究 - 世界　Ⅳ.①G649.1

中国国家版本馆 CIP 数据核字（2023）第 206650 号

## 国际本科教育质量保障体系研究

主　　编 / 袁长青
副 主 编 / 赖文才　袁　琦

出 版 人 / 冀祥德
责任编辑 / 王玉山
责任印制 / 王京美

出　　版 / 社会科学文献出版社（010）59367143
　　　　　　地址：北京市北三环中路甲 29 号院华龙大厦　邮编：100029
　　　　　　网址：www. ssap. com. cn
发　　行 / 社会科学文献出版社（010）59367028
印　　装 / 三河市尚艺印装有限公司

规　　格 / 开　本：787mm × 1092mm　1/16
　　　　　　印　张：22.5　字　数：355 千字
版　　次 / 2023 年 12 月第 1 版　2023 年 12 月第 1 次印刷
书　　号 / ISBN 978 - 7 - 5228 - 2720 - 9
定　　价 / 128.00 元

读者服务电话：4008918866